高等学校交通运输类核心课程教材

U0501526

铁路信号基础设备原理及应用

TIELU XINHAO JICHU SHEBEI YUANLI JI YINGYONG

主编　贺清

副主编　郑进　郭荣昌　李军丽

审阅　郭进　李国宁

高等教育出版社·北京

内容简介

　　本书对铁路信号基础设备的基本原理及应用情况进行了全面系统的阐述。全书共分八章,包括信号机及信号标志、继电器、道岔转换及锁闭设备、轨道电路、计轴设备、应答器、电源系统设备、信号设备综合防雷与接地。本书内容密切结合现场实际,并纳入了最新的行业规范和科技成果。

　　本书可作为高等院校轨道交通信号与控制专业的教材和参考书,同时也可供从事相关专业技术工作的广大工程技术人员学习参考。

图书在版编目(CIP)数据

　　铁路信号基础设备原理及应用／贺清主编． -- 北京：高等教育出版社,2020.9
　　ISBN 978-7-04-054609-5

　　Ⅰ.①铁… Ⅱ.①贺… Ⅲ.①铁路信号-高等学校-教材 Ⅳ.①U284

　　中国版本图书馆 CIP 数据核字(2020)第 121691 号

| 策划编辑 | 葛　心 | 责任编辑 | 葛　心 | 封面设计 | 王　琰 | 版式设计 | 杨　树 |
| 插图绘制 | 于　博 | 责任校对 | 马鑫蕊 | 责任印制 | 存　怡 | | |

出版发行	高等教育出版社		网　　址	http://www.hep.edu.cn
社　　址	北京市西城区德外大街 4 号			http://www.hep.com.cn
邮政编码	100120		网上订购	http://www.hepmall.com.cn
印　　刷	玉田县嘉德印刷有限公司			http://www.hepmall.com
开　　本	787mm×1092mm　1/16			http://www.hepmall.cn
印　　张	25.5			
字　　数	510 千字		版　　次	2020 年 9 月第 1 版
购书热线	010-58581118		印　　次	2020 年 9 月第 1 次印刷
咨询电话	400-810-0598		定　　价	49.60 元

本书如有缺页、倒页、脱页等质量问题,请到所购图书销售部门联系调换

铁路信号基础设备原理及应用

1 计算机访问 http://abook.hep.com.cn/1259601，或手机扫描二维码、下载并安装 Abook 应用。

2 注册并登录，进入"我的课程"。

3 输入封底数字课程账号（20位密码，刮开涂层可见），或通过 Abook 应用扫描封底数字课程账号二维码，完成课程绑定。

4 单击"进入课程"按钮，开始本数字课程的学习。

**铁路信号基础
设备原理及应用**

铁路信号基础设备原理及应用数字课程与纸质教材一体化设计，紧密配合。数字课程配置丰富的数字资源，内容涵盖教学课件、技术标准、图片等，充分运用多种形式媒体资源。极大地丰富了知识的呈现形式，拓展了教材内容。

课程绑定后一年为数字课程使用有效期。受硬件限制，部分内容无法在手机端显示，请按提示通过计算机访问学习。

如有使用问题，请发邮件至 abook@hep.com.cn。

扫描二维码
下载 Abook 应用

http://abook.hep.com.cn/1259601

在现代铁路运输系统中,轨道交通控制系统是最关键的核心技术之一,用于保证列车在高速运行情况下的行车安全并提高运输效率,是轨道交通运输系统的"大脑和神经中枢"。轨道交通控制系统主要由信号系统及通信信息系统两部分组成,其中信号系统广泛应用于铁路及城市轨道交通系统,主要包括计算机联锁、列控中心、车载 ATP、轨道电路、RBC、CTC 及 CIPS 等系统;通信信息系统主要包括传输系统、数据通信系统、无线通信系统、轨道交通综合视频监控系统、旅服系统等。

随着铁路运输产业的不断发展和成熟,铁路信号系统设备的研发与生产逐步发展成为有别于其他控制设备的特殊行业,具有特殊的设计原则,例如"故障-安全"原则,为了贯彻这一原则,在铁路信号系统中采用了各式各样的信号专用器械。

为了适应铁路信号技术的发展,满足高等院校轨道交通信号与控制及其相关专业学生及铁路信号专业技术人员对信号专用基础设备的学习需求,我们编写本书作为学习、培训及参考教材。

本书对铁路信号相关基础设备的基本原理及应用情况进行了全面系统的阐述,主要包括信号机及信号标志、继电器、道岔转换及锁闭设备、轨道电路、计轴设备、应答器、电源系统设备、信号设备综合防雷及接地等。本书密切结合专业技术发展,增加了最新行业规范的相关内容和科技成果,内容丰富翔实,具有一定的深度和广度,并采用基于移动终端的资源展示模式(二维码)纳入了更多新版行业规范内容和现场设备实物图片,用以支持和补充书中的主题。

全书共分八章,章节顺序尽可能地与《普速铁路信号维护规则　技术标准》相吻合,第一章介绍了铁路信号的发展概况,透镜式色灯信号机、LED 色灯信号机的组成和工作原理,各种型号信号点灯单元的组成和电路原理,各种信号机及信号标志的设置原则、显示方式和含义;第二章介绍了铁路信号系统中广泛使用的各种继电器的基本知识与继电器电路的设计、分析方法;第三章介绍了道岔转换设备与锁闭设备的基本知识,我国广泛应用的各种类型转辙机的结构与工作原理,道岔锁闭的基本方法和锁闭、密贴检查装置的工作原理;第四章介绍了轨道电路基本知识,几种典型轨道电路的原理与应用,轨道电路的分析、计算及调整方法;第五章介绍了计轴设备的基本原理,几种计轴系统的组成及原理;第六章介绍了应答器系统的组成与工作原理及设计和应用方法;第七章介绍了铁路信号系统的供电需求及供电概况,不间断电源的概念,几种典型智能电源屏的组成及工作原理;第八章介绍了信号设备雷电电磁脉冲防护与接地的基本要求,各种主要防雷器件的工作原理及性能,铁路信号综合防雷的工程应用。

本书由兰州交通大学贺清任主编,中国铁路成都局集团有限公司成都电务段郑进、兰州交通大学郭荣昌、兰州交通大学李军丽任副主编,西南交通大学郭进、兰州交通大学李国宁审阅了本书。第一、三、四章由贺清编写,第二章由李军丽编写,第五、六章由郑进编写,第七、八章由郭荣昌编写。贺清策划并对全书进行统稿。

由于编者水平所限,书中难免出现疏漏,恳请读者批评指正,以期不断改进提高。

编者

2020 年 2 月

第一章

信号机及信号标志

为了指示列车运行及进行站内调车作业,铁路必须根据需要设置各种信号机、信号表示器及信号标志,它们是各种信号系统中不可缺少的组成部分,用来形成信号显示,向有关行车人员指示运行条件。信号显示方式及其使用必须严格按《铁路技术管理规程》(以下简称《技规》)的规定执行。现行的《技规》分普速铁路和高速铁路两部分。

第一节　铁路信号概述

一、铁路信号的含义

铁路信号(railway signaling)的广义含义是铁路运输系统中,保证行车安全、提高区间和车站通过能力以及编解能力的手动控制、自动控制及远程控制技术的总称,它包括车站信号、区间信号、机车信号、道口信号、驼峰信号等。随着信息技术和网络技术的发展,铁路信号的传统理念正在改变,信号的功能逐步扩大。铁路信号已由过去的铁路运输的"眼睛"变成了铁路的"中枢神经",发挥着越来越重要的作用。在当今铁路运输系统中,铁路信号肩负着指挥列车运行和站内调车作业,向行车有关人员指示运行条件,对列车运行方向、运行间隔、运行进路以及运行速度进行控制的重要使命。

狭义的铁路信号是指在行车、调车工作中,对行车有关人员指示运行条件而规定的物理特征符号,用特定物体(信号机、仪表、音响设备)的颜色、形状、位置和声音等向铁路司机传达有关前方路况、机车车辆运行条件、行车设备状态以及行车命令等信息的装置或设备。本章讲述的铁路信号指的是狭义的铁路信号。像公路交通信号灯一样,为了保证在一个区段(或分区)或一条进路内只有一列列车安全运行,在区间、分区或进路的入口处设置信号机对它们进行防护。铁路信号机用来向司乘人员发出信号显示,保证所防护区段内列车的运行安全,防止列车间相互冲突或列车颠覆。

在我国铁路中,按照运营要求,采用以下基本信号:

(1)要求停车,禁止列车或调车车列越过设置信号地点的信号,叫做"禁止信号"或"停车信号"(stop signal);

(2)要求注意或减速运行,指示列车以准备在前方给定地点停车或限速运行的信号,叫做"注意信号"(caution signal);

(3)准许按规定速度运行的信号。

"注意信号"和准许按规定速度运行的信号,都叫做"进行信号(允许信号)"[proceed(permissive)signal]。

二、铁路信号的分类

向铁路司机传达驾驶信息的方法有许多种,因此,铁路信号可以从各种角度进行分类。

(一)按接收信号的感官分类

1.1.1

1.1.2

按接收信号的感官分类,铁路信号包括听觉信号和视觉信号。听觉信号又称音响信号(audible signal),是以不同的器具发出的音响的强度、频率和音响的长短等特征表达的信号。例如号角、口笛、响墩发出的音响以及机车、轨道车的鸣笛声等都是听觉信号。听觉信号的显示方法和含义可以参阅《技规》的相关内容。扫描二维码1.1.1可以查阅《铁路技术管理规程》(普速铁路部分)听觉信号的相关内容。扫描二维码1.1.2可以查阅《铁路技术管理规程》(高速铁路部分)听觉信号的相关内容。

视觉信号(visual signal)是用物体或灯光的颜色、形状、位置、显示数目及灯光状态(闪光)或数码显示等表达的信号。如用信号机、机车信号、信号旗、信号牌、各种表示器、各种标志、火炬等显示的信号都是视觉信号。我国铁路视觉信号的基本颜色是红色、黄色和绿色,再辅以蓝色、月白色和紫色,构成铁路信号的基本显示系统。

(二)视觉信号按信号机具是否移动分类

1.1.3

1.1.4

视觉信号按信号机具是否移动可分为手信号、移动信号和固定信号。以手持信号旗、信号灯或手势表达的信号,叫手信号(hand signal),如图1-1-1所示为停车信号。在地面上临时设置的可以移动的信号牌,叫做移动信号(movable signal),如为防护线路施工地点临时设置的方形红牌、圆形黄牌等,如图1-1-2所示的红色方牌为昼间停车信号,夜间停车信号为柱上红色灯光。各种手信号和移动信号的显示方法和含义可以参阅《技规》的相关内容。扫描二维码1.1.3可以查阅《铁路技术管理规程》(普速铁路部分)移动信号及手信号的相关内容。扫描二维码1.1.4可以查阅《铁路技术管理规程》(高速铁路部分)移动信号及手信号的相关内容。

图 1-1-1　停车信号（手信号）

为防护一定目标，常设于固定地点的信号叫固定信号（fixed signal），如设于地面的信号机、信号表示器和信号标志等，都是固定信号。在机车司机室内设置指示列车运行前方条件的信号，叫机车信号，它对于机车是固定的，也属于固定信号。铁路电务部门负责维护的信号只有固定信号，其他各种信号机具由使用部门负责使用和维护。本章重点介绍固定信号。

图 1-1-2　停车信号（移动信号）

（三）固定信号的分类

1. 按设置部位分类，固定信号可分为地面信号和机车信号

地面信号（ground signal）是设于车站或区间固定地点的信号机或信号表示器及标志，用来防护站内进路或区间闭塞分区以及道口，或对行车人员传达行车调车意图及对信号进行某些补充说明。机车信号（cab signal）固定安装于机车驾驶室内，用来复示地面信号的显示，现在已逐步成为主体信号使用。

2. 按信号机构造分类，地面信号机可分为色灯信号机和臂板信号机

在铁路发展的初期，是以手信号指挥行车的，后来才出现了信号机。早期信号机是臂板信号机（semaphore signal），是以信号臂板的形状、位置表达信号含义的信号机。一开始以臂板的水平位置作为停车信号，以垂直位置作为进行信号，但垂直位置与机柱形成一条线，其显示不易辨认，后来改成与机柱构成45°角作为"进行信号"。

臂板信号机白天用不同颜色和形状的臂板以及臂板所在的位置来显示信号，夜间则以臂板信号机上的灯光颜色与数目来显示信号，如图 1-1-3 所示，因此臂板信号机存在显示不一致的缺点。

臂板信号机主要用在无交流电源地区或交流电源供电不可靠的地区。另外臂板信号机需人力通过钢丝线（导线）操纵，也有通过电动机开放的（称为电动臂板信号机）。在导线传动系统的设计中应保证导线热胀冷缩时不会使臂板出现错误显示，而且当导线断线时，应保证臂板处于水平位置显示"禁止信号"。

1.1.5

臂板信号机存在较多缺点,难以自动化,不能构成现代化信号系统,现在已与所配套的臂板电锁器联锁设备一起被淘汰了。臂板信号机的显示方法和含义可以参阅《技规》(普速铁路部分)中臂板信号机的相关内容。扫描二维码 1.1.5 可以查阅相关内容。

1912 年出现了色灯信号机(color-light signal)。色灯信号机是用灯光的颜色、数目及亮灯状态表示信号含义的

图 1-1-3 臂板信号机示意图

信号机。它不仅使昼夜间的信号显示一致,而且可利用色光和灯位的不同组合增加信号显示,提供较多的信息,因此直到现在仍然得到广泛使用。色灯信号机按信号机构造又分为探照式、透镜式、组合式及 LED 式。

探照式色灯信号机是以一个灯位的信号机构来显示多种(一般为三种或四种)灯光颜色,故称为单灯信号机。它以反射镜为集光器,再通过透镜组形成平行光束,利用由继电器所控制能转动的色玻璃框来实现不同色光显示。探照式色灯信号机结构比较复杂,工艺要求比较高,其缺点是易发生轴承卡阻,色玻璃框回复不到中央位置等故障,引起信号显示升级,危及行车安全。探照式色灯信号机早已停产,也已停止使用。

透镜式色灯信号机是以凸透镜组为集光器的色灯信号机。透镜组由无色的外透镜和有色的内透镜组成,显示的颜色取决于内透镜的颜色。它的每个灯位固定一种颜色,多种颜色由多个灯位完成显示,故又称为多灯信号机。其主要优点是结构简单、安全方便、控制电路所需电缆芯线少,因而得到广泛采用。但其光系统存在一定的缺点,光通量不能充分利用,在曲线线段上不能连续显示。其工作原理将在下一节进行详细介绍。

组合式色灯信号机是为了克服透镜式信号机的缺点,解决曲线区段信号显示连续性的问题,是在从德国引进的 V136 型信号机构的基础上研制的适合我国铁路需要的新型信号机构。如图 1-1-4 所示,信号灯泡发出的光由反光镜会聚,经滤色片变成色光,再由非球面镜聚成平行光束,偏散镜折射偏散,能保证信号显示在曲线线段上的连续性。信号机构采用组合形式,一个灯位为一个独立单元,配一种颜色,使用时根据需要进行组合,故称为组合式色灯信号机。

组合式色灯信号机适用于瞭望困难的线路,适用于曲线半径 300 ~ 2 000 m 的各种曲线和直线轨道上,在距信号机 5 ~ 1 000 m 距离内得到连续信号显示。该信号机光系统设计合理,光能利用率高,显示距离远,主光源显示距离可达 1 000 m,如不加偏散镜可达 1 500 m,曲线折射性能强,偏散角度大,可见光分布均匀,能见度高,有利于司机瞭望。

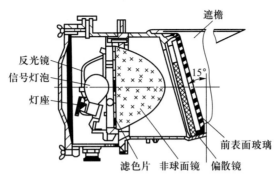

图 1-1-4　组合式信号机构

现在 LED 铁路信号显示系统作为一种节能、免维护的新型光源系统已被广泛成功运用。LED 色灯信号机用发光二极管取代了白炽灯泡,从而彻底消除了灯丝断丝这一多发性的信号故障,可以做到免维护;多显示采用轻便、耐腐蚀的单灯铝合金机构组合而成,质量轻、组合灵活、安装简单;其显示距离超过 1 500 m,且清晰可辨;使用寿命长,安全可靠。

随着铁路运输的发展,特别是行车速度的提高,要求信号便于瞭望并能提供更丰富的信息,而地面固定的色灯信号机受到色光数量和显示距离等因素的限制,不能提供满足列车高速运行的更多信息。因此,产生了以显示速度为主的多信息机车信号及列车运行控制的数字化显示设备(DMI)。

3. 按用途分类,固定信号可分为信号机和信号表示器及标志

信号机是表达固定信号显示所用的机具,用来防护站内进路,防护区间,防护危险地点,具有严格的防护意义。信号机按防护用途的不同又可分为进站信号机、出站信号机、通过信号机、进路信号机、调车信号机、预告信号机、遮断信号机、接近信号机、复示信号机、驼峰信号机和驼峰辅助信号机等。

信号表示器及标志是对行车人员传达行车或调车意图的,或对信号进行某些补充说明所用的器具,没有防护意义。信号表示器按用途又分为道岔表示器、脱轨表示器、进路表示器、发车线路表示器、发车表示器、调车表示器及车档表示器等。信号标志包括警冲标、站界标、预告标、引导员接车地点标、司机鸣笛标、电气化区段的电力机车禁停标、断电标、合电标、接触网终点标、准备降下受电弓标、降下受电弓标、升起受电弓标、作业标、减速地点标、补机终止推进标、机车停车位置标、动车组列车停车位置标(高速铁路)、四显示机车信号接通标、四显示机车信号断开标、轨道电路调谐区标志、区间信号标志牌(高速铁路)、级间转换标、通信模式转换标,以及除雪机用的临时信号标志等。

4. 按地位分类,信号机可分为主体信号机和从属信号机

主体信号机(main signal)是能独立地显示信号,指示列车或调车车列运行条件的信号机,如进站信号机、出站信号机、进路信号机、通过信号机、驼峰信号机、调车信号机等。从属信号机(dependent signal)是本身不能独立存在,只能附属于某种信号机的信号机,是预告信号机和复示信号机的总称。例如进站预告信号机从属于进站信号机,进站信号机是它的主体信号机;出站复示信号机从属于出站信号机。

5. 按停车信号的显示意义分类,可分为绝对信号和非绝对信号(亦称容许信号)

绝对信号(absolute signal)是指列车、调车必须无条件遵守的停止信号。所有站内信号机的禁止信号显示均为绝对信号,但调车信号的禁止信号对列车来说不作为停车信号。容许信号(permissive signal)是指准许指定的列车在自动闭塞通过色灯信号机显示红色灯光、显示不明或灯光熄灭时,不停车限速通过并准备随时能够停车的信号。自动闭塞区间的通过信号机显示停车信号时,列车必须在信号机前停车,司机应使用列车无线调度电话通知运转车长,通知不到时(如货物列车取消守车后无运转车长),鸣笛一长声,停车等候 2 min,该信号机仍未显示进行信号时,即以遇到阻碍能随时停车的速度继续运行,最高速度不超过 20 km/h,要求随时做好停车准备。如果在通过信号机上附加一个蓝灯作为容许信号,则准许指定的列车在通过信号机显示红色灯光的情况下不停车,以不超过 20 km/h 的速度通过,运行到次一架通过信号机,并随时准备停车。

6. 按安装方式分类,信号机可分为高柱信号机、矮型信号机、信号托架和信号桥

高柱信号机(high signal)的机构安装在信号机柱上,具有显示距离远、观察位置明确等优点。因此,为保证安全、提高效率,进站、正线出站、接车进路、通过、接近、预告、驼峰信号机等必须采用高柱信号机。

矮型信号机(dwarf signal)的机构设在位于建筑限界下部外侧的信号机基础上,一般在下列处所可采用矮型信号机:

(1)不办理通过列车的到发线上的出站、发车进路信号机;

(2)道岔区内的调车信号机及驼峰调车场内的线束调车信号机;

(3)自动闭塞区段隧道内的通过信号机。

特殊情况需设矮型信号机时,须经铁路局批准。

因受限界限制,不能安装信号机柱时,则以信号托架和信号桥代替。信号托架(signal bracket)为托臂形结构建筑物,信号桥(signal bridge)为桥型结构建筑物,分别如图 1-1-5a、b 所示。

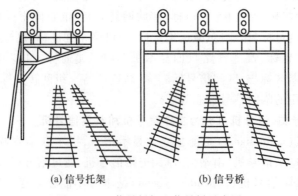

(a)信号托架　　　　　(b)信号桥

图 1-1-5　信号托架和信号桥示意图

第二节　色灯信号机

目前我国铁路信号普遍采用色灯信号机,包括广泛使用的透镜式色灯信号机和新型的 LED 信号机,其他类型的信号机已逐渐淘汰或应用较少。

一、色灯信号机的基本要求

色灯信号机以其灯光的颜色、数目和亮灯状态来表示信号。为了使有关行车工作人员能正确、及时地接收到色灯信号机显示所发出的指示,无论是哪一种类型的色灯信号机都应满足以下基本技术要求:

(1)信号显示应力求简单明了,使行车人员易于辨认,易于记忆。

(2)应有足够的显示数目,以便能反映出各种不同的运行要求,使列车的运行既安全又迅速。

(3)应有足够的显示距离,以便司机能准确、及时地辨认信号,平稳地驾驶列车运行,使司机从辨认清楚停车信号显示时开始进行常用制动,能使列车安全地停在信号机前面,即要求信号的显示距离至少要大于列车的制动距离。

(4)信号设备应符合"故障-安全"(fail-safe)原则(即"信号设备发生故障后导向安全侧"),当信号设备发生故障时,信号机应能自动地给出最大限制的信号显示。

(5)信号显示应具有较高的抗干扰能力,尽量减少受风沙、雨雪、迷雾和背景以及其他灯光的影响。必须能完全防止由于阳光或人为光源的反射造成幻影显示。

色灯信号的显示为达到简单明确、容易辨认的目的,就要求信号灯光的颜色要分辨率高,且人们眼睛对其视觉敏感。我国铁路色灯信号的颜色选用三种基本颜色——红、黄、绿和两种辅助信号颜色——蓝、月白。三种基本颜色信号的意义:红色表示停车;黄色表示注意或减速;绿色表示按规定速度运行。两种辅助信号颜色的意义:月白色(即淡蓝色)表示引导或允许调车;蓝色表示禁止调车信号,或附加在通过信号机上时作为容许信号。对于显示距离要求以天空为背景设置在高柱上的信号机构,为了提高信号显示的清晰程度,色灯信号机机构应具备提高信号与背景亮度比功能的装置。高柱色灯信号机对于红色、黄色和绿色灯光,在夏季晴天中午的显示距离不得少于 1 000 m(指进站、通过、遮断、接近信号机等);矮型信号机的显示距离不得少于 200 m。色灯信号灯光应在所属线路的制动距离起点至色灯信号机前 10 m 整个范围内,都能使司机连续不断地瞭望到清晰的信号显示。为了能辨认出色灯信号机上同时显示两个灯光的信号,要求这两个灯的距离不得少于所规定的显示距离的 1/500。

二、透镜式色灯信号机(multiple light signal)

(一)透镜式色灯信号机的组成

我国铁路的色灯信号机目前主要采用的是 XS 型透镜式色灯信号机,分为高柱和矮型两种类型,高柱信号机的机构安装在钢筋混凝土机柱上,矮型信号机的机构安装在信号机水泥基础上。

　　高柱透镜式色灯信号机如图1-2-1a所示,它由机柱、信号机构、托架、梯子等部分组成。机柱用于安装机构和梯子,梯子是用来给信号维修人员攀登及作业的。图1-2-1b所示是高柱二显示色灯信号机构,整个信号机构用上部托架1和下部托架4固定在水泥柱上;机构内的两个灯室各配备相应的透镜组和单独点亮的灯泡,给出信号显示;点灯电线通过蛇管接头2和蛇管3从水泥柱内引入机构的箱体7内;背板5用来增大色灯信号与周围背景的亮度比;6为箱盖;透镜组8由一块有色外梯透镜和一块无色内梯透镜通过透镜框组装而成;透镜框上还装有可调灯座,灯座上固定安装双丝灯泡;遮檐9用来防止外来光线的干扰。

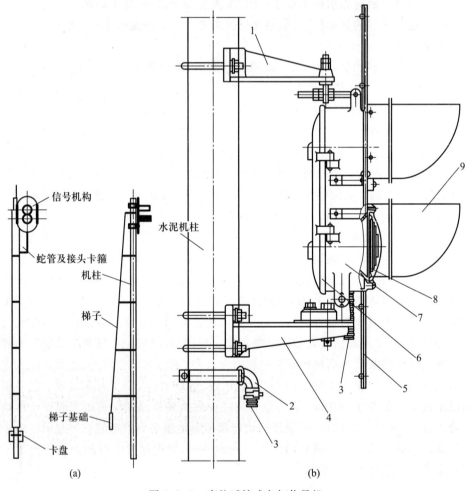

图1-2-1　高柱透镜式色灯信号机

　　矮型透镜式色灯信号机如图1-2-2所示,图1-2-2a中的矮型信号机由一个二显示信号机构和一个三显示信号机构组合而成,图1-2-2b为其中的二显示信号机构结构图,它的机构直接用螺栓1固定在水泥基础上,没有托架,不需要梯子。为了使机车上的司机能瞭望到矮型信号机的信号显示,信号机构面部向上有5°仰角。因为矮型信号机的箱体比较大,所以在箱盖内可以安装点灯单元(信号变压器和灯丝转换继电器)。

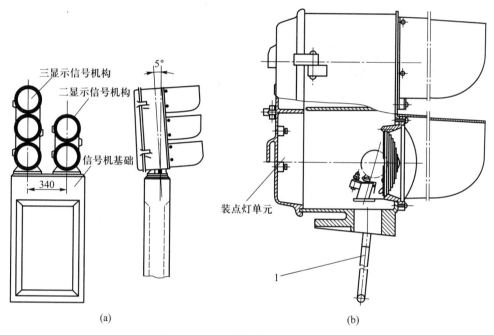

图 1-2-2 矮型透镜式色灯信号机

(二)透镜式色灯信号机的机构

1. 机构分类

高柱和矮型透镜式色灯信号机各有单机构和双机构之分。单机构是指只有一个机构,可以构成二显示、三显示和单显示信号机。不同显示数目的信号机构,显示原理相同,结构相似,只是机构内灯室数目不同,整个机构大小不同。例如:二显示机构有两个灯室,三显示机构有三个灯室。如图1-2-1中高柱信号机为单机构二显示信号机。双机构色灯信号机可构成四显示、五显示等,图1-2-2所示的矮型信号机即为双机构五显示信号机。透镜式色灯信号机构内各个灯室间用隔板分开,以防止相互串光,保证信号显示的正确。

现在生产的透镜式色灯信号机每个机构只有一个灯室,如图1-2-3所示,使用时可根据信号显示的需要分别组装成二显示、三显示、四显示及单显示等信号机构。灯室间再无串光的可能。

各种信号机可根据信号显示的需要选用机构,再按灯光配列对信号灯位颜色的规定安装各灯位的有色内透镜。单显示信号机构使用于遮断信号、复示信号、引导信号、容许信号。二显示、三显示和四显示机构可以单独使用,也可以相互组合,以及与单显示机构组合,构成各种信号显示。扫描二维码1.2.1可以看到多种信

1.2.1

号机的机构图片。

透镜式色灯信号机构的型号含义如图1-2-4所示。

图1-2-3　三显示信号机构

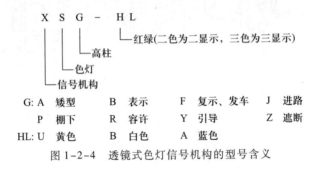

图1-2-4　透镜式色灯信号机构的型号含义

2. 机构组成及原理

透镜式色灯信号机构每个灯室内设置一个灯位,由灯泡、灯座、透镜组、遮檐等组成,如图1-2-5所示。遮檐用来防止在阳光等外界光线的直接照射下形成不该亮的灯位也呈现出色光的幻觉,干扰司机对信号显示的辨认。并且在信号机构的内外侧涂上黑色的亚光油漆,防止光反射。

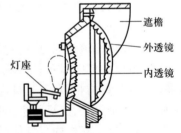

图1-2-5　透镜式色灯信号机灯位组成

高柱信号机还装有一个面积较大的黑色背板,目的是构成较暗的背景,可衬托信号灯光的亮度,提高色灯信号亮度与周围背景亮度的对比,改善瞭望条件。背板是一个机构共用的,一般信号机采用圆形背板。各种复示信号机、遮断信号机及其预告信号机、容许信号机则采用方形背板,以示区别。

（1）灯泡和灯座

灯泡是色灯信号机的光源,采用灯丝尺寸小的低电压（如 12 V/25 W 或 12V/30 W 等）双灯丝铁路信号专用灯泡,其灯丝为双螺旋直丝。通过缩小光源尺寸,增大光学系统的增强率来增加信号的亮度。主灯丝和副灯丝呈直线状且平行,主灯丝在下、副灯丝在上,可避免主灯丝断丝时,灯丝落下碰到副灯丝,影响副灯丝正常工作,有利于安全使用;主灯丝在前、副灯丝在后,正常情况下用主灯丝点灯,副灯丝不点亮。当主灯丝烧断后由控制电路(主副灯丝转换电路)来自动转换成由副灯丝来点灯。

如图 1-2-6 所示的直丝灯泡为 TX $\frac{12-25}{12-25}$ 型,T 表示铁路,X 表示信号,$\frac{12-25}{12-25}$ 表示双丝灯泡,均为 12 V/25 W。一般规定色灯信号的灯丝供电电压为额定值的 85%~95%。因为如果供电电压比额定电压增加 5%,灯泡的使用寿命要比额定寿命降低 50%;如供电电压比额定值降低 5%,则灯泡的寿命可延长一倍。由此可见降低电压可延长灯泡的寿命,但电压不能降得过低,否则灯丝发光强度过弱,显示距离会缩减过大。

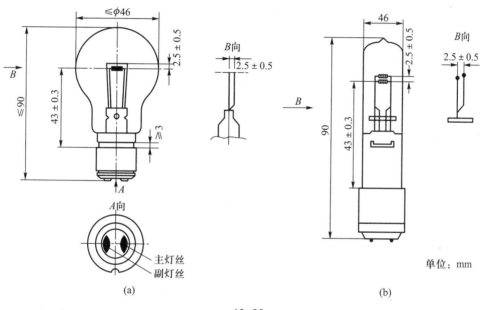

图 1-2-6 TX $\frac{12-25}{12-25}$ 型信号灯泡

与直丝信号灯泡配套的灯座是定焦盘式铁路信号灯座。定焦盘式灯座可上下、前后、左右三维调节,调整光源位置,使主灯丝位于透镜组的焦点上,获得最佳显示效果。灯座在调整好后可以固定,更换灯泡时无需再调整。

为保证信号灯泡的质量,在使用前必须对信号灯泡进行检验和点灯试验,应符合《普速铁路信号维护规则技术标准》和《高速铁路信号维护规则技术标准》(以下简称《维规》)的相关技术标准。扫描二维码 1.2.2 可以查阅《普速铁路信号维护规则技术标准》中地面信号机及信号标志的相关内容。

1.2.2

(2)透镜组

透镜组由内透镜和外透镜组成,装在镜架框上。之所以采用两块透镜组成光学系统,是为了缩短焦距,缩小信号机构体积,而且使含角增大,提高光通量的利用率,将光源发出的光线集中射向所需的方向,增强该方向的光强,能够满足信号显示距离远而且具有很好的方向性的要求。为了消除或减小球面像差,透镜采用经过一定工艺制成的棱梯凸透镜,即带棱的凸透镜,且棱呈环状阶梯形,如图 1-2-7 所示。这种带棱的透镜各个棱阶梯环状弧面的焦距可趋向一致,因此球面像差小,焦距较短及含角较大,并且这种带棱透镜重量较轻,可以用压模法制造,成本也较低。

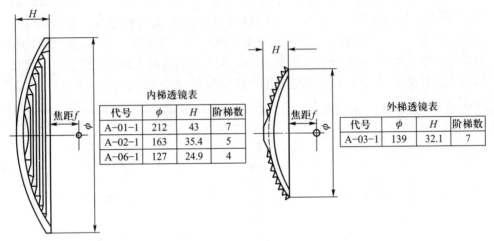

内梯透镜表			
代号	ϕ	H	阶梯数
A-01-1	212	43	7
A-02-1	163	35.4	5
A-06-1	127	24.9	4

外梯透镜表			
代号	ϕ	H	阶梯数
A-03-1	139	32.1	7

图 1-2-7　内梯透镜和外梯透镜

棱梯透镜有内梯透镜和外梯透镜两种类型。内梯透镜有外径 ϕ、高度 H、阶梯数等的不同,外梯透镜只有颜色的区别,图 1-2-7 中,$\phi212$、$\phi163$ 和 $\phi127$ 的内梯透镜无色;$\phi139$ 的外梯透镜分别有红、黄、绿、蓝、月白、无色六种颜色。

扫描二维码 1.2.3 可以查看透镜式色灯信号机的灯泡、灯座和透镜组的实物照片。

1.2.3

透镜组的内透镜采用有色的外梯透镜,外透镜采用无色的内梯透镜,这样使容易积灰尘而又不易清扫的棱梯都封闭在透镜组的内侧,给清洁透镜创造了有利条件。外透镜直径大于内透镜。信号机构的颜色取决于有色的内透镜,可根据不同用途信号机的需要来选用。

其中,$\phi139$ 与 $\phi212$ 组合,用于高柱信号机。$\phi139$ 与 $\phi163$ 组合,用于矮型信号机。$\phi139$ 外梯有色透镜是通用的,以减少品种。高柱信号机和矮型信号机的光学系统分别如图 1-2-8 和图 1-2-9 所示。

$\phi139$ 外梯有色透镜有 7 个棱,$\phi163$ 内梯无色透镜只有 5 个棱,这样 $\phi139$ 的第 6、7 两个棱在矮型色灯信号机的光学系统里就没有多大作用,其余 5 个棱与 $\phi163$ 的 5 个棱一一对应。

透镜式色灯信号机的主要优点是结构简单、维修容易、昼夜显示一致、使用方便,因而被广泛应用。但是它也存在着一些缺点,例如透镜式色灯信号机射出来的光束是逐渐扩散的,并且有一定的扩散范围(水平面散射角约 4°)。因此,在半径比较小的弯道上,机车司机在规定的信号显示距离范围内的铁路线路上,不能做到连续不间断地瞭望到信号。如图 1-2-10 所示,列车从 B 向 A 运行时,只有 BC 一段线路上能瞭望到信号,CA 之间根本瞭望不到信号。在这种情况下可以通过在 A 点的色灯信号机的透镜前加装一块偏光镜的方法,增大显示光束的散射角,可使 B 至 A 整段线路上都能不间断地瞭望到信号的显示,但加了偏光镜后,信号的光强降低很多,要求加大光源的功率以增大光强。

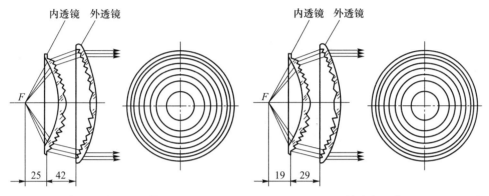

图 1-2-8 高柱透镜式色灯信号机的光学系统　图 1-2-9 矮型透镜式色灯信号机的光学系统

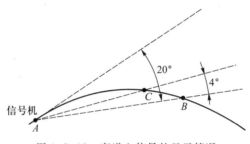

图 1-2-10 弯道上信号的显示情况

由于色灯信号光束的垂直面散射角为 $2°17'$,所以列车接近色灯信号机处时,司机也会看不到信号的显示,为了解决这个问题,需要加装使光线向下折射的近光镜,使司机在距信号机即使只有 10 m 处时还能瞭望到信号。

影响色灯信号显示距离的因素,还有信号光线通过的大气空间有烟尘、风沙、雾等,其他如地形也对信号显示距离有影响。这些因素的影响可以利用机车信号及选择设置信号机的位置等措施来改善。

三、信号点灯和灯丝转换装置

信号点灯和灯丝转换装置一般由信号变压器和灯丝转换继电器组成。现在发展为将点灯和灯丝转换结合为一体构成多功能信号点灯单元。目前使用的有 XDZ 型多功能信号点灯装置、DZD 多功能智能点灯单元、ZXD 多功能智能点灯单元和 DDX 型信号点灯单元等。灯丝转换继电器将在第二章第三节做详细介绍。

(一)信号变压器

信号变压器用于色灯信号机的点灯电源,设于信号机处的变压器箱内,用以将

220 V 交流电降压为 12 V。目前使用的信号变压器有 BX-40、BX-30、BX_1-30、BX_1-34 以及 BXY-60、BXQ-80 型远程点灯信号变压器,其中 BX_1-30 型信号变压器的结构和接线图如图 1-2-11 所示。

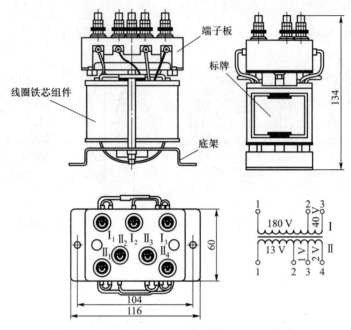

图 1-2-11　BX_1-30 型信号变压器的结构和接线图

1.2.4

BX_1-30 型信号变压器的容量为 30 VA;一次线圈额定电压 180 V(I_1-I_2)或 220 V(I_1-I_3),空载电流不大于 0.012 A;二次线圈电压 13 ~ 16 V(II_1-$II_2$13 V, II_1-$II_3$14 V, II_1-$II_4$16 V)。有关信号变压器的类型及参数可以参阅《维规》的相关内容。扫描二维码 1.2.4 可以查阅《普速铁路信号维护规则技术标准》中变压器的相关内容。

(二)XDZ 型多功能信号点灯装置

1. 功能和特点

(1)点灯装置是点灯与灯丝转换结合在一起的一体化结构,配线简单,施工方便。

(2)采用插入式安装方式,便于检修和更换,并且不需要现场调整。

(3)点灯装置采用新型高集成化开关稳压电源作为点灯电源,具有体积小、质量轻、稳压范围宽等优点,同时设计考虑了电源初次级之间的隔离,确保安全。

(4)电路中具有软启动性能。当主灯丝或副灯丝刚点亮时,使冷丝冲击电流限制在 6 A 以下,从而大大延长了灯丝的寿命。

(5)具有主、副灯丝断丝告警接口,点灯装置增设了副灯丝断丝监测,当主灯丝完好,而副灯丝断丝时,点灯装置亦能发出告警,因此不论主灯丝或副灯丝两者任一断丝都能及时告警。

（6）增设了防浪涌的保护功能。

XDZ 型多功能信号点灯装置的型号及含义如图 1-2-12 所示。

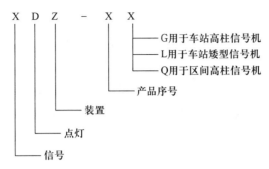

图 1-2-12　XDZ 型多功能信号点灯装置的型号及含义

2. 电路原理

图 1-2-13 为 XDZ-B 型点灯装置电路原理图,来自信号楼的电源由"输入"端进入变压器 T_1 后分两路。主路以自耦方式由绕组 W_2 提供交流电源经整流滤波、DC/DC 变换器转为直流供主灯丝点灯。DC/DC 变换器输出的直流电压 U_{OZ} 具有稳压和软启动功能。副路以变压器降压方式由绕组 W_3 提供交流电源经桥式全波整流器整流为直流电压 U_{OF} 供副灯丝点灯。

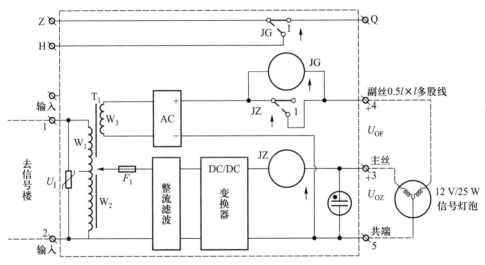

图 1-2-13　XDZ-B 型点灯装置原理图

主灯丝电路中的灯丝转换继电器 JZ 为电流型继电器,线圈与主灯丝串联,主灯丝断丝时失磁落下,其后接点闭合接通副灯丝电路,完成灯丝转换。副灯丝电路中的告警继电器 JG 为电压型继电器,与副灯丝串联,副灯丝断丝时失磁落下,由此提供副灯丝断丝告警。若副灯丝完好,主灯丝断丝 JZ 失磁,后接点闭合接通,在完成灯丝转换的同时短路了 JG 线圈,使之失磁落下。所以主灯丝与副灯丝两者任一断丝,JG 都及时失磁落下告警。JG 的一组接点引接在点灯装置的三个接线柱上,可用以组成断丝报警电路。共端断路时信号灭灯,JZ、JG 及信号楼内的灯丝继电器均落下,导向安全。

安装方式可以采用直立和侧放安装,两种安装方式都不影响点灯装置的电气性能。一般情况下,高柱点灯装置安装在变压器箱内,直立安装。矮型点灯装置安装在机构内,为侧放安装。用于高柱信号机的点灯装置的输出电压比用于矮型信号机的高 0.5 V,以抵消高柱信号机导线上的电压损耗,无其他区别。用于区间高柱信号机的点灯装置与用于车站高柱信号机的点灯装置的区别,仅是副灯丝电压不同。点灯装置的底座通用,由点灯装置罩壳上标牌的颜色来区分高柱和矮型点灯装置,蓝色为车站高柱或区间高柱,黑色为矮型。

(三) DDX 型点灯单元

DDX 型信号点灯单元主要由变压器和交流灯丝继电器组成,其型号及含义如图 1-2-14 所示。

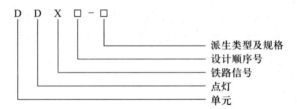

图 1-2-14 DDX 型信号点灯单元的型号及含义

DDX1-34 型点灯单元电路原理图如图 1-2-15 所示。点灯单元采用的点灯变压器为防雷变压器,以满足雷电防护的要求。灯丝转换继电器 JZ 采用 JZSJC 型。当主灯丝断丝时,灯丝转换继电器断电落下,通过其后接点接通副灯丝回路,点亮副灯丝,同时发出报警。

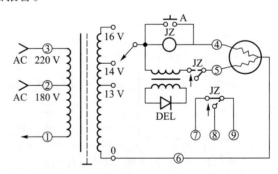

图 1-2-15 DDX1-34 型点灯单元电路原理图

检流变压器(TS126 型)的一次线圈串在副灯丝回路中,二次线圈接一发光二极管,用以检查副灯丝完好。主灯丝断丝点亮副灯丝时,发光二极管点亮。

检查副灯丝完好的方法是,在联系、登记要点之后按下按钮 A,人为地使灯丝转换继电器落下,若发光二极管点亮,表示副灯丝完好。此时,一定要采取安全措施,以防发生人为故障。

DDX 型信号点灯单元主要技术指标如表 1-1 所列。

表 1-1　DDX 型信号点灯单元主要技术指标

型号	容量/VA	一次线圈		二次线圈		端子之间、端子与地的绝缘电阻/MΩ
		额定电压/V	空载电流/mA	二次电压/V	二次电流/A	
DDX-T1	34	180、220	≤11	13、14、16	2.1	≥100
DDX1-34						
DDX1-4						
DDX1-R34						
DDX-2						
DDX2-34						
DDX2-34C						
DDX2-34D						

（四）DZD 系列多功能智能点灯单元

DZD 系列多功能智能点灯单元有两种类型,一种为 DZD-B/BT 型多功能智能点灯单元,另一种为 DZD-C/CT 型远程多功能智能点灯单元,两种点灯单元的性能作用基本相同,DZD-C/CT 型专门用于区间信号点灯电路。

DZD-B/BT 型多功能智能点灯单元室外部分主要由高绝缘隔离变压器、晶闸管、报警模块及小型继电器组成;室内部分主要由灯丝断丝继电器 DSDJ,灯丝断丝定位显示器 PB₁、PB₂,转换盒 ZH-1,TJWX-2000 型微机监测系统等组成。其原理框图如图 1-2-16 所示。

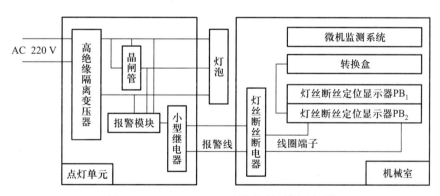

图 1-2-16　DZD-B/BT 型点灯单元原理框图

输入的交流电源首先经过具有防雷功能的高绝缘隔离变压器,由于该变压器一次、二次线圈经过高绝缘隔离处理,所以它能有效地抑制感应雷的冲击。晶闸管和报警模块平时处于半工作状态,只有当主灯丝断丝,点亮副灯丝时才工作。小型继电器负责向室内灯丝断丝继电器 DSDJ 输送报警条件。

室内机械室新增加灯丝断丝定位显示器 PB₁、PB₂。PB₁ 为数码显示器,PB₂ 为液晶显示器。PB₁、PB₂ 的作用基本相同,都是与 DZD 系列多功能智能点灯单元配套使用的显示设备,它们能快速、准确地接收、编译断丝故障灯位的点灯单元所发出的定位编码,并能直接显示出该信号灯的具体位置。

转换盒 ZH-1 是 PB$_2$ 型灯丝断丝定位显示器与 TJWX-2000 型微机监测系统进行数据通信的专用设备。它可将断丝信息及时传送给微机监测系统。TJWX-2000 型微机监测系统具有存储查找功能,可以随时查找断丝情况,指示信号维修人员进行设备维护工作,确保设备正常运用。

四、LED 色灯信号机

(一) LED 铁路色灯信号机的组成及原理

LED 铁路信号机一般由单灯铝合金信号机机构、LED 发光盘和发光盘专用点灯装置组成。现在使用的 LED 信号机有多种类型,主要有 XSLE 型、XLL 型、XSZ(G、A)型、XLG(A、Y)型和 XSL 型等。

各种型号的 LED 铁路色灯信号机的部件是配套使用的。XSLE 型由发光盘、BXZ-40 点灯单元和 GTB 隔离调压报警单元组成。XLL 型由发光盘和 XLL 型 LED 信号机点灯单元组成。XSZ 型的发光盘可与现有信号点灯变压器配合使用。XLG 型由发光盘和减流报警单元组成。

XSL 型 LED 铁路信号机由铝合金信号机构、PFL-I 型铁路 LED 发光盘和 FDZ 型发光盘专用点灯装置组成。现以 XSL 型 LED 铁路色灯信号机为例进行介绍。

1. 铝合金信号机构
铝合金信号机构分为高柱机构和矮型机构。

(1) 高柱机构

高柱机构由背板总成、箱体总成、遮檐和悬挂装置四部分组成。

背板总成带有背板,并用来安装箱体总成。背板总成分为二灯位背板总成(设有两个灯位安装孔)和三灯位背板总成(设有三个灯位安装孔)两种。两种背板总成的高度不同。

把每个灯位组装成一个整体称为高柱箱体总成。箱体总成也分为二灯位箱体总成(XSLG2 型)和三灯位箱体总成(XSLG3 型)两种,分别固定在二灯位背板总成上,或固定在三灯位背板总成上,即构成二灯位高柱信号机构和三灯位高柱信号机构。

(2) 矮型机构

矮型机构分为二灯位矮型机构(XSLA2 型)和三灯位矮型机构(XSLA3 型)两种,其安装方法与透镜式信号机构相同,即厂家已按二灯位(或三灯位)组装成一个整体。

另有遮断及复示信号铝合金机构、灯列式进站复示信号铝合金机构等。

2. PFL-I 型铁路 LED 发光盘(以下简称发光盘)
发光盘是采用发光二极管制成的铁路信号灯的新光源。发光盘分为高柱发光盘、矮型发光盘和表示器发光盘,适用于不同用途的信号机机构。发光盘的型号含义如图 1-2-17 所示。

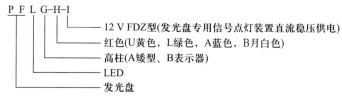

图 1-2-17 发光盘的型号含义

发光盘为圆形盘状结构,其上安装众多发光二极管,与多种传统信号机构兼容。不同型号的 LED 信号机发光盘发光管数量和使用寿命如表 1-2 所列。

表 1-2 发光盘发光管数量和使用寿命

型号	规格	发光盘正面 LED 数量/个	发光盘背面 LED 数量/个	使用寿命/年
XSLE	高柱	55	1	≥10
	矮型	55	1	
XLL	高柱	91	—	
	矮型	61	—	
XSZ(G、A)	高柱	126	—	
	矮型	62	—	
XLG(A、Y)	高柱	55	—	
	矮型	55	—	
XSL	高柱	105	—	
	矮型	105	—	

3. FDZ 型发光盘专用点灯装置

FDZ 型发光盘专用点灯装置是为配合 PFL-Ⅰ型 LED 发光盘而研发的新一代信号点灯装置,它只能与 PFL-Ⅰ型发光盘配套使用。该装置输出的是稳定的 12 V 直流电压,不仅性能稳定可靠,能适用于电压波动较大的区段,而且使用方便,现场不需要调整。

(1)功能和特点

① 可靠性高。

装置采用主、备路电源热备切换的工作模式,当主路电源发生故障时自动切换到备路电源。

② 抗干扰能力强。

电路采用电磁兼容设计,具有较强的抗电磁干扰能力,完全达到 GB/T 17262—2011 标准中 A 级防护的要求。

③ 告警功能完备。

当发光盘内部 LED 二极管损坏数量超过总数的 30% 以及主、备路电源一路发生故障时均产生告警条件,接通告警电路发出告警。

④ 输入端一侧接 FDL-Ⅰ 型防雷模块,可承受 10 kV/300 μs 雷电波冲击。

⑤ 装置输入端采用变压器隔离,具有体积小、质量轻、稳压范围宽等特点。

⑥ 采用一体化设计,配线简单、施工方便;采用插入式安装方式,便于检修和更换。

（2）电路原理

装置原理框图如图 1-2-18 所示。装置由隔离变压器、整流电路、稳压电路和告警电路构成。输入电源经变压、整流后,由两路稳压电路进行稳压,两路稳压电路热备,以保证输出稳定的 12 V 直流电压。告警电路对发光盘和两路稳压电路进行监督,故障时发出告警。

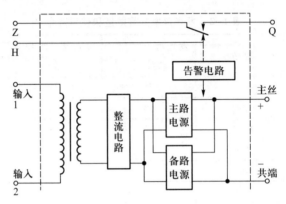

图 1-2-18　FDZ 型发光盘专用点灯装置原理框图

（3）技术参数

① 电气特性。

FDZ 型发光盘专用点灯装置电气特性应符合表 1-3 所列的要求。

表 1-3　FDZ 型发光盘专用点灯装置电气特性

工作电压 AC/V	工作电流 AC/mA	输出电压 DC/V	额定负载电流/mA	空载电流/mA
176~235	70~140	12V±0.5	700	≤16

② 抗感应电压能力。

在 AC 235 V（50 Hz）输入电压,串接 941 μF/300 V 电容时,测量输出电压应小于 0.5 V。

（二）LED 铁路色灯信号机的优点

（1）LED 铁路信号机采用轻便、耐腐蚀的单灯铝合金机构,质量轻、组合灵活、安装简单。

（2）显示距离超过 1.5 km,且清晰可辨;使用寿命长,安全可靠。通过监测控制系统的电流,可预警异常情况,有助于准确判断故障点,便于及时处理。

（3）用发光盘取代信号灯泡具有以下显著优点:

① 可靠性高。

发光盘是用上百只发光二极管和数十条支路并联工作的,在使用中即使个别发光二极管或支路发生故障也不会影响信号的正常显示,提高了信号显示的可靠性。

② 寿命长。

发光二极管的寿命是信号灯泡的 100 倍,改用发光盘后可免除经常更换灯泡的麻烦,且有利于实现免维修。

③ 节省能源。

发光盘的耗电量不到信号灯泡的 1/2。

④ 聚焦稳定。

发光盘的聚焦状态在产品设计与生产中已经确定,现场不需调整,给安装与使用带来方便,并能始终保持良好的聚焦状态。

⑤ 光度性好。

发光盘除有轴向主光束外,还有多条副光束,有利于增强主光束散角及近光显示效果。

⑥ 无冲击电流。

点灯时没有类似信号灯泡冷丝状态的冲击电流,有利于延长供电装置的使用寿命,并减少对环境的电磁污染。

⑦ 用 LED 取代传统的双灯丝灯泡和透镜组,从而彻底消除灯丝断丝这一多发性的信号故障,可以做到免维护。结束了普通信号机定期更换信号灯泡的维修方式,减少维修工作量,节省维修费用。

第三节 信号机的设置

地面固定信号的设置应符合《铁路技术管理规程》《铁路信号设计规范》(TB 10007—2017)的统一规定。扫描二维码 1.3.1 可以查阅《铁路信号设计规范》(TB 10007—2017)中地面固定信号的相关内容。

1.3.1

一、信号机设置的基本原则

(1)地面信号机应采用色灯信号机,信号机的高柱或矮型机构形式的设置应符合下列规定:

① 以地面信号为列车行车凭证的线路宜采用高柱信号机,特殊情况需设矮型信号机时,须经铁路局批准。

② 不办理通过列车的到发线上的发车进路信号机、出站信号机,道岔区内的调车信号机及驼峰调车场内的线束调车信号机,以及桥梁、隧道地段的信号机宜采用矮型信号机。

③ 以车载信号为列车行车凭证的线路宜采用矮型信号机。高速铁路部分,区间不设通过信号机的线路,车站信号机宜采用矮型信号机。

(2)信号机的设置位置应符合下列规定:

① 为便于司机瞭望信号,信号机正常情况下设置于列车运行方向的左侧或所

属线路的中心线上空,反方向运行进站信号机可设在列车运行方向的右侧,其他特殊地段因条件限制,需设于右侧时,须经铁路局批准。

②任何信号机不得侵入铁路建筑接近限界,且要符合信号显示距离的要求。高柱信号机与电力牵引区段接触网支柱同侧设置时,信号显示距离不应受接触网设备影响。

③避免设置于易被误认为是邻线信号机的处所。

④避免设置于电力机车或电动车组不能越过接触网无电区的处所。因为在接触网电分相处的无电区或接触网范围以外的线路地段,电力机车或电动车组将失去动力。这包括两种情况:受电弓在接触网无电区停车时,电力机车或电动车组不能启动;受电弓虽位于有电区但临近无电区停车时,电力机车或电动车组启动后不能加速至惰行越过无电区域所需的初速度。

(3)同方向相邻的接近信号机、进站信号机、进路信号机、出站信号机、通过信号机之间的距离应根据列车牵引计算确定,并符合列车制动距离的要求;不符合要求时,前架信号机应降级显示或重复显示;特殊地段因条件限制无法降级显示或重复显示时,应提出限速要求。

二、信号机构及灯光配置的规定

信号是指示列车运行及调车作业的命令,统一的信号机机构形式及灯光配置是保证命令正确理解和执行的必要手段。信号显示按信号机的作用、设置地点(防护对象)及机构形式的不同,同一颜色的灯光有不同的含义,因此统一信号机构及灯光配置标准十分重要。

(1)为保持信号机构外形的一致,防止司机误认,当根据实际情况需要减少灯位时,应以空位停用方式处理,即信号机无点亮时信号机的灯位应封闭。

(2)为防止显示混乱,除灯列式复示信号机外,组合成一种信号显示的两个基本灯光应在一条垂直线上,并至少有一个灯位的间隔距离。

(3)高柱信号机不得用一个三灯位机构的上、下两个灯位显示同一颜色的灯光。

(4)由两个机构组成的矮型信号机,表示最大限制信号的灯位应设置于靠近线路侧的机构。

(5)为避免调车信号的月白色灯光与引导信号中的月白色灯光混淆,高柱接车进路兼调车信号机、高柱接发车进路兼调车信号机的调车信号机构应设置于信号机柱下部或单独设置矮型调车信号机,并封闭蓝灯。

(6)电力牵引区段,高柱信号机的机构应设置于信号机机柱右侧;非电力牵引区段,站内高柱信号机的机构宜设置于信号机机柱右侧,区间高柱信号机的机构宜设置于信号机机柱左侧。

(7)以车载信号为列车行车凭证的线路与以地面信号为列车行车凭证的线路衔接时,车站的进站信号机、进路信号机、出站信号机以及线路所通过信号机的机构、灯光配置以及显示方式应符合列车运行时行车凭证的要求。

三、区间闭塞的基本概念

为了更好地学习信号机的设置,这里简单介绍一下区间闭塞的基本概念。目前,我国铁路区间闭塞制式可分为站间闭塞、以地面信号为主的自动闭塞和带有列控系统的自动闭塞等几类。所谓"闭塞"(blocking)就是用信号或凭证,保证列车按照规定的空间间隔控制运行的技术方式。

1. 站间闭塞

站间闭塞就是两车站间同一时间只能运行一列车,其列车的空间间隔为一个站间区间。按技术手段和闭塞方法又可分为电话闭塞、半自动闭塞(semi-automatic blocking)和自动站间闭塞(automatic station blocking)。

2. 以地面信号为主的自动闭塞

自动闭塞就是根据列车运行及有关闭塞分区状态自动变换信号显示,而司机凭信号行车的闭塞方法。其特征是:把相邻车站之间的区间划分成若干闭塞分区,有分区占用检查设备,每个分区起点设置通过信号机进行防护。司机可以凭通过信号机的显示行车,也可凭机车信号或列车运行控制的车载信息行车;站间能实现列车追踪。办理发车进路时自动办理闭塞手续,自动变换信号显示。

当列车最高运行速度在 160 km/h 及以下时,通常采用以地面信号为主的自动闭塞。目前以地面信号为主的自动闭塞可分为三显示自动闭塞(three-aspect automatic blocking)和四显示自动闭塞(four-aspect automatic blocking)。

当列车最高运行速度在 120 km/h 时,我国铁路一般采用三显示自动闭塞。就是通过信号机具有三种显示,能预告列车前方两个闭塞分区的状态,分两个速度等级,一个闭塞分区的长度满足从规定速度到零的制动距离。当列车最高运行速度达到 160 km/h 时,我国铁路一般采用四显示自动闭塞,四显示自动闭塞就是通过信号机具有四种显示,能预告列车前方三个闭塞分区的状态,分三个速度等级,两个闭塞分区的长度满足从规定速度到零的制动距离。多于四显示时,则以机车信号为主。

3. 带有列控系统的自动闭塞

列车运行自动控制系统(简称列控系统)是靠控制列车运行速度的方式来实现列车按照空间间隔制运行的技术方法。运行列车间必须保持的空间间隔首先是满足制动距离的需要,还要考虑适当的安全余量和确认信号时间内的运行距离。列车间的追踪运行间隔越小,运输能力就越大。

根据列控系统采取的不同控制模式会产生不同的闭塞制式。从闭塞制式的角度来看,装备列控系统的自动闭塞可分为三类:固定闭塞、准移动闭塞(含虚拟闭塞)和移动闭塞(moving block)。

四、信号机的设置、命名和灯光配置

扫描二维码 1.3.2 可以查阅《铁路信号设计规范》(TB 10007—2017)附录中

1.3.2

信号机、表示器及闭塞分区信号标志牌命名规则的相关内容。扫描二维码 1.3.3 可以查阅附录中信号机机构及灯光配置表的相关内容。

1.3.3

（一）进站信号机（home signal）

进站信号机的作用是指示列车由区间进入车站的运行条件,防护车站,保证接车进路的正确和安全可靠。所以,凡是有列车接车作业的车站必须设置进站信号机;动车段、动车运用所宜设置进站信号机。设置地点在进站线路最外方道岔尖轨尖端外方(顺向道岔为警冲标内方)不少于 50 m 的地点,一般不得超过 400 m,如图 1-3-1 所示。双线自动闭塞区段,车站的反方向进站信号机可设在列车运行方向的线路右侧。

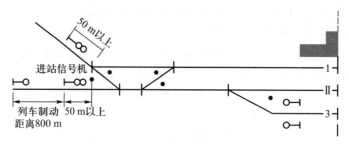

图 1-3-1　进站信号机设置示意图

进站信号机一般采用高柱两个二显示带引导信号机构,如图 1-3-2 所示。自上而下灯光配列为黄、绿、红、黄、月白。当采用矮型信号机时,选用矮型七显示信号机(一个四显示机构和一个三显示机构),四显示机构灯位自上而下为绿、黄、封灯位、黄,三显示机构为红、封灯位、月白,三显示机构靠近线路,封灯位的设置是为了满足设计规范要求:有需要同时点亮两种灯光组成一种信号显示时,中间必须至少间隔一个灯位。

图 1-3-2　高柱进站信号机

进站信号机的命名是按照列车运行方向进行的,上行用 S 表示,下行用 X 表示;如果需要进一步区分,以字母"X、S"后缀以"字母"或"字母+数字"等辅助信息表示。如:车站下行咽喉连接区间北京方面和东郊方面,北京方面的下行进站信号机可编为"X_B",东郊方面的下行进站信号机可编为"X_D",如果北京方面为主要线路,则"X_B"可简化命名为"X"。如果咽喉连接双线区间,两条线分别正向接车和反向接车,则反向进站信号机的名称以正向进站信号机后缀以"F"或"N"。

（二）出站信号机（starting signal）

出站信号机用来防护区间的安全,指示列车能否由车站向区间发车,作为列车占用区间的凭证。

出站信号机的设置应符合下列规定：

（1）车站的正线和到发线设置出站信号机。

（2）设有进站信号机的动车段、动车运用所设置出站信号机。

（3）发车线发车方向末端为对向道岔时,出站信号机设置于对向道岔尖轨尖端外方。

（4）发车线发车方向末端为顺向道岔时,出站信号机设置于顺向道岔警冲标内方,如图 1-3-3 所示。无动车组运行时设置于距警冲标沿线路方向不小于 3.5 m 处；有动车组运行时设置于距警冲标沿线路方向不小于 5 m 处。

（5）调车场的编发线可设置线群出站信号机。设置线群出站信号机时,应在各编发线顺向道岔警冲标内方的适当位置设置发车线路表示器。

出站信号机按列车运行方向命名,上行用 S 表示,下行用 X 表示。在字母"X、S"后缀以"数字"等辅助信息表示,如图 1-3-3 所示,后缀为股道编号,如 X_{II}、S_3。

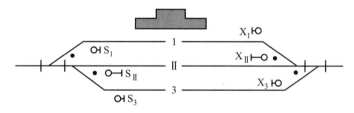

图 1-3-3 出站信号机设置示意图

出站信号机的灯光配列有各种不同的情况,如半自动闭塞区段的出站信号机、三显示自动闭塞区段的出站信号机、四显示自动闭塞区段的出站信号机、双方向以及两个以上方向的各种闭塞区段的出站信号机等。集中联锁车站的出站信号机一般又兼做调车信号机。

半自动闭塞区段的出站信号机采用一个三显示机构,灯位自上而下为红、绿、月白。当有两个发车方向时,增加一个绿灯。高柱采用两个二显示机构,灯位自上而下为绿、红、绿、月白。矮型采用一个二显示机构和一个三显示机构,月白、红二显示机构靠近线路,另一个三显示机构为绿、封灯位、绿。如无调车信号显示时,高柱封月白灯,矮型采用绿、红、绿三显示机构。

三显示自动闭塞区段的出站信号机高柱、矮型均采用两个二显示机构。高柱信号机灯位自上而下为黄、绿、红、月白。矮型信号机的月白、红二显示机构靠近线路,另一个二显示机构为黄灯、绿灯显示。三显示自动闭塞区段的双方向出站信号机当次要方向是半自动闭塞时,在上述基础上增加一个绿灯。四显示自动闭塞区段的出站信号机,高柱机构同三显示自动闭塞区段,但灯位自上而下为绿、红、黄、月白。矮型信号机采用一个二显示机构和一个三显示机构。月白、红二显示机构靠近线路,另一个三显示机构为绿、封灯位、黄。

按《铁路信号设计规范》(TB 10007—2017)新增类型,矮型出站信号机也可以采用一个四显示机构,灯位自上而下为绿、红、黄、月白。

三显示、四显示自动闭塞区段的双方向出站信号机,当两个方向均为自动闭塞时,必须装设进路表示器,若发车方向有两个以上时,只能装设进路表示器。

(三)进路信号机(route signal)

在有几个车场的车站,为指示列车由一个车场开往另一个车场,应设置进路信号机,转场进路始于进路信号机,止于出站信号机。

进路信号机按用途可分为:

(1)接车进路信号机(route signal for receiving)——对到达列车指示运行条件;

(2)发车进路信号机(route signal for departure)——对出发列车指示运行条件;

(3)接发车进路信号机(route signal for receiving-departure)——对到达及出发列车指示运行条件。

当同一信号机兼有多种作用时,应称其全名,例如:出站兼接发车进路信号机。

在车场前或引向不同车场的分歧道岔前的信号机为接车进路信号机。

当为纵列式车场时,一个车场的前方衔接另一个车场或线路,则该车场到发线上的信号机为发车进路信号机,正线上的信号机为接发车进路信号机。站内正线上具有通过性质的信号机亦按接发车进路信号机设置。

当两个车场间线路紧密衔接,在车场入口处不能装设接车进路信号机时,可在相邻车场出口处的正线上装设接发车进路信号机。

当两个车场间线路较长,为了提高车站通过能力,除在车场入口处的正线上装设接发车进路信号机外,还应在相邻车场的出口处的正线上装设接发车进路信号机。

接车进路信号机、接发车进路信号机的命名方式相同,按列车运行方向,上行为 SL,下行为 XL。当有并置或连续布置的接车进路信号机,则在其右下角加顺序号,如 SL_2、SL_4、XL_1、XL_3 等(上行用双数,下行用单数)。

发车进路信号机按列车运行方向命名,上行为 S,下行为 X。并在其右下角先加车场号,再加股道号,如 I 场的上行 3 股道发车进路信号机为 S_{I3},II 场的下行 4 股道发车进路信号机为 X_{II4}。

接车进路信号机的机构和灯光配列与进站信号机相同,但接车进路信号机通常兼做调车信号机,为避免与引导信号相混淆,应将调车机构设于信号机下部,也可单独设矮型调车信号机,两种情况下都要将蓝灯封闭。

发车进路信号机的机构和灯光配列与出站信号机相同,只是没有两方向发车的情况。有两方向发车的是出站兼发车进路信号机,它与双方向出站信号机相同。

(四)通过信号机(block signal)

通过信号机分为自动闭塞区段的通过信号机和非自动闭塞区段线路所的通过

信号机。

非自动闭塞区段线路所（非自动闭塞区段的两车站间，为提高线路的通过能力设置的无配线的分界点）的通过信号机设在线路所的所间区间分界处。用来防护所间区间，指示列车能否占用运行前方的所间区间，如图1-3-4所示。

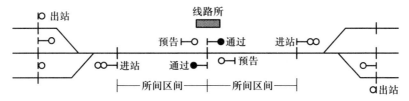

图1-3-4　非自动闭塞区段线路所的通过信号机设置示意图

设于无分歧道岔线路所的通过信号机为二显示机构，自上而下为绿灯、红灯。防护有分歧道岔的线路所通过信号机，应设置于最外方对向道岔尖轨尖端外方或顺向道岔警冲标内方适当处所。它具有进站和出站信号机的双重性质，应采用与进站信号机相同的机构，但月白灯必须封闭，因不允许办理引导接车。

以地面信号为列车行车凭证的自动闭塞区段的通过信号机用来防护闭塞分区，指示列车能否进入运行前方的闭塞分区。通过信号机设于各闭塞分区入口处，如图1-3-5所示。第一离去区段除外，它由出站信号机防护，不设通过信号机。

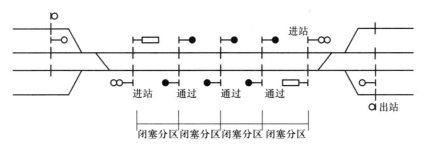

图1-3-5　自动闭塞区段通过信号机设置示意图

在自动闭塞区段，通过信号机的设置位置是根据机车牵引重量、列车运行速度、列车运行间隔时间、线路条件，并考虑列车制动距离等多种因素，由牵引计算确定的。在确定通过信号机的具体设置位置时，还应综合考虑：

（1）应避免设在列车停车后启动时容易断钩的地点。

（2）应尽量避免设在货物列车停车后启动困难的上坡道上。遇到特殊情况，必须设在上坡道上货物列车停车后启动困难的地点时，该信号机上应装设容许信号。但在进站信号机前方第一架通过信号机上不得装设容许信号。

（3）尽量避免设在隧道内及大型桥梁上。

（4）为了节约投资和方便维修，上下行方向的通过信号机在不影响行车效率和司机瞭望信号的条件下，应尽可能并列设置。

在三显示自动闭塞区段的进站信号机前方第一架通过信号机柱上，应涂三条黑斜线;四显示自动闭塞区段的进站信号机前方第一、第二架通过信号机的机柱上,应分别涂三条、一条黑斜线。

自动闭塞区段的通过信号机的命名通常以该信号机所在地点坐标公里数和百米数来确定。下行编为奇数,上行编为偶数。例如:在 100 km+350 m 处的并置通过信号机,下行方向编为 1003,上行方向编为 1004。

三显示自动闭塞区段的通过信号机和四显示自动闭塞区段的通过信号机均采用高柱三显示机构,只有灯光排列顺序不同。

三显示自上而下是黄、绿、红。四显示自上而下是绿、红、黄,因为四显示有绿黄显示,中间必须间隔一个灯位,如图 1-3-6 所示。

图 1-3-6　高柱四显示通过信号机

设在上坡道启动困难的通过信号机带的容许信号为方形背板,蓝灯。

(五) 接近信号机(approach signal)

接近信号机是指非自动闭塞线路设于进站信号机前方,信号显示具有速度含义的信号机。《技规》(普速铁路部分)规定:半自动闭塞、自动站间闭塞区段,进站信号机为色灯信号机时,设色灯预告信号机或接近信号机;列车运行速度超过 120 km/h 的区段,设置两段接近区段,在第一接近区段和第二接近区段的分界处,设接近信号机,在第一接近区段入口内 100 m 处,设置机车信号接通标。

设计速度 120 km/h 以上的线路,进站信号机、线路所通过信号机设置双接近区段及接近信号机的原理是将进站第一接近区段、进站第二接近区段和进站直向接车进路按四显示自动闭塞的方式设计,该三个"闭塞分区"的发码关系,以及接近信号机、进站信号机、正线出站信号机之间的显示关系均按四显示自动闭塞方式执行,只是两相邻站间区间只允许一列车运行,接近信号机一般采用高柱三显示机构,自上而下是绿、封灯位、黄,没有红灯位。

接近信号机以字母"J"后缀以主体信号机的名称表示,例如 X_D 进站信号机前方的接近信号机命名为"J_{X_D}"。

(六) 预告信号机(distant signal)

预告信号机的作用是将主体信号机的显示状态提前告诉司机。非自动闭塞区段的进站信号机应设预告信号机。遮断信号机和非自动闭塞区段线路所的通过信号机,均应装设预告信号机。列车运行速度不超过 120 km/h 的区段,预告信号机应设在距主体信号机不少于 800 m 的地方,以满足列车制动距离的要求,如图 1-3-1 所示。预告信号机的显示距离不足 400 m 时,距主体信号机不得小于 1 000 m。

预告信号机一般采用高柱二显示机构,自上而下是绿、黄灯。预告信号机的编号以字母"Y"后缀以主体信号机的名称表示,如 X 进站信号机的预告信号机命名为"Y_X"。

(七)调车信号机(shunting signal)

调车信号机的作用是指示站内调车机车进行各种调车作业。有调车作业的车站或动车段、动车运用所,应根据调车作业需要设置调车信号机,一般设置在经常进行调车作业的线路上或非联锁区到联锁区的入口处;高速铁路、城际铁路的中间站、越行站的列车进路不宜设置调车信号机。

调车信号机以 D 表示,在其右下角缀以顺序号。从列车到达方向顺序编号,上行咽喉用双号,下行咽喉用单号。如图 1-3-7 中 D_1、D_3、D_5、D_7 等。多车场车站中的各场调车信号机"D"后缀的数字序号首位为车场号,其余位为顺序号,如 II 场下行咽喉 D_{201}、D_{203}、D_{205} 等。

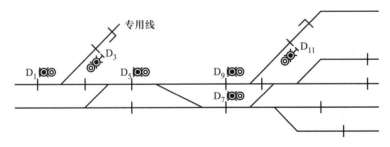

图 1-3-7 调车信号机设置示意图

调车信号机的设置一般应考虑以下几种情况:

(1)出站及接、发车进路信号机均兼作调车信号机用,以满足调车作业的需要。

(2)在尽头线、机车出入库线、机待线、专用线、牵出线、段管线及编组线等通向集中联锁区的入口处,均应装设调车信号机。单向运行的双线发车口内、进站信号机内方、单向运行的正线股道不发车端也应装设调车信号机。这类信号机统称为尽头型调车信号机。

(3)在咽喉区,应设置起转线、平行作业、减少调车车列走行距离等作用的调车信号机,称为咽喉区调车信号机。按设置情况,咽喉区调车信号机分为单置、并置、差置三种。

调车信号机按其所起作用分为起始调车信号机、折返调车信号机和阻拦调车信号机。尽头型调车信号机只能作为起始调车信号机。咽喉区调车信号机有的仅作为调车折返用,有的起阻拦作用,有的既可作为折返调车信号机,又可作为阻拦调车信号机。

调车信号机又有高柱和矮型，采用二显示机构，自上而下是月白灯、蓝灯。月白灯为准许调车，蓝灯为禁止调车。设于岔线入口处的调车信号机可以用红灯代替蓝灯。设在尽头式到发线上的尽头调车信号机，按《铁路信号设计规范》(TB 10007—2017)新增类型，采用矮型三显示机构，自上而下是红、蓝、月白灯，如无列车进路封蓝灯。

（八）遮断信号机（mono-indication obstruction signal）

有人看守道口的列车接近方向应装设遮断信号机；在设计速度 120 km/h 及以下的线路，有人看守的桥隧建筑物及可能危及行车安全的塌方落石地点，根据需要装设遮断信号机。遮断信号机仅防护本线路，当有多条线路时均应单独设置。设置地点距其防护地点不得小于 50 m，并按司机能清晰瞭望防护地点的原则就近设置。

在自动闭塞区段，遮断信号机应与通过信号机有联系。当遮断信号机与前方相邻的通过信号机之间小于 800 m 时，则通过信号机应重复遮断信号机红色灯光显示，当遮断信号机与前方相邻的通过信号机之间大于 800 m 时，则通过信号机应为遮断信号机的预告信号机。在自动闭塞区段，遮断信号机不应设在停车后启动困难的地点。

为了避免和其他信号机相混淆，遮断信号机及其预告信号机均采用方形背板，并在机柱上涂以黑白相间的斜线。

遮断信号机的命名以字母"Z"表示，如果需要进一步区分，以字母"Z"后缀以"字母"或"字母+数字"等辅助信息表示。如指示下行方向列车运行为 Z_X，指示上行方向列车运行有多架时为 Z_{S2}、Z_{S4}。

遮断信号机采用高柱单机构，只有一个红灯。遮断信号机的预告信号机只有一个黄灯，如图 1-3-8 所示。遮断信号机是绝对信号，显示红灯，不准许列车越过，不点灯时不起信号作用。遮断信号机的预告信号机显示黄灯表示遮断信号机显示红灯，不亮灯时不起信号作用。

（九）复示信号机（repeating signal）

复示信号机的作用是复示主体信号机显示的基本含义。进站、出站、进路信号机及线路所通过信号机，因受地形、地物影响，达不到规定的显示距离时，在信号机前适当地点应装设复示信号机；设置于车站岔线入口处的调车信号机不符合显示距离要求时，可设置复示信号机。

复示信号机均采用方形背板，以示区别。进站复示信号机为灯列式结构，一个机构内有三个呈等边三角形的月白灯，如图 1-3-9 所示。出站复示信号机、调车复示信号机均为单机构、单显示。

驼峰信号机的复示信号机和驼峰辅助信号机的复示信号机均为高柱两个二显示机构，灯光配置与驼峰信号机和驼峰辅助信号机相同。

复示信号机的命名，第一个字母是 F，后缀以主体信号机的名称。如 X 进站信号机的复示信号机命名为 F_X；S_{II} 出站信号机的复示信号机命名为 $F_{S_{II}}$。如果某一信号机的复示信号机有多架，则在上述名称的基础上再前缀以阿拉伯数字，数字序号按运行方向由小到大顺序编号，例如 X_D 进站信号机有两架复示信号机，则按列车运行方向依次命名为 $1F_{X_D}$、$2F_{X_D}$。

图 1-3-8　遮断信号机的预告信号机

图 1-3-9　进站复示信号机

（十）驼峰信号机（hump signal）和驼峰辅助信号机

驼峰信号机设置在驼峰调车场的峰顶平台处，用来指示调车机车能否向峰顶推送车列，以及用多大速度推送车列，每条推送线设一架。驼峰信号机采用高柱，两个二显示机构，从上至下为黄、绿、红、白四个色灯。

驼峰信号机以字母"T"表示，如需进一步区分，以字母"T"后缀以推送线的顺序号表示。例如驼峰场有多架驼峰信号机，则按各信号机所属的推送线分别命名为 T_1、T_2 等。

驼峰辅助信号机设置在到达场股道靠近驼峰场的一端的适当地点。在办理驼峰推送作业后，除复示驼峰信号机的显示外，还有预推信号，指示调车车列向驼峰进行预先推送作业。驼峰辅助信号机的机构与灯光配列与驼峰信号机相同。

驼峰辅助信号机以字母"TF"后缀以所属股道编号表示。例如4G的驼峰辅助信号机命名为 TF_4。

第四节　信号表示器及信号标志

一、信号表示器

（一）进路表示器（route indicator）

进路表示器用以指示出站列车运行方向，区分发车进路的开通方向或双线区段反方向发车，只有在其主体信号机开放时才能点亮。即常态点灯的出站信号机、发车进路兼出站信号机，有两个及以上的发车方向而信号显示不能分别表示进路方向时，宜设置进路表示器，并保证其显示与进路开通方向的一致。具体设置原则有：

（1）双线自动闭塞区段，有反方向运行条件时，出站信号机应装有一个白灯的进路表示器。当反方向发车时，该白灯点亮。

（2）有两个发车方向时，装一排两个白灯的进路表示器，当信号机在开放的条件下，分别用左、右两个白色灯光，以区分列车左、右的运行方向。

（3）有三个发车方向时，装一排有三个白灯的进路表示器，可用左、中、右三个白灯的点亮来区分列车的三个运行方向。

（4）有四个及以上发车方向时，进路表示器有两排，第一排并排有三个白灯，第二排有一个白灯。以两个灯组成直线或斜线表示进路开通方向。

进路表示器的四个发车方向（A、B、C、D 方向）显示方式如下：

① 信号机在开放状态及表示器左方横向显示两个白色灯光——表示进路开通，准许列车向左侧 A 方向线路发车，如图 1-4-1a 所示；

② 信号机在开放状态及表示器左方斜向显示两个白色灯光——表示进路开通，准许列车向左侧 B 方向线路发车，如图 1-4-1b 所示；

③ 信号机在开放状态及表示器右方斜向显示两个白色灯光——表示进路开通，准许列车向右侧 C 方向线路发车，如图 1-4-1c 所示；

④ 信号机在开放状态及表示器右方横向显示两个白色灯光——表示进路开通，准许列车向右侧 D 方向线路发车，如图 1-4-1d 所示。

　　　（a）　　　　　　　（b）　　　　　　　（c）　　　　　　　（d）

图 1-4-1　进路表示器四个发车方向的显示方式

1.4.1

1.4.2

进路表示器的五个发车方向及以上的显示方式和含义请参阅《技规》的相关内容。扫描二维码 1.4.1 可以查阅《铁路技术管理规程》（普速铁路部分）中信号表示器及标志的内容。扫描二维码 1.4.2 可以查阅《铁路技术管理规程》（高速铁路部分）中信号表示器及标志的内容。

（二）发车表示器（departure indicator）

发车表示器用来反映列车出发时，车站值班员是否向运转车长发出了发车信号，或运转车长是否向司机发出了发车信号。发车表示器只设在对发车指示信号或发车信号辨认困难，而中转信号又会延长站停时间的车站，一般是车站设在弯道上，或客流较大的车站。

发车表示器应设于便于司机瞭望的地点。发车表示器常态不显示,必须保证在出站信号机已开放,车站值班员和运转车长均同意发车的条件下,才显示一个白灯。

(三)发车线路表示器(departure track indicator)

发车线路表示器设在调车场的编发线上,设线群出站信号机时,用于指示说明是哪条线路发车。在线群出站信号机开放和进路开通正确后,才能点亮月白色灯光,表示准许该线路上的列车发车。

(四)调车表示器(shunting indicator)

在作业繁忙的调车场,调车指挥人员的手信号瞭望困难时,应设置调车表示器,一般设于牵出线一侧,用以指挥调车车列由牵出线向调车区或由调车区向牵出线的进退,以代替调车员的手信号。

调车表示器双面均设表示灯,向调车区方向一个,向牵出线方向两个。向调车区方向显示一个白灯,准许机车车辆自调车区向牵出线运行;向牵出线方向显示一个白灯,准许机车车辆自牵出线向调车区运行;向牵出线方向显示两个白灯,准许机车车辆自牵出线向调车区溜放,如图1-4-2所示。

图1-4-2　调车表示器

(五)道岔表示器(switch indicator)

道岔表示器设于道岔旁,用来反映道岔的开通位置。凡非集中操纵接发车进路上的道岔应装设道岔表示器,以利于有关行车人员确认道岔位置。道岔表示器不单独命名,与所属道岔的名称与编号相同。

非集中联锁的道岔表示器昼间无显示,夜间显示紫灯,表示道岔开通直向位置,如图1-4-3a所示;昼间为中央画有一条黑线的黄色鱼尾形板,夜间显示黄灯,表示道岔开通侧向位置,如图1-4-3b所示。

(六)脱轨表示器(derail indicator)

脱轨表示器用于引向安全线或避难线的道岔及集中联锁区以外的脱轨器,表示线路的开通位置或脱轨器的状态。脱轨表示器昼间显示带白边的红色长方牌,夜间显示红灯,表示线路在遮断状态;脱轨表示器昼间显示带白边的绿色圆牌,夜间显示月白灯,表示线路在开通状态,如图1-4-4所示。

(a)

(b)

图 1-4-3　道岔表示器

图 1-4-4　脱轨表示器

二、信号标志

信号标志是对机车车辆操作人员起指示作用的标志。为了便于司机瞭望,信号标志应设置于线路的列车运行方向左侧(警冲标、动车组停车位置标除外)。双线区段轨道电路调谐区标志应设置于线路外侧,主要是因为受建筑限界的影响。这里介绍几种普速铁路和高速铁路常用的信号标志,更多《技规》的详细内容可以通过扫描前文中的二维码 1.4.1 和 1.4.2 查阅。

(一)警冲标(fouling post)

警冲标设在两会合线路线间距离为 4 m 的中间。线间距离不足 4 m 时,设在两线路中心线最大间距的起点处(如图 1-4-5 所示)。在线路曲线部分所设道岔附近的警冲标与线路中心线间的距离应按限界的加宽增加。

图 1-4-5　警冲标

(二)预告标(warning sign)

预告标的作用是列车在区间运行时,为对"接近车站(或线路所)"作出预告而设置的"信号"。

预告标的设置应符合下列规定:

（1）进站信号机或线路所通过信号机外方无预告信号机、接近信号机或同方向的通过信号机时，在进站信号机或线路所通过信号机外方 900 m、1 000 m 及 1 100 m 处的区间设置预告标；

（2）预告标可设置于接触网支柱、桥梁防护墙或隧道壁；

（3）预告标宜成组设置，如图 1-4-6 所示。

例如，自动闭塞区间正方向设有通过信号机，其中邻近车站或线路所的通过信号机有特殊标记（其前方第一架通过信号机涂有三条黑斜线，四显示自动闭塞区段其前方第二架通过信号机还涂有一条黑斜线），以此给出"接近车站（或线路所）"的预告信号。而列车反方

图 1-4-6　预告标

向运行时，在进站信号机外方无上述能起预告作用的通过信号机，也没有设置预告信号机或接近信号机作为"接近车站（或线路所）"的预告信号，所以在反方向进站信号机外方 900 m、1 000 m 及 1 100 m 处的区间设置预告标。

以车载信号为列车行车凭证的线路，因进站信号机外方通常也没有预告信号机或接近信号机，故也要在其外方 900 m、1 000 m 及 1 100 m 处设置预告标，预告列车司机接近车站。此时，预告标主要用于非列控车载设备控车的列车（以地面信号为行车凭证）。对于列控车载设备控车的动车组，其行车凭证是列控车载设备的显示，地面信号机通常为灭灯状态，此时预告标的实际作用不大。

（三）区间信号标志牌（section signal marker）

以车载信号为列车行车凭证的自动闭塞区间，未设置通过信号机时，区间闭塞分区分界处应设置闭塞分区信号标志牌，设在 CTCS-2/CTCS-3 级区段区间闭塞分区分界处（中国列车运行控制系统 Chinese Train Control System，简称 CTCS）。该标志标面采用蓝色反光膜、黄色三角图案，蓝底色与黄色三角形图案间填充白色图样，其对应的号码牌标面采用黑色反光膜、黄色边框、黄色字样，设于线路左侧时如图 1-4-7a 所示，设于线路右侧时如图 1-4-7b 所示。

(a)　　　　　　　　　(b)

图 1-4-7　区间信号标志牌

（四）轨道电路调谐区标志

无绝缘轨道电路虽然没有机械形式的钢轨绝缘，但在两段轨道电路的连接处存在分路效果较差的调谐区。为避免短车在调谐区内停留时有可能检查不到的危险后果，以轨道电路调谐区标志提示机车乘务员不得在调谐区内停留，所以当无绝缘轨道电路调谐区端部未设置通过信号机或闭塞分区信号标志牌时，应在调谐区边界外方 1 m 处设置轨道电路调谐区标志。

轨道电路调谐区标志标明了调谐区的长度值，提示司机短车禁止停留，普速铁路的调谐区标志分三种类型。

Ⅰ型为反方向区间停车位置标，涂有白底色、黑框、黑"停"字、斜红道，标明调谐区长度的反光方形板标志。

Ⅱ型为反方向行车困难区段的容许信号标，涂有黄底色、黑框、黑"停"字、斜红道，标明调谐区长度的反光方形板标志。

Ⅲ型区间轨道电路分割点调谐区标志牌（stop marker for section track circuit separation point）用于反方向运行合并轨道区段之间的调谐区或因轨道电路超过允许长度而设立分隔点的调谐区，为涂有蓝底色、白"停"字、斜红道，标明调谐区长度的反光方形板标志。

以上三种调谐区标志均使用黑白相间的立柱。高速铁路采用的Ⅰ型、Ⅲ型轨道电路调谐区标志如图 1-4-8a 和 b 所示。扫描二维码 1.4.1 和 1.4.2 可以查阅更多相关内容。

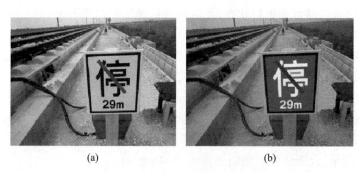

(a)　　　　　　　　　　　(b)

图 1-4-8　高速铁路轨道电路调谐区标志

（五）级间转换标

在 CTCS-0/CTCS-2 级、CTCS-2/CTCS-3 级区段转换边界一定距离前方的级间转换应答器组对应的线路左侧应设置级间转换标志。该标志采用涂有白底色、黑框、写有黑"C0""C2"或"C3"标记的反光菱形板，装设于邻近的接触网支柱上，如图 1-4-9a、b、c 所示。

（六）中继站标

高速铁路在上下行线路靠近区间中继站控制的第一个有源应答器位置处设置中继站标志牌。该标志采用白底色、写有黑"××号中继站"标记的反光长方形板，装设于邻近的接触网支柱上，如图 1-4-10 所示。

(a)　　　　　　　　　(b)　　　　　　　　　(c)

图 1-4-9　级间转换标

图 1-4-10　中继站标

第五节　信 号 显 示

一、信号显示制度

信号显示制度是指表达信号显示意义的基本体系。铁路信号显示制度通常可分为进路制和速差制两大类。

进路制信号(route signaling)是以指示列车进入不同进路为原则的信号显示制度,表达的是进路意义,传统铁路信号系统一般采用进路制。进路制信号没有明确的速度限制的含义,存在适应性能差、显示意义不确切等缺点。速差制信号(speed signaling)是每一种信号显示均表示不同行车速度的信号显示制度,表达的是速度含义。速差制信号显示能采用较简单统一的显示方式,指示列车通过本信号机的运行速度,或能指示列车通过次架信号机的运行速度,或者既能指示列车通过本信号机的运行速度又能指示列车通过次架信号机的运行速度。各个国家的信号显示制度虽不相同,但从总体来看,是由进路制向速差制发展。

我国现行的信号显示制度基本上属于简易速差制,并兼顾运行方向的区分。它的速度级可概括为三级,分别为 1 级:禁止通行;2 级:减速运行;3 级:准许按规定速度运行,可用 V_0、$V_中$、$V_规$ 表示。列车运行速度在 120 km/h 及以下时一般采用三显示自动闭塞,其速度等级只有两级 V_0、$V_规$。列车运行速度在 120～160 km/h

时采用四显示自动闭塞,其速度等级有三级 V_0、$V_中$、$V_规$,它的信号显示有了较明确的速度含义,采用绿、绿黄、黄、红灯四种显示,明确表达了进入所防护的进路或区间的始端速度和终端速度。

进站信号机和接车进路信号机也能表达速度意义,除绿、绿黄、黄、红灯外,两个黄灯和黄闪黄显示分别表达了道岔侧向限速的意义。

二、信号显示的原则要求

信号是指示列车运行及调车作业的命令,有关行车人员必须严格执行。

(1)信号显示方式及使用方法,应按《技规》规定执行。《技规》以外的信号显示方式,须经中国铁路总公司批准,方可采用。

(2)各种信号机和表示器的灯光排列、颜色和外形尺寸,必须符合中国铁路总公司规定的标准。

(3)铁路沿线及站内,禁止设置妨碍确认信号的红、黄、绿色的装饰彩布、标语和灯光。如车站内已装有妨碍确认信号灯光的设备时,应拆除或采取遮光措施。

(4)在规定的信号显示距离内,不准种植影响信号显示的树木。对影响信号显示的树木,其处理办法由铁路局规定。

三、信号机的定位

所谓"定位显示"是指无列车运行的条件下,信号机经常保持的显示状态。信号机定位的确定,一般要考虑保证行车安全、提高运输效率或信号显示自动化等因素。

(1)进站信号机、进路信号机、出站信号机的定位。

① 以车载信号为列车行车凭证的线路,车站的进站信号机、进路信号机、出站信号机常态可为灭灯状态,不起信号作用,仅起停车位置作用,但应具备人工转为点亮状态的条件,转为点亮状态时以显示"停车信号"为定位。

② 动车段、动车运用所以及以地面信号为列车行车凭证的线路,进站信号机、进路信号机、出站信号机常态点灯,并以显示"停车信号"为定位。

(2)通过信号机。

① 以车载信号为列车行车凭证的线路,线路所通过信号机常态可为灭灯状态,仅起停车位置作用,但应具备人工转为点亮状态的条件,转为点亮状态时以显示"停车信号"为定位。

② 以地面信号为列车行车凭证的线路,线路所通过信号机常态点灯,并以显示"停车信号"为定位。

③ 其他通过信号机常态点灯,并以显示"进行信号"为定位。一般通过信号机以显示绿灯为定位,进站信号机前方第一架通过信号机兼有预告信号机的作用,故以显示黄灯为定位,四显示自动闭塞的进站信号机前方第二架通过信号机则以显示绿、黄灯为定位。

(3)接近信号机、进站预告信号机、线路所通过信号机的预告信号机常态点灯,并以显示"注意信号"为定位。因为接近信号机、预告信号机为从属信号机,仅能表示主体信号机的显示状态,主体信号机以显示"停车信号"为定位。故规定它们均以显示"注意信号"为定位。

（4）调车信号机常态点灯,并以显示"停车信号"为定位。

（5）遮断信号机、遮断预告信号机常态灭灯,但应具备自动转为点亮状态或人工转为点亮状态的条件,转为点亮状态时遮断信号机应显示"红灯",遮断预告信号机应显示"黄灯"。

（6）复示信号机以无显示为定位。

四、信号机的关闭时机

（1）进站信号机、进路信号机、出站信号机以及通过信号机显示列车允许信号时,自动关闭信号的时机为列车第一轮对越过信号机对应的轨道区段边界。

（2）进站信号机显示引导信号时,自动关闭信号的时机也为列车第一轮对越过信号机对应的轨道区段边界。

（3）以车载信号为列车行车凭证的线路,常态灭灯的进站信号机、进路信号机、出站信号机以及线路所通过信号机转为点亮状态并显示列车允许信号或显示引导信号时,自动关闭信号的时机同为列车第一轮对越过信号机对应的轨道区段边界。

（4）调车信号机（非进路调车、平面调车及驼峰推送进路内的调车信号机除外）：

① 外方设有轨道区段,当调车车列全部越过信号机对应的轨道区段边界、信号机外方的轨道区段变为空闲时自动关闭信号;

② 外方设有轨道区段,当调车车列全部越过信号机对应的轨道区段边界但信号机外方的轨道区段保持占用,待调车车列全部出清信号机内方第一轨道区段时自动关闭信号;

③ 外方未设置轨道区段,当调车车列全部出清信号机内方第一轨道区段时自动关闭信号;

④ 根据需要也可在调车车列第一轮对进入调车信号机内方第一轨道区段时自动关闭信号。

调车作业经常使用推送方式（机车乘务员位于调车车列的尾部）,为保证调车允许信号显示的时效,规定调车车列全部越过调车信号机后关闭信号。

取送车辆作业时,因股道、货物线留有车辆,设备无法判断"调车车列全部越过调车信号机对应的轨道区段边界",所以需待其出清信号机内方第一轨道区段后,方能判定车列已全部进入调车信号机内方,实现自动关闭信号。

如果调车信号机外方未设置轨道区段,设备无法判断调车车列何时"全部"越过信号机,故也需待其出清信号机内方第一轨道区段后,方能判定车列已全部进入调车信号机内方,实现自动关闭信号。

（5）以显示停车信号为定位的信号机,当信号设备或电路发生故障时自动关闭信号。

这里所谓的"自动关闭信号"是指自动改为显示禁止信号,如果遇到禁止信号灯泡断丝等特殊情况则可能为熄灭状态。进站、出站、进路和通过信号机的灯光熄灭、显示不明或显示不正确时,均视为停车信号。

新设尚未开始使用及应撤除尚未撤掉的信号机,均应装设无效标(白色的十字交叉板),装在色灯信号机柱上,并应熄灭灯光。

在新建铁路线上,新设尚未开始使用的信号机(进站信号机暂用作防护车站时除外),可将色灯信号机构向线路外侧扭转 90°,并熄灭灯光,作为无效。

五、信号显示距离

信号显示距离是指从机车上以目力能连续地清楚确认信号机显示的线路距离。《技规》(普速铁路部分)规定,各种信号机及表示器,在正常情况下的显示距离:

(1)进站、通过、遮断、接近信号机的显示距离不得小于 1 000 m;

(2)高柱出站、高柱进路信号机的显示距离不得小于 800 m;

(3)矮型出站、矮型进路信号机的显示距离不得小于 200 m;

(4)预告、驼峰、驼峰辅助信号机的显示距离不得小于 400 m;

(5)调车、复示信号机、容许、引导信号及各种表示器的显示距离不得小于 200 m。

在地形、地物影响视线的地方,进站、通过、接近、预告、遮断信号机的显示距离,在最坏的条件下,不得小于 200 m。

为使司机能清晰瞭望信号,保证行车安全,《技规》对高柱进站信号机、高柱通过信号机、高柱接近信号机以及遮断信号机的显示距离提出了严格要求。但因条件限制,如在山区弯道多、曲线半径小、隧道接连不断等最坏情况下,确实无法达到标准时,考虑到此类信号机均设有可起到预告作用的信号机或信号标志,因此允许降低到不小于 200 m 的最低标准。

1.5.1

1.5.2

六、信号显示意义

这里重点介绍普速铁路各种地面固定信号机的显示意义,高速铁路部分仅作对比简单介绍,详细内容请参阅《技规》(高速铁路部分)中固定信号的相关内容。扫描二维码 1.5.1 可以查阅《技规》(普速铁路部分)中固定信号的内容。扫描二维码 1.5.2 可以查阅《技规》(高速铁路部分)中固定信号的内容。

(一)进站信号机

进站信号机采用黄、绿、红、黄、月白五灯位的色灯信号机。进站信号机分非四显示自动闭塞和四显示自动闭塞两种情况。两种情况的主要区别在于绿色灯光的显示意义和绿、黄灯显示。

1. 非四显示自动闭塞区段(半自动闭塞、自动站间闭塞、三显示自动闭塞)的进站信号机

一个绿色灯光——准许列车按规定速度经正线通过车站,表示出站及进路信号机在开放状态,进路上的道岔均开通直向位置。

一个绿色和一个黄色灯光——准许列车经道岔直向位置,进入站内越过次一架已经开放的信号机准备停车。

一个黄色灯光——准许列车经道岔直向位置,进入站内正线准备停车。

一个黄色闪光和一个黄色灯光——准许列车经过 18 号及其以上道岔侧向位置,进入站内越过次一架已经开放的信号机,且该信号机所防护的进路经道岔直向位置或 18 号及其以上道岔的侧向位置。

两个黄色灯光——准许列车经道岔侧向位置,进入站内准备停车。

一个红色灯光——不准列车越过该信号机。

一个红色灯光及一个月白色灯光——准许列车在该信号机前方不停车,以不超过 20 km/h 的速度进站或通过接车进路,并须准备随时停车。

2. 四显示自动闭塞区段的进站信号机

一个绿色灯光——准许列车按规定速度经道岔直向位置进入或通过车站,表示运行前方至少有三个闭塞分区空闲。

一个绿色和一个黄色灯光——准许列车按规定速度越过该信号机,经道岔直向位置进入站内,表示次一架信号机经道岔直向位置开放一个黄灯。

一个黄色灯光——准许列车按限速要求越过该信号机,经道岔直向位置进入站内正线准备停车。

一个黄色闪光和一个黄色灯光——准许列车经过 18 号及其以上道岔侧向位置,进入站内越过次一架已经开放的信号机,且该信号机所防护的进路经道岔直向位置或 18 号及其以上道岔的侧向位置。

两个黄色灯光——准许列车按限速要求越过该信号机,经道岔侧向位置进入站内准备停车。

一个红色灯光——不准列车越过该信号机。

一个红色灯光及一个月白色灯光——准许列车在该信号机前方不停车,以不超过 20 km/h 的速度进站或通过接车进路,并须准备随时停车。

(二)出站信号机

出站信号机有四种情况:半自动闭塞区段,自动站间闭塞区段,三显示自动闭塞区段,四显示自动闭塞区段。只要是集中联锁车站,各种情况下的出站信号机均兼做调车信号机。

1. 半自动闭塞或自动站间闭塞区段的出站信号机

一个绿色灯光——准许列车由车站出发。

一个红色灯光——不准列车越过该信号机。

一个月白色灯光——兼做调车信号机时,准许越过该信号机调车。

两个绿色灯光——准许列车由车站出发,开往次要线路。

2. 三显示自动闭塞区段的出站信号机

一个绿色灯光——准许列车由车站出发,表示运行前方至少有两个闭塞分区空闲。

一个黄色灯光——准许列车由车站出发,表示运行前方有一个闭塞分区空闲。

一个红色灯光——不准列车越过该信号机。

一个月白色灯光——兼做调车信号机时,准许越过该信号机调车。

两个绿色灯光——准许列车由车站出发,开往半自动闭塞或自动站间闭塞区间。

3. 四显示自动闭塞区段的出站信号机

一个绿色灯光——准许列车由车站出发,表示运行前方至少有三个闭塞分区空闲。

一个绿色和一个黄色灯光——准许列车由车站出发,表示运行前方有两个闭塞分区空闲。

一个黄色灯光——准许列车由车站出发,表示运行前方有一个闭塞分区空闲。

一个红色灯光——不准列车越过该信号机。

一个月白色灯光——兼做调车信号机时,准许越过该信号机调车。

两个绿色灯光——准许列车由车站出发,开往半自动闭塞或自动站间闭塞区间。

(三)通过信号机

通过信号机也分半自动闭塞或自动站间闭塞区段、三显示自动闭塞区段、四显示自动闭塞区段等情况。三种情况的通过信号机只有红色灯光显示意义相同。

1. 半自动闭塞或自动站间闭塞区段的线路所通过信号机

一个绿色灯光——准许列车按规定速度运行。

一个红色灯光——不准列车越过该信号机。

2. 三显示自动闭塞区段的通过信号机

一个绿色灯光——准许列车按规定速度运行,表示运行前方至少有两个闭塞分区空闲。

一个黄色灯光——要求列车注意运行,表示运行前方有一个闭塞分区空闲。

一个红色灯光——列车应在该信号机前停车。

一个红色灯光和一个蓝色灯光(容许信号)——准许列车在该信号机前方不停车,以不超过 20 km/h 的速度通过,运行至次一架通过信号机,并随时准备停车。

3. 四显示自动闭塞区段的通过信号机

一个绿色灯光——准许列车按规定速度运行,表示运行前方至少有三个闭塞分区空闲。

一个绿色和一个黄色灯光——准许列车按规定速度运行,要求注意准备减速,表示运行前方有两个闭塞分区空闲。

一个黄色灯光——要求列车减速运行,按规定限速要求越过该信号机,表示运行前方有一个闭塞分区空闲。

一个红色灯光——列车应在该信号机前停车。

一个红色灯光和一个蓝色灯光（容许信号）——准许列车在该信号机前方不停车，以不超过 20 km/h 的速度通过,运行至次一架通过信号机,并随时准备停车。

（四）进路信号机

（1）接车进路信号机及接发车进路信号机的显示与进站信号机相同。

（2）三显示自动闭塞、半自动闭塞、自动站间闭塞区段的发车进路色灯信号机:

一个绿色灯光——准许列车由车站经正线出发,表示出站和进路信号机均在开放状态。

一个绿色灯光和一个黄色灯光——准许列车越过该信号机,表示该信号机列车运行前方次一架信号机在开放状态。

一个黄色灯光——准许列车运行到次一架信号机之前准备停车。

一个红色灯光——不准列车越过该信号机。

（3）四显示自动闭塞区段发车进路色灯信号机:

一个绿色灯光——表示该信号机列车运行前方至少有两架信号机经道岔直向位置在开放状态。

一个绿色灯光和一个黄色灯光——表示该信号机列车运行前方次一架信号机经道岔直向位置在开放状态。

一个黄色灯光——准许列车运行到次一架信号机之前准备停车。

一个红色灯光——不准列车越过该信号机。

（4）接车进路、发车进路及接发车进路色灯信号机兼作调车信号机时,一个月白色灯光表示准许越过该信号机调车。

（五）预告信号机

预告信号机分两种情况:

（1）非自动闭塞区段的进站信号机和线路所通过信号机的预告信号机,有绿、黄两种显示:

一个绿灯——表示主体信号机在开放状态。

一个黄灯——表示主体信号机在关闭状态。

（2）遮断信号机的预告信号机,只有黄灯显示。显示黄灯表示主体信号机显示红灯,不亮灯时不起信号作用。

（六）驼峰信号机和驼峰辅助信号机

一个绿色稳定灯光——准许机车车辆按规定速度向驼峰推进。

一个绿色闪光灯光——准许机车车辆加速向驼峰推进。

一个黄色闪光灯光——准许机车车辆减速向驼峰推进。

一个红色闪光灯光——指示机车车辆自驼峰后退。

一个月白色闪光灯光——指示机车车辆去禁溜线或迂回线。

一个月白色稳定灯光——指示机车下峰进行调车作业。

一个红色稳定灯光——停止推进,不准机车车辆越过该信号机。

驼峰辅助信号机显示一个黄色稳定灯光——指示机车车辆向驼峰预先推进。

（七）复示信号机

（1）进站复示信号机有三个呈等边三角形的月白灯。

两个月白色灯光与水平线构成60°角显示，表示进站信号机显示列车经过道岔直向位置向正线接车信号。两个月白色灯光位置水平显示，表示进站信号机显示列车经过道岔侧向位置接车信号。无显示，表示进站信号机在关闭状态。

（2）出站及进路复示信号机，单显示机构，绿灯。

绿灯点亮——表示出站及进路信号机在开放状态。

灭灯——表示出站及进路信号机在关闭状态。

（3）调车复示信号机，单显示机构，白灯。

白灯点亮——表示调车信号机在开放状态。

灭灯——表示调车信号机在关闭状态。

（4）驼峰复示信号机，高柱，两个二显示机构，灯光排列同驼峰信号机。

平时无显示，当办理驼峰推送或预先推送进路后，其显示方式与主体信号机相同。

（八）高速铁路部分

（1）常态点灯或常态灭灯转为点灯状态时的进站信号机，一个黄色闪光和一个黄色灯光的显示意义是：准许列车经过18号及其以上道岔侧向位置，进入站内准备停车，且进路允许速度不低于80 km/h。

（2）常态灭灯的出站信号机转为点灯状态时：

一个绿色灯光——准许列车由车站以站间闭塞方式出发，表示运行前方区间空闲。

一个红色灯光——不准列车越过该信号机。

兼做调车信号机时，一个月白色灯光——准许越过该信号机调车。

（3）线路所防护分歧道岔的色灯信号机显示下列信号：

① 常态点灯的该信号机：

一个黄色闪光和一个黄色灯光——准许列车经分歧道岔侧向位置运行，表示分歧道岔为18号及以上且进路允许速度不低于80 km/h。

两个黄色灯光——准许列车经分歧道岔侧向位置运行，表示分歧道岔为18号以下或进路允许速度低于80 km/h。

② 常态灭灯的该信号机转为点亮状态：

一个绿色灯光——准许列车按规定速度经道岔直向位置以站间闭塞方式运行，表示前方区间空闲。

一个黄色闪光和一个黄色灯光——准许列车经分歧道岔侧向位置以站间闭塞方式运行，表示分歧道岔为18号及以上且进路允许速度不低于80 km/h，前方区间空闲。

两个黄色灯光——准许列车经分歧道岔侧向位置以站间闭塞方式运行，表示分歧道岔为18号以下或进路允许速度低于80 km/h，前方区间空闲。

　　高速铁路区段防护分歧道岔的线路所通过信号机,其机构外形和显示方式,应与进站信号机相同。该信号机显示红色灯光时,不准列车越过。

　　(4)进站及接车进路、接发车进路色灯信号机以及自动闭塞区段防护分歧道岔的线路所通过信号机的引导信号显示一个红色灯光及一个月白色灯光——准许列车在该信号机前方不停车,以不超过 20 km/h(动车组列车不超过 40 km/h)的速度进站或通过接车进路,并须准备随时停车。

　　出站信号机的引导信号显示一个红色灯光及一个月白色灯光——准许列车由车站或动车段(所)以站间闭塞方式出发,发车进路列车速度不超过 20 km/h(动车组列车不超过 40 km/h),并须准备随时停车,表示前方区间空闲。

　　发车进路信号机的引导信号显示一个红色灯光及一个月白色灯光——准许列车越过该信号机,发车进路列车速度不超过 20 km/h(动车组列车不超过 40 km/h),并须准备随时停车。

七、机车信号

　　机车信号机固定安装在机车司机室内,能复示列车运行前方地面信号机的显示,改善了司机的工作条件,保证了行车安全,提高了运行效率。

(一)机车信号的类型

　　我国目前采用的机车信号按照从地面向机车传递信息方式的不同,分为连续式和接近连续式两种。

　　接近连续式机车信号用于非自动闭塞区段,在进站信号机外方接近区段及站内正线接车进路和侧线股道设置发送设备,使机车信号机连续复示进站信号机及出站信号机的显示。

　　连续式机车信号主要用在自动闭塞区段,利用自动闭塞分区和车站内的轨道电路向机车上传送信息。因此,列车在整个运行过程中(除了站内侧线接、发车进路的咽喉区部分),机车信号机能连续不断地复示前方地面信号机的显示。

(二)主体化机车信号的概念

　　当列车运行速度达到 160 km/h 以上时,由于列车制动距离的延长,凭司机确认地面信号行车来保证行车安全已经成为不可能。当从确认信号到采取制动措施的时间内列车的走行距离大于制动距离时,就会危及行车安全,于是,在这种情况下,机车信号就应成为主体信号,此时机车信号作为行车凭证,而不再是地面信号的辅助信号。由车载信号和地面信号设备共同构成机车信号系统,必须具有高可靠、高安全性,符合"故障-安全"原则。机车信号作为主体信号机后,可取消地面信号机。

(三)机车信号的显示意义

　　(1)三显示自动闭塞区段的连续式机车信号机:

　　①一个绿色灯光——准许列车按规定速度运行,表示列车接近的地面信号机显示绿色灯光。

　　②一个半绿半黄色灯光——准许列车按规定速度注意运行,表示列车接近的

地面信号机显示一个绿色灯光和一个黄色灯光(如图1-5-1所示)。

③ 一个带"2"字的黄色闪光——要求列车注意运行,表示列车接近的地面信号机显示一个黄色灯光,并预告次一架地面信号机开放经18号及以上道岔侧向位置的进路,且列车运行前方第三架信号机开通直向进路或开放经18号及以上道岔侧向位置的进路。

④ 一个带"2"字的黄色灯光——要求列车注意运行,表示列车接近的地面信号机显示一个黄色灯光,并预告次一架地面信号机开放经道岔侧向位置的进路(但不满足上述第③项条件),如图1-5-2所示。

图1-5-1 机车信号显示　　　　　图1-5-2 机车信号显示
(一个半绿半黄色灯光)　　　　(一个带"2"字的黄色灯光)

⑤ 一个黄色灯光——要求列车注意运行,表示列车接近的地面信号机显示一个黄色灯光,并预告次一架地面信号机处于关闭状态。

⑥ 一个双半黄色闪光——要求列车限速运行,表示列车接近的地面信号机显示一个黄色闪光和一个黄色灯光,开放经18号及以上道岔侧向位置的进路,且次一架信号机开通直向进路或开放经18号及以上道岔侧向位置的进路;或表示列车接近设有分歧道岔线路所的地面信号机开放经18号及以上道岔侧向位置的进路。

⑦ 一个双半黄色灯光——要求列车限速运行,表示列车接近的地面信号机显示两个黄色灯光,开放经道岔侧向位置的进路(但不满足上述第⑥项条件)。

⑧ 一个半黄半红色闪光——表示列车接近的进站、接车进路或接发车进路信号机显示引导信号或通过信号机显示容许信号。

⑨ 一个半黄半红色灯光——要求及时采取停车措施,表示列车接近的地面信号机显示红色灯光。

⑩ 一个红色灯光——表示列车已越过地面上显示红色灯光的信号机。

⑪ 一个白色灯光——不复示地面上的信号显示,机车乘务人员应按地面信号机的显示运行。

无显示时,表示机车信号机在停止工作状态。

(2)四显示自动闭塞区段连续式机车信号机:

① 一个绿色灯光——准许列车按规定速度运行,表示列车接近的地面信号机

显示绿色灯光。

②　一个半绿半黄色灯光——准许列车按规定速度注意运行,表示列车接近的地面信号机显示一个绿色灯光和一个黄色灯光。

③　一个带"2"字的黄色闪光——要求列车减速到规定的速度等级越过接近的显示一个黄色灯光的地面信号机,并预告次一架地面信号机开放经18号及以上道岔侧向位置的进路,且列车运行前方第三架信号机开通直向进路或开放经18号及以上道岔侧向位置的进路。

④　一个带"2"字的黄色灯光——要求列车减速到规定的速度等级越过接近的显示一个黄色灯光的地面信号机,并预告次一架地面信号机开放经道岔侧向位置的进路(但不满足上述第③项条件)。

⑤　一个黄色灯光——要求列车减速到规定的速度等级越过接近的显示一个黄色灯光的地面信号机,并预告次一架地面信号机处于关闭状态。

⑥　一个双半黄色闪光——要求列车限速运行,表示列车接近的地面信号机显示一个黄色闪光和一个黄色灯光,开放经18号及以上道岔侧向位置的进路,且次一架信号机开通直向进路或开放经18号及以上道岔侧向位置的进路;或表示列车接近设有分歧道岔线路所的地面信号机开放经18号及以上道岔侧向位置的进路。

⑦　一个双半黄色灯光——要求列车限速运行,表示列车接近的地面信号机显示两个黄色灯光或有其他相应显示,开放经18号道岔侧向位置的进路(但不满足上述第⑥项条件)。

⑧　一个半黄半红色闪光——表示列车接近的进站、接车进路或接发车进路信号机显示引导信号或通过信号机显示容许信号。

⑨　一个半黄半红色灯光——要求及时采取停车措施,表示列车接近的地面信号机显示红色灯光。

⑩　一个红色灯光——表示列车已越过地面上显示红色灯光的信号机。

⑪　一个白色灯光——不复示地面上的信号显示,机车乘务人员应按地面信号机的显示运行。

无显示时,表示机车信号机在停止工作状态。

(3)接近连续式机车信号机的显示方式与连续式机车信号机相同。

(4)LKJ屏幕显示器的机车信号显示应与机车信号机的显示含义相同。

(5)列控车载设备的"机车信号"显示,如图1-5-3所示:

①　一个带"5"字的绿色灯光——表示列车运行前方至少有七个闭塞分区空闲。

②　一个带"4"字的绿色灯光——表示列车运行前方有六个闭塞分区空闲。

③　一个带"3"字的绿色灯光——表示列车运行前方有五个闭塞分区空闲。

④　一个带"2"字的绿色灯光——表示列车运行前方有四个闭塞分区空闲。

⑤　一个绿色灯光——表示列车运行前方有三个闭塞分区空闲。

⑥　一个半绿半黄色灯光——表示列车运行前方有两个闭塞分区空闲。

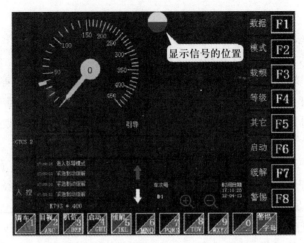

图 1-5-3　列控车载设备的"机车信号"显示

⑦ 一个带"2"字的黄色闪光——表示列车运行前方有一个经直向进路的空闲闭塞分区,并预告次一个闭塞分区所在的进路开通经 18 号及以上道岔侧向位置,且进路允许速度不低于 80 km/h。

⑧ 一个带"2"字的黄色灯光——表示列车运行前方有一个经直向进路的空闲闭塞分区,并预告次一个闭塞分区空闲且开通经道岔侧向位置的进路(但不满足上述第⑦项条件)。

⑨ 一个黄色灯光——表示列车运行前方仅有一个经直向进路的空闲闭塞分区。

⑩ 一个双半黄色闪光——表示列车接近的地面信号机开通经 18 号及以上道岔侧向位置的进路,且进路允许速度不低于 80 km/h。

⑪ 一个双半黄色灯光——表示列车接近的地面信号机开通经道岔侧向位置的进路(但不满足上述第⑩项条件)。

⑫ 一个半黄半红色闪光——表示列车接近的地面信号机开通引导进路。

⑬ 一个半黄半红色灯光——表示列车运行前方进路未建立或信号未开放,要求及时采取停车措施。

⑭ 一个红色灯光——表示列车已进入未建立的进路、已越过地面上的禁止信号或已越过作为停车点的区间信号标志牌,或表示列车所在区段有灾害发生。

⑮ 一个白色灯光——不预告列车运行前方进路开通状态及地面信号开放状态。

无显示时,表示列控车载设备的"机车信号"在停止工作状态。

(6) 对于 CTCS-2/CTCS-3 级列控车载设备人机界面(DMI),速度信号在速度表盘上以不同颜色的光带显示。速度信号显示包括列车当前速度、允许速度(列控车载设备允许列车在该时刻达到的安全运行速度)和目标速度(在该时刻列控车载设备提示列车在到达目标点的允许速度),如图 1-5-4 所示。

图 1-5-4　CTCS-2/CTCS-3 级列控车载设备人机界面

复习思考题

1. 按用途分,地面信号机有哪些类型?

2. 什么叫绝对信号和容许信号?

3. 信号机和信号表示器有何不同?

4. 什么是速差制? 我国铁路采用的是什么制式,为什么? 举例说明哪些信号具有速差含义?

5. 道岔表示器设置在什么地点,表示什么含义?

6. 进路表示器的作用是什么? 举例说明进路表示器的显示含义。

7. 透镜式色灯信号机由哪些部件组成,各起什么作用?

8. 如何判别信号灯泡的主灯丝和副灯丝?

9. 简述 DDX1-34 型点灯单元的工作原理。

10. 简述 XDZ-B 型多功能点灯装置的工作原理。

11. 简述 DZD 多功能智能点灯单元的工作原理。

12. LED 色灯信号机如何组成,有何优点?

13. 简述各种信号机的作用以及对设置位置的要求。

14. 反方向进站信号机的设置和显示有何要求?

15. 何时采用高柱信号机,何时采用矮型信号机?

16. 简述各种信号机及信号表示器如何命名。

17. 我国规定的信号显示距离是多少,依据是什么?

18. 色灯信号机的灯光配列有哪些规定? 简述各种信号机的灯光配列。

19. 何为灯光组合,有何应用,闪光信号有哪些应用?

20. 进路信号机有几种,如何设置?

21. 各种信号机定位如何显示,对它们的关闭时机有怎样的规定?

22. 简述各种信号机的显示含义。

23. 简述主体化机车信号的概念。

24. 简述各种机车信号的显示意义。

第二章

继电器

继电器(relay)是自动控制系统中常用的一种电器,它用于接通和断开电路,用来发布控制命令和反映设备状态,以构成自动控制和远程控制电路。铁路信号系统中采用的继电器,称为信号继电器,可简称为继电器,是铁路信号系统中的重要部件。它无论作为继电式信号系统的核心部件,还是作为计算机式信号系统的接口部件,都发挥着重要的作用。继电器动作的可靠性直接影响铁路信号系统的可靠性和安全性。

第一节 信号继电器概述

信号继电器是用于铁路信号系统中的各类继电器的统称,是各类信号控制系统不可缺少的重要器件。

一、继电器的基本原理

继电器类型很多,性能各不相同,结构形式多种多样,但都是由电磁系统和接点系统两大主要部分组成。电磁系统由线圈、固定的铁芯、轭铁以及可动的衔铁构成,接点系统由动接点和静接点构成。当线圈中通入一定数值的电流后,由于电磁作用或感应方法产生电磁吸引力,吸引衔铁,由衔铁带动接点系统改变其状态,从而反映输入电流的状况。

电磁继电器的基本原理如图 2-1-1 所示。它就是一个带接点的电磁铁,其动作原理也与电磁铁相似。当线圈中通入一定数值的电流后,在衔铁和铁芯之间就产生一定数量的磁通,该磁通经铁芯、轭铁、衔铁和气隙形成一个闭合磁路,铁芯对衔铁产生电磁吸引力。吸引力的大小取决于所通电流的大小。当电流增大到一定值时,吸引力增大到能克服衔铁向铁芯运动的阻力时(主要是衔铁的自重),衔铁就被吸向铁芯,由衔铁带动的动接点(随衔铁一起动作的接点)也随之动作,与动合接点(前接点,以下称前接点)接通。该状态称为继电器励磁吸起(relay energized),以下简称吸起。

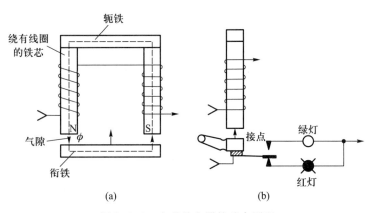

图 2-1-1　电磁继电器的基本原理

吸引力随电流的减小而减小,当吸引力减小到不足以使衔铁克服自身重力时,衔铁靠自重落下(称为释放),衔铁带动动接点与前接点断开,与动断接点(后接点,以下称后接点)接通。该状态称为继电器失磁落下(relay released),以下简称落下。

由此可见,继电器具有开关特性,可利用它的接点来通、断电路,构成各种控制和表示电路。信号点灯电路如图 2-1-1b 所示,继电器吸起,前接点闭合,点亮绿灯;继电器落下,后接点闭合,点亮红灯。

二、继电器的继电特性

继电器的继电特性是指当输入量达到一定值时,输出量发生突变,继电器的继电特性如图 2-1-2 所示。继电器线圈所在回路为输入回路,继电器接点所在回路为输出回路。当线圈中电流 I_x 从 0 增加到某一定值 I_{x_2} 时,继电器衔铁被吸向铁芯,使前接点闭合,接点回路中的电流 I_y 从 0 突然增大到 I_{y_2}。此后,若 I_x 继续增大,由于输出回路中阻值不变,I_y 保持不变。当线圈中电流 I_x 减小到 I_{x_1} 时,继电器衔铁释放,使前接点断开,输出电流 I_y 突然从 I_{y_2} 减小到 0。此后,I_x 再减小,I_y 保持为 0 不变。

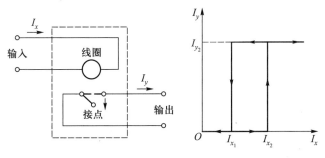

图 2-1-2　继电器的继电特性

三、继电器的作用

继电器具有继电特性,它能以极小的电信号来控制执行电路中相当大功率的对象,能控制数个对象和数个回路,能控制远距离的对象。由于继电器的这种性能,给自动控制和远程控制创造了便利的条件,所以它广泛应用于国民经济各部门的生产过程控制和国防系统的自动化和远程控制之中,也广泛应用于铁路信号系统的各个方面。

随着电子技术的迅速发展,电子器件逐渐取代继电器,构成自动控制和远程控制系统。但是,继电器与电子器件相比,开关性能好(闭合时阻抗小,断开时阻抗大),具有"故障-安全"性能,能够控制多个回路,抗雷击性能强,无噪声,不受周围温度影响等。因此,它仍然具有广阔的应用空间,仍将长期存在。

目前,信号继电器在以继电技术构成的系统中,如继电集中联锁、继电半自动闭塞、继电式自动闭塞等,起着核心作用,这些系统仍然存在。而信号继电器在以计算机技术构成的系统中,如计算机联锁系统、ZPW-2000 系列自动闭塞系统等,作为其接口部件,将系统主机与信号机、轨道电路、转辙机等执行部件结合起来。虽已出现全电子化的系统,但要全部取消继电器仍需要一定的时期。所以,信号继电器在铁路信号领域发挥着重要作用。

四、铁路信号对继电器的要求

信号继电器作为铁路信号系统中的主要(或重要)器件,其安全可靠的运行是保证各种信号设备正常使用的必要条件。为此,铁路信号对继电器提出了极其严格的要求,具体如下:

(1) 动作必须可靠、准确;

(2) 使用寿命长;

(3) 有足够的闭合和断开电路的能力;

(4) 有稳定的电气特性和时间特性;

(5) 在周围介质温度和湿度变化很大的情况下,均能保持很高的电气绝缘强度。

扫描二维码 2.1.1 可以查阅《普速铁路信号维护规则技术标准》中继电器通则的相关内容。

2.1.1

五、信号继电器分类

信号继电器种类很多,按不同方式分类如下:

(1) 按动作原理分类,可分为电磁继电器、感应继电器、固态继电器。

电磁继电器通过继电器线圈中的电流在磁路的气隙(铁芯与衔铁之间)中产生电磁吸引力,吸引衔铁,带动接点动作。此类继电器数量最多。

感应继电器利用电流通过线圈产生的交变磁场与另一交变磁场在翼板中所感应的电流相互作用产生电磁力,使翼板转动而动作。

固态继电器,是一种无触点电子开关,由分立元器件、膜固定电阻网络和芯片采用混合工艺组装而成,实现控制回路(输入电路)与负载回路(输出电路)的电隔离及信号耦合,由固态器件实现负载回路的通断切换功能,内部无任何可动部件。

（2）按动作电流分类,可分为直流继电器和交流继电器。

直流继电器由直流电源供电。它按所通电流的极性,又可分为无极、偏极和有极继电器。直流继电器都是电磁继电器。

交流继电器由交流电源供电。它按动作原理,有电磁继电器,也有感应继电器。

整流式继电器虽然用于交流电路中,但它采用整流元件将交流电整流为直流电,所以其实质上是直流继电器。

（3）按输入量的物理性质分类,可分为电流继电器和电压继电器。

电流继电器反映电流的变化,它的线圈必须串联在所反映的电路中。该电路中必有被反映的器件,如电动机绕组、信号灯泡等。电流继电器用来监督被反映器件电路的状态,它的线圈阻值较小,线径较细,匝数少。

电压继电器反映电压的变化,它的线圈励磁电路单独构成,一般用来实现自动控制及远距离控制。电压型继电器的线圈阻值较大,线径较粗,匝数多。

（4）按动作速度分类,可分为正常动作继电器和缓动继电器。

正常动作继电器的衔铁动作时间为 0.1 ~ 0.3 s。大部分信号继电器属于此类。缓动继电器的衔铁动作时间超过 0.3 s,其又分为缓吸、缓放两种类型,可以通过改变继电器的结构或利用外电路来获得不同的缓吸、缓放时间。例如时间继电器利用脉冲延时电路或软件设定使之缓吸。一般缓放型继电器利用短路铜线圈架使之缓动。

（5）按接点结构分类,可分为普通接点继电器和加强接点继电器。

普通接点继电器具有通断功率较小的接点的能力,以满足一般信号电路的要求,多数继电器为普通接点继电器。加强接点继电器具有通断功率较大的接点的能力,以满足电压较高、电流较大的信号电路的要求。

（6）按工作可靠程度分类,可分为安全型继电器和非安全型继电器。

非安全型继电器是必须监督检查接点在电路中的工作状态,以保证安全条件的继电器。安全型继电器是无需借助于其他继电器,亦无需对其接点在电路中的工作状态进行监督检查,其自身结构即能满足一切安全条件的继电器。

安全型继电器主要依靠衔铁自身重力释放,故又称重力式继电器（gravitation-type relay）。非安全型继电器主要依靠弹簧弹力释放衔铁,故又称弹力式继电器（spring-type relay）。一般说来,安全型继电器的安全性、可靠性高于非安全型继电器,因为安全型继电器在发生故障时,由于重力效应,会导向后接点闭合,它是一种故障不对称性器件（故障情况下前接点闭合的概率远远小于后接点闭合的概率）,它的结构符合"故障–安全"原则。

在铁路信号系统中,凡是涉及行车安全的继电电路（应用继电器可构成各种控制和表示电路,统称为继电电路）都必须采用安全型继电器。在电路设计中,一般把继电器前接点对应为危险侧,如信号开放;把后接点对应为安全侧,如信号关闭。当继电器输入回路或者继电器本身发生故障时,安全型继电器会导向后接点闭合,使信号关闭,指示列车停止前进,满足"故障–安全"原则（发生安全侧故障的可能性远远大于发生危险侧故障的可能性。处于禁止运行状态的故障有利于行车安全,称为安全侧故障;处于允许运行状态的故障可能危及行车安全,称为危险侧故障)。

第二节　安全型继电器

AX 系列安全型继电器由我国自行设计和制造,经现场几十年的运用考验,证明其安全可靠、性能稳定,能满足信号电路对继电器提出的各种要求,是我国铁路信号继电器的主要定型产品,应用最为广泛。

一、安全型继电器概述

安全型继电器是直流 24 V 系列的重弹力式直流电磁继电器,其典型结构为无极继电器,其他各型继电器由无极继电器派生而来,因此绝大部分零件都能通用。

(一) 插入式和非插入式

安全型继电器分为插入式和非插入式。插入式多单独使用,非插入式常用于有防尘外壳的组匣中。两者的区别仅在于插入式继电器(plug-in relay)带有透明的外罩(由聚甲基丙烯酸甲酯或聚碳酸酯制成),用以密封防尘,同时为了与插座配合使用,插入式继电器安装在酚醛塑料制成的胶木底座上。

插入式无极继电器如图 2-2-1 所示,外形尺寸约为 165 mm×48.5 mm×161 mm,质量为 1.2 ~ 1.8 kg。

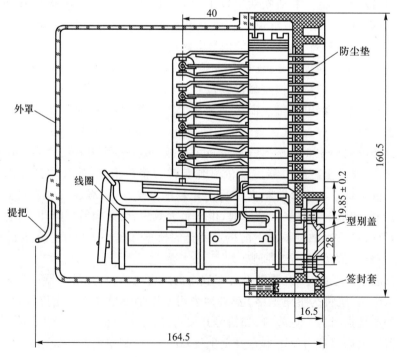

图 2-2-1　插入式无极继电器

在实际使用中,为便于维修,多采用插入式继电器。

(二)安全型继电器的型号表示

安全型继电器的型号采用汉字拼音的首字母和数字来表示,其中字母表示继电器的种类,数字表示线圈的电阻值(单位为 Ω),如图 2-2-2 所示。

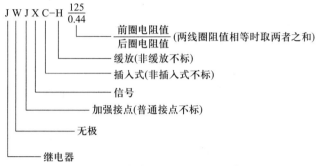

图 2-2-2　安全型继电器的型号表示

继电器型号的文字符号代表的含义见表 2-1。

表 2-1　继电器型号的文字符号代表的含义

代号	含义		代号	含义	
	安全型	其他类型		安全型	其他类型
A		安全	R		二元
B		半导体	S		时间、灯丝、双门
C	插入	插入、传输、差动	T		通用、弹力
D		单门、动态	W	无极	
DB	单闭磁		X	信号	信号、小型
H	缓放	缓放	Y	有极	
J	继电器、加强接点	继电器、加强接点、交流	Z	整流	整流、转换
P	偏极				

(三)安全型继电器的种类

安全型继电器有无极、无极加强接点、无极缓动、无极缓放、无极加强接点缓放、整流、有极、有极加强、偏极、单闭磁继电器等类型。各种安全型继电器的基本情况见表 2-2,它们的特性和线圈电阻值各不相同,在信号电路中有不同的作用。

表 2-2　安全型继电器的基本情况

序号	继电器名称	继电器型号	鉴别销号码	接点组数	线圈连接	电源片连接方式	
						连接	使用
1	无极继电器	JWXC-1000	11、52	8QH	串联	2、3	1、4
2		JWXC-7	11、55				

续表

序号	继电器名称	继电器型号	鉴别销号码	接点组数	线圈连接	电源片连接方式 连接	使用
3	无极继电器	JWXC-1700	11、51	8QH	串联	2、3	1、4
4		JWXC-2.3	11、54	4QH			
5		JWXC-2000	12、55	2QH			
6		JWXC-370/480	22、52	2QH、2Q	单独	—	1、2 3、4
7	无极加强接点继电器	JWJXC-480	15、51	2QH、2QHJ	串联	2、3	1、4
8		JWJXC-160	11、52	2QHJ			
9		JWJXC-135/135	31、53	2QH、4QJ、2H	单独	—	1、2 3、4
10		JWJXC-300/370	22、52	4QHJ			
11	无极缓动继电器	JWXC-H310	23、54	8QH	单独	—	1、4
12	无极缓放继电器	JWXC-H850	11、52	4QH			
13		JWXC-H340	12、52	8QH	串联	2、3	1、4
14		JWXC-H600	12、51				
15		JWXC-H1200	14、42				
16		JWXC-500/H300	12、53		单独	—	1、2 3、4
17	无极加强接点缓放继电器	JWJXC-H125/0.44	15、55	2QH、2QJ、2H			
18		JWJXC-H125/0.13	15、43				
19		JWJXC-H125/80	31、52				
20		JWJXC-H80/0.06	12、22				
21		JWJXC-H120/0.17	15、55				
22	整流继电器	JZXC-480	13、55	4QH、2Q	串联	1、4	73、83
23		JZXC-0.14	13、54	4QH	并联	1、3 2、4	
24		JZXC-H156	22、53		串联	1、4	53、63
25		JZXC-H62	13、53				
26		JZXC-H18					
27		JZXC-H142					
28		JZXC-H138					
29		JZXC-H60					
30		JZXC-H0.14/0.14	22、53	2QH、2H	单独	—	32、42 53、63
31		JZXC-16/16	13、53	4QH			1、2
32		JZXC-H18F					53、63
33		JZXC-H18F1					1、2
34		JZXC-480F	13、55	4QH、2Q			71、81

续表

序号	继电器名称	继电器型号	鉴别销号码	接点组数	线圈连接	电源片连接方式 连接	电源片连接方式 使用
35	有极继电器	JYXC-660	15、52	6DF	串联	2、3	1、4
36		JYXC-270	15、53	4DF			
37	有极加强接点继电器	JYJXC-135/220	15、54	2DF、2DFJ	单独	—	1、2 3、4
38		JYJXC-X135/220	12、23				
39		JYJXC-220/220	15、54				
40		JYJXC-3000	13、51	2F、2DFJ	串联	2、3	1、4
41		JYJXC-J3000					
42		JYJXC-160/260	15、54	2DF、2DFJ	单独	—	1、2 3、4
43	偏极继电器	JPXC-1000	14、51	8QH	串联	2、3	1、4
44	单闭磁继电器	JDBXC-550/550	13、52		单独	—	1、2 3、4
45		JDBXC-A550/550	13、42	4QH			
46		JDBXC-1500					

注:Q 表示前接点,H 表示后接点,D 表示有极继电器的定位接点,F 表示有极继电器的反位接点,J 表示加强接点。例如,JWJXC-480 是无极加强型继电器,有 2 组普通前后接点组,2 组加强前后接点组。

(四) 继电器插座

插入式安全型继电器,需加装继电器插座板。安全型继电器插座的结构如图 2-2-3 所示。插座插孔旁所注接点编号为无极继电器的接点编号,除电源端子

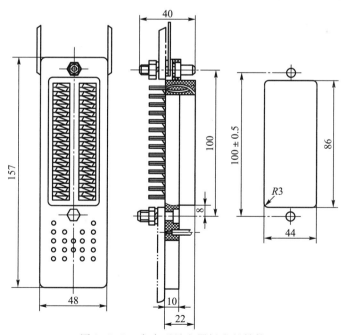

图 2-2-3　安全型继电器插座的结构

用一位数表示外,接点端子用两位数表示。其中,十位数表示 8 组接点的第几组接点,个位数含义为:3 表示后接点,1 表示中接点,2 表示前接点。例如:13 表示第 1 组接点的后接点,82 表示第 8 组接点的前接点。其他各类型继电器的接点系统的位置及使用编号与之不同,而实际使用的插座仅此一种,所以必须与图 2-2-4 中所示符号对照使用。

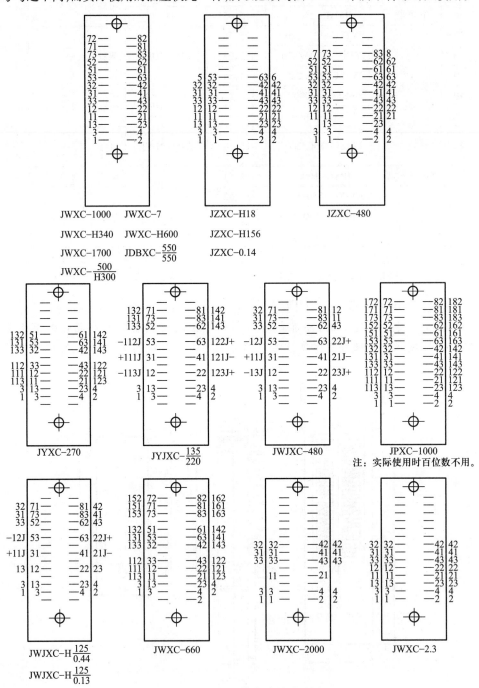

图 2-2-4 插座接点编号对照图

安全型继电器有多种类型,为防止不同类型的继电器错误插接,在插座下部鉴别孔内铆有鉴别销。鉴别销号码详见表2-2。不同类型的继电器由型别盖上的鉴别孔进行鉴别,根据规定鉴别孔逐个钻成,以与鉴别销相吻合。型别盖外形及鉴别孔位置如图2-2-5所示。

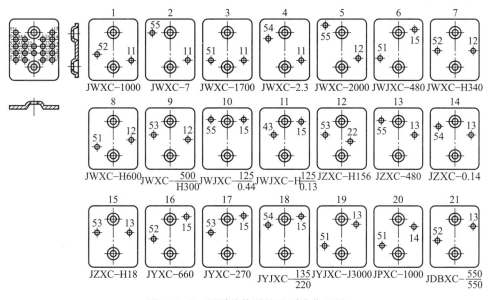

图2-2-5 型别盖外形及鉴别孔位置图

(五) 安全型继电器的特点和寿命

为了达到"故障-安全"要求,安全型继电器在结构上有以下特点:

(1) 前接点采用熔点高,不会因熔化而使前接点黏连的导电性能良好的材料。

(2) 增加衔铁重量,采用"重力恒定"原理在线圈断电时强制将前接点断开。

(3) 采用剩磁极小的铁磁材料构成磁路系统,并在衔铁与极靴之间设有一定厚度的非磁性止片,当衔铁吸起时仍有一定的气隙以防剩磁吸力将衔铁吸住。

(4) 衔铁不致因机械故障而卡在吸起状态。

继电器的寿命指的是其接点的寿命,包括电寿命和机械寿命。继电器的电寿命,规定为普通接点 2×10^6 次,无极加强接点 2×10^5 次,有极加强接点定位、反位接通 2×10^5 次,断开 2×10^3 次。

扫描二维码2.2.1可以查阅《普速铁路信号维护规则技术标准》中安全型继电器的相关内容。

2.2.1

二、安全型继电器的结构和动作原理

(一) 无极继电器(neutral relay)

直流无极电磁继电器,简称无极继电器,其所用电源为直流,无论电源是什么极性,只要达到它的规定电压(电流)值,继电器励磁吸起。无极继电器有 JWXC-

1000、JWXC-7、JWXC-1700、JWXC-2000、JWXC-370/480、JWXC-2.3 型及缓放的 JWXC-H850、JWXC-H340、JWXC-H600 型等品种。

1. 无极继电器的结构

无极继电器由电磁系统和接点系统两大部分组成。JWXC 型无极继电器的电磁系统如图 2-2-6 所示,包括线圈、铁芯、轭铁和衔铁。

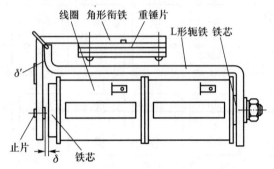

图 2-2-6　JWXC 型无极继电器的电磁系统

（1）线圈

线圈水平安装在铁芯上,分为前圈和后圈,之所以采用双线圈,主要是为了增强控制电路的适应性和灵活性,可根据电路需要单线圈控制、双线圈串联控制或双线圈并联控制。线圈绕在线圈架上,线圈架由酚醛树脂压制而成。无极缓放继电器为了增加缓放时间,采用铜质阻尼线圈架。线圈用高强度漆包线密排绕制,抽头焊有引线片(电源片 1、2、3、4),线圈及其与电源片的连接如图 2-2-7 所示。

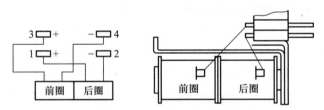

图 2-2-7　线圈及其与电源片的连接

（2）铁芯、轭铁和衔铁

铁芯由电工纯铁制成,其为软磁材料,具有较高的磁通密度和较小的剩磁,以利于继电器的工作,外层镀锌防护。铁芯如图 2-2-8 所示,它的尺寸大小,根据继电器的规格不同而有所区别。极靴在铁芯头部,用冷镦法加粗。在极靴正面,钻有两个圆孔,是为了组装和检修时紧固和拆装铁芯用的。

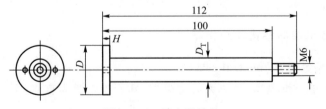

图 2-2-8　继电器铁芯

在图 2-2-6 中,轭铁呈 L 形,由电工纯铁板冲压成型,外表镀多层铬防护;衔铁为角形,靠蝶形钢丝卡固定在轭铁的刀刃上,动作灵活。衔铁由电工纯铁冲压成型,衔铁上铆有不同数量的重锤片,以保证衔铁靠重力返回。重锤片由薄钢板制成,其片数由接点组的多少决定,使衔铁的重量基本上满足后接点压力的需要。一般 8 组后接点用 3 片,6 组用 2 片,4 组用 1 片,2 组不用。衔铁上有止片,止片由黄铜制成,安装在衔铁与铁芯闭合处。止片有 6 种厚度,因继电器的规格不同而异,可取下按规格更换。止片用来增大继电器在吸起状态的磁阻,减小剩磁影响,保证继电器可靠落下。

在电磁系统中,除衔铁和铁芯间工作气隙 δ 外,在轭铁的刀口处尚有第二工作气隙 δ′,如图 2-2-6 所示,以减小磁路的磁势损耗,从而提高继电器的灵敏度。

（3）接点系统

JWXC 型无极继电器的接点系统如图 2-2-9 所示。接点系统处于电磁系统上方,通过接点架、螺钉紧固在轭铁上,使两者成为一个整体。用螺钉将下止片、电源片单元、银接点单元、动接点单元以及压片按顺序组装在接点架上。在紧固螺钉前,应将拉杆、绝缘轴、动接点轴与动接点组装好。

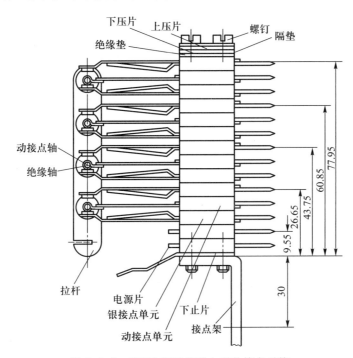

图 2-2-9　JWXC 型无极继电器的接点系统

无极继电器接点系统采用两排纵列式联动结构,因此,接点组数只能是偶数增减。拉杆传动中心线与接点中心线一致,以减少不必要的传动损失。为减少接点组组装时的累积公差,将接点片与托片组合起来压在酚醛塑料内以形成单元块。单元块之间为平面接触,易于控制公差,同时提高了接点组之间的绝缘强度。

JWXC 型无极继电器均为普通接点。银接点单元由锡磷青铜带制成的接点片与由黄铜制成的托片,两组对称地压制在胶木内。接点簧片的端部焊有银接点。

接点接触时碰撞会产生颤动,颤动将形成电弧,这会对接点产生较大的破坏作用,为消除这种颤动必须设置托片。在调整继电器时,可在接点片和托片间加一个初压力,保证接点刚接触时可动部分的动能被接点片吸收,这样既可消除颤动,又可缩短接点的完全闭合时间,大大减轻了接点的烧损。

动接点单元由锡磷青铜带制成的动接点簧片与黄铜板制成的补助片压制在酚醛塑料胶木内,动接点簧片端部焊接有动接点。动接点由银氧化镉制成。每个接点由两个银接点单元和一个动接点单元构成,其中两个银接点单元分别构成前接点和后接点,动接点单元构成中接点。

电源片单元由黄铜制成的电源片压在胶木内。拉杆有铁制的和塑料制的,衔铁通过拉杆带动接点组。绝缘轴采用冻石瓷料(一种新型陶瓷材料)制成,有足够的抗冲击强度。动接点轴由锡磷青铜线制成。压片由弹簧钢板冲压成弓形,分上、下两片,其作用是保证接点组的稳固性。下止片由锡磷青铜板制成,外层镀镍。它在衔铁落下时起限位作用。接点架由钢板制成,用稳钉与轭铁固定,保证接点架不变位。接点架的安装尺寸是否标准,角度是否准确,对继电器的调整有很大影响。

2. 无极继电器的动作原理

无极继电器的磁系统为无分支磁路,如图 2-2-10 所示。当线圈上加上直流电压后,线圈中的电流使铁芯磁化,在铁芯内产生工作磁通 $\varPhi$,该磁通由铁芯极靴处经过主工作气隙 δ 进入衔铁,又经过第二工作气隙 δ' 进入轭铁,然后回到铁芯,形成一闭合磁路。在工作气隙 δ 处,由于磁通的作用,铁芯与衔铁间产生电磁吸引力 F_D,当 F_D 大到足以克服机械负载的阻力 F_j(主要是衔铁自重)时,衔铁与铁芯吸合。此时衔铁通过拉杆带动动接点运动,使后接点断开,前接点闭合。

无论线圈上加上的是正向电压(即 1 正,4 负),如图 2-2-10 所示,还是反向电压(即 1 负,4 正),只要 $F_D>F_j$,衔铁被吸合,使得中接点与后接点断开,与前接点接通,继电器处于吸起状态。

当线圈中的电流减小时,铁芯中的磁通按一定规律随之减小,吸引力也随着减小。当电流减小到一定值,它所产生的吸引力小于机械力,衔铁离开铁芯,被释放。此时衔铁通过拉杆带动动接点运动,使前接点断开,后接点闭合,继电器处于落下状态。

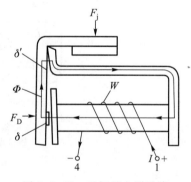

图 2-2-10 无极继电器磁路

平时线圈中未接入或者断开接入的直流电源时,继电器靠重锤片使衔铁与铁芯分开,继电器处于落下状态。因此,对于无极继电器,落下状态是它的稳定状态。

(二)无极加强接点继电器(neutral relay with heavy-duty contacts)

加强接点继电器是为通断功率较大的信号电路而设计的。无极加强接点继电器有 JWJXC-480 型,无极加强接点缓放继电器有 JWJXC-H125/0.44 型和 JWJXC-H125/0.13 型等品种。

　　JWJXC-480 型继电器,其磁系统为加大尺寸的无极磁路。接点系统由两组普通前、后接点和两组加强前、后接点组成,表示为 2QH 和 2QHJ。普通接点与无极继电器的相同,加强接点则包括具有特殊设计的大功率接点和磁吹弧器。

　　JWJXC-H125/0.44 型和 JWJXC-H125/0.13 型无极加强接点缓放继电器,其电磁系统和无极缓放继电器(JWXC-H340)相同。接点系统由两组带磁吹弧器的加强前接点、两组不带磁吹弧器的加强后接点和两组普通接点组成,即 2QJ、2H、2QH。前圈为主线圈,后圈为电流保持线圈。JWJXC-H125/80 型继电器则是专门为交流道岔改进设计的全电压缓放继电器。

　　JWJXC-H120/0.17 型继电器主要用于驼峰调车场五线制道岔电路,其电压线圈(120 Ω)的缓放时间不小于 0.55 s,电流线圈(0.17 Ω)的缓放时间不小于 0.4 s,由于延长了缓放时间,能较好地解决道岔四开的问题。

　　无极加强接点继电器的电磁系统虽与无极继电器相同,但由于接点系统结构的改变,引起磁系统的结构参数有较大变化。无极加强接点继电器的线圈与电源片连接方式与无极继电器相同。

　　无极加强接点继电器的接点系统如图 2-2-11 所示,它的普通接点与无极继电器相同,加强接点组由加强动接点单元和带磁吹弧器的加强接点单元组成。为了防止接点组间的飞弧短路,在两组加强接点间安装了既耐高温又具有良好绝缘性能的云母隔弧片,隔弧片铆在拉杆上。为保证加强接点的安装空间,增加了空白单元。图 2-2-11 中用虚线表示的是熄弧磁钢,说明只有带熄弧器的加强后接点才有。

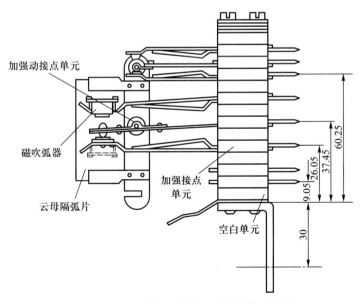

图 2-2-11　无极加强接点继电器的接点系统

由锡磷青铜片冲压成型的加强动接点片头部,铆有由银氧化镉制成的动接点,而加强静接点片头部,同样铆接银氧化镉接点,在接点的同一位置点焊了安装磁钢的熄弧器夹。

熄弧磁钢由铝镍钴合金或铁镍铝合金制成,其熄弧原理是利用电弧在磁场中受力运动而产生吹弧作用,使电弧迅速冷却而熄灭。为避免电弧烧损接点及对磁钢去磁,加强接点端部设有导弧角,使电弧迅速移到接点及磁钢的前部位置。由于磁钢吹弧方向与极性有关,因此熄弧磁钢极性的安装有特定的要求。

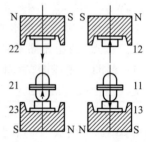

图 2-2-12　JWJXC-480 型继电器磁熄弧器的极性安装

JWJXC-480 型继电器的磁熄弧器的极性安装如图 2-2-12 所示,图中箭头方向为电路中的电流方向。其他类型的加强接点继电器的磁熄弧器的极性安装参照《普速铁路信号维护规则技术标准》中安全型继电器。扫描前文中的二维码可以查阅相关内容。

图 2-2-4 中 JWJXC-480、JWJXC-H125/0.44 和 JWJXC-H125/0.13 的插座接点编号中继电器接点组数前或者后标注的 +J、-J、J+、J-,其中 J 表示该组接点为加强接点,+/-表示该组加强接点在使用过程中电流的方向。

(三) 整流继电器(rectifier type relay)

整流继电器用于交流电路中,它通过内部的半波整流电路或全波整流电路将交流电变为直流电而动作,之所以如此,是为了避免在 AX 系列继电器中采用结构形式完全不同的交流继电器,以提高产品的系列化、通用化程度。

整流继电器的电磁系统与无极继电器相同,只是磁路结构参数有所不同。最主要的是,在接点组上方安装了由二极管组成的半波整流电路或全波整流电路。整流继电器主要有 JZXC-480、JZXC-0.14、JZXC-H156、JZXC-H18 型及派生的 JZXC-H18F、JZXC-480F 型等品种。

JZXC-480 型继电器的磁路具有加大的尺寸(加大止片厚度),这是为了增大返还系数而不使工作值增加很多。它具有不规则的 4QH 与 2Q 接点组。在接点组上,安装有二极管 2CP25 组成的桥式全波整流电路。不管加到桥式全波整流电路的电源极性是什么,流过继电器线圈的电流方向始终不变。

JZXC-0.14 型继电器电磁系统与 JZXC-480 型相同。两线圈并联连接,有 4QH 接点组,接点组上方安装由 2CZ-1 型二极管组成的半波整流电路。

JZXC-H156 与 JZXC-H18 型继电器是具有缓放特性的整流继电器,其采用铜线圈架,接点系统为 4QH 接点组。在接点组上方,安装由二极管 2CP25 组成的桥式全波整流电路。JZXC-H18F 是 JZXC-H18 的派生型号,具有防雷性能,以保护整流二极管免遭击穿。

JZXC-H142、JZXC-H138 和 JZXC-H60 型整流继电器用于以 LED 为光源的信号点灯电路。JZXC-16/16 型整流继电器具有较高的返还系数,用于自动闭塞区间信号点灯电路,可解决长距离供电电缆漏泄电流大、灯丝继电器释放不可靠的问题。其前圈为二极管封闭的短路线圈,无整流单元与电源线直接连接,具有一定的防雷功能。

JZXC-H0.14/0.14 型继电器主要用于道口信号点灯电路中的灯丝继电器。

整流继电器的线圈、整流器与电源片连接如图 2-2-13 所示,图中 5、6、7、8 端子为外接电源端子。整流继电器接点系统的结构与无极继电器相同,零部件全部通用,只是接点的编号有区别。

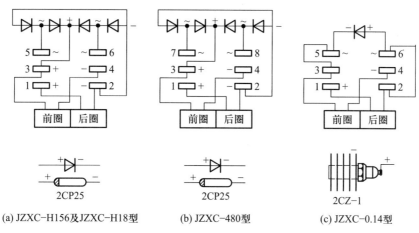

(a) JZXC-H156及JZXC-H18型　　(b) JZXC-480型　　(c) JZXC-0.14型

图 2-2-13　整流继电器的线圈、整流器与电源片的连接

整流继电器动作原理与无极继电器相同,但由于交流电源通过整流后去动作继电器,在线圈上加上的是全波或半波的脉动直流电,其中存在交变成分,使电磁吸引力产生脉动,工作时发出响声,这给继电器正常工作带来不利影响。

(四)有极继电器(polarized relay)

当有极继电器线圈中电流消失后,继电器仍然能继续保持在断电前的状态,故又称极性保持继电器。根据线圈中电流极性不同而具有定位和反位两种稳定状态。它的特点是磁系统中增加了永久磁钢。当在线圈中通以规定极性的电流时,继电器吸起,断电后仍保持在"定位吸起"位置;通以反方向电流时,继电器打落,断电后保持在"反位打落"位置。有极继电器有 JYXC-660 型、JYXC-270 型和加强接点的 JYJXC-J3000 型和 JYJXC-135/220 型、JYJXC-160/260 型等品种。

1. 有极继电器的结构

有极继电器的磁路结构与无极继电器基本相同,不同的只是用一块端部呈刃形的长条形永久磁钢代替无极继电器的部分轭铁。磁钢与轭铁间用螺钉联结。

在磁钢与轭铁联结的部位有两个大于螺钉的圆孔,便于轭铁安装时适当地调节磁钢的前后位置。磁钢上部的中间位置有一台面,以形成均匀的第二工作气隙。台面的中间有一凹槽,使拉杆下部不与磁钢抵触而影响第二工作气隙的调整。有极继电器的角形衔铁的尾部加装两个青铜螺钉,用来调节第二工作气隙的大小。在衔铁部位没有加装止片。

JYJXC-135/220 和 JYJXC-J3000 分别是原 JYJXC-220/220 和 JYJXC-3000 的

改进型,其结构及特性都有较大变化,以克服原继电器在使用中出现的外部机械力作用下在高电压时反位不打落的问题。改进型继电器利用偏极继电器的铁芯,增加了偏极磁钢,衔铁增加了止片,形成特性较对称的永磁磁路。JYJXC-X135/220型是在JYJXC-135/220型的加强接点上罩一个专用的熄弧装置构成的。JYJXC-160/260是JYJXC-135/220的改进型,主要改进是结构的增强。

有极继电器的线圈引线与电源片的连接与无极继电器相同。

有极继电器衔铁位置的定位、反位规定为:衔铁与铁芯极靴之间的间隙最小时(即吸起状态)的位置规定为定位,此时闭合的接点叫做定位接点(符号为 D,相当于前接点);衔铁与铁芯极靴之间的间隙最大时(即打落状态)的位置规定为反位,此时闭合的接点叫做反位接点(符号为 F,相当于后接点)。

对于两线圈串联使用的有极继电器,如 JYXC-660、JYXC-270、JYJXC-3000、JYJXC-J3000,电源片 1 接电源正极、4 接电源负极(2 和 3 连接)为定位吸起,反之为反位打落。对于两线圈分开使用的有极继电器 JYJXC-135/220 等,则规定前圈的电源片 3 接电源正极、4 接电源负极时为定位吸起;而后圈的电源片 2 接电源正极、1 接电源负极时为反位打落。

有极继电器的接点系统与无极继电器相同。改进型的有极继电器 JYJXC-135/220 和 JYJXC-J3000 的接点系统有较大改变:加强接点片加厚,取消接点托片,动接点片改为面接触以增大接触面积。JYJXC-J3000 还取消了普通前接点。

JYJXC-135/220 型有极加强接点继电器磁熄弧器的极性与接点电源极性的配合如图 2-2-14 所示。JYJXC-X135/220 型继电器是在 JYJXC-135/220 型继电器的加强接点上罩一个专用的熄电弧装置。

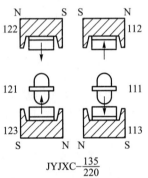

$JYJXC-\dfrac{135}{220}$

图 2-2-14　JYJXC-135/220 型有极加强接点继电器的磁熄弧器的极性与接点电源极性的配合

2. 有极继电器的动作原理

有极继电器的磁路系统由永磁磁路与电磁磁路两部分组合而成,为不对称的并联磁路结构。有极继电器的磁路系统如图 2-2-15 所示。

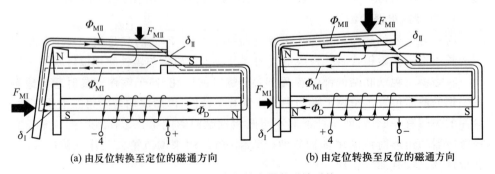

(a) 由反位转换至定位的磁通方向　　　(b) 由定位转换至反位的磁通方向

图 2-2-15　有极继电器的磁路系统

永久磁钢的磁通分为 Φ_{MI} 和 Φ_{MII} 两条并联支路。Φ_{MI} 从 N 极出发,经衔铁、第一工作气隙 δ_I、铁芯、轭铁,回到 S 极;Φ_{MII} 从 N 极出发,经衔铁上部、重锤片、第二工作气隙 δ_{II},回到 S 极。这两条支路不对称,磁路的不平衡就形成有极继电器的正向转极值与反向转极值存在较大差别。

当衔铁处于打落状态(反位)时,由于 $\delta_I \gg \delta_{II}$,因此 $\Phi_{MII} \gg \Phi_{MI}$。由 Φ_{MII} 产生的吸引力 F_{MII} 与衔铁重力、动接点预压力共同作用,克服了 Φ_{MI} 产生的吸引力 F_{MI} 与后接点压力,使衔铁保持在稳定的打落位置。反之,当衔铁处于吸合状态(定位)时,由于 $\delta_I \ll \delta_{II}$,因此 $\Phi_{MI} \gg \Phi_{MII}$,Φ_{MI} 的吸引力 F_{MI} 将克服 Φ_{MII} 产生的吸引力 F_{MII}、衔铁重力及接点的反作用力,使衔铁处于稳定的吸合位置。

显然,有极继电器从一种稳定位置转变到另一种稳定的位置,只有依靠电磁力的作用。

由图 2-2-15 可知,电磁磁通 Φ_D 是一个无分支的磁路,即铁芯、轭铁、δ_{II}、重锤片、衔铁、δ_I、极靴。电磁磁通 Φ_D 的方向由线圈中的电流极性决定。对于电磁磁通来说,永久磁钢是一个很大的磁阻,如同气隙一般。

图 2-2-15a 表示有极继电器由反位转换到定位的过程。继电器原处于反位打落状态,现在线圈中通以正极性电流(若两线圈串联使用,此时 1 接电源正极,4 接电源负极),产生电磁通 Φ_D 的方向是极靴处为 S 极。此时,在 δ_I 处,Φ_D 与 Φ_{MI} 方向一致,磁通加强,等于 $\Phi_D + \Phi_{MI}$。而在 δ_{II} 处,Φ_D 与 Φ_{MII} 方向相反,磁通削弱,等于 $\Phi_{MII} - \Phi_D$。当 Φ_D 增到足够大时,$\Phi_D + \Phi_{MI} > \Phi_{MII} - \Phi_D$,则 δ_I 处的吸引力 F_I($F_I = F_{MI} + F_{DI}$,F_{DI} 为 Φ_D 在 δ_I 处产生的吸引力)大于 δ_{II} 处的吸引力 F_{II}($F_{II} = F_{MII} - F_{DII}$,$F_{DII}$ 为 Φ_D 在 δ_{II} 处产生的吸引力),F_I 将克服 F_{II}、衔铁重力及接点反作用力,使衔铁开始吸合。在衔铁吸合过程中,随着 δ_I 的不断减小、δ_{II} 的不断增大,$F_I \gg F_{II}$,衔铁便迅速运动到吸合位置。

如果改变线圈电流极性(若两线圈串联使用,1 接电源负极,4 接电源正极),如图 2-2-15b 所示,则铁芯中电磁通 Φ_D 的方向随之改变,极靴处为 N 极。则在 δ_I 处,Φ_D 与 Φ_{MI} 方向相反,磁通是削弱的,等于 $\Phi_{MI} - \Phi_D$;在 δ_{II} 处,Φ_D 与 Φ_{MII} 方向相同,磁通是加强的,等于 $\Phi_{MII} + \Phi_D$,当 Φ_D 增到足够大时,$\Phi_{MII} + \Phi_D > \Phi_{MI} - \Phi_D$,$F_{II}$($F_{II} = F_{MII} + F_{DII}$)$\gg F_I$($F_I = F_{MI} - F_{DI}$),在 F_{II}、衔铁重力、接点作用力的共同作用下,衔铁返回到打落位置。

（五）偏极继电器（pole biased relay）

JPXC-1000 型偏极继电器是为了满足信号电路中鉴别电流极性的需要而设计的。它与无极继电器不同,衔铁的吸起与线圈中电流的极性有关,只有通过规定方向的电流时,衔铁才吸起;当电流方向与规定电流方向相反时,衔铁不动作。但它又不同于有极继电器,只有一种稳态,即衔铁靠电磁力吸起后,断电就落下,落下是稳定状态。

1. 偏极继电器的结构

偏极继电器的电磁系统与无极继电器基本相同,偏极继电器的磁路系统如

图 2-2-16 所示。铁芯的极靴是方形的,在方极靴下方用两个螺钉固定永久磁钢,使衔铁处于极靴和永久磁钢之间,受永磁力的作用衔铁处于落下位置。由于永磁力的存在,衔铁只安装一块重锤片,后接点的压力由永磁力和重锤片共同作用产生。

铁芯由电工纯铁制成,方形极靴是先冲压成型后再与铁芯焊成整体的。由于铁芯为方形极靴,衔铁也由半圆形改为方形,以增加受磁面积,降低气隙磁阻。永久磁钢由铝镍钴材料制成,其上部为 N 极,下部为 S 极。

偏极继电器的两线圈串联使用,接线方式同无极继电器。偏极继电器的接点系统与无极继电器完全相同,具有 8 组前后接点组。

2. 偏极继电器的动作原理

偏极继电器的磁路系统由永磁磁路与电磁磁路两部分组成。永磁磁通 Φ_M 从 N 极出发,经第三工作气隙 δ_{III} 进入衔铁后分为两条并联支路:一部分磁通 Φ_{MI} 经第一工作气隙 δ_I 进入方形极靴,然后直接返回 S 极;另一部分磁通 Φ_{MII},穿过第二工作气隙 δ_{II} 进入轭铁,再经铁芯至方形极靴,返回 S 极。由于 $\delta_I > \delta_{II}$,所以 $\Phi_{MII} > \Phi_{MI}$,而 $\Phi_M = \Phi_{MI} + \Phi_{MII}$,故 $\Phi_M \gg \Phi_{MI}$。这样,δ_{III} 处由 Φ_M 产生的永磁力 F_M 远大于 δ_I 处由 Φ_{MI} 产生的永磁力 F_{MI},使衔铁处于稳定的落下位置。

当给线圈通电后,铁芯中产生电磁磁通 Φ_D,Φ_D 的磁路与无极继电器相同,如图 2-2-16a 所示。若线圈中电流方向使电磁磁通在极靴处为 S 极,此时在 δ_I 处,Φ_D 和 Φ_{MI} 方向相同,总磁通 $\Phi_I = \Phi_{MI} + \Phi_D$,相应的总电磁吸引力 F_I 增大;在 δ_{II} 处,Φ_D 和 Φ_{MII} 方向相反,总磁通 $\Phi_{II} = \Phi_{MII} - \Phi_D$,相应的总电磁吸引力 F_{II} 减小。由于力臂相差较大,F_I 的增大较 F_{II} 的减小作用要大得多,因此,对衔铁的总吸引力 F_{MD} 增大。当 $F_{MD} > F_M$ 时,F_{MD} 克服 F_M 与接点的反作用力,使衔铁被吸合。衔铁吸合后,磁路气隙发生变化,$\delta_{III} > \delta_I$,永磁磁通在磁路中大大减小,F_M 显著减小,此时只要有一定值的电流存在,衔铁即保持在吸起状态。

当断开线圈电源时,衔铁重力和接点的反作用力使衔铁返回。在衔铁返回的过程中,δ_I 增大,δ_{II} 减小,永磁磁通 Φ_M 迅速增加,加速衔铁的返回,直到衔铁被下止片阻挡为止。

当线圈通以反极性电流时,如图 2-2-16b 所示,由于电磁磁通 Φ_D 改变了方向,在 δ_I 处,Φ_D 和 Φ_{MI} 方向相反,总磁通 $\Phi_I = \Phi_{MI} - \Phi_D$;而在 δ_{II} 处,Φ_D 和 Φ_{MII} 方向相同,总磁通 $\Phi_{II} = \Phi_{MII} + \Phi_D$,总的电磁吸引力 F_{MD} 反而下降,因此衔铁不会被吸合,从而具有鉴别电流极性的功能。

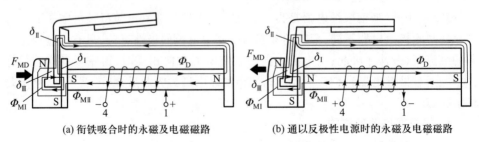

(a) 衔铁吸合时的永磁及电磁磁路　　　　　(b) 通以反极性电源时的永磁及电磁磁路

图 2-2-16　偏极继电器的磁路系统

但是,反极性不吸起是有条件的,如果不断增大反极性电流,使电磁磁通足以克服永磁的作用,即 $F_D - F_{MI} > F_M$,则衔铁可在反极性电流作用下吸合,这是不允许的。因此,在偏极继电器的电气特性加上一条特殊的标准,即反向加 200 V 电压,衔铁不能吸起,以保证其工作的可靠性。

（六）单闭磁继电器（single shunt field relay）

JDBXC-550/550 型、JDBXC-A550/550 型和 JDBXC-1500 型单闭磁继电器在信号电路中作为双命令控制继电器使用。它的外观与无极继电器完全一样,但磁系统有较大差别。单闭磁继电器的磁系统如图 2-2-17 所示。磁系统由 L 形轭铁、U 形铁芯及 T 形轭根组成,装配时先在 U 形铁芯上套上两个方形线圈,再用螺钉紧固在 T 形轭根上,L 形轭铁与轭根铆成一个整体。

单闭磁继电器的线圈为扁平形,是专门为配合 U 形铁芯而设计的。单闭磁继电器线圈与电源片的连接如图 2-2-18 所示。单闭磁继电器的接点系统同无极继电器。

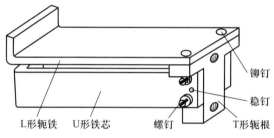

图 2-2-17　单闭磁继电器的磁系统

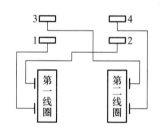

图 2-2-18　单闭磁继电器线圈
与电源片的连接

单闭磁继电器的磁路工作原理如图 2-2-19 所示。铁芯的两个芯柱上各绕一个线圈,U 形铁芯与 T 形轭根组成一个闭合磁路。当两个线圈中仅一个通电时,如图 2-2-19a,它产生的磁通被封闭在闭合磁路中,工作气隙 δ_I、δ_{II} 中都没有磁通存在,衔铁不受电磁力的作用;当两个线圈同时通电且它们产生的磁通在 U 形铁芯内方向一致（两线圈电流方向相反）时,如图 2-2-19b,产生的磁通仍被封闭在闭合磁路中,工作气隙 δ_I、δ_{II} 中仍然没有磁通,衔铁不会动作;只有当两线圈同时通电,且在 U 形铁芯中产生的磁通方向相反（两线圈中电流方向相同）时,如图 2-2-19c,磁通通过气隙 δ_I、衔铁、气隙 δ_{II}、轭铁、轭根、铁芯构成闭合回路,磁通在气隙处产生吸引力,使衔铁吸合。当一个线圈断电时,则另一个线圈的磁通又立即回到 U 形铁芯的闭合磁路中,衔铁不能保持而释放。

如果使单闭磁继电器的一个线圈（称其为局部线圈）通以固定极性电流,而另一个线圈的电流极性是正负变化的,它就成为一个不带永久磁钢的偏极继电器,具有反映外加信号极性的功能,以此来检查两个控制命令之间的极性关系。如果将单闭磁继电器的一个线圈通以固定方向的电流,作为局部线圈,则可当线路继电器使用,此外还可作为"与"门继电器使用。

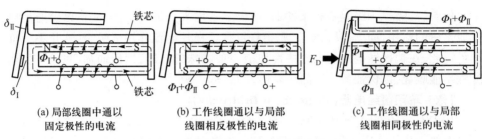

(a) 局部线圈中通以　　　　　(b) 工作线圈通以与局部　　　　(c) 工作线圈通以与局部
固定极性的电流　　　　　　　线圈相反极性的电流　　　　　线圈相同极性的电流

图 2-2-19　单闭磁继电器的磁路工作原理

2.2.2

扫描二维码 2.2.2 可以查看多种安全型继电器的实物图片。

三、安全型继电器的特性

安全型继电器的特性包括电气特性、时间特性、机械特性和牵引特性,这些特性用来表征继电器的性能,是使用和检修继电器的重要依据。

（一）电气特性

电气特性是安全型继电器的基本要求,也是设计和实现信号逻辑电路的依据。电气特性包括额定值、充磁值、释放值、工作值、反向工作值、转极值。

1. 额定值（rated value）

额定值是满足继电器安全系数所必须接入的电压或电流值。AX 系列继电器的额定电压为直流 24 V,作为轨道继电器、灯丝继电器、道岔—启动继电器的电流线圈时除外。

2. 充磁值

为了测试继电器的释放值或转极值,预先使继电器磁系统磁化,向其线圈通以 4 倍的工作值或转极值。这样可使继电器磁路饱和,在此条件下测试释放值或转极值。

3. 释放值（release value）

向继电器通以规定的充磁值,然后逐渐降低电压或电流至全部前接点断开时的最大电压或电流值。

4. 工作值（working value）

向继电器线圈通电,直到衔铁止片与铁芯接触,全部前接点闭合,并满足规定接点压力所需要的最小电压或电流值。此值是继电器的磁系统及接点系统刚好能工作的状态,一般规定工作值不大于额定值的 70%。

5. 反向工作值（reverse working value）

向继电器线圈反向通电,直到衔铁止片与铁芯接触,全部前接点闭合,并满足接点压力时所需要的最小电压或电流值。造成反向工作值大于工作值的原因是磁路剩磁影响,反向工作值一般不大于工作值的 120%。

6. 转极值（pole-changing value）

使有极继电器衔铁转极的最小电压或电流值,分为正向转极值和反向转极值。

正向转极值是使有极继电器的衔铁转极,全部定位接点闭合,并满足规定接点压力时的正向最小电压或电流值。反向转极值是使有极继电器的衔铁转极,全部反位接点闭合,并满足规定接点压力时的反向最小电压或电流值。

7. 反向不工作值

向偏极继电器线圈反向通电,继电器不动作的最大电压值。

8. 返还系数(release factor)

释放值与工作值之比称为返还系数。返还系数对于信号继电器有着特别重要的意义,返还系数越高,标志着继电器的落下越灵敏。规定普通继电器的返还系数不小于30%,缓放型继电器的返还系数不小于20%,轨道继电器的返还系数不小于50%。

AX系列继电器在环境温度为+20 ℃时的线圈参数、电气和时间特性见表2-3。

表2-3 AX系列继电器在环境温度为+20 ℃时线圈参数、电气特性和时间特性

规格序号	继电器型号	线圈电阻/Ω	电气特性						时间特性	
			额定值	充磁值	释放值不小于	工作值不大于	反向工作值不大于	转极值	缓放时间不小于/s	
									18 V	24 V
1	JWXC-1000	500×2	24 V	58 V	4.3 V	14.4 V	15.8 V	—		
2	JWXC-7	3.5×2	250 mA	600 mA	45 mA	150 mA	165 mA	—		
3	JWXC-1700	850×2	24 V	67 V	3.4 V	16.8 V	18.4 V	—		
4	JWXC-2.3	1.15×2	280 mA	750 mA	实际工作值的50%	170 ~ 188 mA	206 mA			—
5	JWXC-2000	1 000×2	12 V	30 V	2.4 ~ 3.2 V	7.5 V	—			
6	JWXC-370/480	370/480	18 mA/17.2 mA	48 mA/46 mA	3.8 mA/3.6 mA	12 mA/11.5 mA	14.4 mA/13.8 mA			
7	JWJXC-480	240×2	24 V	64 V	4.8 V	16 V	17.6 V			
8	JWJXC-160	80×2		40 V	2.5 V	10 V	—			见注2
9	JWJXC-135/135	135/135	24 V	48 V/48 V	5.5 V/5.5 V	15 V/15 V	16.5 V/16.5 V			
10	JWXC-300/370	300/370	75 mA/75 mA	200 mA/200 mA	15 mA/15 mA	50 mA/50 mA	55 mA/55 mA		—	—

续表

规格序号	继电器型号	线圈电阻/Ω	电气特性						时间特性	
			额定值	充磁值	释放值不小于	工作值不大于	反向工作值不大于	转极值	缓放时间不小于/s	
									18 V	24 V
11	JWXC-H310	310×1	24 V	60 V	4 V	15 V	—		—	见注3
12	JWXC-H850	850×1	24 V	67 V	3.4 V	16.8 V	18.4 V		—	0.3
13	JWXC-H340	170×2	24 V	46 V	2.3 V	11.5 V	12.6 V		0.45	0.50
14	JWXC-H600	300×2	24 V	52 V	2.6 V	13 V	14.3 V			0.32
15	JWXC-H1200	600×2	24 V	66 V	4 V	16.4 V	18 V		—	见注4
16	JWXC-500/H300	500/300	24 V	54 V / 54 V	2.7 V / 2.7 V	13.5 V / 13.5 V	14.8 V / 14.8 V		—	0.16
17	JWJXC-H125/0.44	125/0.44	24 V / 2 A	48 V / —	2.5 V / —	12 V / —	13.2 V / —		0.35	0.45 后圈电流由 5 A 降至 1.5 A 断电时 0.3
18	JWJXC-H125/0.13	125/0.13	24 V / 3.75 A	44 V / 5 A	2.3 V / <1 V	11 V / 2.5 A	12.1 V / 2.7 A		0.35	0.4 后圈电流由 4 A 降至 1 A 断电时 0.2
19	JWJXC-H125/80	125/80	24 V	48 V	2.5 V / 2.5 V	12 V / 12 V	13.2 V / 13.2 V		0.4 / 0.4	0.5 / 0.5
20	JWJXC-H80/0.06	80/0.06	24 V / 11 A	40 V / 8 A	2.5 V / <1.5 A	11.5 V / 4 A	12.6 V / 4.4 A		0.35	0.45 后圈电流由 5 A 降至 1.5 A 断电时 0.2

续表

规格序号	继电器型号	线圈电阻/Ω	电气特性						时间特性	
			额定值	充磁值	释放值不小于	工作值不大于	反向工作值不大于	转极值	缓放时间不小于/s	
									18 V	24 V
21	JWJXC-H120/0.17	$\dfrac{120}{0.17}$	—	—	2.4 V <0.5 A	12 V 1.6 A	—		— / 后圈电流由4 A降至1 A断电时0.4	0.55
22	JZXC-480	240×2	AC 18 V	AC 37 V	AC 4.6 V	AC 9.2 V			—	
23	JZXC-0.14	$\dfrac{0.28}{0.28}$	AC 2.1 A	AC 2.16 A	AC 0.4 A	AC 1.1 A				
24	JZXC-H156	78×2	AC 51 mA	AC 136 mA	AC 12 mA	AC 34 mA			AC 34 mA 时 0.1	
25	JZXC-H62	31×2	继电器与 BX-30 变压器配合的稳定回流中,冷丝吸起(12 V/15 W 灯泡)时不大于 AC 110 V;断丝落下(12 V/25 W 灯泡)时不小于 AC 240 V						当电源 220 V 用 12 V/25 W 灯泡时 0.15	
26	JZXC-H18	9×2	AC 150 mA	AC 400 mA	AC 40 mA	AC 100 mA			AC 100 mA 时 0.15	
27	JZXC-H142	71×2		AC 180 mA	AC 23 mA	AC 45 mA			AC 50 mA 时 0.15	
28	JZXC-H138	69×2		AC 180 mA	AC 23 mA	AC 45 mA			AC 50 mA 时 0.15	
29	JZXC-H60	30×2		AC 240 mA	AC 30 mA	AC 60 mA			AC 60 mA 时 0.15	
30	JZXC-H0.14/0.14	$\dfrac{0.14}{0.14}$	AC 2.08 A	AC 2.08 A	AC 0.3 A	AC 1.4 A			AC 2.08 A 时 0.2	
31	JZXC-16/16	$\dfrac{16}{16}$		AC 400 mA	AC 80 mA	AC 140 mA			—	
32	JZXC-H18F	$\dfrac{480}{16}$		AC 400 mA	AC 40 mA	AC 140 mA			AC 140 mA 时 0.15	

续表

规格序号	继电器型号	线圈电阻/Ω	电气特性						时间特性	
			额定值	充磁值	释放值不小于	工作值不大于	反向工作值不大于	转极值	缓放时间不小于/s	
									18 V	24 V
33	JZXC-H18F1	480/16		AC 400 mA	AC 40 mA	AC 140 mA			AC 140 mA 时 0.15	
34	JZXC-480F	480	AC 18 V	AC 37 V	AC 4.6 V	AC 9.2 V			—	
35	JYXC-660	330×2	24 V	60 V				10~15 V		
36	JYXC-270	135×2	48 mA	120 mA				20~32 mA		
37	JYJXC-135/220	135/220	24 V	64 V/64 V				正向 10~16 V		
38	JYJXC-X135/220	135/220	24 V	64 V/64 V				反向 10~16 V		
39	JYJXC-J3000	1 500×2	80 V	160 V				正向 30~65 V 反向 20~55 V		
40	JYJXC-220/220	220/220	24 V	64 V/64 V				正向 10~16 V 反向 10~16 V		
41	JYJXC-3 000	1 500×2	80 V	160 V				正向 25~58 V 反向 25~58 V		
42	JYJXC-160/260	160/260	24 V	64 V/64 V				正向 10~16 V 反向 10~16 V		
43	JPXC-1000	500×2	24 V	64 V	4 V	16 V				

规格序号	继电器型号	线圈电阻/Ω	电气特性						时间特性	
			额定值	充磁值	释放值不小于	工作值不大于	反向工作值不大于	转极值	缓放时间不小于/s	
									18 V	24 V
44	JDBXC-550/550	550/550	24 V	64 V	4 V	16 V				
45	JDBXC-A550/550	550/550		56 V	3.5 V	14 V				
46	JDBXC-1500	1 500/1 500		92 V	6 V	23 V				

注:1. JWXC-H340 型继电器缓吸时间:当电压 18 V 时不大于 0.35 s,当电压 24 V 时不大于 0.3 s;

2. JWJXC-160 型继电器在 24 V 时缓放时间不大于 0.03 s,缓吸时间不大于 0.07 s;

3. JWXC-H310 型继电器在 24 V 时缓放时间为 0.8 s±0.1 s,缓吸时间为 0.4 s±0.1 s;

4. JWXC-H1200 型继电器在 24 V 时缓吸时间不小于 0.6 s;

5. JZXC-0.14 型和 JZXC-H0.14/0.14 型继电器测试时应串联 12 V、25 W 灯泡;

6. JYJXC-3000 型和 JYJXC-J3000 型继电器临界不转极电压分别应大于 120 V 和 160 V;

7. JPXC-1000 型继电器反向不吸起电压应大于 200 V;

8. JDBXC01500 型继电器缓放时间 $t \leqslant 0.025$ s。

(二)时间特性

电磁继电器的电磁系统是具有铁芯的电感,在接通或断开电源时,由于电磁感应作用,在铁芯中产生涡流,在线路中产生感应电流。这些电流产生的磁通阻碍铁芯中原来磁通的变化,所以电磁继电器或多或少都具有一些缓动的时间特性。

在继电器控制的各种电路中,由于它们完成的作用各不相同,对继电器的时间特性要求也不一样,有些要求动作慢一点,有些要求继电器快速动作。如果不能满足对时间特性的要求,控制电路便不能正常工作。因此不仅要了解继电器固有的时间特性,而且还要按照电路的要求,设法改变继电器的时间特性。

1. 继电器的固有时间特性

电磁继电器线圈所具有的电感不仅电感量大,而且是非线性的,再加上继电器磁路中的工作气隙在动作过程中是变化的,因此继电器线圈中的电流变化规律较为复杂。

从线圈通电到衔铁动作,带动后接点断开,前接点接通,需要一定的时间。从线圈断电到衔铁动作,带动前接点断开,后接点接通,也需要一定的时间,即吸合需要时间,释放也需要时间。

吸合时间 t_x(pick up time)是指向继电器通入额定电压(电流)值起至全部前接点闭合所需的时间(包括通电至后接点断开的吸起启动时间 $t_起$ 和从后接点断开到前接点闭合的衔铁运动时间 $t_运$),即 $t_x = t_起 + t_运$。返回时间 t_s(drop away time)是指向继电器通入额定电压(电流)值,从线圈断电至全部后接点闭合所需的时间(包括断电至前接点断开的缓放时间 $t_缓$ 和从前接点断开至后接点闭合的衔铁运动时间 $t'_运$），即 $t_s = t_缓 + t'_运$。继电器动作时间如图 2-2-20 所示。例如，JWXC-1000 型继电器的吸合时间为 0.10 ~ 0.15 s，返回时间为 0.015 ~ 0.02 s。

可见继电器都是缓动的，但其缓吸、缓放时间都非常短。

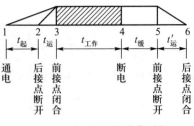

图 2-2-20　继电器动作时间

2. 改变继电器时间特性的方法

继电器用于控制电路中，要满足不同控制对象对时间特性的要求，仅仅依靠继电器的固有时间特性是不够的，必须根据实际需要改变继电器的时间特性。改变继电器时间特性的方法，一是改变继电器的结构，这种方法在制造厂完成；二是通过电路方法，这种方法在使用中进行。

（1）改变继电器结构

通过改变继电器结构来改变继电器的时间特性，主要方法有：通过改变衔铁与铁芯磁极间止片的厚度来改变继电器的返回时间；磁路系统选用电阻率较高的铁磁材料，以缩短继电器的动作时间；在保证工作安匝（线圈的匝数与所加电流的乘积 IW）的前提下增大线圈导线的线径，以此来减小继电器的吸合时间等。而采用最多的方法是在继电器铁芯上加一个短路线圈或在铁芯上套铜环（铜套）使继电器缓动，构成缓放型继电器，如图 2-2-21a 所示。安全型继电器采用铜线圈架作为铜环，缓放型继电器的铜线圈架如图 2-2-21b 所示。

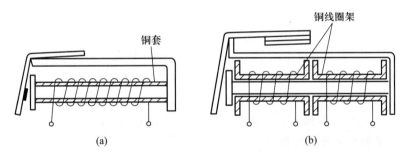

图 2-2-21　缓放型继电器的铜线圈架（铜套）

如图 2-2-21 所示的继电器，当其线圈接通电源或断开电源时，铁芯中的磁通发生变化，在铜线圈架中产生感应电流（涡流），感应电流所产生的磁通阻止原磁通的变化，使铁芯中的磁通变化减慢（即接通电源时感应电流产生的磁通与原磁通方向相反，使磁通增长减慢；切断电源时感应电流的磁通与原磁通方向相同，使磁通减小变慢），从而使继电器能够缓吸、缓放。

在具体电路中，使用最多的是它的缓放特性。同样的继电器在不同的工作电压下，缓放时间是不相同的，如 JWXC-H340 型继电器在 18 V 时缓放时间为 0.45 s，而在 24 V 时为 0.5 s。

当继电器的铜套不是贯穿整个铁芯长度时,这种铜套称为铜环。铜环可装设于铁芯根部,也可装设于铁芯头部(靠衔铁的一端)。铜环的装设位置不同,对缓动的作用也不同。工作气隙中磁通的变化快慢直接影响继电器的动作时间。

当继电器线圈接通或断开电源时,铁芯中磁通的变化在铜环中产生涡流,涡流产生的磁通总是反对原磁通(线圈中产生的磁通)的变化。当继电器线圈接通电源时,涡流产生的磁通与原磁通的方向相反,迫使涡流产生的磁通沿着铜环周围的空气形成漏磁通。当铜环装设于铁芯头部时,漏磁通必然要经过工作气隙,使得工作气隙中的磁通增长缓慢,影响继电器的吸起时间。也就是说铜环装设于铁芯头部时能使继电器缓吸。当铜环装设于铁芯根部时,漏磁通不经过工作气隙,所以几乎不影响工作气隙的磁通变化,也就不会影响吸起时间,即不会使继电器缓吸。当切断继电器线圈电源时,涡流产生的方向与原磁通的方向是一致的且都通过工作气隙,不论铜环装设于何位置,都会影响工作气隙中磁通的变化,影响返回时间,从而使继电器达到缓放的目的。

(2)电路方法改变时间特性

① 使继电器快吸的方法

使继电器快吸的方式有:提高继电器的端电压;在继电器线圈电路中串联一个灯泡;与继电器线圈串联 rC 并联电路。

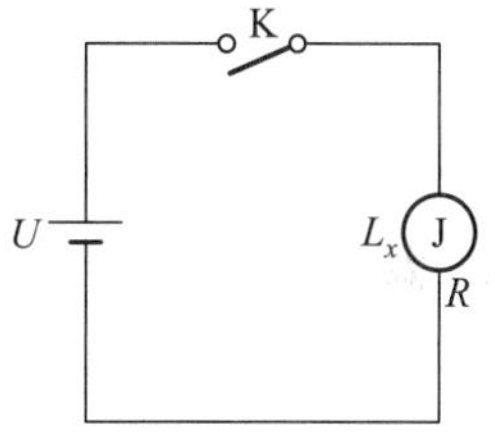

图 2-2-22　分析继电器吸起启动时间的电路图

如图 2-2-22 所示,图中的开关 K 闭合时,继电器线圈中的电流为:

$$i = I(1 - e^{-\frac{t}{\tau_x}}) \tag{2-2-1}$$

其中,τ_x 为继电器吸起时的时间常数,$\tau_x = \dfrac{L_x}{R}$;I 为继电器的额定电流值,$I = \dfrac{U}{R}$。

当电流达到继电器吸起值,即 $i = I_x$ 时,继电器的吸起启动时间为 t_{xq},此时式(2-2-1)可表示为:

$$I_x = I(1 - e^{-\frac{t_{xq}}{\tau_x}})$$

通过变换并取对数得:

$$t_{xq} = \tau_x \ln \frac{1}{1 - \dfrac{I_x}{I}}$$

通过分析可知,额定电流值增大,t_{xq} 减小。也就是说当继电器两端的额定电压 U 增大时,t_{xq} 减小。在继电器线圈允许过负载的情况下提高继电器端电压,使额定电流增大,加速吸起时电流的增长速度,从而达到快吸的目的。

在继电器线圈电路中串联一个灯泡依旧是利用提高继电器端电压的原理,如图 2-2-23 所示,它只是在继电器吸起过程的瞬间提高电压,稳定状态时继电器的端电压仍等于继电器所规定的工作值。

不串联灯泡时,使通过继电器线圈的电流等于工作电流 I 所需的电压为 $U =$

IR。当串联一个小灯泡时,保持工作电流不变,电源电压 $U_1 = I(r+R)$。因灯丝在冷却时的电阻比炽热时的电阻小得多,在继电器闭合的瞬间使继电器的端电压几乎提高到 U_1,从而使继电器快吸。

继电器线圈串联 rC 并联电路如图 2-2-24 所示,图中,$U_2 = I(r+R)$,当 $r = R$ 时,电源电压 U_2 等于继电器工作电压的 2 倍。电容器充电的瞬间,充电电流最大,电容器端电压为 0。在 K 闭合的瞬间,将电阻 r 短路,把高于继电器工作电压的电源电压全部加于继电器线圈上,使其线圈中的电流上升速度加快,缩短继电器的吸起时间,从而达到快吸的目的。

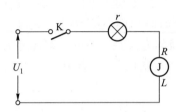

图 2-2-23　继电器线圈与灯泡串联电路

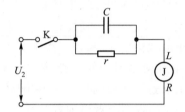

图 2-2-24　继电器线圈串联 rC 并联电路

② 使继电器缓动的方法

通过外加电路使继电器缓动的方法有:与继电器线圈并联 rC 串联电路使其缓吸、缓放;在继电器线圈两端并联电阻或二极管使其缓放;短路继电器一个线圈使其缓放等。采用最多的是图 2-2-25 所示的在继电器线圈两端并联 rC 串联电路。

在继电器通电时,电容器充电,因充电电流刚开始很大,在 r 上产生较大压降,降低了继电器的端电压,使继电器线圈中的电流增长减缓,起到缓吸作用。在继电器断电时,依靠电容器 C 的放电,使继电器缓放。缓放时间长短与电容器的容量、放电回路中的电阻值及继电器的释放值有关。可通过改变 C 的电容量和 r 的电阻值来获得所需要的缓放时间。电路中 r 除上述调节缓放时间外,还能限制电容器的充电电流,以及防止电路振荡。

继电器线圈两端并联电阻电路如图 2-2-26 所示。当开关 K 断开时,继电器线圈中产生感应电势,由于电阻 r 沟通了线圈中感应电流的回路而使继电器达到缓放的目的。这种方法中,r 不能太小,否则消耗电能太大,甚至会将电源短路。同时,即使 r 不过分小,平时继电器工作时,在 r 上也会造成电能的浪费。所以,并联电阻这种方法没有实际应用意义。

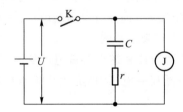

图 2-2-25　继电器线圈两端并联 rC 电路

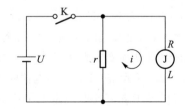

图 2-2-26　继电器线圈两端并联电阻 r 电路

继电器线圈两端并联二极管电路如图2-2-27所示。继电器线圈两端并联二极管也是为了能够沟通感应电流的回路,使继电器缓放。由于二极管的反向电阻很大,继电器吸起时,通过二极管的电流很小,在其上消耗的功率可忽略不计。而二极管的顺向电阻小,所以其缓放效果好。

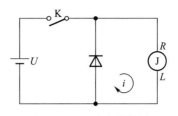

图 2-2-27 继电器线圈
两端并联二极管电路

(三)安全型继电器的机械特性与牵引特性

在继电器衔铁的动作过程中,衔铁上受到电磁吸引力和反作用力。电磁吸引力又称牵引力;反作用力与之方向相反,对于安全型继电器来说,它是由衔铁及重锤片的重力和接点簧片的弹力组成的,所以称为机械力。要使继电器可靠工作,牵引力必须大于机械力,因此牵引力的大小要根据机械力来确定。

1. 机械特性

AX 系列继电器机械力的大小与接点片的数量、重锤片的数目、衔铁的动程等有关,而且在衔铁的整个运动过程中所受到的机械力不是固定不变的,而是在一个很大的范围内变化的,也就是说,继电器的机械力 F_j 是随着衔铁与铁芯磁极间的气隙 δ 的变化而变化的。$F_j = f(\delta)$ 的变化关系称为继电器的机械特性。表示这种变化关系的曲线,称为机械特性曲线。不同类型的继电器,其结构不同,机械特性也不同。

无极继电器的机械特性曲线如图2-2-28所示,图中纵坐标表示衔铁运动时所克服的机械力 F_j(单位为 N),横坐标表示衔铁与铁芯磁极间的工作气隙 δ(单位为 mm),横轴上线段 $0a$ 代表气隙最大值 δ_a,线段 $0\delta_0$ 代表止片厚度,线段 $a\delta_0$ 代表衔铁动程值($\delta_a - \delta_0$)。

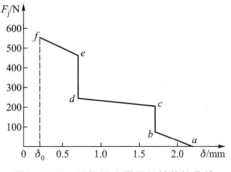

图 2-2-28 无极继电器的机械特性曲线

继电器衔铁释放时气隙最大,这时在衔铁重力和动接点片的预压力(动接点片预先向下弯曲变形所产生的弹力)的作用下,使动接点片与后接点片间保持一定的压力,以保证接触良好。后接点片的预压力与衔铁重力及动接点片预压力之和相平衡,衔铁上的机械力 F_j 为零,在机械特性曲线上用 a 点表示。

当衔铁开始运动,工作气隙从 δ_a 逐渐减小时,后接点片的挠度随之逐渐减小,使后接点片与动接点片之间的压力逐渐减小。这时后接点片给予动接点片的作用力也逐渐减小,动接点片的挠度逐渐增大。因此,随着气隙的减小,机械力 F_j 逐渐增大,如线段 ab 所示。该线段的陡度由后接点片和动接点片的弹性变形决定。

当动接点与后接点刚分离时,动接点片失去了后接点片对它的作用力,使机械力突然增大,如线段 bc 所示。其值取决于衔铁重力和动接点片的预压力之和。

衔铁继续运动,使动接点片逐渐向上弯曲,由于动接点片的挠度加大,使动接点片对衔铁的压力逐渐上升,如线段 *cd* 所示。上升的陡度由动接点片的弹性变形决定。

当动接点片与前接点片接触并使前接点片刚离开上托片时,动接点片上增加了前接点的预压力,使机械力突然加大,如线段 *de* 所示。其值取决于动接点片的弯曲挠度所产生的弹力及前接点的预压力之和。

为使动接点片与前接点片接触良好,要求它们之间必须有一定的压力,所以衔铁仍需运动,直至衔铁运动完毕。在这一过程中由于动接点片和前接点片共同发生弹性变形,弹力增大,所以机械力较快上升,如线段 *ef* 所示。

由此可见,继电器的机械特性曲线实际上是一条折线,它表示了衔铁运动在不同位置时的机械反作用力 F_j。折线上 *c*、*e* 两个折点突出向上,它们反映了衔铁运动在这两个位置的机械反作用力变化最大。如果继电器的牵引力在这两个位置均能大于机械反作用力,该继电器就能吸起。所以 *c*、*e* 两个点中的一个,一般作为确定牵引力所需安匝的依据,称之为临界点。

机械特性曲线可根据材料力学计算求得,也可通过实验求得。

2. 牵引特性

当无极继电器线圈加上直流电源后,铁芯中产生磁通,磁通经过铁芯与衔铁间的气隙 δ 时,对衔铁产生电磁吸引力,称为牵引力 F_Q。牵引力 F_Q 与线圈的磁势(线圈的匝数与所加电流的乘积 IW,通常称安匝)及气隙大小有关。当 δ 一定时,F_Q 与安匝 (IW) 的平方成正比;当安匝一定时,F_Q 与 δ 的平方成反比。即 F_Q 随 δ 呈双曲线规律变化。牵引力 F_Q 随工作气隙 δ 变化的关系 $F_Q=f(\delta)$,称为牵引特性,牵引特性曲线如图 2-2-29 所示。从图 2-2-29 中可看出,当安匝一定时,牵引力 F_Q 随 δ 的减小呈双曲线规律急剧增大;在相同的工作气隙,不同的安匝下,牵引力 F_Q 也不同,安匝大,牵引力也大。因此,安匝值不同,牵引力 F_Q 与工作气隙 δ 的牵引特性曲线也不同,安匝大,曲线 $F_Q=f(\delta)$ 位置就高。

3. 牵引特性与机械特性的配合

将机械特性曲线和一族牵引特性曲线用同一比例尺绘在同一坐标上,牵引特性曲线与机械特性曲线配合如图 2-2-30 所示。

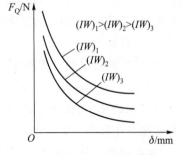

图 2-2-29　牵引特性曲线

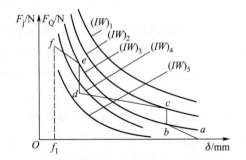

图 2-2-30　牵引特性曲线与机械特性曲线配合

这一族牵引特性曲线对应不同的继电器安匝。显然,要使继电器吸起,就必须要求继电器衔铁在整个运动过程中,牵引力每一处都要大于或等于机械力。也就是说,牵引特性曲线必须在机械特性曲线之上,至少也要与机械特性曲线相切。如前所述,机械特性曲线上的 c 和 e 点是两个突出的折点,如果衔铁运动到这两点时牵引力都大于或等于机械力,那么在其他点的牵引力都能满足要求。因此,只要根据这两点中的任一点相切在另一点之上的牵引特性曲线,就能确定该继电器的吸起安匝。图 2-2-30 中 $(IW)_3$ 的牵引特性曲线不能满足要求,牵引特性曲线虽与 e 点相切,上部分处于机械特性曲线之上,但下部分处于机械特性曲线之下,说明下部分的牵引力小于机械力,继电器不能吸起。而与 c 点相切的 $(IW)_2$ 牵引特性曲线,除 c 点牵引力等于机械力外,其余牵引力都大于机械力,所以能使继电器吸起,$(IW)_2$ 就是吸起安匝。又因为 c 点的牵引力等于机械力,所以这个吸起安匝称为临界安匝,切点 c 称为临界点。为使继电器可靠吸起,继电器的安匝应大于临界安匝,在临界安匝上再加上一个储备量,即乘以储备系数 K,就成为工作安匝 $(IW)_G$。

储备系数 K 越大,牵引力越大,吸起时间越短。但 K 不能过大,K 过大不但造成不必要的功率消耗,还会因吸引力过大造成接点在闭合时发生剧烈振动,影响接点稳定工作,甚至会产生强烈的电弧或火花使接点损坏。K 值一般为 1.1~1.3。

安全型继电器的机械特性见表 2-4。

表 2-4 安全型继电器的机械特性

规格序号	继电器型号	接点间隙不小于/mm		普通接点压力不小于/mN		加强接点压力不小于/mN		托片间隙不小于/mm	
		普通	加强	动合	动断	动合	动断	普通接点	加强接点
1	JWXC-1000	1.3	—	250	150	—	—	0.35	—
2	JWXC-7								
3	JWXC-1700								
4	JWXC-2、3								
5	JWXC-2000	1.2							
6	JWXC-370/480								
7	JWJXC-480	3	5	150		400	300	0.1~0.3	
8	JWJXC-160	—		—	—	600	600		
9	JWJXC-135/135	3.5		250	200	400	300	0.35	0.2~0.4
10	JWJXC-300/370	—	4	—	—	450	350	0.1~0.3	
11	JWXC-H310	1.3	—	250	150	—	—	0.35	—
12	JWXC-H850								
13	JWXC-H340								
14	JWXC-H600								

续表

规格序号	继电器型号	接点间隙不小于/mm 普通	加强	普通接点压力不小于/mN 动合	动断	加强接点压力不小于/mN 动合	动断	托片间隙不小于/mm 普通接点	加强接点
15	JWXC-H1200	—		250		—	—	—	
16	JWXC-500/H300								
17	JWJXC-H125/0.44	1.3	2.5	150	150			0.35	0.1~0.3
18	JWJXC-H125/0.13								
19	JWJXC-H125/80					400	300		
20	JWJXC-H80/0.06								
21	JWJXC-H120/0.17								
22	JZXC-480	1.3	—	250	150	—	—	0.35	—
23	JZXC-0.14								
24	JZXC-H156								
25	JZXC-H62								
26	JZXC-H18								
27	JZXC-H142								
28	JZXC-H138								
29	JZXC-H60								
30	JZXC-H0.14/0.14	1.2							
31	JZXC-16/16	1.3							
32	JZXC-H18F								
33	JZXC-H18F1								
34	JZXC-480F								
35	JYXC-660	1.3	—	250	250	—	—	—	
36	JYXC-270								
37	JYJXC-135/220	4.5	7	150	150	2 200	2 200	0.35	—
38	JYJXC-X135/220								
39	JYJXC-220/220					400	400		0.1~0.3
40	JYJXC-3000			—					
41	JYJXC-J3000					2 200	2 200		
42	JPXC-1000	1.3	—	250	150	—	—		—
43	JDBXC-550/550								
44	JDBXC-A550/550								
45	JDBXC-1500								

注：JYXC-660、JYXC-270、JYJXC-220/220 定位或反位保持力不小于 2 N；JYJXC-J3000、JYJXC-135/220、JYJXC-X135/220 定位或反位保持力不小于 4 N。

四、安全型继电器的接点

继电器接点是继电器的执行机构,通过接点来反映继电器的状态,实现电路的控制。在实际应用过程中,继电器的大部分故障发生在接点系统,因此继电电路的可靠性在很大程度上取决于接点系统工作的可靠性。为保证继电器的可靠工作,必须对接点系统有一定的要求。从接点材质到接点结构,从接点组数到接点容量。对频繁通断大电流的接点,还必须采取灭火花措施。

（一）对接点系统的要求

(1) 接点闭合时,接触可靠,接触电阻小而且稳定。

(2) 接点断开时,要可靠分开,接点间电阻为无穷大,即要有一定的间隙。

(3) 接点在闭合和断开过程中没有颤动。

(4) 不发生熔接。

(5) 耐各种腐蚀。

(6) 热导率和电导率要高。

(7) 使用寿命长。

（二）接点参数

1. 接点材质

对接点材质的基本要求是机械强度高、电导率和热导率高、耐腐蚀、熔点较高、易加工、价格适宜。

2. 接点电阻

任何的接触面无论如何精细加工,总不是绝对光滑的。当接点闭合时,先是个别凸出部分的接触,接点的实际接触面积减小,接触处呈现出一定的接触电阻。接点电阻由接点金属材料本身的电阻和接触电阻两部分组成。由于接点材料本身的电阻比接触电阻小得多,因此接点电阻近似为接触电阻。接点的接触电阻与接点材料、接点间压力、接点的接触形式、接点的加工精度、接点间电压损耗、温度及化学腐蚀、电腐蚀等因素有关。

由于接触电阻的存在,使通过接点的电流在接触过渡区产生功率损失,使接点发热。接点发热后增大了材料的电阻系数,减低了机械强度。由于发热和散热是同时进行且取得平衡的,所以接点通电后,能产生一定的温升(接点温度与周围环境温度之差),使接点电阻和机械强度保持在一定范围内。

总的要求是尽量减小接点电阻,以避免过高的接点温升与电压损耗。因此对接点电阻均要提出不允许超过的电阻值。

3. 接点压力

接触点之间的压力和材质,在很大程度上决定着接点电阻的大小。开始接触瞬间,接点压力加在为数不多的接触点上,当这些接触点被压平后,两接触表面更加接近一些,产生一些新的接触点,接触面积增大,接触电阻降低。但是,当压力达到某数值时,再增大压力,也不会使接点电阻有明显减小。有时,过大的接触压力反而会降低继电器的灵敏度。

接点间存在压力,接点支撑件(接点弹片等,一般采用弹性元件)会产生弹性变形,避免因震动等原因造成接触分离,所以各种类型继电器对接点压力有明确的规定。

4. 接点齐度

同一继电器的所有接点用于电路中,理论上要求同时接触。但在接点系统的生产过程中,从工艺上不可能做到没有误差,因而接点很难做到完全同时接触。继电器各组接点同时接触的误差称为接点不齐度,要求其越小越好。

5. 接点间隙

在动接点和静接点开始分离的瞬间,接点间产生很强的电场,接点间隙中的自由电子在此电场力的作用下从阴极向阳极高速移动,这样就产生了接点间的电弧。另外,这些电子与气体中的自由电子撞击,使气体电离,进一步使电弧加剧。电弧的产生使接点迅速氧化和点燃,加速接点的损耗,缩短其使用寿命。但当接点间隔增大后,拉长了电弧,可使电弧熄灭。此外,接点间隙小,雷电效应亦可能使接点间产生放电现象。故要求接点间有足够大的间隙。

6. 接点滑程

接点表面的腐蚀、氧化和灰尘等对接触电阻有很大影响,为了保证接点的可靠工作,当接点开始接触后,要求接点相互之间有一定程度的位移,该位移叫做接点滑程。

(三)接点容量

继电器接点所允许通过的最大电流称为接点容量,继电器使用时严禁超出允许接点容量,以保证各类接点达到规定的接点寿命动作次数。超出接点容量使用时,会造成接点接触面拉弧烧损,使接点接触电阻增大,寿命缩短,严重时造成器材或设备烧损。

安全型继电器接点的允许容量及电寿命应符合《维规》规定,具体要求可以扫描二维码2.2.1查阅《普速铁路信号维护规则技术标准》中安全型继电器的相关内容。

(四)接点材料

一般继电器要求接点材料的电阻系数小,抗压强度低,而且选用不易氧化或其氧化物电阻率小的材料。因为接触材料电阻系数越小,接点本身的电阻越小,接触电阻越小;材料的抗压强度越小,在一定的接点压力下,接触面积越大,接触电阻越小。

银的电阻率最低,银的氧化膜的电阻率与纯银几乎相等,且抗压强度不高,因此几乎所有类型的继电器,都采用银和银合金作为接点材料。

对控制大电流和高电压的接点,应选择耐电腐蚀和难熔的材料,例如钨和金属陶瓷等。钨熔点高,硬度也很高,不会熔合,几乎没有机械磨损,耐电腐蚀能力强,但它在大气中易氧化。

金属陶瓷大部分是由两种互相不能熔成合金的成分用金属陶制法(粉末冶金法)制成的。它磨损小,熔点非常高,耐电腐蚀能力强,不易熔合,导电导热性能好,很适宜作为接点材料。银氧化镉就是其中的一种,其基本物质为银(85% ~ 80%),起导电作用,氧化镉(12% ~ 15%)起导热作用,获得了最佳配合。它在高温下(99 ℃)还能以爆炸形式分解出氧与镉的蒸气,起到对电弧的吹动和消除游离的效应,形成自动吹弧作用,提高了接点的熄弧性能。特别是它与银接点配合使用时,具有防粘连、接触电阻小等特点。

安全型继电器的普通接点、静接点常用银或银氧化镉制成,动接点采用银氧化镉制成。加强接点的静接点、动接点均采用银氧化镉制成。

《维规》规定,普通接点的接触电阻,银-银应不大于0.03 Ω,银-银氧化镉应不大于0.05 Ω,银氧化镉-银氧化镉应不大于0.1 Ω。加强接点的接触电阻,银氧化镉-银氧化镉应不大于0.1 Ω。

(五)接点的接触形式

接点的接触形式如图2-2-31所示,有面接触、线接触和点接触三种。从表面上看,面接触的接触面积最大,接触电阻最小。但是,由于接点的接触面稍有歪斜,两个接点的接触面就不能全面接触,往往只能在一个点或一个不大的面积上接触,因此接触电阻仍然较大。而且接触的部分每次闭合都有所不同,加上接点表面的氧化物层自动净化不良,所以接触电阻很不稳定。线接触的压力比较集中,在接点闭合和断开过程中,线接触的接点表面能沿另一接点表面滑动,表面氧化层和灰尘会自动脱落,起到自动净化的作用,使接触电阻减小,而且接触电阻也较稳定。点接触的压力最集中,接触电阻也最稳定,但接触电阻大,散热面积小,温升高,只适用于小功率的控制电路中。

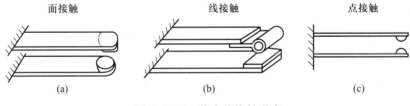

图2-2-31 接点的接触形式

JWXC型无极继电器的接点采用点接触方式,在接点簧片的端部开一0.5 mm宽的细长槽口,在槽的两边各焊一个银接点(由直径1.5 mm的银丝制成),银接点单元如图2-2-32所示,它与动接点一起构成点接触方式,且形成一个簧片上有两个接触点的并联接触方式,大大提高了触头接触的可靠性。

JYJXC-135/220型加强接点有极继电器,为满足通断较大电流的需要,除了增加了接点片厚度外,接点采用面接触方式。

(六)接点的灭火花电路

为了提高接点的使用寿命,应设法避免接点间发生火花。发生火花的原因是接点控制电路中有电感元件,电感元件中储存着磁场能量,在接点断开瞬间接点间的电压非常大,以高电压击穿空气隙,这些能量就以火花放电的形式出现在接点之间,形成火花放电(此时,因电路中的电流未达到电弧临界电流 I_0,不会产生电弧放电)。

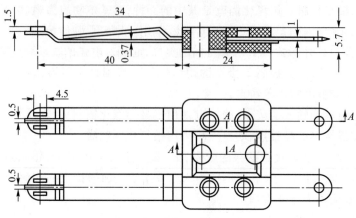

图 2-2-32　银接点单元

要消灭接点火花,必须采取措施将这部分磁场能量引出,不使它出现在接点上,使接点间的电压低于击穿空气的电压,那么接点间的火花即可消灭。具体方法一般采用灭火花电路,总的原理是利用灭火花电路沟通电感负载所产生的感应电流回路,以降低自感电势,并把磁场能量消耗在回路中的电阻上,这样接点间的电压就可能降低到不能击穿空气隙,避免接点火花的出现。

灭火花电路如图 2-2-33 所示,分别为灭火花电阻与电路电感元件并联、灭火花二极管与电路电感元件并联、灭火花电阻电容与电路电感元件并联、灭火花电阻与接点并联、灭火花电阻电容与接点并联。图 2-2-33e 灭火花电阻电容与接点并联是最常用的方法,在接点断开瞬间,电感负载所产生的感应电流流经并联在接点上的电容和电阻串联电路,使接点上的电压降至击穿空气的电压之下,而避免发生火花。此时,磁场能量消耗在回路电阻上。

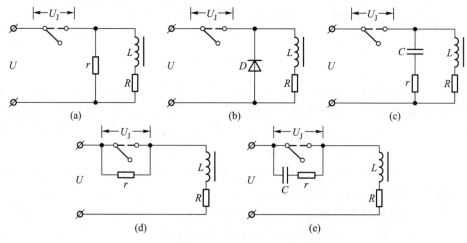

图 2-2-33　灭火花电路

（七）熄灭接点电弧的方法

当电路中的电流较大(大于产生电弧的临界电流 I_0)时,接点断开过程中,由于在电场作用下从负极接点发出的电子具有足够大的能量使气体电子发生强烈游离,就在接点间产生电弧。由于电弧温度很高,会引起接点材料的蒸发与喷溅,更加强了接点的电腐蚀,同时还引起接点表面的氧化。因此,必须设法熄灭接点电弧。

电弧在接点间燃烧时,对电路来说具有一定的电阻值,使电路继续保持接通状态。要使产生的电弧自行熄灭,就必须使电流的增长率在额定电流至 0 的范围内处处小于 0,产生的电弧由于电流一直处于减小状态,使电弧电流减小到不能维持电弧燃烧所需的电流,最后减小至 0,电弧就可以自行熄灭。要保证这一点,有两条途径:限制电路功率和增大接点间隙距离。限制电路功率,可使电流值达不到临界电流,但不是任何情况下都能采用的。单纯增大接点间距离熄弧的效果有限。于是,在接点组数有多余的情况下,可采用几组接点串联的方法。串联几组接点,增大了接点间距离,也提高了电弧临界电压,有较好的熄弧效果。

熄灭接点电弧最常用的方法是磁吹弧,这种方法是利用磁场的电磁力把电弧拉长,起到增大接点间距离的作用,使电弧拉长到加在接点间的电压不足以维持电弧燃烧所需的电压而自行熄灭。这种方法是在接点上加装一块永久磁钢,永磁磁通经过接点间的气隙构成磁回路。接点断开时在接点之间产生电弧,实际上就是电子和离子在接点间的移动。当接点间产生电弧时,电子和离子就要受到永磁的电磁力,使电弧吹得向外拉长,最后使电弧自行熄灭,如图 2-2-34 所示。

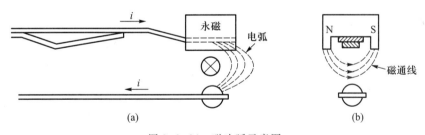

图 2-2-34 磁吹弧示意图

磁吹弧的方向根据左手定则确定,如图 2-2-35 所示。此时要求通过接点电流的方向应符合使接点间电弧向外吹的原则。否则,向内吹弧,非但不会熄灭电弧,还会造成接点的损伤。因此,加强接点上采用磁吹弧的继电器,如 JWXC-480、JWJXC-H125/0.44、JWJXC-H125/0.13、JYJXC-135/220 等都规定了接点的正负极性,使用中要注意磁吹弧的方向。这样,接点电流产生的磁场方向与磁钢的磁场方向一致,还保证不会产生对磁钢的去磁作用。

采用永久磁钢进行磁吹弧有许多优点:可节省铜线和绝缘材料,灭弧系统结构简单;灭弧功能较稳定;没有电能消耗;可使接点开距缩小。

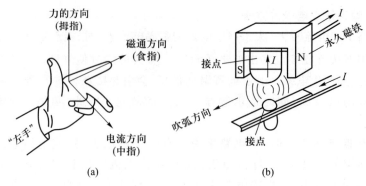

图 2-2-35　磁吹弧方向示意图

第三节　其他类型继电器

一、电源屏用系列继电器

电源屏用系列继电器是为铁路信号电源屏专门设计的继电器,用来代替交流接触器和中间继电器,在电源屏中起转换、表示和监督作用,以减少电源屏故障,提高设备的可靠性。

2.3.1

电源屏用继电器分为无极、整流和交流三种类型,按使用电源分为交流 24 V、交流 220 V 和直流 24 V、直流 220 V 四种。此外,还有加强接点的电源屏用继电器。这样一共有 13 个品种,具体规格及型号电源屏用继电器的基本情况可以通过扫描二维码 2.3.1 查阅《普速铁路信号维护规则技术标准》中电源屏系列继电器的相关内容。

电源屏用系列继电器采用插接式结构,安装方式与 AX 系列继电器相同,采用专用插座,其上端带有锁住装置,在继电器插入插座后,可用卡板将继电器锁住,保证继电器在使用时与插座接触可靠。

（一）电源屏用直流加强接点继电器

电源屏用直流加强接点继电器有 JWJXC-100 型、JWJXC-7200 型、JWJXC-6800 型和 JWJXC-440 型四个品种。

前三种继电器电磁系统的构造及动作原理与安全型无极继电器基本相同,不同点在于它们采用专用铁芯,衔铁止片厚度为 1.2 mm,以提高释放值,减小释放时间。JWJXC-440 型继电器的电磁系统与安全型偏极继电器基本相同,但极靴是方形的,方形极靴下方固定有特制的永久磁钢,使衔铁处于极靴与永久磁钢之间,受永久磁钢的吸引力和重锤片重力的作用,衔铁处于释放位置。这样后接点压力由永久磁钢与重锤片共同产生,使加强后接点保持足够的接点压力。其动作原理同偏极继电器,使用时应注意线圈电源的极性。

JWJXC 型继电器的接点系统由普通接点和加强接点组成,它们的结构与安全型继电器的相同,只是接点组数与载流量不同,接点弹片与触头的尺寸有所变化。JWJXC 型继电器电源片与接点位置如图 2-3-1 所示。

```
            72-  -82          +52 72-  -82 62-           52 72-  -82 62
     32 |71-  -81| 42              71-  -81                51 71-  -81 61
     31 |73-  -83| 41          -51  73-  -83 61+              73-  -83
     33 |52-  -62| 43               52-  -62               31 52-  -62 41
        |51-  -61|             +32  51-  -61 42-              51-  -61
     12J|53-  -63|22J              53-  -63               33 53-  -63 43
        |32-  -42|             -31  32-  -42 41+              32-  -42
     11J|31-  -41|21J               31-  -41              11 31-  -41 21
        |33-  -43|                  33-  -43                 33-  -43
     13J|12-  -22|23J          13  12-  -22 23           13 12-  -22 23
        |11-  -21|                  11-  -21                 11-  -21
      3 |13-  -23| 4            3  13-  -23 4            3 13-  -23 4
      1 |3-  -4 | 2             1  3-  -4  2             1  3-  -4  2
        |1-  -2 |                   1-  -2                    1-  -2

      JWJXC-6800            JWJXC-7200                   JWJXC-440
                           JWJXC-100
```

图 2-3-1　JWJXC 型继电器电源片与接点位置

JWJXC-440 型继电器由于加强后接点压力只有 400 mN,如果在静接点片上加熄弧器,后接点无论闭合或断开,都容易产生颤动,使接点磨损加剧,因此该继电器静接点片不设熄弧器。JWJXC 型继电器熄弧器的安装与使用电流的方向如图 2-3-2 所示。

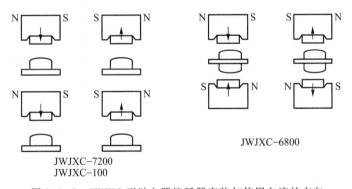

图 2-3-2　JWJXC 型继电器熄弧器安装与使用电流的方向

(二) 电源屏用整流继电器

电源屏用整流继电器有 JZJXC-7200、JZJXC-100 和 JZXC-20000 型三种。它们由电磁系统和接点系统与整流单元组成。电磁系统的构造与 JWJXC-7200 型继电器相同。JZJXC-7200 和 JZJXC-100 型有加强接点,接点构造与 JWJXC-7200 型继电器相似,只是加强静接点没有安装熄弧器。这是因为熄弧器的吹弧方式与电流方向有关,而 JZJXC 型继电器的接点负载为交流,如果安装熄弧器,就会一会儿向内吹弧,一会儿向外吹弧,当电弧往接点片内部吹时,可能造成接点片间互相短路。因此不安装熄弧器,而是利用接点间隙及交流电过零点的原理熄弧。

JZJXC-7200 和 JZJXC-100 型继电器的整流单元是由四个 IN4007 型硅二极管组成的全波整流器。由于接点组上没有安装整流单元的位置,只能外附。使用时,应将所附带的整流单元的交流端接电源,直流正极接继电器的电源片 3(插座位置13),直流负极接电源片 2(插座位置4),而电源片 1(插座位置3)与电源片 4(插座位置23)相连。JZXC-20000 型继电器的接点组上方安装四个 IN4007 型硅二极管组成的全波整流单元。

电源屏用整流式继电器的电源片与接点位置如图 2-3-3 所示,JZXC-20000型继电器的线圈、电源片与整流器的连接如图 2-3-4 所示。电源屏用整流式继电器的动作原理同安全型整流式继电器。

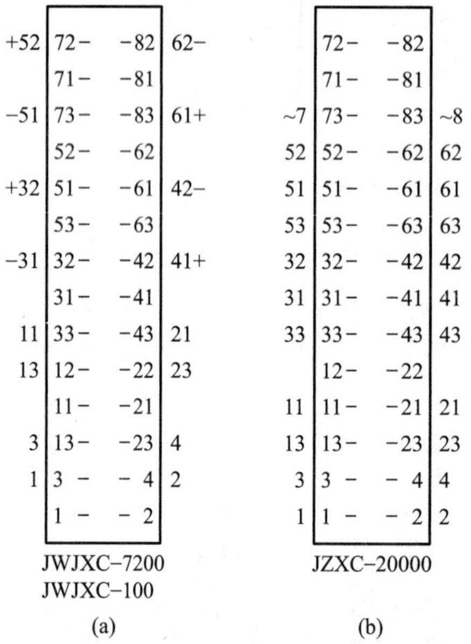

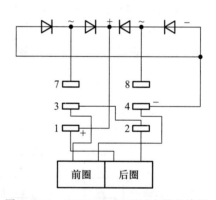

图 2-3-3　电源屏用整流式继电器
电源片与接点位置

图 2-3-4　JZXC-20000 型继电器的线圈、
电源片与整流器的连接

（三）电源屏用交流继电器

电源屏用交流继电器有 JJC 型交流继电器和 JJJC 型交流加强接点继电器。根据使用接点组数与使用电源的不同,JJJC 型分为 JC、JJJC₁、JJJC₃、JJJC₄ 和 JJJC₅ 五种不同的规格(型号中第一个 J 为继电器,第二个 J 为交流,第三个 J 为加强接点)。

电源屏用交流继电器的电磁系统如图 2-3-5 所示,是拍合式交流电磁系统,由 Ⅱ 形铁芯、支架、角形衔铁、线圈等组成。铁芯用 Ⅱ 形硅钢片叠合后铆成一个整体。交流继电器的铁芯如图 2-3-6 所示,这是因为线圈所通为交流电,若为整块铁芯会形成涡流而使铁芯发热,故用硅钢片叠成以减小涡流。

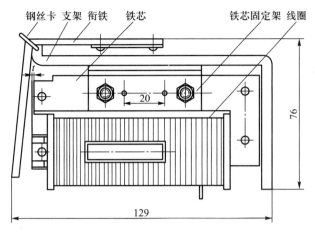

图 2-3-5　电源屏用交流继电器的电磁系统

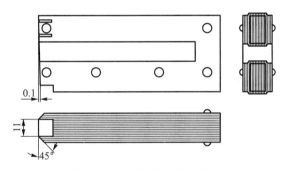

图 2-3-6　交流继电器的铁芯

交流继电器线圈中所通过的为交流电,在铁芯中产生的是交变磁通。交变磁通所产生的吸引力与磁通的平方成正比,所以虽然线圈中的电流方向不断改变,但吸引力并不随之改变方向,然而吸引力的大小在最大值和零之间以两倍电源频率作正弦变化。当吸引力的瞬时值大于衔铁重力和接点的反作用力时,衔铁就吸合,反之衔铁就释放。这样,在交流电的一个周期内,衔铁两次被吸引和释放。当然,由于频率较高,衔铁来不及完全释放,而是在极面处颤动并发出噪声。这种颤动影响继电器的正常工作。

为消除颤动,在铁芯两个工作极面端部各嵌装一个短路铜(或铝)环。短路环的作用如图 2-3-7 所示,短路环包围了铁芯的一部分,由于短路环的感应电流作用,通过短路环内部的磁通 Φ_2 滞后于环外磁通 Φ_1 一个角度(约相差 $60° \sim 70°$)。这样,Φ_1 与 Φ_2 产生的电磁吸引力不会同时为零,当总的电磁吸引力大于等于衔铁上的反作用力时,衔铁就会被牢靠吸引而消除了颤动。

铁芯的两个工作极面,应有一个角度。这样,当衔铁在工作位置时,衔铁与铁芯的极面形成楔形间隙,以

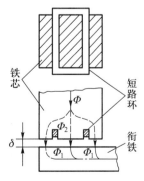

图 2-3-7　短路环的作用

防止衔铁不释放。铁芯极面加工成 45°的斜坡,以减小衔铁与铁芯的接触面积,减小交流声。衔铁在工作位置应与铁芯密贴,因此衔铁上没有安装止片。

JJC 型交流继电器的接点与安全型无极继电器基本相同,不同的只是铁拉杆是交流继电器专用的。

JJJC 型交流加强接点继电器的接点组由普通接点和加强接点组成,结构与安全型加强接点继电器相同,只是接点组数、载流量大小、接点弹片尺寸、触头大小不同。它们的加强接点均用于控制交流电路,因此静接点均不安装熄弧器。

电源屏用交流继电器的电源片及接点位置如图 2-3-8 所示。

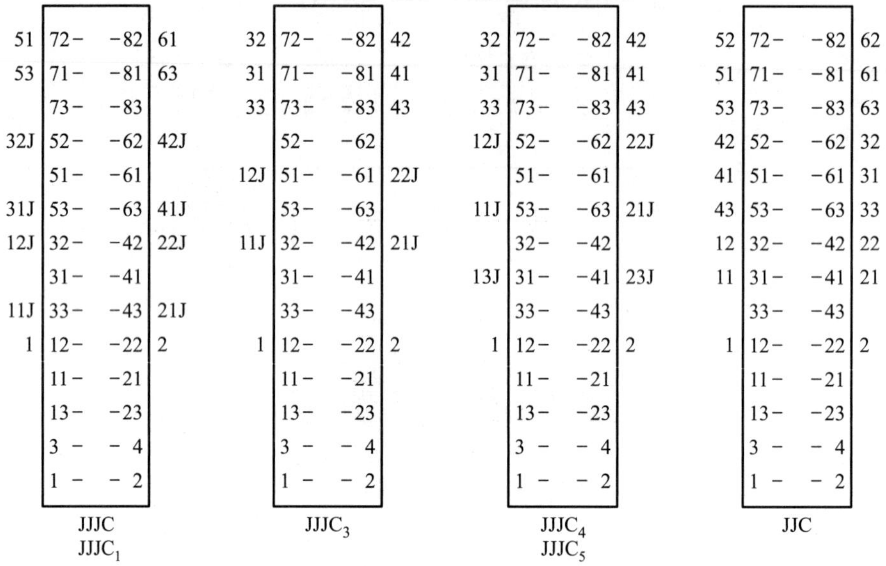

```
51 |72-  -82| 61      32 |72-  -82| 42      32 |72-  -82| 42      52 |72-  -82| 62
53 |71-  -81| 63      31 |71-  -81| 41      31 |71-  -81| 41      51 |71-  -81| 61
   |73-  -83|         33 |73-  -83| 43      33 |73-  -83| 43      53 |73-  -83| 63
32J|52-  -62| 42J        |52-  -62|      12J|52-  -62| 22J      42 |52-  -62| 32
   |51-  -61|         12J|51-  -61| 22J        |51-  -61|         41 |51-  -61| 31
31J|53-  -63| 41J        |53-  -63|         11J|53-  -63| 21J      43 |53-  -63| 33
12J|32-  -42| 22J      11J|32-  -42| 21J        |32-  -42|         12 |32-  -42| 22
   |31-  -41|            |31-  -41|         13J|31-  -41| 23J      11 |31-  -41| 21
11J|33-  -43| 21J        |33-  -43|            |33-  -43|            |33-  -43|
 1 |12-  -22| 2        1 |12-  -22| 2        1 |12-  -22| 2        1 |12-  -22| 2
   |11-  -21|            |11-  -21|            |11-  -21|            |11-  -21|
   |13-  -23|            |13-  -23|            |13-  -23|            |13-  -23|
   | 3-   -4|            | 3-   -4|            | 3-   -4|            | 3-   -4|
   | 1-   -2|            | 1-   -2|            | 1-   -2|            | 1-   -2|

   JJJC                   JJJC₃                JJJC₄                 JJC
   JJJC₁                                       JJJC₅
```

图 2-3-8　电源屏用交流继电器的电源片与接点位置

二、交流二元继电器

交流二元继电器中的二元指有两个互相独立又互相作用的交变电磁系统,根据频率不同,交流二元继电器分为 25 Hz 和 50 Hz 两种。

JRJC-66/345 型和 $JRJC_1$-70/240 型二元继电器作为轨道继电器用于交流电气化区段的 25 Hz 相敏轨道电路中。它们由专设的 25 Hz 分频器供电,具有可靠的频率选择性和相位选择性,对轨端绝缘破损和不平衡牵引电流造成的 50 Hz 干扰能够可靠地防护。此外,其翼板转动系统动作灵活、整体结构紧固,不仅经久耐用,而且便于维修。

50 Hz 交流二元继电器主要用于城市轨道交通、矿山等直流牵引区段的轨道电路中作为轨道继电器。其结构和动作原理与 25 Hz 交流二元继电器基本相同,只是线圈参数有所不同,以适应不同频率的需要。

交流二元继电器的基本情况如表 2-5 和表 2-6 所示。

表 2-5　交流二元继电器的基本情况 1

继电器型号	接点间隙不小于/mm	托片间隙不小于/mm	接点压力不于小于/N		接点级数	鉴别销号码
			动合接点	动断接点		
JRJC-66/345	2.5	0.2	0.15	0.15	2Q、2H	12、32
JRJC₁-70/240	1.8	0.35	0.25	0.2	2Q、2H	11、22

表 2-6　交流二元继电器的基本情况 2

继电器型号		线圈电阻/Ω	工作频率/Hz	局部线圈		轨道线圈			轨道电流滞后于局部电压理想相位角
				额定电压/V	电流不大于/A	工作值不大于		释放值不小于	
						电压/V	电流/A	电压/V	
JRJC-66/345	局部	345	25	110	0.08	—	—	—	160°±8°
	轨道	66	25	—	—	15	0.038	7.5	
JRJC₁-70/240	局部	240	25	110	0.10	—	—	—	157°±8°
	轨道	70	25	—	—	15	0.04	8.6	

（一）交流二元继电器的结构

JRJC₁-70/240 型交流二元继电器在 JRJC-66/345 型的基础上对结构进行改进设计:增强整机结构稳定性和改进机械传动的形式;优化了磁路设计以增大电磁牵引力和改善了机械电气性能;改进接点结构,改善接点性能;改变接点转动轴的结构以提高动作可靠性。因此,在接点压力、返还系数、可靠性方面有了很大提高。

JRJC₁-70/240 型交流二元继电器结构如图 2-3-9 所示,由电磁系统、翼板、接点等主要部件组成。

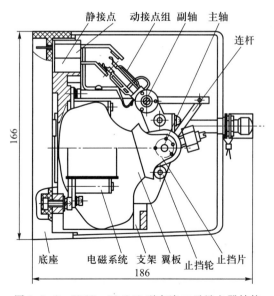

图 2-3-9　JRJC₁-70/240 型交流二元继电器结构

1. 电磁系统

电磁系统包括局部电磁系统和轨道电磁系统。局部电磁系统由局部铁芯和局部线圈组成。轨道电磁系统由轨道铁芯和轨道线圈组成。铁芯均由硅钢片叠成。线圈是用高强度漆包线绕在线圈骨架上构成的。

2. 翼板

翼板是将电磁系统的能量转换为机械能的关键部件。翼板由 1.2 mm 厚的铝板冲裁而成,安装在主轴上。翼片尾端安装有重锤螺母,对翼板起平衡作用。在翼板一侧的主轴上还安装一块厚 2.0 mm 的由钢板制成的止挡片,与轴成为一整体,使翼板转至上、下极端位置时受到限制。

3. 接点组

动接点固定在副轴上,主轴通过连杆带动副轴上的动杆单元使动接点动作,$JRJC_1-70/240$ 型继电器接点组编号如图 2-3-10 所示。

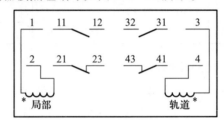

图 2-3-10　$JRJC_1-70/240$ 型继电器接点组编号

$JRJC_1-70/240$ 型继电器插座外形尺寸为 126 mm×165 mm,要占两个安全型继电器的位置。

(二)交流二元继电器的工作原理

1. 交流二元继电器的相位选择性

交流二元继电器的电磁系统如图 2-3-11 所示。当局部线圈和轨道线圈中分别通以一定相位差的交流电流 i_J 和 i_G 时,形成交变磁通 Φ_J 和 Φ_G,磁通穿过翼板时就形成了磁极 J 和 G,在翼板中分别产生感应电流,可看作由许多环绕磁通的电流环所组成,故称为涡流,以 i_{wJ} 和 i_{wG} 表示。涡流 i_{wJ} 和 i_{wG} 分别与磁通 Φ_J 和 Φ_G 作用,产生电磁力 F_1 和 F_2,即轨道线圈的磁通 Φ_G 在翼板中感应的电流 i_{wG},在局部线圈磁通 Φ_J 作用下产生力 F_1;局部线圈的磁通 Φ_J 在翼板中感应的电流 i_{wJ},在轨道线圈磁通 Φ_G 作用下产生力 F_2。F_1 和 F_2 的方向可由左手定则决定,涡流在磁通作用下产生的力如图 2-3-12 所示。

若使 F_1 和 F_2 同方向,必须使 Φ_J 与 Φ_G 方向相反,i_{wJ} 与 i_{wG} 方向相同;或者使 i_{wJ} 与 i_{wG} 方向相反,Φ_J 与 Φ_G 方向相同。只要在 Φ_J 和 Φ_G 相差90°的条件下,F_1 和 F_2 就是同方向的,即任何瞬间翼板总是受一个方向的转动力的作用。当 Φ_J 超前 Φ_G 90°时,在翼板上得到正方向转矩,接通前接点;而当 Φ_J 滞后 Φ_G 90°时,则在翼板上得到反方向转矩,使后接点更加闭合。如果仅在任一线圈通电或两线圈接入同一电源,翼板均不能产生转矩而动作,这就是交流二元继电器具有的可靠的相位选择性,由此可解决轨端绝缘破损的防护问题。

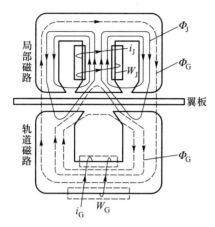
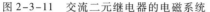

图 2-3-11 交流二元继电器的电磁系统

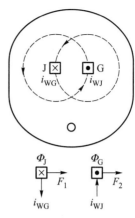

图 2-3-12 涡流在磁通作用下产生的力

2. 交流二元继电器的频率选择性

当牵引电流不平衡时,将有 50 Hz 电压加在轨道线圈上,这时产生的转矩力在一个周期内平均值为零,即轨道线圈混入干扰电流与固定的 25 Hz 局部电流相互作用,翼板不产生转矩,不能使继电器误动。同时,由于翼板的惯性较大,使继电器缓动跟不上转矩力变化的速率,使继电器保持原来的位置而不致误动。

由于交流二元继电器具有频率选择性,不仅可以防止牵引电流的干扰,而且对于其他频率也有同样的作用。可以证明,当轨道线圈电流频率为局部电流频率 n 倍时,不论电压有多高,翼板均不能产生转矩使继电器误动。

交流二元继电器可靠的频率选择性便于站内轨道电路电码化的实现,当 25 Hz 相敏轨道电路叠加移频信号时,移频信号加在轨道线圈上,不会使轨道继电器误动,这使得设备简单,工作稳定,避免了降低轨道电路技术标准的情况。

原 25 Hz 相敏轨道电路采用 JRJC-66/345 型交流二元继电器,由于结构设计不合理造成卡阻,新型的为 JRJC$_1$-70/240 型。轨道线圈电阻值为 70 Ω,局部线圈电阻值为 240 Ω。

三、灯丝转换继电器

灯丝转换继电器是交流继电器,用于信号点灯电路中。当信号灯泡的主灯丝断丝时通过它自动转换至副灯丝点亮,并通过其接点构成报警电路。灯丝转换继电器有 JZCJ 型、JZSJC 型、JZSJC$_1$ 型和 JZSC-0.16 型等,灯丝转换继电器的基本情况见表 2-7。

表 2-7 灯丝转换继电器的基本情况

型号	接点组数	线圈电阻/Ω	电气特性/A			转换时间不大于/s	备注
			额定值	释放值不小于	工作值不大于		
JZCJ	2QH	0.12	AC 2.1	AC 0.35	AC 1.5		与 BX$_1$-30 配合工作值不大于 150 V

续表

型号	接点组数	线圈电阻/Ω	电气特性/A			转换时间不大于/s	备注
			额定值	释放值不小于	工作值不大于		
* JZSC-0.16	4QH	0.16		AC 0.35	AC 1.5		
JZSJC	2QH		AC 2.1	AC 0.35	AC 1.5	0.1	
* JZSJC$_1$	2QH		AC 2.1	AC 0.35	AC 1.5		线圈压降不大于 1.6 V
JZSJC$_2$	2QH		AC 2.1	AC 0.35	AC 1.5	0.1	线圈压降不大于 1.6 V

注：* 为暂行标准。

（一）JZCJ 型继电器

　　JZCJ 型继电器是较早期的灯丝转换继电器，它是弹力型非插入式继电器，线圈和接点有对应的端子与外线连接，底座上有两个孔，用螺钉将其安装在信号机构内。JZCJ 型继电器的结构如图 2-3-13 所示。

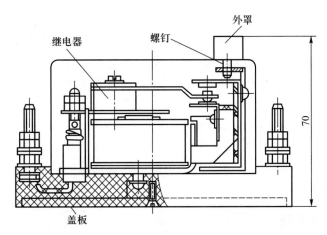

图 2-3-13　JZCJ 型继电器的结构

　　JZCJ 型继电器的电磁系统由圆柱形铁芯、U 形轭铁和平板形衔铁组成 Ⅱ 形拍合式磁路。铁芯端部极面处嵌有一个半圆形短路铜环，以减少磁吸力的脉动。弹簧挂在衔铁后端与轭铁左下部，螺旋弹簧用来产生机械反作用力。衔铁的释放靠弹簧的反作用力，通过弹簧连接螺钉，螺母可调整反作用力。线圈是圆形结构，线径较粗，匝数较少，交流阻抗小，保证灯泡有足够的电压及亮度。动接点不是通过拉杆而是直接用螺钉固定在衔铁上。JZCJ 型继电器底座端子编号如图 2-3-14 所示，有两组并排的接点组，采用连接端子与外线连接。使用 JZCJ 型继电器时，一般侧放。

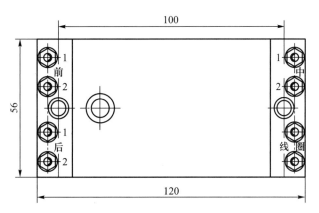

图 2-3-14 JZCJ 型继电器底座端子编号

（二）JZSJC 型继电器

JZSJC 型继电器也是弹力式继电器，但它是插入式结构，便于现场维修更换。JZSJC 型继电器的结构如图 2-3-15 所示，其电磁系统与 JZCJ 型相似，亦为 Π 形拍合式结构，但进行了一些改进。铁芯和线圈是方形的，可防止线圈转动。轭铁上端的衔铁支架用来固定衔铁。再加上锁片挡住衔铁，较牢固。衔铁支架可串动，以调整衔铁与轭铁接触处的间隙，在衔铁上端和轭铁上的衔铁架上挂有反力弹簧。短路铜环采用长方形，是为配套铁芯而设计的。线圈的线径较粗，以减小交流阻抗。

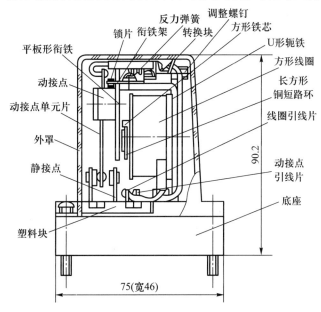

图 2-3-15 JZSJC 型继电器的结构

JZSJC 型继电器接点系统有两组接点，接点引线片和线圈引线片固定在底座上。JZSJC 型继电器插座如图 2-3-16 所示，插座上有 8 个螺钉作为接线端子，分别与插座上的插片相连，是为了与信号机构配线而设置的，当继电器发生故障时可迅速更换。JZSJC 型继电器具有直立和侧放两种工作位置。

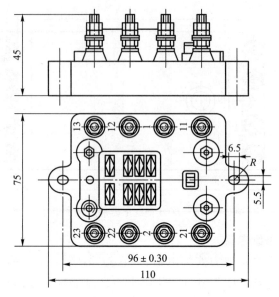

图 2-3-16 JZSJC 型继电器插座

JZSJC$_1$ 型继电器是吸取国外机车继电器的优点而研制的,是弹力型插入式继电器。接点有较大行程,接触可靠,有较强的抗震性能,并配有专用插座,方便现场使用和维修。

四、时间继电器

JSBXC-850 型和 JSBXC$_1$-850 型等时间继电器是一种缓吸继电器,借助电子电路,获得 180 s、30 s、13 s、3 s 等延时,以满足信号电路的需要。时间继电器由时间控制单元与 JWXC-370/480 型无极继电器组合而成。时间控制单元装在印制电路板上,安装在接点组的上方。时间继电器的基本情况见表 2-8。

表 2-8 时间继电器的基本情况

规格序号	继电器名称	型号	鉴别销号码	线圈参数		电气特性			动作时间			
				连接	电阻/Ω	充磁值/mA	释放值不小于/mA	工作值不大于/mA	连接端子			
									51-52		53-12	
									51-52	51-61	51-63	51-83
1	半导体时间继电器	JSBXC-780	14、55	单独	390×2	$\frac{56}{56}$	$\frac{4.5}{4.5}$	$\frac{14}{14}$	60±6	30±3	13±1.3	3±0.3
2		JSBXC-820			410×2				45±4.5			
3		JSBXC-850			370/480	$\frac{56}{54}$	$\frac{4}{3.8}$	$\frac{14}{13.4}$	180±27	30±4.5	13±1.95	3±0.45

规格序号	继电器名称	型号	鉴别销号码	线圈参数 连接	线圈参数 电阻	电气特性 充磁值/mA	电气特性 释放值不小于/mA	电气特性 工作值不大于/mA	动作时间 连接端子 51-52 53-12 51-52	51-61	51-63	51-83
4	单片机时间继电器	JSDXC-850	14、55	单独	370/480	56/54	4/3.8	14/13.4	180±9	30±1.5	13±0.65	3±0.15
5		JSBXC₁-850			370/480			14/13.4				
6	单片可编程时间继电器	JSBXC₁-870B01			370/500			16/13.4	3±0.15	2±0.1	1±0.05	0.6±0.03
7	道口时间继电器	JSC-30	11、12		370/370			14.5/13.8	连接端子 11-52、12-51、13-61、30±0.3			

（一）JSBXC-850 型半导体时间继电器

1. 延时电路

JSBXC-850 型半导体时间继电器（型号中 S 为时间，B 为半导体，850 是 370 和 480 之和）的延时电路如图 2-3-17 所示，其核心是由单结晶体管等组成的脉冲延时电路。在单结晶体管 BT 的发射极 e 和第一基极 b_1 的放电回路中接入继电器 J 的前圈（3-4，370 Ω），它的后圈（1-2，480 Ω）通过电阻 R_1 与电源相连。接通电源时，后圈有电流流过，其电路为：+24 V 电源（73 端子）—二极管 D_1—R_3—R_1—J_{1-2}—电源（62 端子）。但是，由于 R_1 的阻值很大，为 3～4.7 kΩ，因此流过后圈的电流很小，继电器 J 不会动作。与此同时，电容器 C_1 也开始充电，其电路为：+24 V 电源（73 端子）—D_1—R_3—R_6～R_7（或 R_8～R_9、R_{10}～R_{11}、R_{12}～R_{13}）—C_1—J_{4-3}（及 D_4）—R_2—电源（62 端子），该电流流过前圈的方向正好与后圈的相反，继电器更不会动作。

当电容器 C_1 充电电压上升至高于单结晶体管 BT 的击穿电压时，BT 的发射极 e 与第一基极 b_1 间导通，C_1 放电，其放电电路为：C_1(+)—BT_{eb_1}—J_{3-4}—C_1(−)。该电流流过前圈的方向与后圈的相同，当两者之和达到继电器的工作值时，继电器吸起。继电器的前接点 11-12 沟通了自闭电路，电路为：+24 V 电源（73 端子）—D_1—R_3—J_{11-12}—R_4—J_{1-2}（及 R_3—R_1—J_{1-2}）—电源（62 端子）。由于 R_4 的接入，电路的电阻值降低近一半，流过后圈的电流大于继电器的落下值，继电器可靠吸起。

2. 延时时间

由于 BT 和 C_1 组成的脉冲延时电路的存在，继电器从接通电源到完全吸起经过了一段时间，这段时间就是继电器的缓吸时间。缓吸时间与充电电路的时间参数有关。C_1 的电容量越大，充电至单结晶体管 BT 击穿电压的时间越长，缓吸时间越长。充电电路的电阻值越大，电容器的充电电流越小，充电时间必然延长，缓吸时间越长。在端子 52、61、63、83 上分别接入不同阻值的电阻，即可获得四种延时。

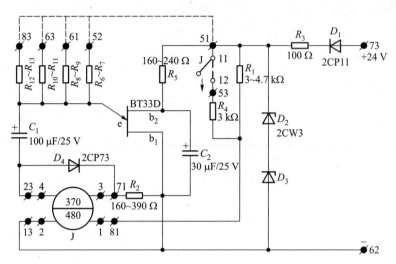

图 2-3-17　JSBXC-850 型半导体时间继电器的延时电路

缓吸时间还与单结晶体管的击穿电压有关，而击穿电压又取决于单结晶体管的分压比，分压比越大，击穿电压越高，缓吸时间越长。

在半导体时间继电器中，C_1 和单结晶体管选定后，改变延时时间就靠接入不同阻值的电阻来完成。一般情况是，连接端子 51-52，为 3 min；51-61 为 30 s；51-63 为 13 s；51-83 为 3 s。此外，通过端子的不同连接还可获得其他延时时间，如 51 与 61、63 相连，为 9 s；51 与 61、63、83 相连，为 2.3 s，以满足电路的特殊需要。

3. 其他元件的作用

（1）稳压管 D_2、D_3

D_2、D_3 与 R_3 串联后成为稳压电路，稳压值为 19.5～20.5 V，使继电器电源电压在 21～27 V 间变化时保持标准值的吸起时间，以消除电源电压波动对延时的影响。

（2）二极管 D_1、D_4

D_1 是为防止电源极性接错而设的，电源接错时它使整个电路不通。D_4 并接在继电器前圈两端，为继电器断电时线圈的反电势产生的电路构成回路，以免击穿单结晶体管。

（3）电容器 C_2

C_2 是单结晶体管第二基极的平滑电容，也是稳压电路的滤波电容，以消除电源杂音对电路延时的干扰。

（4）电阻 R_5

R_5 是单结晶体管的基极电阻。

4. 特性

JSBXC-850 型继电器的电气特性与 JWXC-370/480 型相同。但有以下补充规定:

(1) 继电器的延时误差不能超出标准值的 ±15%。

(2) 在通电至继电器吸起的缓吸时间内,后接点的压力为 0.098 ~ 0.147 N。

5. 接点使用

JSBXC-850 型继电器的接点编号与无极继电器相同。在图 2-3-17 中,除 73、62 外,时间控制单元的端子号与继电器接点完全相同。除 73 接正电源(+),62 接负电源(-)以及按所需时间要求连接对应接点外,继电器内部尚需连接 1-81、2-13、3-71、4-23、11-51、12-53,因此,可供使用的只有第三、第四组两组接点组和第二组前接点。

另有 JSBXC-780 型和 JSBXC-820 型时间继电器,它们的缓吸时间与 JSBXC-850 型有所不同,以满足不同电路的需要。

(二) JSBXC$_1$-850 型单片机可编程时间继电器

JSBXC-850 型时间继电器采用 RC 延时电路,使用过程中由于电容器老化和环境温度变化延时时间有漂移,需定期检修和调整其时间常数。

JSBXC$_1$-850 型单片机可编程时间继电器,是新一代的时间继电器,它采用微电子技术,通过单片机软件设定不同的延时时间。它采用动态电路输出,延时精度高(±5%),不需要调整,电路安全可靠,它不改动原时间继电器的外部配线,使用很方便。

JSBXC$_1$-850 型时间继电器内部电路如图 2-3-18 所示。电路由四部分组成:输入电路、控制电路、电源电路和动态输出电路。

"Ⅰ"为输入部分,经 4 个光电耦合器 IC$_2$-1 ~ IC$_2$-4 (5Z1-4 型)输入端不同连接,设定不同的延时时间,其连接同 JSBXC-850 型继电器。光电耦合器起隔离作用,将外部电路和单片机隔离开。当光电耦合器的发光二极管有输入导通时,其光敏三极管导通。否则,光敏三极管截止。

"Ⅱ"为控制电路,由 IC$_1$(DIP18 型)和晶体振荡器 JZ 及 C_6、C_7 等组成。JZ 为 IC$_1$ 提供振荡源。当 IC$_1$ 的输入端 RB$_0$ ~ RB$_3$ 中有一个输入时,通过软件的设定,其输出端 RA$_1$ ~ RA$_3$ 在不同的延时时间后就有序列脉冲输出。在延时过程中发光二极管 LED 每秒钟闪亮一次。

"Ⅲ"为动态输出部分。当单片机的输出通过光电耦合器 IC$_3$ 接至 MOS 管 T$_2$ (IRF840 型)栅极,在序列脉冲的作用下,T$_2$ 反复导通和截止。T$_2$ 截止时,对电容器 C_8 充电;T$_2$ 导通时,C_8 对 C_9 放电。当 C_9 上的电压充至继电器的工作值时,通过前圈(370 Ω)使继电器吸起。继电器吸起,其前接点 11-12 闭合,又使后圈(480 Ω)励磁,于是继电器可靠吸起。

"Ⅳ"为电源部分。经 73-62 输入的电源经 D_1 鉴别极性。C_1、R_2 和 C_2 组成的滤波电路滤除交流成分,三端稳压器 T$_1$(7805 型)稳压,为单片机提供工作电源。

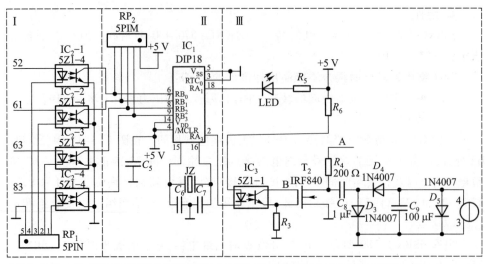
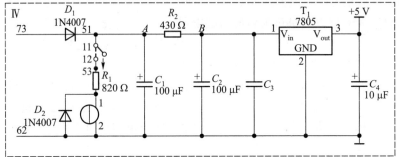

图 2-3-18　JSBXC₁-850 型时间继电器内部电路

JSBXC₁-850 型时间继电器在使用时应注意以下几点。

（1）继电器线圈两端并联有二极管,所以线圈的 1、3 端应接正电,2、4 端接负电。

（2）如果继电器缓吸时间出现误差,应更换控制电路中的晶振或单片机。

（3）如果通电后继电器工作正常,但发光二极管不亮,可更换发光二极管。

（4）如果通电后继电器不吸起,此时若发光二极管每秒闪 1 次,应检查动态输出电路中的元件是否有损坏;若发光二极管不闪,应对四部分电路进行分别检查。经检查输入条件正确,则是控制电路板出现故障,建议更换电路板。

JSBXC₁-870B01 型时间继电器是为了满足对 JSBXC₁-850 型的缓吸时间的不同要求而设计的。它的缓吸时间是:连接端子 51-52,为 3 s;51-61,为 2 s;51-63,为 1 s;51-83,为 0.6 s。

此外,用于道口信号电路中的 JSC-30 型时间继电器,采用了 JSBXC₁-850 型继电器的延时技术,有专用的软件。

扫描二维码 2.3.2 可以查看交流二元继电器、灯丝转换继电器、时间继电器的实物图片;扫描二维码 2.3.3 可以查阅《普速铁路信号维护规则技术标准》中交流二元继电器、灯丝转换继电器、时间继电器的相关内容。

2.3.2

2.3.3

五、动态继电器

动态继电器用于双机热备计算机联锁的接口电路,由于该继电器是由计算机输出的动态脉冲信号控制的,即驱动继电器的信号必须是脉动的,故称为动态继电器。动态继电器目前已不再使用。

不同型号的计算机联锁采用不同的动态继电器。主要有两大类:铁道科学研究院研制的 JDXC-1000 型、JAC-1000 型和 JARC-1000 型动态继电器和通信信号集团公司研制的 JDXC-1700 型、JSDXC$_1$-1700 型、JSDXC$_2$-1700 型和 JSDPC-820 型动态继电器(通信信号集团公司的 DS6-11 型双机热备型计算机联锁已停止生产,与其配套的动态继电器也不再生产)。它们将动态驱动电路设于偏极继电器内而构成。动态继电器的基本情况见表 2-9。

表 2-9 动态继电器的基本情况

规格序号	继电器型号	鉴别销号码	接点组数	线圈电阻/Ω	线圈连接	电源片连接方式连接	电源片连接方式使用	额定值/V	释放值不小于/V	工作值/V	反向不吸起电压值/V
1	JAC-1000	14、42	4QH	500×2	串联	1、4	2、3	24	1.4	≤12.5	150
2	JAHC-1000	32、42									
3	JARC-1000	12、43					27		10~12.5 *	
4	JARC$_1$-1000									
5	JDXC-1000	14、51						24			—

注:* 为参考值。

(一)JAC-1000 型动态继电器

JAC-1000 型是单门驱动的动态继电器,其电路原理如图 2-3-19 所示,由动态驱动电路和偏极继电器组成,动态驱动电路安装在接点组上方。

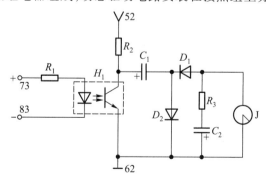

图 2-3-19 单门驱动的动态继电器电路原理

电路在静态(无序列脉冲输入)时,固态光电耦合器 H_1 处于截止状态,电容器 C_1 充电,当 C_1 两端电压充至电源电压时充电结束,继电器 J 中无电流通过,继电器处于落下状态。

当控制端 73、83 有控制信号(序列脉冲)输入的情况下,当为高电平时,H_1 导通,C_1 通过 H_1 向 C_2 放电,同时也向继电器放电;当为低电平时,H_1 截止,C_1 恢复充电。这样,H_1 随着控制信号的高、低电平变化不断地导通与截止,C_1、C_2 不断地充、放电。但电容器一次放电不能使继电器吸起,只有当两个以上脉冲输入并有一定的脉冲宽度使 C_2 两端电压达到继电器工作值并保持一定时间,继电器才能可靠吸起。直到控制端无控制信号输入,H_1 截止,C_2 得不到能量补充,其两端电压下降至继电器落下值,继电器才落下。

当控制端输入固定高电平时,H_1 虽能导通,但 C_1、C_2 没有反复充、放电过程,继电器不能吸起。当控制端输入固定的低电平时,H_1 截止,继电器更没有吸起的可能。

动态驱动电路又称泵电源,只有在控制端序列脉冲的控制下,H_1 不断导通与截止,C_1、C_2 不断充电与放电,能量不断积累的情况下,继电器才能可靠吸起。这样,就保证在任一元件故障的情况下,继电器都不会吸起,做到了"故障-安全"。序列脉冲的输出,说明计算机联锁运行正常,且输出口完好。动态继电器还使计算机联锁主机与控制对象之间做到安全隔离。

动态继电器电路中之所以采用偏极继电器,是为了鉴别电流极性。

JAC-1000 型动态继电器的额定电压为 27 V,最高不超过 30 V,其动态测试特性是:当 52、62 端接局部电源 24 V,73、83 端接 12 V,方波驱动频率为 5 Hz 控制电源时,应可常吸起;当 52、62 端局部电源调至 30 V,73、83 端接 12 V、方波驱动频率为 1 Hz 控制电源时,应不吸起。

(二) JARC-1000 型动态继电器

JARC-1000 型是双门驱动的动态继电器,以满足双机热备冗余方式的计算机联锁的使用要求。双门驱动的动态继电器电路如图 2-3-20 所示。一般规定 73、83 端口由联锁机(或执表机)A 驱动,72、82 端口由联锁机(或执表机)B 驱动,而联锁机 A、B 的控制权是由局部电源 52、62 端的电源极性来决定的。当局部电源 52 为正,62 为负时,A 端口(73、83)控制有效,此时 73 接信号正极,83 接负极;反之,当局部电源 52 为负,62 为正时,B 端口(72、82)控制有效。此时 72 接信号正极,82 接负极。

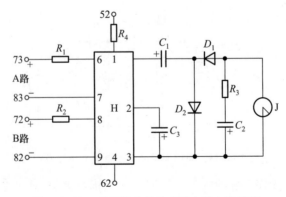

图 2-3-20　双门驱动的动态继电器电路原理

同单门动态继电器一样,当 A 路或 B 路有序列脉冲的控制信号时,固态光电耦合器 H 随控制信号高、低电平的变化而不断地导通与截止,电容器 C_1 和 C_2 也不断地进行充、放电,使继电器可靠吸起。

其动态特性是:当局部电源接 27 V,52 为正、62 为负,控制电源为 12 V、方波驱动频率为 5 Hz 时,继电器应可靠吸起。当局部电源调至 30 V,控制电源调至 12 V、方波驱动频率为 1 Hz 时,继电器应不吸起。

目前,双机热备型计算机联锁系统更多地采用动态组合或动态驱动板。它们的设计思想是把驱动电路与继电器(采用 JPXC-1000 型)分离开来。这样可使动态继电器带动更多组的接点,减少复示继电器数量。

六、计算机联锁动态驱动单元

动态驱动单元或称动态驱动组合,是把四组动态驱动电路组合在一起,安装在安全型继电器匣内。一个动态驱动单元可以驱动四个 JPXC-1000 型偏极继电器。动态驱动单元的动态驱动电路原理同动态继电器的驱动电路。每组驱动电路都有 A、B 两个输入端,分别接受主控系统 A、B 机的输出脉冲控制,并有相应的灯光指示。A、B 双路输入同一时间只有一路有效,哪一路有效由动态驱动电源的输入方向来决定。

(一)DTB-4 型动态驱动单元

DTB-4 型动态驱动单元的接线如图 2-3-21 所示。

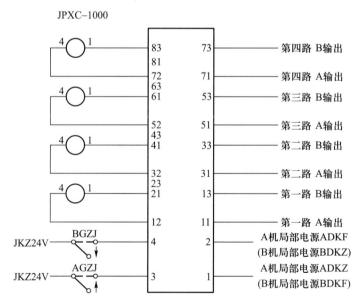

图 2-3-21　DTB-4 型动态驱动单元的接线图

1. 吸起特性

(1)输入高电平、低电平信号,不应使继电器吸起。输入正、负单脉冲信号,不应使继电器吸起。

（2）输入 5 Hz、峰值大于 8 V、占空比为 1∶1 的脉冲信号时，输出电压应大于 18 V，继电器可靠吸起。

（3）驱动吸起值为 16 V 的 JPXC-1000 型偏极继电器，在非缓吸/缓放工作状态下，吸起时间为 0.4～0.8 s。

（4）驱动吸起值为 16 V 的 JPXC-1000 型偏极继电器，在缓吸/缓放工作状态下，吸起时间为 0.6～1 s。

2. 落下特性

（1）输入 5 Hz、峰值小于 6 V、占空比为 1∶1 的脉冲信号，继电器应可靠落下。

（2）驱动落下值为 4 V 的 JPXC-1000 型偏极继电器，在非缓吸/缓放工作状态下，落下时间为 0.7～1.5 s。

（3）驱动落下值为 4 V 的 JPXC-1000 型偏极继电器，在缓吸/缓放工作状态下，落下时间为 2～3 s。

（二）DS6-DTH2 型动态驱动单元和 DS6-DTH2-TW 型动态驱动单元

DS6-DTH2 型动态驱动单元的电气特性如表 2-10 所示。DS6-DTH2-TW 型动态驱动单元的电气特性如表 2-11 所示。

表 2-10　DS6-DTH2 型动态驱动单元的电气特性

输入条件				输出特性		
电源电压 /V	控制信号（方波）			输出电压 峰值/V	缓吸时间/s	缓放时间/s
	频率/Hz	峰值/V	占空比			
25	5	24	1∶1	>18	$t<1.6$	$2<t<3$

表 2-11　DS6-DTH2-TW 型动态驱动单元的电气特性

输入条件				输出特性		
电源电压 /V	控制信号（方波）			输出电压 （有效值）/V	缓吸时间/s	缓放时间/s
	频率/Hz	电压/V	占空比			
25±0.1	5±0.1	24±0.2	1∶1	≥18	$t<1.6$	$2.0 \leqslant t \leqslant 3.0$

扫描二维码 2.3.4 可以查阅《普速铁路信号维护规则技术标准》中计算机联锁动态驱动单元的相关内容。

2.3.4

第四节　继电器的应用

应用继电器构成的各种控制和表示电路，统称继电电路。在具体的应用过程中，涉及如何选用继电器，如何识读继电电路，如何分析继电电路以及如何判断继电电路故障原因等方面。

一、电路中选择继电器的一般原则

根据电路要求,按继电器的主要参数和指标进行选择。具体如下:

（1）继电器类型、线圈电阻应满足各种电路的具体要求。

（2）电路中串联使用继电器时,串联的继电器数量应满足各继电器正常工作电压的要求。

（3）继电器的接点最大允许电流不应小于电路的工作电流,必要时可采用接点并联的方法。

（4）继电器的接点数量不能满足电路要求时,应设相应的复示继电器,复示继电器应能及时反映主继电器的动作状态。

（5）电路中串联继电器接点时,要使串联继电器接点的接触电阻不影响电路的正常工作。

二、继电器的表述

（一）继电器的名称符号

继电器一般根据它的主要用途和功能来命名,例如反映按钮动作的继电器称为按钮继电器,控制信号的继电器称为信号继电器,反映道岔定位位置的继电器称为定位表示继电器等。为了便于标记,继电器符号用汉语拼音的首字母来表示,例如按钮继电器表示为 AJ,信号继电器表示为 XJ,定位表示继电器表示为 DBJ。一个控制系统中会用到很多继电器,同一作用和功能的继电器也不止一个,它们的名称必须有所区别,例如以 XLAJ 代表下行进站信号机的列车进路按钮继电器,SLAJ 代表上行进站信号机的列车进路按钮继电器。

继电器在电路图中表示出来就是继电器的线圈和接点两部分,线圈和接点在一个具体的继电器上是装成一个整体的。但在使用过程中,线圈和接点构成的电路是两个互不相关的电路,而在电路图中为了绘制的方便和需要,同一个继电器的线圈和接点可以画在几张不同的图中,但是同一个继电器的线圈和接点必须用该继电器的名称符号来标记,以免互相混淆。同一个继电器的各接点组还需用其编号注明,以防重复使用。

（二）继电器的定位状态

继电器有两个状态:吸起状态和落下状态。在电路图中只能表达这两种状态中的一种,应有所规定。电路图中继电器呈现的状态称为通常状态(简称常态),或称为定位状态。在铁路信号系统中遵循以下原则来规定继电器的定位状态:

（1）继电器的定位状态应与设备的定位状态相一致,信号平面布置图中反映的设备状态约定为设备的定位状态。例如,一般信号机以关闭(既有线及既有线提速区段,信号机关闭代表点亮禁止灯光;高铁线路,信号机关闭代表灭灯)为定位状态,道岔以开通直股为定位状态,轨道电路以无车占用(空闲)为定位状态。

（2）根据"故障–安全"原则,继电器的落下状态必须与设备的安全侧相一致。

例如,信号继电器的落下应与信号关闭相一致,轨道继电器落下应与轨道电路有车占用相一致。这样才能实现电路发生故障时导向安全侧。

　　根据以上两条原则就可确定继电器的定位状态。例如,信号继电器落下与信号关闭相对应,规定 XJ 落下为定位状态;道岔定位表示继电器 DBJ 吸起与道岔处于定位位置相对应,规定 DBJ 吸起为定位状态,而道岔反位表示继电器 FBJ 吸起应与道岔处于反位位置相对应,规定 FBJ 落下为定位状态;轨道继电器 GJ 吸起与轨道电路空闲相对应,规定 GJ 吸起为定位状态。

　　在电路图中,凡以吸起为定位状态的继电器,其线圈和接点处均以"↑"符号标记;凡以落下为定位状态的继电器,其线圈和接点处均以"↓"符号标记。

(三) 继电器图形符号

　　继电电路中,涉及继电器线圈和继电器接点时,它们的图形符号分别见表 2-12 和表 2-13,这些图形符号反映了继电器的某些特性,因此绘图时必须正确选用,以免混淆。表 2-13 中的接点图形符号有工程图用和原理图用两种。工程图用的符号略为复杂,但能准确表达接点的状态,且不致因笔误而造成误解,所以工程图必须采用工程图用符号。原理图用的接点符号比较简单,但稍有笔误易造成误认,仅限于设计草图和教学中使用。

表 2-12　继电器线圈的图形符号

序号	符号	名称	说明
1		无极继电器	
	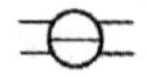		两线圈分接
2		无极缓放继电器	
3	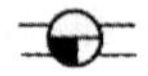		单线圈缓放
4		无极加强继电器	
5	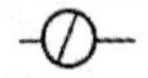	有极继电器	
6	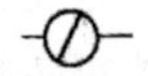	有极加强继电器	
			两线圈分接
7	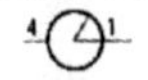	偏极继电器	
8		整流式继电器	
9		时间继电器	
10	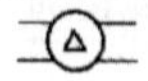	单闭磁继电器	
11	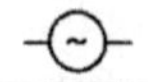	交流继电器	
12		交流二元继电器	
13	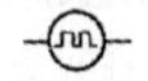	动态继电器	
			两线圈分接

表 2-13 继电器接点的图形符号

序号	符号		名称	说明
	标准图形	简化图形		
1	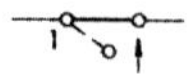	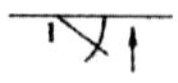	前接点闭合	
2	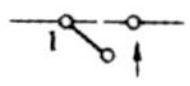	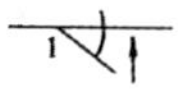	后接点断开	
3	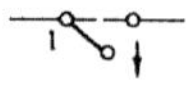	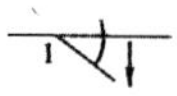	前接点断开	
4	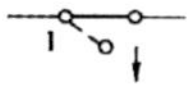	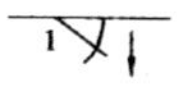	后接点闭合	
5	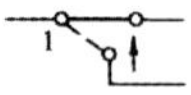	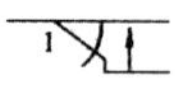	前、后接点组	前接点闭合 后接点断开
	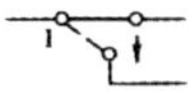	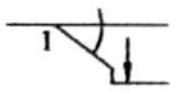		前接点断开 后接点闭合
6	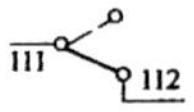	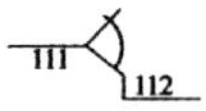	极性定位接点闭合	
7	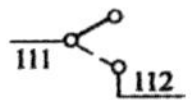	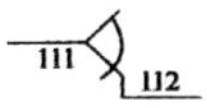	极性定位接点断开	
8	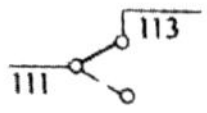	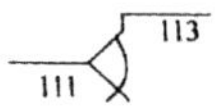	极性反位接点闭合	
9	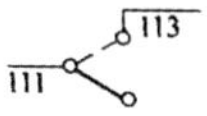	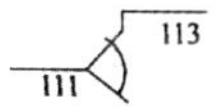	极性反位接点断开	
10			极性定、反位接点组	定位接点闭合 反位接点断开
				定位接点断开 反位接点闭合

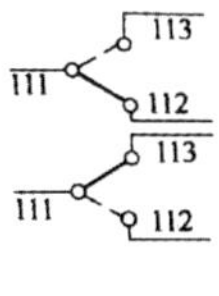

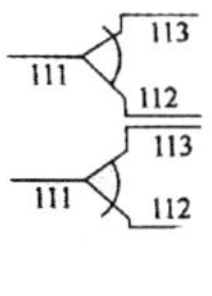

绘制继电器线圈除了要根据继电器特性正确绘制其图形符号外,其符号上还要注明其定位状态的箭头、线圈端子号和继电器名称,如图 2-4-1 所示。继电器接点有三要素:实线(代表接通)、虚线(代表断开)、箭头(继电器的定位状态)和接点组号(一般为 1—8)。同时,还应标注出继电器的名称,如图 2-4-2 所示。

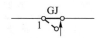

图 2-4-1　继电器线圈符号示意图　　　　图 2-4-2　继电器接点表示示意图

继电器的每组接点都有前接点、中接点和后接点,如图 2-4-3 所示。在电路图中,不必详细标明动接点(中接点)、前接点及后接点号,只需标出其接点组号。电路中使用 1 表示中接点,2 表示前接点,3 表示后接点,接点编号 11、

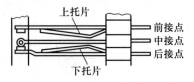

图 2-4-3　继电器接点示意图

21、31 分别表示第 1 组、第 2 组、第 3 组接点的中接点,也就是说编号中的十位数表示接点组的组号,个位数表示继电器的前接点(2)、中接点(1)、后接点(3)。对于有极继电器,因无法用箭头表示其状态,所以电路中须标明其接点号,如 111-112 表示电路中该继电器的定位接点接通,111-113 表示电路中该继电器的反位接点接通,百位数 1 是为了区别于其他继电器而增加的。

三、继电器线圈的使用

对于两个线圈参数相同的继电器,它的线圈有多种使用方法:可以两个线圈串联使用(连接 2、3 电源片,使用 1、4 电源片);可以两个线圈并联使用(电源片 1、3 连接,2、4 连接,使用 1、2 或 3、4 电源片);也可以两个线圈分别使用或单线圈单独使用。

无论哪一种使用方法,都要保证继电器正常的工作安匝和释放安匝,才能使继电器可靠工作和可靠落下。此外,两线圈电阻值不相同时不能串联使用。

例如 JWXC-1000 型继电器,它的前圈和后圈均为 8 000 匝,两个线圈串联使用时,工作电压不大于 14.4 V,故工作电流不大于 14.4/1 000 = 0.014 4(A),工作安匝不大于 2×8 000×0.014 4 = 230.4(安匝)。当单线圈使用时,为了得到同样的安匝,加在前圈和后圈上的工作电压应分别为 230.4/8 000×500 = 14.4(V)。当两线圈并联时,为获得同样的安匝,所需工作电压为 115.2/8 000×2×250 = 7.2(V)。

可见,单线圈使用时,为了保证得到与两线圈串联使用时同样的工作安匝,通过线圈的电流必须比串联时大一倍,所消耗功率也大一倍。此时,电源容量要大,线圈易发热。因此,继电器大多采用两线圈串联使用的方法,但当电路需要时,也采用分线圈使用的方法。两线圈并联使用时,所需电压比串联时低一半,一般使用在电压较低的电路中。

四、继电器基本电路

(一)串联电路、并联电路及串并联电路

根据继电器接点在电路中的连接方式,继电电路可分为串联、并联和串并联三种基本形式。

1. 串联电路

串联电路指继电器接点串联连接的电路,其实现的是逻辑"与"运算。串联电路如图2-4-4所示,3个接点必须同时闭合才能使继电器吸起。从逻辑功能来看,AJ的第2组前接点、BJ的第1组前接点、CJ的第1组后接点在电路中的串接顺序是任意的,而且各继电器的动接点是否接向电源也是任意的。但从工程角度出发,应考虑接点的有效使用,如AJ的后接点可用在别的电路中。

2. 并联电路

由继电器接点并联连接的电路称为并联电路,其实现的是逻辑"或"运算。如图2-4-5所示,3个接点并联,其中AJ后接点或BJ前接点或CJ后接点中任一个接点闭合都会使继电器DJ吸起。从工程角度看,也要考虑接点组的有效利用。

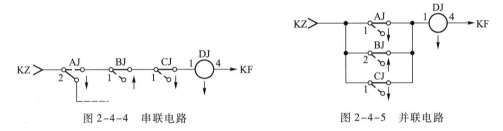

图 2-4-4 串联电路   图 2-4-5 并联电路

3. 串并联电路

根据逻辑功能的要求,在电路中有些接点串联,有些并联,这类电路称为串并联电路,串并联电路如图2-4-6所示。

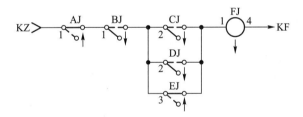

图 2-4-6 串并联电路

（二）自闭电路

在继电器构成的控制系统中,常需要将某一动作记录下来为以后的过程做准备。按钮继电器电路如图2-4-7所示,按下自复式按钮A后,按钮继电器AJ经过励磁电路吸起。但松开按钮后,

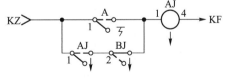

图 2-4-7 按钮继电器电路

继电器就不能保持吸起。为此,增加由自身前接点构成的电路,使得松开按钮后,继电器不会落下。这条由自身前接点构成的电路称为自闭电路。有了自闭电路后继电器就有了记忆功能。当然,当它完成任务后,就必须由表示该任务完成的继电器接点使其复原。

五、继电电路的分析方法

在设计和分析继电电路时,为了便于认识和掌握电路的逻辑功能、继电器动作顺序、继电器动作时机和继电器励磁电路,需采用一些简便的分析方法、通常有动作程序法、时间图解法和接通径路法。

(一) 动作程序法

动作程序法用来表示继电器的动作过程,着重反映继电电路的时序关系和因果关系,而不严格地表达逻辑功能。

用符号表示各继电器状态的变化,"↑"表示继电器吸起,"↓"表示继电器落下,这里"↑""↓"表示继电器的动作,"→"表示促使继电器吸起、落下。

例如图2-4-8中的脉动偶电路(由两个继电器组成的脉冲形成电路),可以写出它的动作程序如图2-4-8所示。

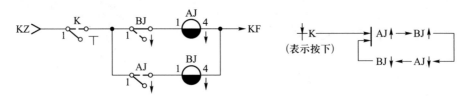

图 2-4-8　脉动偶电路及其动作程序

(二) 时间图解法

有些继电电路的时间特性要求比较严格,整个电路动作过程与继电器的时间特性(如缓放时间的长短)密切相关。这时,可用时间图解法来较准确地进行分析。时间图解法能很清楚地表示出各继电器的工作情况、相互关系和时间特性,能正确地反映整个电路的动作过程。

时间图解法把继电器从线圈通电、后接点断开、前接点闭合、线圈断电、前接点断开、后接点闭合等都在时间图上表示出来,图2-4-8的脉动偶电路的时间图解如图2-4-9所示。继电器之间的互相关系在时间图上用箭头表示。

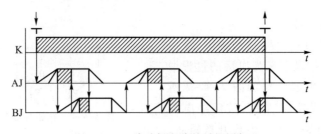

图 2-4-9　脉动偶电路的时间图解

(三) 接通径路法

接通径路法用来描述继电器励磁电路的径路,即由电源正极经继电器接点、线圈及其他器件(按钮接点、二极管等)流向电源负极的回路,它是在分析继电器电路中常用的方法(俗称跑电路)。

例如,对于脉动偶电路,其励磁电路如下:

$KZ—K_{按下}—BJ_{11-13}—AJ_{1-4}—KF;$

$KZ—K_{按下}—AJ_{11-12}—BJ_{1-4}—KF。$

式中各继电器接点及器件的下标是它们在电路中具体连接的接点号或端子号,接点之间用"—"联系,它表示经由,而不用"→",因为没有促使的含义,以避免和动作程序法中的"→"相混淆。

接通径路法仅表达了继电电路的导通路径,而不能反映电路的逻辑功能。对于复杂的继电电路,在对其逻辑功能不熟悉的情况下,可先用接通径路法来加以描述。一个继电器可能有多条励磁电路和自闭电路,需分别写出接通径路予以描述。

在实际应用过程中,通常将动作程序法和接通径路法结合起来使用,一方面,在掌握继电电路动作程序的情况下,能方便地跑通电路;另一方面,在跑通电路的过程中,加深对动作程序的理解。

六、继电电路的安全防护措施

铁路信号是保证铁路运输安全的重要设备,因此对于信号设备的工作必须要求安全可靠。当设备的元件或系统发生故障,系统最终的输出应能保证行车安全,这就是"故障-安全"原则。下面讨论在设计继电电路过程中这一原则如何实现。

继电电路中常见的故障有断路器脱扣、断线、脱焊、螺丝松脱、线圈烧坏、接点接触不良、器件失效、插接件接触不良、线间绝缘不良、线路混入电源等,故障种类很多。但就其对电路的影响可以归纳为两大类:一类使电路开路,称为断线故障;另一类使电路混线,称为混线故障。断线故障会导致吸起的继电器错误落下或使应励磁吸起的继电器不能吸起。混线故障可能使不应吸起的继电器错误吸起或使已吸起的继电器不能及时落下。继电电路的安全防护主要是解决断线防护和混线防护问题。

(一) 断线防护电路

电路的断线故障远多于混线故障,据此必须按闭合电路法(以电路断开对应安全侧,以电路闭合对应危险侧)设计继电电路,即发生断线故障时使继电器落下以满足"故障-安全"的要求。断线防护电路如图2-4-10所示,图中的两个电路是等效的。AJF是AJ的复示继电器,但两者结构不一样,图2-4-10a符合闭合电路原理,无论何处发生断线故障都会导致AJF落下,具有"故障-安全"性能。图2-4-10b是利用AJ的后接点构成AJF线圈的旁路而使AJF落下,称为旁路控制电路。当旁路控制电路发生断线故障时,AJF反而错误吸起而导向危险,不符合"故障-安全"原则,所以安全电路不能采用旁路控制电路。

按闭合电路原理设计电路是断线保护的基本方法,它能对任何断线故障有反映,故可认为它具有断线故障自检能力。

（二）混线防护电路

继电电路按闭合电路原理设计,在混线故障情况下就有可能使继电器错误吸起而导向危险侧,因此尽管混线故障远少于断线故障,也必须慎重地采取防护措施。实际上,要使电路的各点都进行混线防护,是困难的,也是不可能的。室内环境较好,只要采取严格的施工工艺,电路极少发生混线故障,一般不采取防护措施。

1. 位置法

位置法也称远端供电法,是针对室外电路之间混线而采取的措施。例如,在图2-4-11中两电路的逻辑功能是等同的,但电路结构不同。图2-4-11a的继电器和电源均在电路的同一侧,发生混线故障时继电器将无条件地错误吸起,这十分危险。而在图2-4-11b中,继电器和电源分设在电路两侧,发生混线故障时,一方面使继电器短路,另一方面在接点DB(转辙机接点)闭合的情况下使电源处的断路器脱扣,从而使继电器落下,导向安全侧。所以,位置法的关键是继电器和电源必须分别设在可能混线位置的两侧。

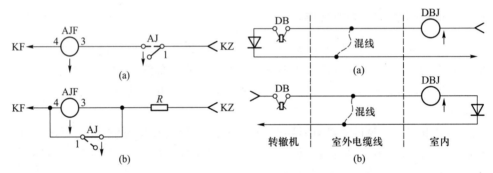

图2-4-10 断线防护电路   图2-4-11 远端供电混线防护电路

2. 极性法

极性法是针对室外电路混入电源而采取的措施。极性法混线防护电路如图2-4-12所示,电路中1JGJ采用偏极继电器,当Q线上混入正电时,与电源极性一致,则1JGJ仍保持吸起;当Q线上混入负电时,则断路器脱扣,使继电器1JGJ落下,导向安全侧。在H线上混入电源情况同样如此。如果在列车占用1G区段时,1GJ落下,此时若在Q线上混入负电,H线上混入正电,则1JGJ因极性不相符,不吸起,若采用无极电器就不能达到此目的。

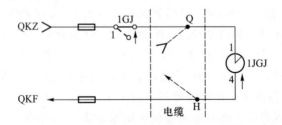

图2-4-12 极性法混线防护电路

3. 双断法

双断法是在电路的 Q 线和 H 线上都接入同样的控制接点,来防止混线混电故障。双断法混线防护如图 2-4-13 所示,如不采用双断,则当 a、b 两点同时发生接地或控制接点引出端子间发生短路等故障时,尽管控制接点未闭合,也能使继电器错误吸起。但若采用双断法,这种可能性就大大减小,Q 线或 H 线混入电源,也可防护。

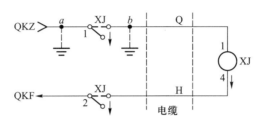

图 2-4-13　混线防护之双断法 1

图 2-4-14a 若不采用双断法,继电器 1DBJ 和 1FBJ 的 Q 线之间发生混线故障,则 1FBJ 将错误吸起;若采用双断法,如图 2-4-14b 所示,则 Q 线间发生混线故障时也不会使 1FBJ 错误吸起。

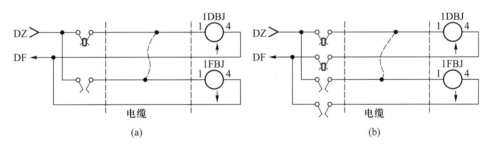

(a)　　　　　　　　　　　　　　　　(b)

图 2-4-14　混线防护之双断法 2

4. 独立电源法

独立电源法也称为电源隔离法。从上述双断法分析中可以看出,在混线故障情况下导致继电器错误吸起的原因在于继电器未采用独立电源,多个继电器共用一个电源。如果每个继电器有各自的电源且没有公共回线,那么任何两条线路混线都不会构成错误的闭合电路使继电器吸起。但为每个继电器设直流电源很不经济,故在直流电路中未采用,然而在交流电路中可以很方便地利用变压器实现电源隔离,例如轨道电路、信号点灯电路和道岔表示电路都采用变压器隔离。独立电源防护法如图 2-4-15 所示,其中的 BB 就是专用的隔离变压器。

此外还有分路法(当继电器处于落下状态时接通继电器线圈的分路线,以防止因混入电源而错误吸起)、分线法(重要的继电器电路不与其他继电器共用回线)等。以上几种防护措施也可能同时采用。

（三）基本的安全防护原则

在设计继电电路过程中,采用继电器的励磁状态作为开放信号的条件。继电器有励磁时前接点闭合和失磁时后接点闭合两种状态,根据"故障-安全"原则,必须选用继电器的励磁状态作为信号开放的条件。如图 2-4-16 所示,信号继电器 XJ 平时处于落下状态,利用其后接点沟通红灯电路。当需开放信号时使 XJ 励磁吸起,利用其前接点沟通绿灯电路。一旦发生断线或短路故障,XJ 落下,信号自动改点红灯,满足"故障-安全"原则。

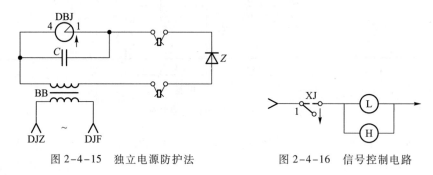

图 2-4-15　独立电源防护法　　　　图 2-4-16　信号控制电路

💡 复习思考题

1. 何谓继电特性,继电器在铁路信号中有哪些作用?
2. 无极继电器由哪几部分组成? 简述直流无极继电器的工作原理。
3. 什么是安全型继电器,有哪些特点?
4. 直流电磁无极继电器的吸起值为什么比释放值大?
5. 偏极继电器的磁路结构有什么特点? 简述其工作原理。
6. 极性保持继电器的磁路结构有什么特点? 简述其工作原理,试分析它的保持吸力与哪些因素有关?
7. 无极加强继电器结构上有何特点?
8. 整流式继电器有什么特点,与无极继电器有何不同?
9. 单闭磁继电器的磁路结构有何特点? 简述其工作原理。
10. 举例说明安全型继电器的插座编号、鉴别销和型别盖有什么作用?
11. 简述半导体时间继电器的工作原理,它是如何获得延时的? 并举例说明它的作用。
12. 安全型继电器的电气特性主要包括哪些,各有什么含义?
13. 简述交流二元继电器的工作原理,它为什么具有相位选择性和频率选择性?
14. 什么是动态继电器,有什么特点和用途?
15. 电源屏用交流继电器在结构上有什么特点? 简述其工作原理。

16. 灯丝转换继电器有何特点？并举例说明它的作用。

17. 总结各类继电器的异同，举例说明各种继电器的名称和图形符号的含义。

18. 什么是安全型继电器的机械特性和牵引特性，它们应如何配合？

19. 如何改变安全型继电器的时间特性？

20. 铁芯中套铜套或铜环为什么能使继电器缓动，铜环装设位置对继电器的缓动特性有无影响，为什么？

21. 用电路的哪些方法能使继电器达到缓放的效果？

22. 接点间产生电弧或火花对接点有何损害，熄灭接点间电弧的方法有哪些？

23. 列举几种消灭接点火花的方法。

24. 信号继电器电路的基本防护原则是什么，最主要的有哪些？

25. 继电器线圈有哪些使用方法，各用于何种场合？

26. 何谓自闭电路，有何作用？

27. 继电电路有哪些分析电路的方法，各有什么特点？

28. 继电电路如何进行断线防护？

29. 继电电路如何进行混线防护？

第三章

道岔转换与锁闭设备

道岔是铁路线路上的可动部分,是直接关系行车安全的关键设备。道岔的转换与锁闭设备用来实现转换道岔、锁闭道岔及反映道岔所处的位置,是铁路信号系统的重要基础设备,它对于保证行车安全、提高运输效率及减轻行车人员的劳动强度起着非常重要的作用。

道岔的操纵分为手动和自动两种方式。手动方式是作业人员通过道岔握柄在现场直接操纵道岔的转换和锁闭,这种方式效率低、劳动强度大,已很少采用。现在的道岔转换设备是自动转换设备,一般以电动机作为动力,通过机械传动、压缩空气传动或液压传动等方式转换道岔。

采用自动转换道岔设备,取消了扳道人员手动操作,从而避免了由于扳道员与车站值班员之间的联系错误而造成的行车事故,而且较多地节省了办理进路的时间,能实现更完善的联锁。动力转辙机利用机械和电气接点的精密配合,能够正确反映道岔位置和尖轨的密贴程度,为进一步保证行车安全,实现进路控制自动化创造了条件。道岔锁闭(locked out switch)设备是在道岔转换完毕后,用机械方法或电气的方法将密贴于基本轨的道岔尖轨牢靠地锁住,使其不能转动的设备,用来防止车辆经过道岔时,道岔尖轨发生位移而造成行车事故。

第一节　道　岔

道岔是列车从一股道转向另一股道的线路连接设备,在车站上大量铺设。它是铁路线路中最关键的特殊设备,也是铁路信号的主要控制对象之一。最常见的是普通单开道岔。

一、普通单开道岔的组成

普通单开道岔是主线为直线,侧线向主线的左侧或右侧分支的道岔。它由转辙器、连接部分和辙叉及护轨部分组成,如图3-1-1所示。

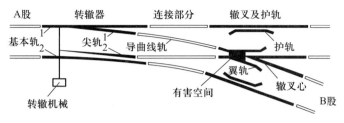

图 3-1-1　普通单开道岔

1. 转辙器

由两根可以移动的尖轨和尖轨外侧的两根固定的基本轨以及转辙机械组成。转辙器是引导机车车辆沿直线方向或侧线方向线路行驶的设备,尖轨通过连接杆与转辙机械相连,操纵转辙机械可以改变尖轨的位置,确定道岔的开通方向。

2. 连接部分

是连接转辙器和辙叉及护轨的部分。连接部分由四根合拢轨组成,包括两根直合拢轨和两根弯的合拢轨。合拢轨曲线称为道岔导曲线,在导曲线上一般不设缓和曲线和超高,所以列车在侧向过岔时,速度要受到限制。

3. 辙叉及护轨

由两根翼轨、一个辙叉心和两根护轮轨组成,它的作用是保证车轮安全通过两股轨线的相互交叉处。护轮轨和翼轨的作用是为了固定车轮的运行方向,因为机车车辆通过道岔时要经过辙叉的"有害空间",即从两翼轨最窄处到辙叉心实际尖端之间,存在一个轨线中断的空隙,如图 3-1-1 所示。由于有害空间的存在,当机车车辆通过辙叉时,轮缘有可能走错辙叉槽而引起脱轨,设置护轮轨的目的就是要强制引导车轮的运行方向,保证行车安全。

道岔上的有害空间是限制列车过岔速度的一个重要因素,为了消灭有害空间,适应列车高速运行的要求,国内外都发展了各种可动心轨道岔。

可动心轨道岔的辙叉心轨和尖轨是同时被扳动的,当尖轨开通某一方向时,可动心轨的辙叉心轨就与开通方向一致的翼轨密贴,而与另一翼轨分开,从而消灭了有害空间,使列车安全通过道岔,图 3-1-2 为可动心轨辙叉。

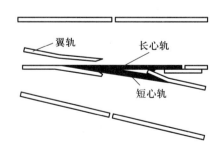

图 3-1-2　可动心轨辙叉

二、道岔号数

一般在图纸上,都采用线路中心线形式表示道岔,如图 3-1-3 所示,由岔心所形成的角叫辙叉角,道岔因其辙叉角的大小不同,有不同的道岔号 N,通常用辙叉角 α 的余切值来表示,即:

$$N = \cot \alpha = \frac{FE}{AE}$$

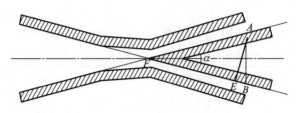

图 3-1-3　道岔号数计算示意图

由此可见,道岔号数与辙叉角成反比关系。辙叉角 α 越小,则 N 越大,导曲线半径也越大,列车通过道岔时越平稳且允许过岔速度越高;α 越大,则相反。所以采用大号码道岔对列车运行是有利的,然而道岔号数越大,道岔全长就越长,铺设时占地就越多,因此,采用几号道岔来连接线路,要根据线路的用途来决定。

目前,在我国铁路的主要线路上大多采用 9 号、12 号和 18 号三种型号的道岔,它们所允许的侧向通过速度分别为 30 km/h、45 km/h 和 80 km/h。在客运专线和高速铁路上,采用侧向过岔速度达到 140 km/h 的 30 号及以上的大号码道岔,使旅客列车在快速侧向通过道岔时也像通过直线一样平稳、安全可靠。

道岔是限制列车速度的关键设备,在线路上道岔号数应符合下列规定:

(1)正线道岔的直向通过速度不应小于路段设计行车速度。

(2)用于侧向通过列车的单开道岔的道岔号数应根据列车侧向通过的最高速度合理选用。

(3)侧向接发停车旅客列车的单开道岔,不得小于 12 号。

(4)侧向接发停车货物列车并位于正线的单开道岔,在中间站不得小于 12 号,在其他车站不得小于 9 号。

(5)列车轴重大于 25 t(吨)的铁路正线单开道岔不得小于 12 号。

(6)其他线路的单开道岔不得小于 9 号。

(7)狭窄的站场采用交分道岔不得小于 9 号,但尽量不用于正线,必须采用时不得小于 12 号。

(8)峰下线路的对称道岔不得小于 6 号,三开道岔不得小于 7 号。

(9)段管线的对称道岔不得小于 6 号。

线路允许速度 120 km/h 及以下区段的正线道岔,采用固定型辙叉道岔;线路允许速度 120 km/h 以上至 160 km/h 及以下或货车轴重 25 t(吨)及以上区段的正线道岔,采用可动心轨道岔或固定型辙叉道岔;线路允许速度 160 km/h 以上区段的正线道岔,须采用可动心轨道岔。

三、其他类型道岔与交叉设备

除了普通单开道岔以外,按照构造上的特点及所连接的线路数目,还有双开(对称)道岔、三开道岔、复式交分道岔和交叉渡线等,如图3-1-4所示。

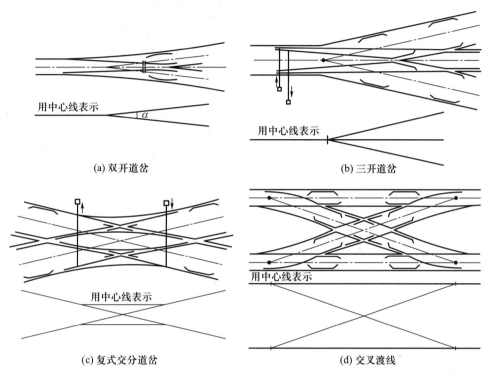

(a) 双开道岔　　　　　　　　　　　(b) 三开道岔

(c) 复式交分道岔　　　　　　　　(d) 交叉渡线

图3-1-4　各种类型的道岔

双开道岔的特点是与道岔相衔接的两条线路各自向两侧分岔,如图3-1-4a所示。三开道岔的特点是可以同时衔接三条线路,所以具有两套尖轨,分别用两组转撤机械操纵,如图3-1-4b所示。复式交分道岔相当于四组单开道岔和一副菱形交叉设备的结合体(菱形交叉设备只有辙叉而无转辙器部分,机车车辆通过交叉设备时,只能沿着原来的线路继续运行而不能转线),但它需要占用的地面却小得多,如图3-1-4c所示。交叉渡线设在两平行线路之间,由四副辙叉号数相同的普通单开道岔和一副菱形交叉设备组成,也是车站内使用较多的一种连接设备,如图3-1-4d所示。

四、道岔的位置和状态

如图3-1-5所示,道岔有两根可以移动的尖轨,一根密贴于基本轨,另一根斥离于基本轨。所谓道岔密贴(switch close-gap)就是道岔尖轨与基本轨贴紧到使列车车列可以安全通过的状态。可以同时改变两根尖轨的位置,使原来密贴的分离,而原来分离的密贴,所以道岔有两个可以改变的位置,在道岔尖轨处安装道岔转辙设备,来改变道岔的两个位置。道岔经常所处的位置叫做定位,临时根据需要改变的另一个位置叫做反位。

图 3-1-5 单开道岔

尖轨与基本轨密贴程度如何,对行车安全影响很大。例如列车迎着尖轨运行时,如果尖轨与基本轨之间的间隙大于 4 mm,则车的轮缘有可能撞着或从间隙中挤进尖轨尖端而造成颠覆或脱轨的严重行车事故,因此尖轨与基本轨的密贴程度规定有严格的标准。根据《技规》规定,装有转换锁闭器、电动、电空、电液转辙机的道岔,当第一连接杆处(分动外锁闭道岔为锁闭杆处)的尖轨与基本轨间、心轨与翼轨间有 4 mm 及以上水平间隙时,不得锁闭道岔,开放信号机,即所谓的"4 mm 锁闭"(check 4 mm opening)。两根尖轨与基本轨均不密贴,称为道岔处于"四开"位置。

五、对向道岔和顺向道岔

道岔本身并没有顺向和对向之分,这只是根据列车运行方向而言的。列车迎着道岔尖轨运行时,该道岔就叫对向道岔;反之,列车顺着道岔尖轨运行时,就叫顺向道岔。

对向道岔和顺向道岔的不安全因素不一样,导致事故的后果也不一样。当列车迎着岔尖运行时(即对向道岔),如果道岔位置扳错了,则列车就被接向错误的线路,如果这条线路已停有车辆,就会造成列车冲撞。另外,如果道岔位置对,但其尖轨与基本轨不密贴(即"四开"位置),则车轮轮缘有可能掉道,造成列车颠覆事故。

当列车顺着岔尖运行时(即顺向道岔),与上述情况就不同了。这时道岔位置如果不对,车轮轮缘可以从尖轨与基本轨挤进去,并推动另一根尖轨靠近基本轨,发生这种情况,叫"挤岔"。挤岔时有可能使道岔和道岔转换设备遭到损伤。

在实际维修工作中,要加强对对向道岔的维护。但对于同一组道岔,根据经由它的列车运行方向不同,有时它是对向道岔,有时却又是顺向道岔。为了保证行车安全,凡是列车经过的道岔,不论对向的还是顺向的,都要和信号机实现联锁,在电动的道岔转换器和锁闭器的结构上也要使之能够反映出道岔不密贴和挤岔等危险情况,一旦出现道岔不密贴和挤岔时,就不能使信号机开放。

六、单动道岔和双动道岔

扳动一个道岔握柄(手动道岔的操纵元件)或按压一个道岔按钮(电动道岔的操纵元件)如果只能使一组道岔转换,则称该道岔为单动道岔;如果能使两组道岔同时或顺序转换,则为双动道岔,"双动"即意味着两组道岔可作为一个控制对象来处理。

双动道岔有时也称联动道岔,故它还可以有三动和四动的情况。为了简化操作手续,简化联锁关系,有时还考虑保证行车安全和节省信号器材等因素,凡是能双动的道岔必须使之"双动"。

第二节　道岔转换与锁闭设备概述

转辙装置(switching device)是道岔控制系统的执行机构,用于带动岔尖或可动辙岔心来完成道岔位置的转换。道岔转辙装置是转辙机及转换锁闭器、密贴检查器、外锁闭装置(内锁闭方式没有)、安装装置的统称,由它们共同完成道岔的转换和锁闭,以及道岔所处位置和状态的监督。转辙装置的维修应符合《维规》的相关技术标准。

扫描二维码3.2.1可以查阅《普速铁路信号维护规则技术标准》中道岔转换与锁闭设备通则的相关内容。

3.2.1

一、道岔转换与锁闭设备的基本作用

(1)转换道岔的位置,根据需要转换至定位或反位;

(2)道岔转至所需位置而且密贴后,实现锁闭,防止外力转换道岔;

(3)正确地反映道岔的实际位置,道岔的尖轨密贴于基本轨后,给出相应的表示;

(4)道岔被挤或因故处于"四开"位置时,及时给出报警及表示。

二、对道岔转换与锁闭设备的基本要求

各种类型的转辙机、转换锁闭器或道岔表示及密贴检查装置应符合下列要求:

(1)能可靠地转换道岔,在尖轨与基本轨密贴后,将道岔锁闭在规定位置,并给出道岔位置的表示。

(2)正常转换道岔时,挤切销或保持联接装置应保证不发生挤切或挤脱。当道岔被挤时,同组道岔上的转辙机或转换锁闭器、密贴检查装置的表示接点必须断开。

(3)尖轨(心轨)刨切范围内应与基本轨(翼轨)密贴,装有表示拉杆的外锁闭牵引点(内锁闭道岔第一牵引点)处,尖轨与基本轨间、心轨与翼轨间有4 mm及以上水平间隙时,道岔不应锁闭。

(4)列车直向通过速度大于120 km/h或其他有特殊要求的道岔,应采用外锁闭;可动心轨辙叉单开道岔,应采用外锁闭和不可挤型转辙机。

(5)对多点(两点及以上)牵引的道岔,应采用多机牵引方式,尖轨、心轨在转换过程中应平稳、同步。

（6）安全接点应接触良好，在插入手摇把或钥匙时，安全接点应可靠断开，非经人工恢复不得接通电路。

（7）机械传动齿轮装置的各齿轮啮合良好，传动不磨卡，无过大噪声。

（8）各种类型的电液转辙机的油路系统不得出现渗漏和堵塞现象。

（9）整机密封性能良好，能有效防水、防尘，手摇把孔和钥匙孔处不漏水、不进尘土，机内无积水、无粉尘及杂物，各种零部件无锈蚀。

（10）机内配线的接线片和接线端子的螺母无松脱、虚接和滑扣现象，配线的绝缘层无损伤。

三、转辙机的分类

（1）按动作能源和传动方式分类，转辙机可分为电动转辙机（electric switch machine）、电动液压转辙机（hydraulic switch machine）和电空转辙机（electropneumatic switch machine）。

电动转辙机由电动机提供动力，采用机械传动的方式，多数转辙机都是电动转辙机，包括我国铁路大量使用的 ZD6 系列转辙机、ZD（J）9 型转辙机和 S700K 型电动转辙机等。

电动液压转辙机简称电液转辙机，由电动机提供动力，采用液力传动的方式，ZY（J）系列转辙机即为电液转辙机。

电空转辙机由压缩空气作为动力，由电磁换向阀控制，ZK 系列转辙机即为电空转辙机。

（2）按供电电源种类，转辙机可分为直流转辙机和交流转辙机。

直流转辙机采用直流电动机，工作电源是直流电。ZD6 系列电动转辙机、ZD9 型电动转辙机就是直流转辙机，由 220 V 直流供电；ZY 系列电液转辙机也是直流转辙机，亦由 220 V 直流供电；电空转辙机则由 24 V 直流电给电磁阀供电。由于存在换向器和电刷，直流电动机的缺点是易损坏，故障率较高。

交流转辙机采用三相交流电源或单相交流电源，由三相异步电动机或单相异步电动机作为动力，现大多采用三相异步电动机。目前推广使用较多的提速道岔用的 S700K 型电动转辙机、ZDJ9 型电动转辙机和 ZYJ7 型电液转辙机，它们均为交流转辙机。交流转辙机采用感应式交流电动机，不存在换向器和电刷，因此电机故障少，维护工作量小，而且单芯电缆控制距离远。

（3）按动作时间分类，转辙机分为低速转辙机、中速转辙机和快速转辙机。

动作时间大于 6 s 的为低速转辙机；动作时间在 3~6 s 的为中速转辙机；动作时间小于 0.8 s 的为快速转辙机。大多数转辙机转换道岔时间在 3.8 s 以上，属于中、低速转辙机，ZD7 型电动转辙机和 ZK 系列电空转辙机转换道岔时间在 0.8 s 以下，属于快速转辙机。快速转辙机主要用于驼峰调车场，以满足分路道岔快速转换的要求。

（4）按锁闭道岔的方式，转辙机可分为内锁闭转辙机和外锁闭转辙机。

内锁闭转辙机依靠转辙机内部的锁闭装置(internal locking device)锁闭道岔尖轨,是间接锁闭的方式。ZD6 系列转辙机均采用内锁闭方式。内锁闭方式的锁闭可靠程度较差,列车对转辙机的冲击大。

外锁闭转辙机虽然内部也有锁闭装置,但主要依靠转辙机外的外锁闭装置(external locking device)锁闭道岔,将密贴尖轨直接锁于基本轨,斥离尖轨锁于固定位置,是直接锁闭的方式。用于提速道岔的 S700K 型电动转辙机和 ZYJ7 型电液转辙机等均采用外锁闭方式。外锁闭方式锁闭可靠,列车对转辙机几乎无冲击。

(5)按是否可挤,转辙机分为可挤型转辙机和不可挤型转辙机。

可挤型转辙机内设挤岔保护(trailed switch protection)装置,道岔被挤时,动作杆解锁,保护了整机。不可挤型转辙机内不设挤岔保护装置,道岔被挤时,会挤坏动作杆与整机连接结构,应整机更换。电动转辙机和电液转辙机都有可挤型和不可挤型。

此外,各种转辙机还有转换力和动程的区别。

四、转辙机的设置与安装

(一)转辙机设置数量

道岔转辙装置的类型和安装数目应根据道岔类型、型号等合理选择。一组道岔由一台转辙机牵引的称为单机牵引,由两台转辙机牵引的称为双机牵引,由两台以上转辙机牵引的称为多机牵引。

在未提速区段(速度小于 120 km/h),车站联锁区域内一般每组道岔岔尖处均设一台转辙机,转辙机宜设置于线路外侧便于人工操纵和维修的位置。在采用 12 号 AT 道岔时,因其为弹性可弯道岔,尖轨加长且有弹性,需要采用两台转辙机来转换道岔,一台牵引尖轨尖端(第一牵引点),另一台牵引尖轨腰部(第二牵引点)。

重载铁路及直向通过设计速度 120 km/h 以上的提速线路,提速道岔进一步加长了尖轨长度,为满足多点牵引多点检查的要求,需多台转辙机牵引,应采用三相交流转辙机和外锁闭装置,可动心轨辙叉单开道岔的心轨也需要转辙机牵引,应设置外锁闭装置。设计速度 160 km/h 及以上的线路,道岔的尖轨密贴段牵引点应设置密贴检查器,密贴检查器宜设置于线路外侧。

60 kg/m 钢轨单开道岔的牵引点数量宜符合下列要求:① 12 号单开道岔:尖轨设置 2 个牵引点,可动心轨设置 2 个牵引点。② 18 号单开道岔:尖轨设置 3 个牵引点,可动心轨设置 2 个牵引点。③ 30 号、42 号单开道岔:尖轨设置 6 个牵引点,可动心轨设置 3 个牵引点。

位于正线及到发线上的单点牵引道岔和多点牵引道岔,第一牵引点的转辙装置设计应符合下列规定:① 转辙机的动作杆应具有锁闭功能;② 采用内锁闭转辙装置时,转辙机的表示杆应具有锁闭功能。

各种类型提速道岔多点牵引时所需交流转辙机台数如表 3-1 所列。

表 3-1　各种类型提速道岔多点牵引时所需交流转辙机台数

道岔类型		道岔号码		尖轨长度/m	尖轨牵引点/个	可动心轨牵引点/个	S700K转辙机/台	ZYJ7转辙机/台
单动道岔		9号提速道岔		13.465	2		2	1
		12号提速道岔	固定辙叉	13.88	2		2	1
			可动心轨		2	2	4	2
		18号提速道岔		15.68	3	2	5	2
		30号提速道岔		27.98	6	3	9	9
双动道岔	两端提速	12号提速道岔	固定辙叉	13.88	4		4	2
			可动心轨		4	4	8	4
	一端提速，另一端非提速		固定辙叉	13.88	2		2	1
			可动心轨		2	2	4	2

对表 3-1 需要说明的是,9 号提速道岔是没有可动心轨的,都是固定辙叉,18 号、30 号提速道岔是没有固定辙叉的,都是可动心轨。表中两端提速,指两端道岔均在正线上;一端提速,指一端道岔在正线上,另一端不在正线上,表中只给出了提速端所需交流转辙机台数,不在正线上的道岔不提速,仍可采用 ZD6 系列转辙机。

采用 ZYJ7 型电液转辙机时,除 30 号道岔,均带 SH6 型转换锁闭器,表中的"1"指 1 台主机带 1 台或 2 台 SH6 型转换锁闭器。例如 18 号提速道岔,采用 S700K 型电动转辙机,每个牵引点一台,共 5 台;采用 ZYJ7 型转辙机 1 台和 2 台 SH6 型转换锁闭器,用于尖轨;采用 1 台 ZYJ7 型转辙机和 1 台 SH6 型转换锁闭器用于心轨,在表中填写的"2"可以理解为 2 套(1+2 和 1+1)。对于 30 号提速道岔,采用 ZYJ7 型转辙机时,每个牵引点用一台 ZYJ7 型转辙机主机牵引。

(二)转辙机牵引力及动程

转辙机牵引力及动程应根据道岔类型(钢轨种类、尖轨和心轨动程、转换阻力及牵引点数)和锁闭方式进行合理的选择。

(1)转辙机表示杆(含转辙机锁闭杆)动程应按道岔尖轨、心轨动程选配。

(2)单点牵引的内锁闭单开道岔尖轨动程为 152 mm,转辙机动作杆动程为 165～170 mm,额定牵引力应为 3 500 N。快速转辙机额定牵引力应为 1 500 N 和 2 500 N 两种。

(3)两点及三点牵引内锁闭单开道岔,转辙机动作杆动程应大于尖轨动程 5 mm 以上,额定牵引力应为 2 500 N 和 4 500 N 两种。

(4)多点多机牵引分动外锁闭单开道岔:

① 尖轨第一牵引点动程为 160 mm,转辙机动作杆动程为 220 mm,额定牵引力应为 2 500 N;其余牵引点转辙机动作杆动程应根据尖轨动程合理配置,转辙机额定牵引力最大为 4 500 N。

②　可动心轨第一牵引点动程小于 120 mm,转辙机动作杆动程为 220 mm;其余牵引点动程应根据心轨动程合理配置,转辙机额定牵引力最大为 4 500 N。

（5）交分道岔:

①　复式交分道岔的两组尖轨和两组可动心轨分别由一台转辙机牵引。

②　交分道岔双转辙机采用内锁闭方式时,转辙机动作杆动程应大于尖轨动程 5 mm 以上,转辙机额定牵引力应不大于 6 000 N。

③　交分道岔活动心轨转辙机动作杆动程应为 130 mm 或 150 mm,转辙机额定牵引力为 3 500 N。

④　复式交分道岔双转辙机部位宜采用双动作杆转辙机进行牵引。

（三）转辙机安装

道岔转换设备的安装应与单开道岔直股基本轨或直股延长线、双开对称道岔股道中心线相平行。各种类型的道岔杆件均应与单开道岔直股基本轨或直股延长线、双开对称道岔股道中心线相垂直。对于多机牵引道岔使用的不同动程的转辙机,应满足道岔平稳动作、同步转换的要求。

采用电动、电液转辙机牵引的道岔,道岔尖轨与基本轨、心轨与翼轨应密贴。牵引点(分动外锁闭锁闭杆处,联动尖轨牵引点尖轨连接杆处)及密贴检查位置处,尖轨与基本轨、心轨与翼轨在下列情况下应满足:

（1）单点牵引道岔牵引点及多点牵引道岔第一牵引点中心线处密贴尖轨(心轨)与基本轨(翼轨)间有 4 mm 及以上水平间隙时,其余密贴段牵引点中心线处有 6 mm 及以上水平间隙时,不应锁闭或接通表示。

（2）直向通过速度大于 120 km/h 小于或等于 160 km/h 的道岔,尖轨牵引点间有 10 mm 及以上水平间隙时,不应接通道岔表示。

（3）直向通过速度大于 160 km/h 的道岔,在两牵引点间有 5 mm 及以上水平间隙时,不应接通道岔表示。

第三节　ZD6 系列电动转辙机

ZD6 系列电动转辙机是我国铁路使用最广泛的电动转辙机,它用于非提速区段及提速区段的侧线上,是在 ZD4 型(此前还有过 ZD1、ZD2、ZD3 型)、DFH 型等电动转辙机的基础上改进而成的,已经形成系列,包括 A、B、C、D、E、F、G、H、J、K 等派生型号(B、C 型已停止生产),以及用于驼峰调车场的 ZD7 型快速转辙机。曾经也使用过 ZD8 型大功率电动转辙机,因采用导管传递牵引方式,受力状况较差,部件易磨损,不便维修,现已淘汰。ZD6 型电动转辙机采用内锁闭方式,适用于 43 kg/m、50 kg/m、50 kg/m AT(矮型特种断面尖轨)单开道岔,43 kg/m 9 号对称道岔不适用于提速道岔。

ZD6-A 型是 ZD6 系列转辙机的基本型,ZD6 其他型号的转辙机都是以 ZD6-A 型为基础改进、完善而发展起来的。故本节以 ZD6-A 型电动转辙机为重点进行介绍。

一、ZD6-A 型电动转辙机

（一）ZD6-A 型电动转辙机的组成

ZD6-A 型电动转辙机主要由电动机、减速器、摩擦联结器、主轴、动作杆、表示杆、移位接触器、壳体等组成,如图 3-3-1 所示。

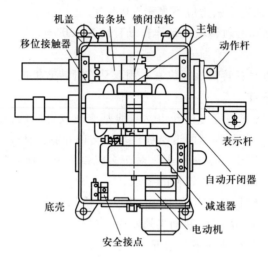

图 3-3-1　ZD6-A 型电动转辙机结构

1. 壳体

壳体由底壳和机盖组成,提供整机安装条件,用来固定转辙机各部件,防护内部机件免受机械损伤和雨水、尘土侵入。

2. 安全接点（safety contact）

安全接点（也叫遮断接点）用来保证维修安全。正常使用时,遮断接点接通,才能接通道岔动作电路。检修时,断开遮断接点,以防止检修过程中转辙机转动影响维修人员作业,保证其人身安全。

3. 电动机

电动机为电动转辙机提供动力,要求具有足够的功率,以获得必要的转矩和转速;要求电动机能够逆转,因为道岔需要向定、反位转换;并且要求在通以 1.5 倍工作电流 20min 的规定时间内,电动机温升不超过规定的绝缘等级温升,电机不受损坏;为了克服尖轨与滑床板间的静摩擦,要求电动机有较大的启动转矩。

ZD6-A 型电动转辙机采用断续工作制直流串激电动机,由定子绕组（激磁绕组）和转子绕组（电枢绕组）组成。直流电动机的正转和反转可通过改变激磁绕组或电枢绕组中的电流方向来实现。如图 3-3-2 所示,这里电动机的正转和反转配合四线制道岔控制电路,采用分开使用定子绕组的方式。两个定子绕组通过公共端子分别与转子绕组串联,为了防止接线错误,引出线分别用两黄、两红套管区分,并用不同孔径的引接片套在不同直径的端子上。

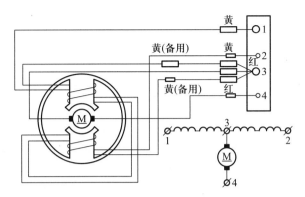

图 3-3-2　电动机内部接线图

直流电动机的电气参数如下:额定电压 160 V;额定电流 2.0 A;摩擦电流 2.3 ~ 2.9 A;额定转速 2 400 r/min;额定转矩 0.882 6 N·m;短时工作输出功率 ≥220 W;单定子工作电阻(20 ℃)(2.85±0.14)×2 Ω;刷间总电阻(20 ℃)(4.9±0.245)Ω。

4. 减速器(retarder)

减速器用来降低转速以获得足够的转矩来带动道岔转换,并且完成传动。ZD6-A 型电动转辙机的减速器由两级组成,第一级为定轴传动外啮合齿轮,即小齿轮 1 带动大齿轮 2,减速比为 103∶27,第二级为行星传动式减速器,减速比为 41∶1。总减速比为:103/27×41/1 = 156.4。

两级间以输入轴联系,减速器由输出轴和主轴联系。

行星传动式减速器如图 3-3-3 所示。在正常情况下,内齿轮靠摩擦联结器的摩擦作用"固定"在减速器壳内静止不动。内齿轮里装有外齿轮,外齿轮通过滚动轴承装在偏心的轴套上,偏心轴套固定在输入轴上。外齿轮上有八个圆孔,每个圆孔内插入一根套有滚套的滚棒,八根滚棒固定在输出轴的输出圆盘上。

当外齿轮作摆式旋转时,输出轴就随着旋转,当输入轴随第一级减速大齿轮顺时针旋转时,偏心轴套也顺时针旋转,使外齿轮在内齿轮里沿内齿圈作逐齿啮合的偏心运动。当输入轴旋转一周,外齿轮也作一周偏心运动。外齿轮 41 个齿,内齿轮 42 个齿,两者相差一个齿,因此,外齿轮作一周偏心运动时,外齿轮的齿在内齿轮里错位一齿。在正常情况下,内齿轮静止不动,迫使外齿轮在一周的偏心运动中反方向旋转一齿的角度。当输入轴顺时针方向旋转 41 周,外齿轮逆时针方向旋转一周,带动输出轴逆时针方向旋转一周,达到减速的目的。

外齿轮既在输入轴的作用下作偏心运动,又与内齿轮作用作旋转运动,类似于行星的运动,既有自转又有公转,所以外齿轮称为行星齿轮,该种减速器称为行星传动式减速器。为了达到机械传动的平衡,内齿轮里有两个外齿轮,它们共同套在一个输出轴圆盘的八根滚棒上,两个外齿轮之间偏向角为 180°。

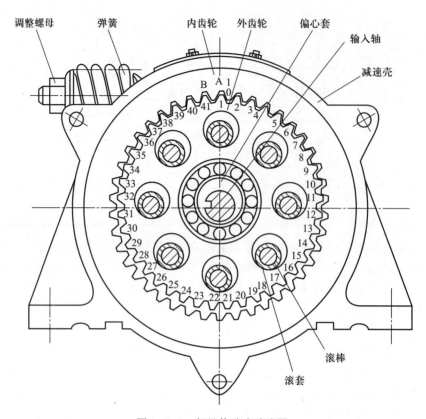

调整螺母　弹簧　内齿轮　外齿轮　偏心套　输入轴　减速壳　滚棒　滚套

图 3-3-3　行星传动式减速器

3.3.1

扫描二维码 3.3.1 可以查看更多行星传动式减速器和 ZD6 系列电动转辙机实物照片。

5. 启动片

启动片是介于减速器和主轴间的传动媒介,图 3-3-4 给出了启动片的正、反面照片。它联结输出轴与主轴,利用其正、反两面互相垂直成"十"字形的沟槽,在旋转时自动补偿两轴不同心的误差,使输出轴与主轴同步动作。

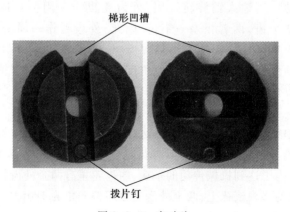

梯形凹槽

拨片钉

图 3-3-4　启动片

启动片上有一个梯形凹槽,还有一个凸起的拨片钉,它与速动片相配合,在解锁、锁闭过程中控制自动开闭器的动作。

6. 主轴

主轴主要由主轴、主轴套、轴承、止挡栓等组装而成,如图 3-3-5 所示。主轴由减速器输出轴通过启动片带动旋转,主轴再带动锁闭齿轮转动,通过锁闭齿轮与齿条块配合完成转换和锁闭道岔。

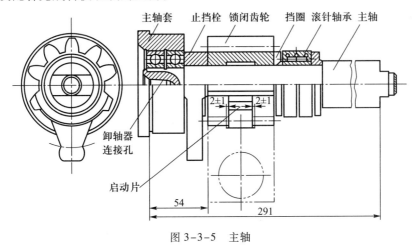

图 3-3-5 主轴

主轴上的止挡栓用来限制主轴的转角,使锁闭齿轮和齿条块达到规定的锁闭角,并保证每次解锁以后都能使两者保持最佳的啮合状态,使整机动作协调。

7. 转换锁闭装置

转换锁闭装置由锁闭齿轮、齿条块、动作杆组成。锁闭齿轮和齿条块用来将旋转运动变为直线运动,再通过动作杆带动道岔尖轨运动,并最后完成内部锁闭。锁闭齿轮如图 3-3-6a 所示,共有 7 个齿,其中 1 齿和 7 齿是位于中间的启动小齿,在它们之间是锁闭圆弧。齿条块上有 6 个齿和 7 个齿槽,如图 3-3-6b 所示,中间的 4 个齿是完整的,两边的两个齿是中间有缺槽的削尖齿。缺槽是为了锁闭齿轮上的启动小齿能顺利通过而设的。

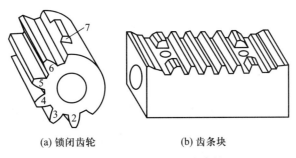

(a) 锁闭齿轮　　　　　　(b) 齿条块

图 3-3-6 锁闭齿轮和齿条块

当道岔在定位或反位,尖轨与基本轨密贴时,锁闭齿轮的圆弧正好与齿条块的削尖齿弧面重合,如图 3-3-7 所示。这时如果尖轨受到外力,或列车经过道岔使齿条块受到水平作用力,这些力只能沿锁闭圆弧的半径方向传给锁闭齿轮,它不会转动,齿条块及固定在其圆孔中的动作杆也不能移动,这样就实现了对道岔的锁闭。

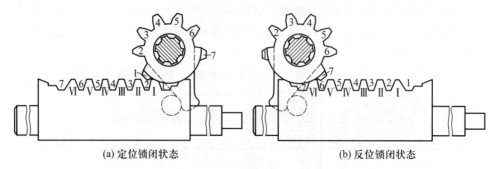

(a) 定位锁闭状态　　　　　　　　　(b) 反位锁闭状态

图 3-3-7　转辙机的内锁闭

电动转辙机每转换一次,锁闭齿轮与齿条块要完成解锁、转换和锁闭三个过程。

（1）解锁

假设图 3-3-7a 所示为定位锁闭状态,若要将道岔转至反位,电动机必须逆时针旋转,使锁闭齿轮逆时针转动,启动小齿 1 穿过齿条块的削尖齿 I（中间有缺槽）,当锁闭圆弧面全部从削尖齿上滑开,解锁完毕。

（2）转换

锁闭齿轮的大齿拨动齿条块的完整齿,使齿条块移动,图 3-3-7 中所示向右运动,即将转动变为平动,通过与齿条块连在一起的动作杆带动道岔尖轨运动,使原来斥离的尖轨与另一基本轨密贴,将道岔转至反位。

（3）锁闭

道岔转换到位后,锁闭齿轮继续转动,锁闭齿轮的启动小齿 7 在齿条块的削尖齿 VI 旁经过,锁闭齿轮的圆弧面与齿条块的削尖齿弧面重合,实现了锁闭。此时,止挡栓碰到底壳上的止挡桩,锁闭齿轮停止转动。

8. 动作杆（threw rod）

动作杆是转辙机转换道岔的最后执行部件。动作杆一端与道岔的密贴调整杆相连接,带动尖轨运动。动作杆通过挤切销和齿条块连成一体,正常动作时,齿条块带动动作杆一起运动。

挤切销（dissectible pin）如图 3-3-8 所示,分主销和副销,分别装于齿条块削尖齿中间开口处的挤切孔内。挤岔时,来自尖轨的挤岔力超过挤切销能承受的机械力时,挤切销折断,动作杆和齿条块分离,避免转辙机内部机件损坏。挤岔后,只要更换挤切销即可恢复使用。

图 3-3-8　挤切销

主销挤切孔为圆形,主销插入起主要联结作用。副销挤切孔为扁圆形,齿条块在动作杆上有 3 mm 的窜动量,副销插入起备用联结作用,如果是非挤岔原因使主销折断,副销还能起到联结作用。

9. 自动开闭器(switch circuit controller)

自动开闭器用来及时、正确反映道岔尖轨的位置,并完成控制电动机和挤岔表示的功能,如图 3-3-9 所示。在解锁过程中,由自动开闭器接点断开原表示电路,接通准备反转的动作电路。锁闭后,由自动开闭器接点自动断开电动机动作电路,接通表示电路。

图 3-3-9　自动开闭器

(1) 自动开闭器的组成

自动开闭器分为接点部分、动接点块传动部分及控制部分。

接点部分包括 4 排静接点块、2 排动接点块、接点座等。动接点块传动部分包括速动爪及其爪尖上的滚轮、接点调整架、连接板和拐轴,这些部件左、右各有一套。控制部分由拉簧、检查柱、速动片等组成。拉簧连接两边的调整架,为动接点速动提供动力,如图 3-3-10 所示。

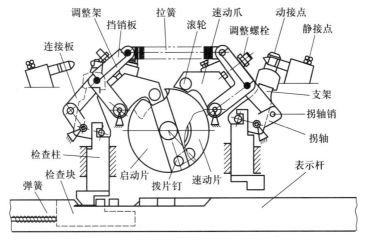

图 3-3-10　自动开闭器的组成及与表示杆的关系

　　检查柱在道岔正常转换时,对表示杆缺口起探测作用。道岔不密贴,缺口位置不对,检查柱不会落下,它阻止动接点块动作,不能构成道岔表示电路。

　　速动片通过速动衬套套在主轴上,但它不随主轴转动。速动片直径比启动片略大,它有一个矩形缺口,缺口对面有一个椭圆形孔,如图3-3-11所示,启动片上的拨片钉插入这个孔中。

　　速动片由启动片上的拨片钉带动转动。道岔锁闭后,拨片钉总是在腰形孔的一端,道岔解锁后,主轴反转,拨片钉在腰形孔中空走一段才拨动速动片一起转动。自动开闭器的动接点的动作受启动片和速动片的控制。

　　速动片的速动原理可用图3-3-12来说明,在锁闭齿轮进入锁闭阶段时,齿条块已不再动,为了完成内锁闭,主轴还在转动,启动片和速动片也在转动,这时启动片的梯形凹槽已经转到速动爪的下方,为速动爪的落下准备好条件,但是速动片仍然支承着速动爪,使它不能落下,只有当速动片再转过一个角度,速动爪突然失去支承,就在拉簧的弹力作用下迅速落向启动片凹槽底部,实现了自动开闭器的速动。

图3-3-11　速动片

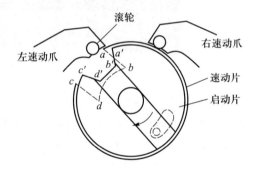

图3-3-12　速动片的速动原理

　　因此速动的关键是速动爪从速动片的缺口尖角边(图3-3-12中的ab)突然跌落,否则,速动爪沿启动片梯形凹槽边(图3-3-12中的a'b')下滑,就不会有速动效果。

　　(2)自动开闭器接点

　　自动开闭器有4排静接点块、2排动接点块。静接点块的编号是:站在转辙机的电动机侧去观察,由右侧向左侧顺序为第1排、第2排、第3排、第4排,如图3-3-13所示。每排静接点块有3组接点,自上而下顺序编号,如第一排接点为11-12、13-14、15-16。若道岔在定位时第1、3排接点闭

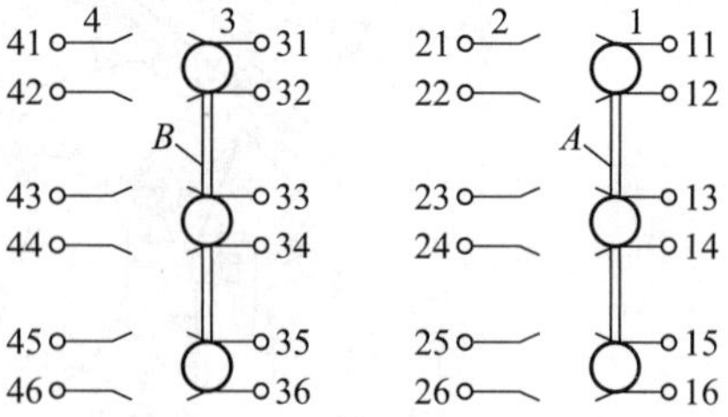

图3-3-13　自动开闭器接点

合,即2排动接点分别插入第1排和第3排静接点中,则道岔在反位时第2、4排接点闭合,即2排动接点分别插入第2排和第4排静接点中。若道岔在定位时第2、4排接点闭合,则道岔在反位时就是第1、3排接点闭合。

（3）自动开闭器的动作原理

自动开闭器的动作受启动片和速动片的控制。输出轴转动时带动启动片转动，速动片由启动片上的拨片钉带动转动。它们之间的动作关系及速动爪的动作情况，如图 3-3-14 所示。

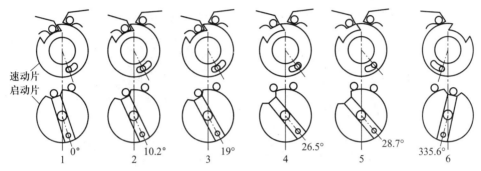

图 3-3-14　启动片、速动片及速动爪的动作关系

假设道岔在定位锁闭状态，左侧速动爪爪尖的小滚轮落入启动片的梯形凹槽和速动片的矩形缺口中，此时自动开闭器第 1、3 排接点闭合，将这个起始状态作为 0°。

转辙机向反位动作，启动片逆时针旋转，启动片斜面推动左侧速动爪的小滚轮上升，使左侧速动爪抬高，通过调整架、连接板、拐轴、支架等相互传动，当启动片转至 10.2°时自动开闭器第 3 排接点断开，如图 3-3-15 所示，切断道岔定位表示电路；转至 19°时，第 4 排接点开始接通；转至 26.5°时左侧速动爪升至最高，左动接点完全插入第 4 排静接点；启动片转至 28.7°时，拨片钉移动至速动片椭圆形孔的尽头，拨动速动片一起转动。

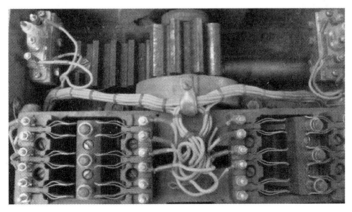

图 3-3-15　启动片转至 10.2°时的状态

道岔转换过程中，两个速动爪均抬起，自动开闭器第 1、4 排接点接通。启动片一直转到 335.6°时，速动片缺口对准右侧速动爪的小滚轮，在弹簧的作用下，右侧

速动爪迅速落入速动片缺口内,带动自动开闭器第 1 排接点迅速断开,第 2 排接点迅速接通,切断电动机电路,同时带动右检查柱落入表示杆检查块的反位缺口内,检查道岔确已转换至反位密贴状态,接通反位表示电路,至此道岔转换至反位密贴锁闭,自动开闭器第 2、4 排接点闭合,如图 3-3-16 所示。

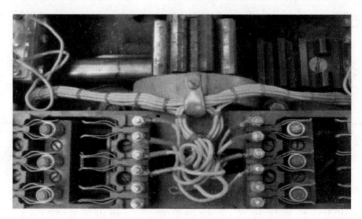

图 3-3-16　道岔在反位锁闭状态

从反位向定位转换时,动作情况与上述相反。

10. 表示杆(indication rod)

ZD6-A 型电动转辙机的表示杆与道岔的表示连接杆相连,随道岔动作,用来检查尖轨是否密贴,以及是在定位还是反位。表示杆由前表示杆、后表示杆及两个检查块组成,如图 3-3-17 所示。两杆通过并紧螺栓和调整螺母固定在一起,松开并紧螺栓,拧动调整螺杆时,它带动后表示杆在调整螺母内前后移动,调整前、后表示杆的位置,以满足不同道岔开程的需要。前表示杆的前端设有连接头,用来和道岔的表示连接杆相连。

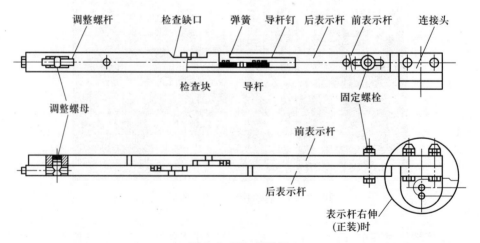

图 3-3-17　表示杆

为检查道岔是否密贴,在前、后表示杆的腹部空腔内分别设一个检查块,每个检查块上有一个缺口。表示杆随尖轨移动,只有当尖轨密贴且锁闭后,自动开闭器的检查柱才能落入表示杆缺口,接通道岔表示电路。挤岔时,表示杆被推动,顶起检查柱,从而断开道岔表示电路。设两个检查块是为了满足道岔定位和反位检查的需要。检查柱落入表示杆缺口时,两侧应各有 1.5 mm 的空隙。

在现场维修中调整表示杆缺口是一项重要的工作。现场调整应在道岔密贴调整好以后进行,先在动作杆伸出位置调整表示连接杆螺母,使前表示杆上的标记与窗口标记重合,这时检查柱应落入表示杆缺口并保持每侧有 1.5 mm 的间隙,然后在动作杆拉入位置,道岔密贴后,松开并紧螺栓,调整后表示杆的螺母,使检查柱落入后表示杆的缺口且保持每侧有 1.5 mm 的间隙,再经几次定、反位动作试验,设备工作正常,上紧并紧螺栓,调整工作完毕。

11. 摩擦联结器(frictional clutch)

摩擦联结器是保护电动机和吸收转动惯量的联结装置,ZD6-A 型电动转辙机的行星传动式减速器中安装了摩擦联结器,如图 3-3-18 所示。

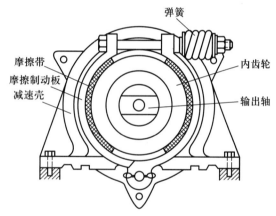

图 3-3-18　摩擦联结器

行星传动式减速器的内齿轮大外圆装在减速器壳内,可自由滑动。内齿轮延伸部分的小外圆上装上有摩擦带的摩擦制动板,摩擦制动板下端固定,当上端由螺栓弹簧压紧时,内齿轮就依靠摩擦力而被固定住。

正常情况下,依靠摩擦力内齿轮"固定"不动,内齿轮反作用于外齿轮,使外齿轮做摆式旋转,带动输出轴转动,使道岔转换。

在尖轨受阻道岔转换不到底时电机电路没有断开,或者当道岔转换完毕电动机惯性运动的情况下,此时输入轴在电机的作用下旋转,输出轴却不能转动,外齿轮则受滚棒阻止而不能自转,但在输入轴带动下做摆式运动,这样外齿轮对内齿轮产生一个作用力,使内齿轮不能再"固定"不动,而在摩擦制动板中旋转,称之为"摩擦空转",用来消耗能量,保护电动机和机械传动装置。

摩擦联结器的摩擦力要调整适当。调整过紧会失去摩擦联结作用,损坏电动机和机件;过松则不能正常带动道岔转换。其松紧可以通过调整螺母调整弹簧的压力来实现。调整的标准是额定摩擦电流(frictional working current)应为 1.3 ~ 1.5 倍的额定电流值。

12. 移位接触器(displacement contact)

移位接触器用来监督挤切销的受损状态,道岔被挤或挤切销折断时,断开道岔表示电路。移位接触器安装于机壳内侧,动作杆上方,由触头、弹簧、顶销、接点等组成,如图 3-3-19 所示。挤岔时动作杆在齿条块内产生位移,使齿条块内的顶杆上升,将移位接触器的顶销顶起,断开它的接点,从而断开道岔表示电路。

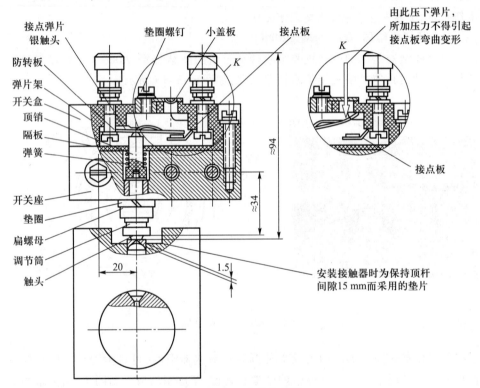

图 3-3-19　移位接触器

(二) ZD6-A 型电动转辙机整体动作过程

ZD6-A 型电动转辙机传动原理如图 3-3-20 所示,图中表示的各机件所处的位置的状态假设为定位,此时自动开闭器第 1、3 排接点闭合。

现简述从定位转向反位的传动过程:电动机通入规定方向的控制电流,电动机轴逆时针方向旋转,通过第一级减速器减速后使第二级行星减速器的输入轴顺时针方向旋转,输出轴逆时针方向旋转。输出轴通过启动片带动主轴,按逆时针方向旋转,锁闭齿轮随主轴逆时针方向旋转,锁闭齿轮在旋转过程中完成解锁、转换、锁闭三个过程,拨动齿条块,使动作杆带动道岔尖轨向右移动,密贴于右侧基本轨并锁闭。同时通过启动片、速动片、速动爪带动自动开闭器的动接点动作,与表示杆配合,断开自动开闭器第 1、3 排接点,接通第 2、4 排接点,完成电动转辙机转换到位、锁闭及给出表示的任务。

手动摇动转辙机时,先用钥匙打开盖,露出摇把插孔。将摇把插入减速大齿轮轴。摇动转辙机至所需位置。此后虽抽出摇把,但安全接点被断开,必须打开机盖,闭合安全接点,转辙机才能复原。

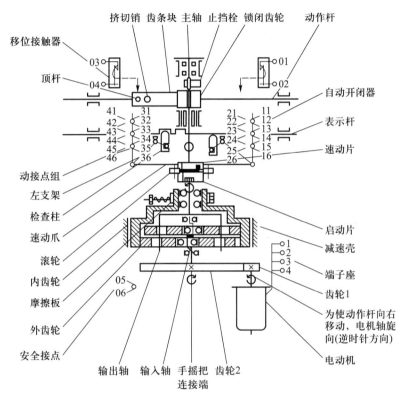

图 3-3-20　ZD6-A 型电动转辙机传动原理

二、ZD6 系列转辙机适用范围

从 1981 年开始生产 ZD6-A 型转辙机后,随着铁路运输的发展,重型钢轨和大号码道岔大量上道,额定负载 2 450 N 的 ZD6-A 型转辙机不能满足要求,出现了满足各种需求的 ZD6 型转辙机的派生型号,它们的主要技术特征如表 3-2 所列。各种 ZD6 型电动转辙机的额定工作电压均为直流 160 V。ZD6-A 型、D 型、F 型、G型、H 型、K 型转辙机单机使用时,摩擦电流为 2.3～2.9 A;E 型和 J 型双机配套使用时,单机摩擦电流为 2.0～2.5 A。

表 3-2　ZD6 型转辙机主要技术特征

型号	额定电压 DC/V	额定转换力/N	动作杆动程/mm	表示杆动程/mm	转换时间/s	工作电流/A	动作杆主、副销抗剪切力/N	表示杆销的抗剪切力/N	备注
ZD6-A165/250	160	2 450	165^{+2}_{0}	135~185	≤3.8	≤2.0	主销 29 420±1 961 副销 29 420±1 961		采用主、副杆同时与偏接头铁连接、双杆同时承担作用力的加强表示杆
ZD6-D165/350	160	3 430	165^{+2}_{0}	135~185	≤5.5	≤2.0	主销 2 9420±1 961 副销 2 9420±1 961	14 700~17 600	采用主、副杆同时与直接头铁连接、双杆同时承担作用力的加强表示杆
ZD6-E190/600	160	5 884	190^{+2}_{0}	140~190	≤9	≤2.0	主销 49 033±3 266 副销 >88 254	设固定检查缺口 ≥20 000	采用主、副杆同时与直接头铁连接、双杆同时承担作用力的加强表示杆
ZD6-F130/450	160	4 410	130^{+2}_{0}	80~130	≤6.5	≤2.0	主销 29 420±1 961 副销 49 033±3 266	14 700~17 600	采用主、副杆同时与直接头铁连接、双杆同时承担作用力的加强表示杆
ZD6-G165/600	160	5 884	165^{+2}_{0}	135~185	≤9	≤2.0	主销 29 420±1 961 副销 49 033±3 266	14 700~17 600	采用主、副杆同时与直接头铁连接、双杆同时承担作用力的加强表示杆
ZD6-H165/350	160	3 430	165^{+2}_{0}	80~185	≤5.5	≤2.0	主销 29 420±1 961 副销 29 420±1 961		采用主、副杆同时与偏接头铁连接、双杆同时承担作用力的加强表示杆
ZD6-J165/600	160	5 884	165^{+2}_{0}	50~130	≤9	≤2.0	主销 29 420±1 961 副销 29 420±1 961		采用主、副杆同时与直接头铁连接、双杆同时承担作用力的加强表示杆
ZD6-K190/350	160	3 430	190^{+2}_{0}	80~130	≤7.5	≤2.0	主销 29 420±1 961 副销 49 033±3 266		采用主、副杆同时与直接或偏接头铁连接、双杆同时承担作用力的加强表示杆

1. ZD6-D 型转辙机

ZD6-D 型转辙机是在 ZD6-A、B、C 型的基础上研制的,适用于牵引 50 kg/m、50 kg/m AT、60 kg/m 单开道岔、60 kg/m AT 单开道岔尖轨。它扩大了表示杆的功能,使之对尖轨也有机械锁闭作用,构成双锁闭。在表示杆检查块处增加一个销子,称为副锁闭销,使检查块与表示杆连为一体,检查柱落入缺口,道岔便被表示杆锁住。挤岔时副锁闭销切断,表示杆照常有挤岔断表示的功能。在前表示杆上设有前、中、后三个横穿孔,使后表示杆与之配合时有更大的选择余地,这样就扩大了表示杆程的可调范围,使之既能适应普通道岔尖轨的动程,也能适应交分道岔和可动心轨道岔的动程需要。

2. ZD6-E 型转辙机

ZD6-E 型转辙机在原有电流消耗的前提下,增大了牵引力,扩大了转换动程,具有双锁闭功能,还设计了与之配套的新型电动机(与原电机通用)。适用于 50 kg/m 12 号 AT,60 kg/m 12 号 AT、18 号 AT,75 kg/m 12 号 AT、18 号 AT 道岔第一牵引点。它将单侧圆弧锁闭改进为卧式圆柱体下方两侧对称圆弧接触面,实现双圆弧组成的圆槽锁闭,提高了锁闭的可靠性。启动齿结构从原来的半齿弱力启动改进为全齿啮合抗过载强力启动,提高了耐磨性能,延长了零件的使用寿命。强化了减速器,采用轴承钢,增设了固化板,行星齿轮的滚动轴承由滚珠式改为滚柱式,增加壳体局部厚度,提高了机械强度。

3. ZD6-F 型转辙机

ZD6-F 型在 ZD6-E 型基础上研制而成,将动程缩短为 130 mm,适用于 60 kg/m 以上可动心轨道岔的心轨第一牵引点。主要改进是:在主轴轴尾原有的弹性制动防逆转措施基础上,叠加了刚性制动防逆转措施,采用了专用启动片和专用速动片。在自动开闭器下方设有方棒锁闭杆,以满足辅助锁闭、监督心轨位置及挤岔报警的要求。

4. ZD6-J 型转辙机

ZD6-J 型是 ZD6-D 型的派生产品,适用于 60 kg/m AT 道岔的第二牵引点,用来辅助牵引尖轨。它与 ZD6-E 型转辙机配合牵引 AT 道岔,称为"双机牵引"制式。它更换了 ZD6-E 型转辙机的第一级减速齿轮,使之与 ZD6-E 型动作同步。它使用前表示杆的第一个横穿孔,以适应道岔第二点动程小的需要。它取消了杆内副锁闭销,使之顺利地实现挤岔报警。

此外,还有 ZD6-G 型转辙机,双锁闭,可挤型,适用于 60 kg/m 单开道岔;ZD6-H 型转辙机,单锁闭,可挤型,适用于 50 kg/m 复式交分道岔。它们的运用数量较少。

三、ZD7-A 型电动转辙机

ZD7-A 型电动转辙机是 ZD7 型电动转辙机的改进产品,它们是 ZD6 系列的快速转辙机,供驼峰调车场分路道岔使用。

ZD7-A 型电动转辙机结构与 ZD7 型相同,如图 3-3-21 所示。

它们与 ZD6-A 型电动转辙机结构的主要区别在于取消了减速齿轮(即第一级减速器),电机轴直接与行星减速器的输入轴用键相连接,这样减速比为 41,而 ZD6 型为 3.815×41=156.4,就保证了快动要求。它取消了挤切销,改用连接销,也就取消了移位接触器,为不可挤型。

对比 ZD7 型,ZD7-A 型的主要改进点是:采用分激式直流串激电动机,定子绕组为正转、反转分开使用,以配合五线制道岔控制电路;速动衬套均加上用复合材料制成的衬套,改善了润滑性能;动接点拐轴与支

图 3-3-21　ZD7-A 型电动转辙机结构

架改用花键连接,工艺简单,精度易保证;动接点拐轴与接点座之间也采用复合材料的衬套,在使用中不需加润滑剂,且更换方便;改进了手动断电结构。

ZD7-A 型的主要技术特性:额定负载 1 470 N;额定直流电压 180 V;动作电流 ≤6 A,转换时间 ≤0.8 s;动作杆动程(156±2)mm;表示杆动程 86~167 mm。

ZD7-A 型用直流电动机的电气参数:额定电压 180 V;额定电流 ≤5.6 A;摩擦电流 7.2~8.2 A;转速 ≥3 000 r/mim;额定转矩 2.403 N·m;短时工作输出功率 750 W;单定子工作电阻 1.75 Ω;刷间总电阻 1.28 Ω。

四、ZD6 型电动转辙机的安装

ZD6 型电动转辙机的安装装置由基础角钢、尖端杆、密贴调整杆、连接杆、螺栓、螺母等组成。

ZD6 型电动转辙机安装在不等边角钢上,角钢通过角形铁固定在基本轨上,密贴调整杆通过立式杆架与道岔的第一连接杆相连,再通过螺栓与电动转辙机的动作杆相连。动作杆通过密贴调整杆、第一连接杆带动道岔尖轨转换并密贴。通过密贴调整杆上的轴套,可调整尖轨的密贴。尖端杆通过尖端铁固定在尖轨上,再通过舌铁与连接杆的接头铁相连,连接杆通过螺栓与电动转辙机的表示杆相连。这样,尖轨的位置可由表示杆来反映,通过尖端杆上的螺母可调整前表示杆缺口的位置。

ZD6 型电动转辙机宜设置在线路外侧,一般都将转辙机的电动机对向岔尖,视电动转辙机的安装位置分为正装和反装。它们的区别在于动作杆相对于电动机的伸出位置。若站在电动机侧看,动作杆向右伸,即为正装;动作杆向左伸,即为反装。

ZD6 型电动转辙机无论正装还是反装,在道岔定位时,都有动作杆伸出和拉入两种情况,所以可分为四种情况:正装拉入为定位、正装伸出为定位、反装伸出为定

位、反装拉入为定位。其中正装拉入和反装伸出为定位时，自动开闭器第 1、3 排接点接通；正装伸出和反装拉入为定位时，自动开闭器第 2、4 排接点接通。据此来决定电动转辙机道岔控制电路采用何种类型。

在判定 ZD6 型电动转辙机定位安装自动开闭器接通状态的时候，要掌握电动转辙机内部件的动作规律，动作杆、表示杆的运动方向与自动开闭器的动接点的运动方向是相反的。例如在正装拉入为定位，从反位向定位转换时，表示杆向左运动，动接点向右运动，故定位时自动开闭器第 1、3 排接点闭合，反装伸出也是如此。而在正装伸出为定位时，从反位向定位转换时，表示杆向右运动，动接点向左运动，故定位时自动开闭器第 2、4 排接点闭合，反装拉入与此相同。如图 3-3-22 所示，如果道岔以开通直股为定位，则图中转辙机为反装伸出为定位，定位时自动开闭器第 1、3 排接点接通。

图 3-3-22　转辙机的安装

扫描二维码 3.3.2 可以查阅《普速铁路信号维护规则技术标准》中 ZD6 系列电动转辙机的相关内容。

3.3.2

第四节　道岔外锁闭装置

一、概述

（一）道岔锁闭装置应满足的技术条件

为了满足列车在道岔上的运行安全，必须将道岔的尖轨或可动心轨等可动部分固定在某个开通位置，未经操作人员发出命令，道岔不得随意改动位置，这一功能就叫做道岔锁闭。道岔按其锁闭方式可分为内锁闭和外锁闭两种。

道岔锁闭应满足下列技术条件：

（1）当尖轨（或心轨）与基本轨不密贴时不应进行锁闭。

（2）不锁闭不应使转辙机转换过程终了。

（3）一旦锁闭，应保证不致因列车通过道岔时的震动而解锁。

（二）内锁闭

内锁闭是当道岔由转辙机带动转换至某个特定位置后,在转辙机内部进行锁闭,由转辙机动作杆经外部杆件对道岔实现位置固定。例如 ZD6-A 型转辙机就是由其内部的锁闭齿轮的圆弧面和齿条块的削尖齿实现锁闭的。内锁闭锁闭道岔的方式实质上是对道岔可动部分进行间接锁闭。

内锁闭转换设备的特点是：

（1）结构简单,便于日常维护保养,且转换比较平稳,属定力锁闭;

（2）道岔的两根尖轨由若干根连接杆组成框架结构,使尖轨部分的整体刚性较高,而且框式结构造成的反弹力和抗劲较大;

（3）由于两尖轨由杆件连接,当杆件受到外力冲击时,如发生弯曲变形,会使密贴尖轨与基本轨分离,严重威胁行车安全;

（4）当列车通过道岔产生冲击时,其冲击力经过杆件将直接作用于转辙机内部,易于使转辙机件受损,挤切销折断,移位接触器跳开等。

因此,内锁式转换设备已不能适应提速的需要。

（三）分动外锁闭

随着列车运行速度的提高和重型钢轨弹性道岔的运用,设计速度 120 km/h 以上的线路对道岔的转换、锁闭要求更高,外锁闭装置就是为保证列车提速后的行车安全而研制的。当道岔由转辙机带动转换至某个特定位置后,通过本身所依附的锁闭装置,直接把尖轨与基本轨或心轨与翼轨密贴夹紧并固定,称为道岔的外锁闭,道岔的锁闭主要不是依靠转辙机内部的锁闭装置,而是依靠转辙机外部的锁闭装置实现的。外锁闭道岔转换设备消除了内锁闭方式的缺陷,能适应列车提速的要求。

由于外锁闭道岔的两根尖轨之间没有连接杆,在道岔转换过程中,两根尖轨是分别动作,所以称为分动外锁闭装置。

分动外锁闭道岔转换设备的特点：

（1）去掉了尖轨之间的连接杆,使尖轨分动,改变了传统的框架式结构,降低了尖轨整体的刚性,从结构上消除了转辙机内的挤切销、动作杆、动作拉杆及道岔第一连接杆等单杆传动的"危险空间",提高了安全程度。

（2）尖轨分动后,无论是在启动解锁,还是密贴锁闭过程中,所需的转换力均较小,而且一根尖轨的变形不影响另一根尖轨;同时承担两根尖轨弹性力的时间是在道岔启动解锁后到道岔密贴锁闭前的时刻,而此时正是电动机功率输出的最佳时刻,使电动机电气特性与机械特性得到良好的匹配。

（3）外锁闭装置一旦进入锁闭状态,车辆在过岔时,轮对对尖轨或心轨产生的侧向冲击力基本上传不到转辙机上,转辙机处于不受力的卸荷状态,避免了承受列车通过时产生的车轮横压冲击振动和尖轨的反弹力,使转辙机只承担转换道岔的转换力,对延长转辙机的使用寿命、减少维修工作量有利。

（4）外锁闭装置对尖轨和基本轨直接锁闭,避免了转辙机动作杆因经常受到列车运行时的强大外力而变形,为道岔 4 mm 密贴提供了可靠保证。

外锁闭道岔转换设备消除了内锁闭方式的缺陷,适应了列车提速的要求。外锁闭装置先后出现了燕尾式和钩式两种。燕尾式外锁闭装置在结构受力和安装调整方面不适合我国铁路道岔的实际情况,对道岔尖轨病害的适应能力差,卡阻现象时有发生,故障率较高,产品工艺性差,质量不易控制,所以现在普遍采用钩式外锁闭装置。

二、钩式分动外锁闭装置

我国道岔外锁闭装置主要采用钩式外锁闭装置。钩式外锁闭装置的锁闭方式为垂直锁闭,分为分动尖轨用和可动心轨用两种,如图 3-4-1 所示。扫描二维码 3.4.1 可以查看更多钩式外锁闭装置的图片。

3.4.1

图 3-4-1　分动尖轨用和可动心轨用钩式外锁闭装置

(一)分动尖轨用钩式外锁闭装置

1. 分动尖轨用钩式外锁闭装置的结构

分动尖轨用钩式外锁闭装置由锁闭杆、锁钩、锁闭框、尖轨连接铁、锁轴、锁闭铁组成,如图 3-4-2 所示。

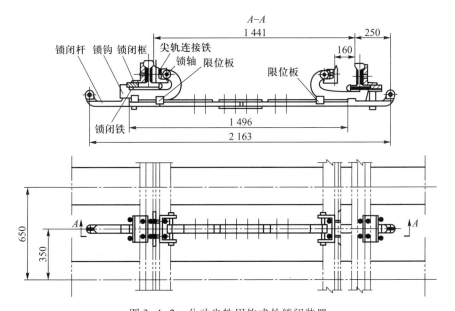

图 3-4-2　分动尖轨用钩式外锁闭装置

（1）锁闭杆:通过安装装置与转辙机的动作杆连接。利用其凸台和锁钩缺口带动尖轨。各牵引点锁闭杆凸台尺寸不同,不能通用。

（2）锁钩:头部与锁轴连接,通过锁轴、尖轨连接铁与道岔的尖轨相连,带动尖轨运动。锁钩底部的缺口与锁闭杆凸台作用,使道岔实现解锁、转换、锁闭过程。尾部内斜面与锁闭铁作用锁闭密贴尖轨和基本轨。各牵引点的锁钩也不能通用。

（3）锁闭框:用螺栓与基本轨连接,固定锁闭铁,支承锁闭杆。锁钩与锁闭杆共同穿入锁闭框。导向槽在锁闭杆两侧槽内起导向作用。

（4）锁闭铁:固定在锁闭框上,与锁钩作用锁闭尖轨和基本轨。

在图3-4-2中,尖轨与基本轨密贴侧,锁闭杆凸台将锁钩向上顶起,锁钩同时被锁闭铁和锁闭杆卡住不能落下,通过锁钩使尖轨和基本轨紧贴在一起。在斥离尖轨侧,锁闭杆凸台落入锁钩的缺口中,使尖轨与基本轨保持一定开程不变,实现了锁闭。

2. 分动尖轨用钩式外锁闭装置的动作原理

分动尖轨用钩式外锁闭装置的解锁、转换、锁闭过程如图中3-4-3所示。设左侧原处于密贴状态,如图3-4-3a所示,左侧锁钩升至锁闭杆左端凸台顶面,锁钩尾部绕过锁闭铁被锁闭铁和锁闭杆卡住,通过锁钩使尖轨和基本轨紧贴在一起,实现了锁闭。锁闭杆右端凸台卡在右侧锁钩的缺口内,实现锁闭,保持尖轨与基本轨的开程不变。

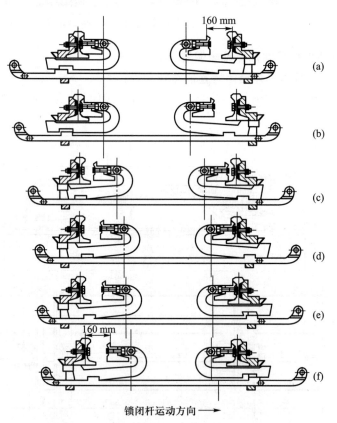

图3-4-3　分动尖轨用钩式外锁闭装置动作过程示意图

（1）道岔解锁过程

如图 3-4-3b 所示,转辙机动作杆带动锁闭杆向右运动,锁闭杆右端凸台带动右侧尖轨(原斥离尖轨)的锁钩运动,使尖轨向右运动,道岔开程逐渐减小,左侧尖轨(原密贴尖轨)的锁钩不动,但锁闭量逐渐减小,运动至 60 mm 时,锁闭杆左端凸台移动至左侧锁钩缺口下方,锁钩落下,两根尖轨都处于解锁状态。

（2）道岔转换过程

锁闭杆继续向右运动,带动两侧锁钩运动,从而带动两根尖轨继续运动,如图 3-4-3c 所示。当锁闭杆动作 160 mm 时,道岔右侧尖轨与基本轨密贴,如图 3-4-3d 所示。

（3）道岔锁闭过程

虽然右侧尖轨已密贴,但锁闭杆继续向右运动,带动左侧锁钩及左侧尖轨继续向右移动。锁闭杆右端凸台与右侧锁钩的缺口脱离,抬起锁钩尾部,使其沿锁闭铁的斜面上升,绕过锁闭铁被锁闭铁和锁闭杆卡住不动,通过锁钩使尖轨和基本轨紧贴在一起,实现锁闭,如图 3-4-3e 所示。当锁闭杆动作 220 mm 时,右侧尖轨固定在密贴位置,有足够的锁闭量;左侧锁钩的缺口与锁闭杆左端凸台相咬合,有足够的开程,如图 3-4-3f 所示。转辙机具有内锁作用,使锁闭杆、左右锁钩都处于不动的位置,实现了锁闭。

（二）可动心轨用钩式外锁闭装置

1. 可动心轨用钩型外锁闭装置的结构

可动心轨用钩式外锁闭装置结构及原理如图 3-4-4 所示。其由锁闭杆、锁

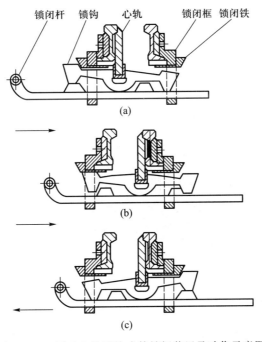

图 3-4-4　可动心轨用钩式外锁闭装置及动作示意图

钩、锁闭框、锁闭铁等组成,但锁闭杆的尺寸、锁钩的外形与尖轨所用完全不同。锁闭框安装在翼轨补强板上,直接与翼轨相连,心轨的凸缘插在锁钩的楔形槽内,心轨在槽内可前后伸缩,通过锁闭杆的横向运动牵引心轨转换并锁闭。

2. 可动心轨用钩式外锁闭装置的动作原理

可动心轨用钩式外锁闭装置的工作过程也分为解锁、转换和锁闭三个阶段,如图3-4-4所示。图中可动心轨原密贴于左侧翼轨,锁钩左侧尾部被锁闭杆左端凸台抬起,被锁闭铁和锁闭杆卡住不能落下,实现了锁闭,如图3-4-4a所示。锁闭杆向右运动,锁钩尾部落下,解锁,锁闭杆继续向右运动,锁闭杆右端凸台靠近锁钩右侧尾部,带动锁钩,进而带动心轨转换至右侧翼轨,如图3-4-4b所示。尖轨与翼轨密贴后,锁闭杆向右继续运动,直到锁钩右侧尾部被抬起,绕过锁闭铁,被锁闭铁和锁闭杆卡住不能移动,实现锁闭,如图3-4-4c所示。

可动心轨用钩式外锁闭装置结构简单,安装调整方便,动作灵活,4 mm不锁闭容易实现;心轨可以在锁钩楔形槽内自由伸缩,使心轨的爬行不影响外锁闭装置的锁闭;但锁钩较长,对生产工艺要求较高。

扫描二维码3.4.2可以查阅《普速铁路信号维护规则技术标准》中外锁闭装置及安装装置的相关内容。

3.4.2

第五节　S700K 型电动转辙机

S700K型电动转辙机是由于提速需要,从德国西门子公司引进设备和技术,经消化吸收和改进后,在全路主要干线推广运用的转辙机。S700K型电动转辙机的产品代号来自德文“Siemens-700-Kugelgewinde”,其含义为“西门子-具有6 860 N(700 kgf①)保持力-带有滚珠丝杠”的电动转辙机,如图3-5-1所示。

图3-5-1　S700K型电动转辙机

---

① 1 kgf≈9.8 N。

一、S700K 型电动转辙机的特点

S700K 型电动转辙机适用于尖轨或可动心轨处采用外锁闭装置的道岔,它具有以下主要特点:

(1)采用交流三相电动机,不仅从根本上解决了原直流电动转辙机必须设置整流子而引起的故障率高、使用寿命短、维修量大的不足,而且减小了控制导线截面,延长了控制距离。

(2)采用直径 32 mm 的滚珠丝杠作为驱动装置,延长了转辙机的使用寿命。

(3)采用了具有簧式挤脱装置的保持联结器,并选用不可挤型零件,从根本上解决了由于挤切销劳损造成的惯性故障。

(4)采用多片干式可调摩擦联结器,经工厂调整加封,使用中无需调整。

二、S700K 型电动转辙机分类

S700K 型电动转辙机不仅能满足道岔尖轨、可动心轨的单机牵引,也能满足双机、多机牵引的需要。它的机身是通用的,经配件组装,可组成不同种类。不同种类的 S700K 型电动转辙机因其动作杆有不同的动程,表示杆也有不同的动程,转换力不同,不能通用,也可以根据需要重新进行组合成为新的种类。

根据安装方式不同,每一种类又分为左装、右装两种。如图 3-5-2 所示,左装是指面对尖轨或心轨,安装在线路左侧的转辙机,左装的转辙机型号用字母 A 加上奇数表示,如 A13、A15。右装即面对尖轨或心轨,安装在线路右侧的转辙机,型号用字母 A 加上偶数表示,如 A14、A16 等。

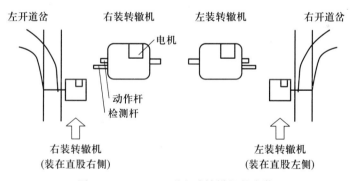

图 3-5-2　S700K 型电动转辙机的安装

型号为 C25106-A202 的 S700K 型电动转辙机的主要技术特征如表 3-3 所示。表中动程指转辙机动作杆的行程,包括转辙机带动可动轨经过的道岔开程和外锁闭装置完成锁闭经过的距离。检测行程,即检测杆的行程,是转辙机带动可动轨经过的道岔开程。

表 3-3 型号为 C25106-A202 的 S700K 型电动转辙机主要技术特征(部分)

左装/右装	动程/mm	检测行程/mm	额定转换力/N	电源电压/V	动作电流(单线电阻 54 Ω)/A	动作时间/s	挤岔力/kN	用于
A9/A10	220	120	6 000	三相 380	≤2	≤6.6	不可挤	第一牵引点
A13/A14	220	160	3 000	三相 380	≤2	≤6.6	不可挤	第一牵引点
A15/A16	150	75	4 500	三相 380	≤2	≤6.6	≤2.4	双机
A17/A18	220	120	3 000	三相 380	≤2	≤6.6	不可挤	多机
A19/A20	220	110	2 500	三相 380	≤2	≤6.6	不可挤	多机
A21/A22	220	100	4 500	三相 380	≤2	≤6.6	不可挤	第一牵引点
A23/A24	150	85	4 500	三相 380	≤2	≤6.6	不可挤	多机
A27/A28	220	75	3 000	三相 380	≤2	≤6.6	不可挤	多机
A29/A30	150	85	4 500	三相 380	≤2	≤6.6	≤2.4	双机
A31/A32	220	100	3 000	三相 380	≤2	≤6.6	不可挤	多机
A33/A34	150	65	4 500	三相 380	≤2	≤6.6	不可挤	多机
A35/A36	150	—	6 000	三相 380	≤2	≤6.6	不可挤	多机
A39/A40	220	140	3 000	三相 380	≤2	≤6.6	不可挤	多机
A41/A42	220	110	2 500	三相 380	≤2	≤6.6	不可挤	第一牵引点
A43/A44	220	—	3 000	三相 380	≤2	≤6.6	不可挤	多机
A45/A46	150	100	4 500	三相 380	≤2	≤6.6	不可挤	多机
A47/A48	150	75	4 500	三相 380	≤2	≤6.6	不可挤	多机
A49/A50	220	120	2 500	三相 380	≤2	≤6.6	不可挤	第一牵引点
A63/A64	220	130	3 000	三相 380	≤2	≤6.6	不可挤	第一牵引点
A69/A70	220	140	4 500	三相 380	≤2	≤6.6	不可挤	第一牵引点
A71/A72	220	85	4 500	三相 380	≤2	≤6.6	不可挤	第一牵引点
A91/A92	220	130	3 000	三相 380	≤2	≤6.6	不可挤	多机
A95/A96	220	140	4 500	三相 380	≤2	≤6.6	不可挤	多机

S700K 型电动转辙机的型号和含义如图 3-5-3 所示。

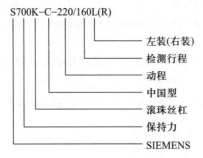

图 3-5-3 S700K 型电动转辙机的型号和含义

三、S700K 型电动转辙机结构

（一）S700K 型电动转辙机的整体结构

S700K 型电动转辙机主要由外壳、动力传动机构、检测和锁闭机构、安全装置、配线接口五大部分组成,其结构如图 3-5-4 所示。

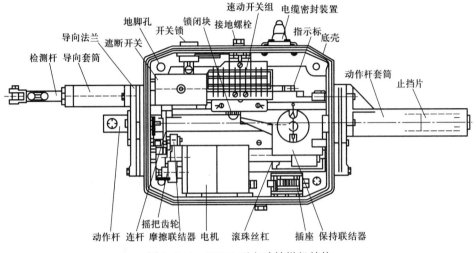

图 3-5-4　S700K 型电动转辙机结构

（1）外壳:主要由底壳、机盖、动作杆套筒、导向套筒、导向法兰等组成。

（2）动力传动机构:主要由三相交流电动机、齿轮组、摩擦联结器、滚珠丝杠、保持联结器、动作杆等组成。

（3）检测和锁闭机构:主要由检测杆、叉形接头、速动开关组、锁闭块和锁舌、指示标等部分组成。

（4）安全装置:主要由开关锁、遮断开关、连杆、摇把孔挡板等组成。

（5）配线接口:主要由电缆密封装置、接插件插座组成。

（二）S700K 型电动转辙机主要部件及其作用

1. 三相交流电动机

三相交流电动机为转辙机提供动力,为笼式转子,定子三个绕组呈星形接法,每相的引出线为单根多股软线,其星形汇接点在安全接点座第 61、71、81 端子上,由跨接片跨接。由于采用交流电动机,没有直流电动机的整流子,自然消除了电机电枢断线、枢间混线、碳刷与整流子接触不良等惯性故障,从而提高了设备的可靠性和使用寿命,减少了维修量。

2. 齿轮组

齿轮组由手摇把齿轮、电机齿轮、中间齿轮、摩擦联结器齿轮组成。齿轮组的作用是将电机的旋转驱动力传递到摩擦联结器上,并将电动机的高速转速降速,以增大旋转驱动力,适应道岔转换的需要,这是减速器的第一级降速。使用摇把驱动

手摇把齿轮可以对转辙机进行人工操纵。

3. 摩擦联结器

摩擦联结器将齿轮组变速后的旋转力传递给滚珠丝杠。摩擦联结器内有三对主被金属摩擦片,分别固定在外壳和滚珠丝杠上,摩擦片的端面有若干压力弹簧,通过调节弹簧压力,可以使主被摩擦片之间的摩擦结合力大小发生变化,实现电动机和传动机构之间的软联接。这样,就可以消耗因电动机转动惯性带来的电动机动作电路断开后的剩余动力,并且在尖轨转换中途受阻不能继续转换时不使电动机被烧毁,即当作用于滚珠丝杠上的转换阻力大于摩擦结合力时,主被摩擦片之间相对打滑空转,保护了电动机。

摩擦联结器的摩擦力必须能调节,使道岔在正常工作情况下,电动机能够带动转辙机工作;在道岔转换终了或尖轨被阻时,使电动机能克服摩擦联结器的压力而空转,以保证电动机不致被烧毁。所以摩擦联结器调整好的摩擦力必须稳定,才能保证转辙机的可靠工作。

对于交流转辙机来说,其动作电流不能直观地反映转辙机的拉力,现场维修人员不能像对直流转辙机那样,通过测试动作电流来对摩擦力进行监测,必须由专业人员用专用器材才能进行这一调整,因此 S700K 型转辙机在出厂时已对摩擦力进行标准化测试调整,现场维修人员不得随意调整摩擦力。

4. 滚珠丝杠

滚珠丝杠相当于一个直径 32 mm 的长螺栓和螺母,如图 3-5-5 所示。丝杠(螺栓)只做旋转运动,不发生位移。当丝杠正向或反向旋转一周时,螺母前进或后退一个螺距,一方面实现了将旋转运动变为直线运动,另一方面起到减速作用,减速比取决于丝杠的螺距。

5. 保持联结器

保持联结器是转辙机的挤脱装置,利用弹簧的压力通过槽口式结构将滚珠丝杠的螺母与动作杆连接在一起,如图 3-5-6 所示。正常情况下,螺母运动带动动作杆运动。当道岔的挤岔力超过弹簧压力时,动作杆滑脱,使动作杆与螺母脱离机械联系,保护整机不被损坏。

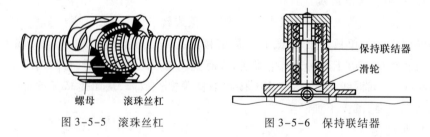

图 3-5-5　滚珠丝杠　　　　　　图 3-5-6　保持联结器

根据现场实际需要,保持联结器可采用可挤型和不可挤型。可挤型是指保持联结器利用其内部弹簧的压力将滚珠丝杠和动作杆连接在一起,弹簧的挤岔阻力可分别设定为 9 kN、16 kN、24 kN、30 kN 等,当道岔的挤岔阻力超过弹簧设定压力时,动作杆滑脱,实现挤岔时的整机保护。

不可挤型是工厂将保持联结器内部的弹簧取消,放一个止挡环,用于阻止与动作杆相连的保持栓的移动,成为硬联接结构,挤岔力锁定为 90 kN。当道岔挤岔阻力超过 90 kN 时,挤坏硬联接结构的保持联结器,需整机送回工厂修理。

保持联结器的顶盖是加铅封的,维修人员不得随意打开。铅封打开后,必须由专职人员重新施封,以保证其安全可靠地运用。

6. 检测杆

检测杆随尖轨或心轨转换而移动,用来监督道岔在终端位置时的状态。检测杆有上、下两层,上层检测杆用于监督拉入密贴的尖轨或心轨拉入时的工作状态,下层检测杆用于监督伸出密贴的尖轨或心轨伸出时的工作状态,如图 3-5-7 所示。

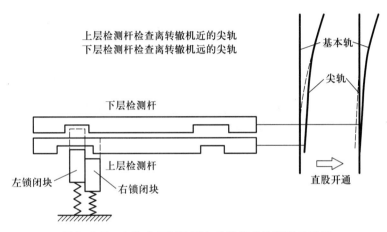

图 3-5-7　左装式 S700K 型电动转辙机检测杆示意图

上、下层检测杆之间没有连接或调整装置,分别外接两根表示杆,分别调整。道岔转换时,由尖轨或心轨带动检测杆运动。当道岔到位后,转辙机的锁闭块落入相应检测杆的大小缺口中(如图 3-5-7 远端尖轨密贴,下层检测杆的小缺口对准左锁闭块),锁舌才能弹出,锁闭道岔,给出有关表示。

7. 锁闭块和锁舌

当道岔到位后,检测杆指示缺口与指示标对中时,锁闭块落入相应检测杆的缺口中,控制速动开关组接点转换,自动切断电动机的动作电路和接通表示电路。锁舌弹出,阻挡保持联结器的移动,实现转辙机的内部锁闭。

转辙机开始动作后,锁闭块和锁舌应能正常缩入,可靠地断开表示接点,完成转辙机的内部解锁。

扫描二维码 3.5.1 可以看到 S700K 型电动转辙机各部件的实物照片。

8. 速动开关组

S700K 型电动转辙机的速动开关组采用沙尔特堡接点组或 TS-1 型接点系统,作用同 ZD6 型电动转辙机的自动开闭器。它是随着尖轨(或心轨)的解锁、转换和

3.5.1

锁闭过程中锁闭块的动作自动通断电动机动作电路和道岔表示电路的接点系统。

它包括定位动作接点(DD)、反位动作接点(FD)、定位表示接点(DB)和反位表示接点(FB)。在尖轨或可动心轨解锁以后,应切断原表示电路,即DB、FB都断开,表示道岔处于不密贴"四开"状态,此时接通反向转换的电机动作电路,为回转做好准备。在尖轨或可动心轨转换到位锁闭后,要及时切断电动机的动作电路,检查密贴情况满足后接通表示电路,反映道岔的正确位置。

(1)沙尔特堡接点组

沙尔特堡接点组分上下两层,如图3-5-8所示,每层各分左右两排接点组,每排由左至右依次排列六组接点。每排的前两组接点分别各自串联使用,所以实际每排可有四组接点使用。站在转辙机开关锁一侧看,其中,左侧下层11-12、13-14、15-16为第1排接点组,上层21-22、23-24、25-26为第2排接点组;右侧下层41-42、43-44、45-46为第4排接点组,上层31-32、33-34、35-36为第3排接点组。

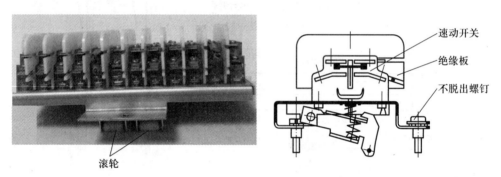

图3-5-8 沙尔特堡接点组

第1、4排为动作接点,第2、3排为表示接点。锁闭时,哪一侧的锁舌弹出,沙尔特堡接点组下部对应的那一个滚轮落下,则该侧所对应的上层接点接通,下层接点断开。解锁转换时,两个锁舌均缩入,沙尔特堡接点组下部的两个滚轮均抬起,这时下层两排接点(第1、4排)接通,上层两排接点(第2、3排)断开。道岔在定位时速动开关组的第1排、第3排接点闭合的叫"1、3闭合";第2排、第4排接点闭合的叫"2、4闭合",这和ZD6型电动转辙机的提法相同。

(2)TS-1型接点系统

TS-1型接点系统由开关盒、转换驱动机构、插接件等组成。当转辙机电动机旋转,滚珠丝杠旋转,丝杠上的螺母带动操纵板开始动作,如图3-5-9所示,使锁闭块由左向右推移,锁闭块前端斜面驱动速动爪滚轮向上顶起,致使动接点触头与左侧静接点断开,迅速转换与右侧静接点接触,从而断开原表示电路,接通反转电机电路。当转辙机转至终点,检测杆到位后,另一组接点下部的锁闭块由右向左移动,在复位弹簧的作用下,速动爪落下,启动架尾部抬起,左侧滚轮推动连接板上移,动接点迅速与左侧静接点接触,断开转辙机动作电路,接通新的表示电路。

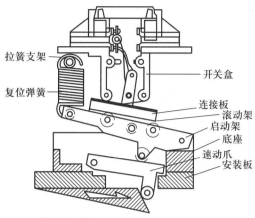

拉簧支架

复位弹簧

开关盒

连接板
滚动架
启动架
底座
速动爪
安装板

图 3-5-9　TS-1 型接点系统

该接点组将沙尔特堡接点动、静接点由水平方向的上下接触改为垂直方向的左右接触,减少了列车振动对接点的损伤;增设了扫程,防止粘接;增大了接点接触压力,提高了接触可靠性;接点组壳体透明敞开,方便检查;为可拆卸式,可快速更换。

TS-1 型接点组采用了类似 ZD6 型电动转辙机的接点排列顺序,便于掌握。

S700K 型电动转辙机无论采用沙尔特堡接点组或 TS-1 型接点组,都是在转辙机左装缩入状态和右装伸出状态时为"1、3 闭合";在右装缩入状态和左装伸出状态时为"2、4 闭合"。无论"1、3 闭合"还是"2、4 闭合",其控制电路内部配线完全一样,只需通过室外连线 X2 与 X3、X4 与 X5 的交叉和二极管的换向来实现。

9. 开关锁与安全接点座

开关锁是操纵遮断开关闭合和断开的机构,用来在检修人员打开电动转辙机机盖进行检修作业或车务人员插入摇把转换道岔时,可靠断开电动机动作电路,防止电动机误动,保证人身安全。

当钥匙立着插入并逆时针转动 90°时,遮断开关被可靠断开。恢复时须提起开关锁上的锁闭销,同时将插入的钥匙顺时针转动 90°,遮断开关被可靠接通。遮断开关接通时,摇把挡板能有效阻挡摇把插入摇把齿轮。断开遮断开关时,摇把能顺利插入摇把齿轮或用钥匙打开电动转辙机机盖,此时电动机的动作电源将被可靠地切断,不经人工操纵和确认,不能恢复接通。

安全接点座如图 3-5-10 所示,安全接点 11-12 是遮断开关,它在开关锁的直接操纵下闭合和断开。端子 31、41 为安全接点 11-12、电动机引线 U、速动开关组接点 25-26 的汇流排。端子 61、71、81 为三相交流电动机星形节点的汇流排。

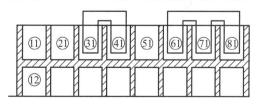

图 3-5-10　安全接点座

四、S700K 型电动转辙机的动作原理

（一）S700K 型电动转辙机的三个动作过程

1. 解锁及断开表示接点过程

假设转辙机原锁闭位置如图 3-5-11 所示,当操纵道岔,需使转辙机动作杆由拉入变为伸出位置时,三相电动机得到 380 V 交流电源,使电动机旋转,经齿轮组及摩擦联结器使滚珠丝杠旋转,从而使丝杠上的螺母向右侧运动。在运动过程中,由操纵板将右锁闭块顶入,使表示接点断开,同时带动右锁舌向缩进方向运动,直至右锁舌完全缩入,完成解锁。

2. 转换过程

在转辙机解锁后,由于三相电动机继续转动,故滚珠丝杠上的螺母继续向右运动,带动保持联结器向右运动,保持联结器带动动作杆向右侧(伸出方向)运动,外锁闭装置开始解锁。动作杆继续移动,外锁闭装置解锁完毕,带动道岔尖轨或可动心轨进行转换。

3. 锁闭及接通表示接点过程

当动作杆向右侧运动过程中,检测杆在尖轨或可动心轨带动下一起运动。动作杆移动到位,检测杆缺口对准左锁闭块,锁闭块弹出,进入检测杆缺口,接通表示接点,断开启动电路,同时左锁舌伸出,锁住保持联结器,使动作杆不得随意窜动,如图 3-5-12 所示。

图 3-5-11　左装拉入锁闭状态

图 3-5-12　左装伸出锁闭状态

（二）S700K 型电动转辙机的动作程序

S700K 型电动转辙机的动作程序与 ZD6 型电动转辙机的动作程序大致相同,即:断表示→解锁→转换→锁闭→给出另一位置表示。

现简单总结一下 S700K 型电动转辙机的动作程序:

电动机转动→中间齿轮转动→摩擦联结器转动→滚珠丝杠旋转→丝杠螺母移动→操纵板将锁闭块顶入,断开原表示→锁舌缩入,解锁→滚珠丝杠螺母带动保持联结器移动→外锁闭装置开始解锁→动作杆继续移动,外锁闭装置解锁完毕→道岔转换→动作杆移动到位,道岔密贴,检测杆缺口对准锁闭块,锁闭块弹出,进入检

测杆缺口→锁舌伸出→断开启动电路,接通表示。

与ZD6型电动转辙机不同的是,S700K型具有表示电路自检锁闭功能,卡缺口时,锁闭块不能落入检测杆缺口,不能接通表示电路,锁舌伸不出来,内锁闭无法锁闭,即有道岔表示时转辙机必须在内锁闭状态。而ZD6型表示电路不检查锁闭,检查柱不落入表示杆缺口,转辙机照样能实现内锁闭。

五、S700K型电动转辙机的调整

分动外锁闭道岔调整的基本顺序是:先调整第一牵引点,再调整第二牵引点;先调密贴,再调锁闭量;最后调表示缺口。

1. 密贴调整

外锁闭道岔可通过以下方式调整尖轨与基本轨的密贴:

(1)通过增加或减少锁闭铁与锁闭框之间的调整片来调整;

(2)通过转动偏心滑块来调整。每转动偏心滑块的一个面,厚度变化1 mm,最厚面与最薄面相差3 mm。

对可动心轨的调整,当需要进行微量调整时,也可以通过选择偏心滑块的厚度来实现,该滑块和尖轨部分一样。

2. 锁闭量调整

定、反位锁闭量之差大于3 mm时,可通过减少密贴调整片的同时在尖轨连接铁和尖轨间增加调整垫来调整。

3. 转辙机表示缺口调整

当尖轨与基本轨处于密贴状态时,观察缺口标记是否处于检测缺口的中心位置,如偏离可调整与尖轨连接的外表示杆的长度,使缺口至最佳位置,即(1.5±0.5)mm。心轨表示缺口不论定位、反位均要求达到(1.5±0.5)mm;如不符合规定,则可调整外表示杆的长度来达到要求。调整时,应先调伸出位置缺口,后调缩进位置缺口。

扫描二维码3.5.2可以查阅《普速铁路信号维护规则技术标准》中S700K型电动转辙机的相关内容。

3.5.2

第六节　ZY系列电液转辙机

电动液压转辙机(以下简称电液转辙机)是采用电动机驱动,液压传动方式来转换道岔的一种转辙装置。液压式转辙机不再使用齿轮传动,没有减速器,简化了机械结构,将机械磨损减至最低程度,减少了维修工作量,且适用于提速道岔。

一、液压传动概述

液压传动是用液体为工作介质来传送能量的。油压传动是液压传动的一种,是利用油液的压力来传递能量的。

（一）液压传动原理

液压传动借助处于密闭容器内的液体的压力来传递能量和动力。液体虽然没有固定的几何形状，却有几乎不变的容积，当它被容纳于密闭的系统之中时，就可以将压力由一处传递到另一处，当高压液体在管道、油缸中流动时，就能传递机械能。任何液压传动都是建立在这种通过处于密闭容器中的受压液体流动来传递机械能的基础上的。

（二）液压传动的优点

（1）易于获得很大的力或力矩，并且易于控制。使用油泵容易获得较高的压力（7~35 MPa），油缸的有效承压面积较大，可获得很大的力或力矩。例如一个内径30 cm的油缸，油液压力为19.6 MPa时，活塞杆上可产生1 385 kN的力，这是其他传动方式难以做到的。

（2）易于实现直线的往复运动，直接推动工作机构，适合牵引道岔尖轨移位。在往复和旋转运动中，可以经常快速而无冲击地变速和换向。由于液压机构质量轻、惯性小，可获得高速反应；易于调整调速比，如用节流阀调速时，流量变速若由0.02 L/min变到100 L/min，调速比就达到5 000：1，这是其他传动方式无法比拟的。

（3）传动平稳、均匀，使道岔在整个转换过程中的转换力始终是恒定的。

（4）易于防止过载事故，当道岔在转换过程中遇到阻力使尖轨与基本轨不密贴（如积雪或石子夹住）时，电液转辙机能通过本身溢流阀的打开来防止电动机继续长时间转动损坏电动机。

（5）自动润滑，元件使用寿命较长。

（6）易于布局及操纵，根据需要可增设多个牵引点。

（7）易于与电气设备配合，制作出性能良好、自动化程度很高的复合控制系统。

（三）液压传动的缺点

（1）容易出现泄漏。液压系统要求工作液体在密闭的容器内进行工作，但压力油通过密封处的间隙必然产生内部和外部的微量泄漏。这种泄漏超过一定量时，会影响液压传动的效率及运动的平稳性。

（2）油的黏度随温度变化会引起工作机构的不稳定性。例如，节流调整时，油温低时黏度高，工作机构的速度要慢一些；温度高时黏度下降，工作机构的速度要快一些，所以在要求工作机构速度恒定的液压传动系统中，就得随温度的变化调整油量。

（3）空气渗入液压系统后会引起系统工作不良，例如振动、窜动、爬行、噪声都是由于空气渗入液压系统造成的。

（4）元件精度要求高，不易加工，价格较贵，对使用、维修的要求较高。

（四）采用电液转辙机的注意事项

（1）采用电液转辙机的一个关键问题是准确掌握当地一年四季、每日早晚气温变化的范围，合理选择能适应温度变化的转辙机用油（即油的黏稠度），使压力油能满足转辙机的转换力。

（2）采用液压传动时容易出现泄漏,泄漏超过定量时会影响液压传动的效率及运动的平稳性。

（3）刚上道的电液转辙机必须排净油路中的空气,防止道岔在转换过程中出现拉力不足现象。

（4）按测试要求定期对转换压力和溢流压力进行测试,转换压力不大于7.5 MPa(超出该标准,道岔机械性能不好,《维规》标准为9 MPa),溢流压力不大于12.5 MPa。

（5）采用电液转辙机时一定要注意平衡调整,使主机和副机同步运行,或者使主机略滞后于副机(有助于道岔不落锁时能够尽快判断是机械故障还是电气故障)。

二、ZY系列电液转辙机概述

ZY系列电液转辙机分为普通型和快速型。普通型电液转辙机又分为直流电液转辙机和交流电液转辙机,有ZY(J)1、ZY(J)2、ZY(J)3、ZY(J)4、ZY(J)5、ZY(J)6、ZYJ7型,有J字的是交流转辙机。其中ZY(J)1、ZY(J)2、ZY(J)3和ZYJ7型是整体式,ZY(J)4、ZY(J)5、ZY(J)6型是分体式(液压站和转辙机主机分设)。ZYK型是快速型。

ZYJ4、ZYJ7型分别与SH5、SH6型转换锁闭器配套用于多点牵引道岔上(也可多机多点牵引);ZYJ5型为挤岔保护型;ZYJ6型为挤岔断表示型。目前使用较多的是ZYJ4、ZYJ6和ZYJ7型。在提速道岔上大量采用ZYJ7型,故下面重点介绍ZYJ7型。

电液转辙机型号和含义如图3-6-1所示。

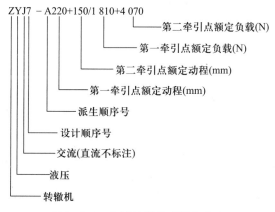

图3-6-1 电液转辙机型号和含义

三、ZYJ7型电液转辙机

（一）ZYJ7型电液转辙机整体结构

ZYJ7型电液转辙机由主机和SH6型转换锁闭器两部分组成,如图3-6-2和图3-6-3所示,分别用于第一牵引点和第二、第三牵引点。主机主要由电动机、油泵、油缸、起动油缸、接点系统、锁闭杆、动作杆等部分组成。SH6 型转换锁闭器（亦称副机）主要由油缸、挤脱接点组、表示杆、动作杆组成。主机与副机共用一套动力系统，两者间用油管相连。

图 3-6-2　ZYJ7 型电液转辙机主机

图 3-6-3　SH6 型转换锁闭器

（二）主机各部件和工作原理

ZYJ7 型电液转辙机主机可分为动力系统、油路系统、转换锁闭系统和表示锁闭系统四部分。

1. ZYJ7 型电液转辙机的动力系统

ZYJ7 型电液转辙机采用交流三相异步电动机，额定电压 380 V，额定电流 2.2 A，转速 960 r/min。电动机将电能变为机械能，为整机提供动力。该电动机增加了惯性轮，保证转辙机转换到位后开闭器接点不致颤动。

2. ZYJ7 型电液转辙机的油路系统

ZYJ7 型电液转辙机的油路系统可分成四部分：动力源、操纵控制装置、执行机构和辅助装置。其由油泵、流量调节阀、溢流阀、单向阀、滤清器及各部接头、油管、溢流板等组成，如图 3-6-4 所示。油泵是整个系统的动力源，用以将机械能变成

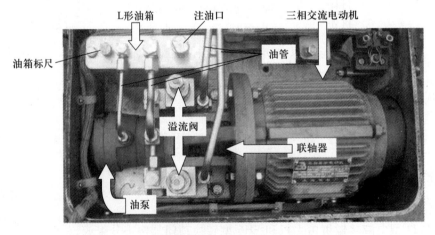

图 3-6-4　ZYJ7 型电液转辙机局部图

液压油的压力能。调节阀、单向阀、溢流阀等组成操纵控制装置,用以调节液压油的压力、流向和流量,从而实现不同的工作循环。油缸是系统的执行机构,可以把液压油的压力能变成机械能。滤清器、油箱是辅助装置。

（1）油泵

采用双向斜盘轴向柱塞式油泵,特点是构造简单、寿命长、工作可靠。当电动机带动油泵往一个方向旋转时,泵的柱塞就可从一端吸出液压油注入另一端,经反复高速吸出和注入,即可泵出液压油。电动机反转时,可带动油泵从另一端吸出和注入液压油,泵出反方向液压油。ZYJ7 型电液转辙机的油泵结构是改进型的,取消了柱塞弹簧（只保留一根弹簧）,提高了容积效率和机械效率。

（2）油缸

油缸由活塞杆、缸座、缸筒、缸套、接头体、连接螺栓和密封圈等组成,如图 3-6-5 所示。油缸用来将注入缸内的液压力转换成机械力,以推动尖轨或可动心轨转换。油缸的活塞杆固定不动,用缸筒运动来推动尖轨或心轨转换。油缸动程为转辙机动程加 50 mm。

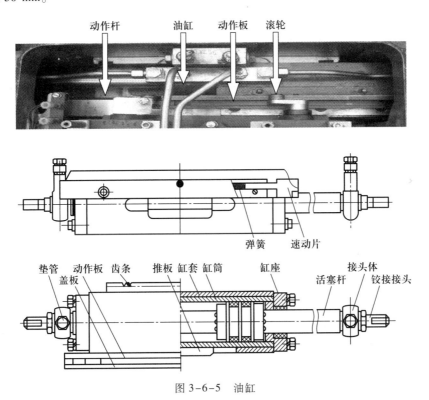

图 3-6-5　油缸

（3）起动油缸

起动油缸由缸体、缸筒、柱塞、垫块、螺堵及 O 型圈组成。起动油缸的作用是在电动机刚启动时先给一个小的负载,待转速提高、力矩增大时再带动负载,来克服交流电动机启动性能的不足。起动油缸在油路中与油缸并联。柱塞和缸筒位于起动油缸体内。

当电动机刚启动时,若油泵右侧为高压油,则起动油缸右孔为高压,因起动油缸与油缸并联,则高压油先推动起动油缸的柱塞向左移动,由于柱塞力很小,相当于电动机只带一个很小的负载启动。电动机启动后力矩增大,起动油缸也已被充满,液压油再充入油缸,推动油缸动作以带动道岔转换。当道岔需向反方向转换时,电动机反转,油缸左孔为高压,这时起动油缸的柱塞向右移动,即可解决反方向操纵道岔时电动机启动力矩小的问题。

(4) ZYJ7 型电液转辙机油路系统的动作原理

ZYJ7 型电液转辙机的油路系统为闭路式系统,如图 3-6-6 所示。当电动机带动油泵逆时针方向旋转时,油泵从油缸右侧腔内吸出油,泵出的液压油经活塞杆中心圆孔注入油缸的左腔,即左腔内为高压油,由于活塞杆固定不动,所以高压油推动油缸向左移动。当油缸动作到位时,油泵从右边的单向阀吸出油,泵出的液压油经左侧的滤清器和溢流阀回到油箱。电动机带动油泵顺时针方向旋转时,油泵从油缸左侧腔内吸出油,泵出的高压油通过活塞杆空腔进入油缸右侧,使油缸右腔为高压,此时油缸向右移动。

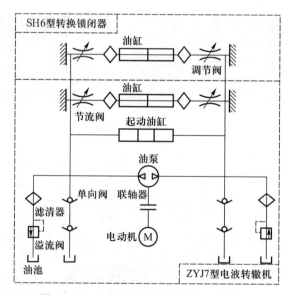

图 3-6-6 ZYJ7 型电液转辙机的油路系统

(5) 溢流阀

溢流阀主要由阀体和阀芯等组成。溢流阀的作用是保证油路中液压油的压力不超过一定的限值,以防止道岔转换受阻,电动机电源没被断开时,油路中油液压力不断升高而损坏各部液压件,它的作用相当于电动转辙机摩擦联结器。

溢流阀在正常油压下不溢流。当道岔受阻或转换到位电动机还没断开电源时,油压增大,此压力大于弹簧的压力,阀芯就向上移动,溢流阀的阀口开启,高压油进入阀座上部,经阀体侧孔流入溢流板的回油孔使液压油流回油箱,构成溢流。

当油路中压力降到小于此数值时,压力弹簧恢复原位,阀芯的锥面又压紧了阀座,将压力油封堵住。这样就可使油路中压力大于一定数值(可根据需要调整弹簧的压力)时开始溢流,既保证了油路正常动作,也保护了液压件不被损坏。

3. 转换锁闭系统

转换锁闭系统的作用是转换并锁闭尖轨或心轨在终端位置,且锁闭尖轨或心轨后应能承受 98 kN 的轴向锁闭力。该机构主要由油缸、推板、动作杆、锁块和锁闭铁组成。

（1）推板

推板是嵌在油缸套上的矩形钢板,其大部分嵌在缸套内,斜面凸起露在缸套外面,突起的斜面动作时推动锁块,从而使动作杆运动。

（2）动作杆

方型动作杆上装设两个活动锁块,与油缸侧面的推板配合工作。动作杆外侧有圆孔,用销轴和外锁闭杆连接。转换道岔时,油缸带动推板,推板推动锁块,锁块通过销轴与动作杆相连。道岔转换至锁闭位置时,推板将动作杆上的锁块挤于锁闭铁斜面上。

（3）ZYJ7 型电液转辙机转换锁闭动作原理

当道岔转换至定位位置(例如拉入)时,如图 3-6-7a 所示。推板的拉入锁闭面与定位锁块的锁闭面相吻合使锁块不能移动,定位锁块的斜锁闭面与锁闭铁拉入锁闭面相互吻合,使锁块和动作杆不能伸出,此时称为转辙机定位(拉入)锁闭状态。

解锁:当电动机启动,泵出的高压油推动油缸向伸出方向(右)移动时,推板随油缸移动,移动 25 mm 时推板拉入锁闭面全部退出定位锁块的锁闭面。此时,转辙机为解锁状态。

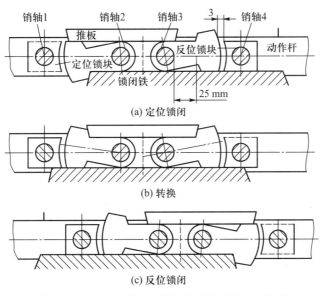

图 3-6-7　ZYJ7 型电液转辙机转换锁闭动作原理

转换：推板继续移动，即带动反位锁块、销轴、动作杆移动，动作杆又带动定位锁块离开锁闭铁的拉入锁闭面，这时转辙机进入了转换状态，如图3-6-7b所示。

锁闭：油缸和推板继续移动，至反位锁块锁闭面将要与锁闭铁伸出锁闭面接触，则进入增力阶段。此后推板继续向前移动25 mm，反位锁块斜锁闭面与锁闭铁伸出锁闭面完全密贴吻合，转辙机为反位锁闭状态，如图3-6-7c所示。

4. 表示锁闭系统

表示锁闭系统的作用是正确反映尖轨或心轨状态并锁闭尖轨或心轨在终端位置，且锁闭尖轨或心轨后应能承受30 kN的轴向锁闭力。

该机构主要由固定座、拐臂、锁闭柱、轴承座、传动杆及滚轮、动作板、速动片、弹簧、接点组、锁闭杆等组成，如图3-6-8所示。

图3-6-8　表示锁闭系统

（1）锁闭杆（locking rod）

主机的伸出与拉入位置各设一根锁闭杆，外端通过长、短表示杆与尖轨相连。锁闭杆上开有方槽，与接点组系统的锁闭柱方棒相配合。

当尖轨转换到位锁闭后，锁闭柱落入锁闭杆上的方槽内，使接点接通相应的表示电路。由于锁闭杆上的方槽为矩形，锁闭柱下端也为矩形，所以具有锁闭作用，故称为锁闭杆。两锁闭杆分别连接在两尖轨上，一根作为锁闭杆，另一根即作为斥离尖轨的表示杆。

（2）表示锁闭系统工作原理

主机处于拉入锁闭位置时，锁闭柱落入锁闭杆上的方槽内，用此来检查道岔尖轨密贴，并通过拐臂带动接点组构成表示电路。当油缸侧面上的动作板向右移动时，动作板的斜面开始推动接点组的拐臂轴上的小滚轮抬起，动接点组转换，断开原表示接点。油缸继续移动，完成转换动程，接点组的启动片在弹簧的作用下，快速落入动作板上速动片圆弧内，即快速地断开电动机电源，接通新的表示接点。

（三）SH6型转换锁闭器（副机）

主要由转换锁闭机构、挤脱和表示机构等组成。转换锁闭机构的作用是转换锁闭尖轨在密贴位置，它由油缸、推板、动作杆、锁块、销轴、加强板及锁闭铁等部件组成。挤脱和表示机构的作用是正确反映尖轨状态，兼具有挤岔保护和状态表示的功能，它由挤脱器、接点组、表示杆等部件组成。

1. 表示杆

副机的伸出与拉入位置各设一根表示杆,外端通过长、短表示杆与尖轨连接。表示杆上开有斜槽,与接点组系统的检查柱下端斜角相配合,检查道岔位置。当尖轨转换到位锁闭时,检查柱下端落入表示杆缺口,使接点接通相应的表示电路。副机表示杆不起锁闭作用,挤岔时,检查柱上提断开表示电路。

2. 挤脱器

挤脱器与锁闭铁经定力机构与机壳连在一起。当道岔被挤时,挤切力大于该挤脱器预先调整的压力 30.4 kN 时,锁闭铁移位,转换接点组断开表示电路,及时给出挤岔表示,此时锁闭铁与机壳上的固定桩失去连接,来自动作杆的挤切力再不能传给内方的其他部件,起到了挤岔保护作用。

(四)ZYJ7 型电液转辙机的手动转换

为满足电源中断或发生其他故障时对转换道岔及检修作业的需要,ZYJ7 型电液转辙机设置了手动装置,分为手摇装置和扳动装置两种。

手摇装置用摇把直接摇动电动机机轴,因电机与油泵相连,可使油泵泵出液压油。顺时针摇动时,右侧泵出液压油,反之左侧泵出液压油,使油缸移动。插入摇把前应先断开安全接点。手摇电液转辙机时只要在主机处摇动,副机即被带动。扳动装置由扳手、方轴齿轮、齿条、拉板、钩块组成。扳手转动方轴齿轮,齿轮带动齿条连同钩块直接动作油缸。道岔自定位扳至反位,扳手需转动 1.6 圈。在扳手插入方轴前应确认短路阀被打开。

(五)ZYJ7 型电液转辙机的种类及使用

对于 9 号、12 号提速道岔的尖轨,以及 12 号、18 号可动心轨,均可用一台 ZYJ7-B 型电液转辙机配合一台 SH6 型转换锁闭器进行牵引。对于 18 号提速道岔的尖轨,则用一台 ZYJ7 型转辙机和两台 SH6 型转换锁闭器进行牵引。对于 30 号提速道岔,其尖轨用 6 台 ZYJ7 型电液转辙机(第 1 至第 6 牵引点)进行牵引,可动心轨用 3 台 ZYJ7 型电液转辙机(第 1 至第 3 牵引点)进行牵引。表 3-4 列出了部分 ZYJ7 型电液转辙机基本配置及参数。

表 3-4 ZYJ7 型电液转辙机基本配置及参数(部分)

型号	额定转换力/kN			动程/mm			工作电流/A	动作时间/s
	第一牵引点	第二牵引点	第三牵引点	第一牵引点	第二牵引点	第三牵引点		
ZYJ7+BH6-E	2.5	4.2		220±2	150±2		≤2.0	≤10.0
ZYJ7+BH6-J	2.5	4.2		220±2	140±2		≤2.0	≤9.5
ZYJ7+BH6-L	2.5	4.2		220±2	120±2		≤2.0	≤9.0
ZYJ7+BH6-B+BH6-M	2.5	2.5	4.2	220±2	170±2	100±2	≤2.0	≤12.0
ZYJ7-R+BH6-E+BH6-M	4.2	4.2	4.2	150±2	150±2	100±2	≤2.0	≤14.0
ZYJ7-P+BH6-K	4.2	4.0		170±2	130±2		≤2.0	≤11.0

四、ZYJ4 型、ZYJ6 型电液转辙机

3.6.1

3.6.2

ZYJ4 型电液转辙机为分体式结构,由液压站、转辙机主机和 SH5 型转换锁闭器(副机)组成。

液压站装有交流电动机、油泵、油路板和油箱等,通过两根输出油管与主机和副机的油缸连接。液压站的作用是通过电动机来动作油泵,随电动机的正反转泵出不同方向的液压油。

转辙机主机安装在道岔尖轨的第一牵引点,根据液压站供出液压油的方向来转换道岔尖轨,并动作锁闭机构锁闭尖轨。副机安装在道岔尖轨的第二牵引点,与主机一起转换道岔尖轨,且进行锁闭。副机上安装挤脱器,道岔被挤时,锁闭铁移位被挤脱,断开自动开闭器接点给出挤岔表示。

ZYJ6 型电液转辙机也是分体式结构,由液压站和转辙机组成,没有副机。转辙机除转换锁闭装置外,加装了挤岔表示杆和挤岔断表示装置。

扫描二维码 3.6.1 可以查看 ZYJ4 型、ZYJ6 型电液转辙机实物照片。

扫描二维码 3.6.2 可以查阅《普速铁路信号维护规则技术标准》中 ZY(J)4 型、ZY(J)6 型、ZY(J)7 型电液转辙机的相关内容。

第七节　ZD(J)9 系列电动转辙机

ZD(J)9 系列电动转辙机是为适应我国铁路提速需要,借鉴了国外成熟的先进技术,结合我国铁路提速道岔的实际情况研制的。根据道岔的不同转换动程和转换力以及交流、直流不同供电方式开发了系列产品。ZD(J)9 系列电动转辙机具有转换力大、效率高等特点,它有着安全可靠的机内锁闭功能,因此既适用于内锁闭道岔的转换,又可用于多点牵引分动外锁闭道岔的转换。

一、ZD(J)9 系列电动转辙机概述

ZD(J)9 系列电动转辙机分成 ZDJ9 交流系列和 ZD9 直流系列,两者的区别仅在于分别采用交流电动机和直流电动机,如图 3-7-1 为 ZDJ9 型电动转辙机实物

图 3-7-1　ZD(J)9 型电动转辙机

照片。ZDJ9 型和 ZD9 型转辙机又分为 A、B、C、D 等不同的派生型号。表 3-5 列出了 ZDJ9 型电动转辙机的主要技术特征和使用范围。

表 3-5 ZDJ9 型电动转辙机的主要技术特征和使用范围

型号	电源电压（AC三相）/V	额定转换力/kN	动程/mm	锁闭（表示）杆动程/mm	工作电流不大于/A	动作时间不大于/s	挤脱力/kV	适用范围
ZDJ9-170/4k	380	4	170±2	152±4	2	5.8	28±2	尖轨动程 152 mm 以下道岔，双杆内锁，可挤
ZDJ9-A220/2.5k	380	2.5	220±2	160±4	2	5.8	—	分动外锁双机牵引第一牵引点，三机牵引第一牵引点，心轨第一牵引点。双杆内锁，不可挤
ZDJ9-B150/4.5k	380	4.5	150±2	75±4	2	5.8	28±2	分动外锁双机牵引第二牵引点，三机牵引第三牵引点，心轨第二牵引点。单杆内锁，可挤
ZDJ9-C220/2.5k	380	2.5	220±2	160±4	2	5.8	—	分动外锁多机牵引道岔第一牵引点，双杆内锁，不可挤
ZDJ9-D150/4.5k	380	4.5	150±2	75±20	2	5.8	28±2	联动道岔第二牵引点，单杆内锁，可挤

二、ZD(J)9 系列电动转辙机的结构

ZD(J)9 系列电动转辙机主要由底壳、盖、电动机、减速器、摩擦联结器、滚珠丝杠、推板套、动作杆、左右锁闭（表示）杆、接点组、安全开关组、挤脱器、接线端子等组成，如图 3-7-2 所示。

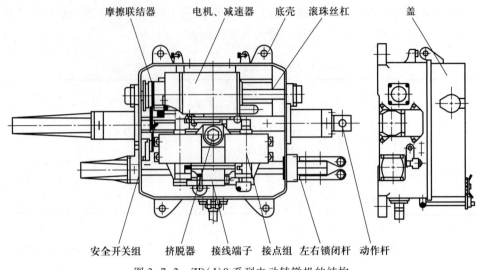

图 3-7-2 ZD(J)9 系列电动转辙机的结构

（一）电动机

交流转辙机所用交流电动机的电气参数主要有:电源电压为三相 AC 380 V、单线电阻 54 Ω,额定转矩 2.0 N·m,转速≥1 330 r/min,工作电流≤1.5 A。直流转辙机所用直流电动机:额定电压 160 V,额定转矩 2.0 N·m,转速≥980 r/min,工作电流≤2 A。

（二）减速器

减速器由齿轮组构成,安装在电机上的小齿轮通过齿轮箱中的传动齿轮进行两级减速把动力传递到摩擦联结器的齿轮上,在改变转换力或转换时间时,可以变动减速比。ZD(J)9-A 型第一级速比为 38:26,第二级速比为 46:18,总速比为 3.74;ZD(J)9-B 型第一级速比为 44:20,第二级速比亦为 46:18,总速比 5.63。这是由于双机牵引的道岔要求两个牵引点宏观上要达到同步动作。

（三）滚珠丝杠

选用国产磨削丝杠,直径 φ=32 mm,导程 10 mm。由于导程大,滚珠也大,故可靠性高。

（四）摩擦联结器

采用干摩擦,主动片是 4 片外摩擦片,用钢带加工,被动片为 3 片内摩擦片,用 12 个弹簧加压。

（五）自动开闭器

自动开闭器接点组与 ZD6 型电动转辙机相同,只是将动接点支架改进成为有两处压嵌连接的结构,因此左右调整板设在同侧,缩小了接点组尺寸,减少了零件品种。

三、ZD(J)9 系列电动转辙机的动作原理

电动机上安装减速器,当电动机接通电源后,电动机的驱动力矩经减速器减速

后传到摩擦联结器,通过摩擦联结器中的内外摩擦片的摩擦作用,由摩擦联结器的内摩擦片通过花键转动滚珠丝杠,滚珠丝杠将旋转运动转换为与丝杠联结的推板套的水平运动,如图3-7-3所示,假设向右运动,推板套推动安装在动作杆上的锁块,在锁闭铁的辅助下使动作杆水平向右运动,完成转辙机的解锁、转换和锁闭过程。推板套动作的同时,安装在推板套上的动作板随着推板套一起向右运动,动作板滑动面一端的斜面开始推动与启动片联结的小滚轮(图中右侧的)抬起,动接点组转换,断开原表示接点,同时接通下一转换方向的动作接点。当推板向右移动时,动作板的斜面继续移动,完成转换动程。当道岔动作到位后,另一侧的小滚轮(左侧)从动作板滑动面落下,动作接点断开,同时表示接点接通,给出道岔表示。在这一过程中,滚轮通过左右支架的作用,使锁闭柱(检查柱)抬起或落入锁闭(表示)杆槽内,达到检测道岔状态的作用,一般来讲,ZD(J)9系列电动转辙机的A、C型为锁闭杆,而B、D型为表示杆,170型也为表示杆。

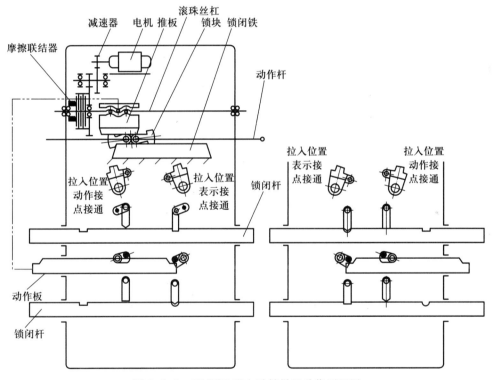

图3-7-3 ZD(J)9型电动转辙机动作原理图

ZD(J)9型电动转辙机的转换锁闭动作原理和ZYJ7电液转辙机的动作原理是一样的。推板套、动作杆、锁块、锁闭铁的运动关系如图3-6-7所示。当道岔转换至定位位置(拉入位置)时,推板的拉入锁闭面与定位锁块的锁闭面相吻合使锁块不能移动,定位锁块的斜锁闭面与锁闭铁拉入锁闭面相互吻合,使锁块和动作杆不能伸出,此时转辙机为定位锁闭状态,如图3-6-7a所示。当电动机启动,推板套向右运动,移动25 mm时推板拉入锁闭面全部退出定位锁块的锁闭面,此时,转辙机为解锁状态。推板继续移动,即带动反位锁块、销轴、动作杆移动,动作杆又带动定位锁块离开锁闭铁的拉入锁闭面,这时转辙机进入了转换状态,如图 3-6-7b 所示。推板移动至反位锁块锁闭面将要与锁闭铁伸出锁闭面接触,此后推板继续向前移动 25 mm,反位锁块斜锁闭面与锁闭铁伸出锁闭面完全密贴吻合,转辙机为反位锁闭状态,如图 3-6-7c 所示。

四、ZD(J)9 系列电动转辙机的挤脱及挤岔表示原理

ZD(J)9 系列电动转辙机不可挤机型的锁闭杆与尖轨相连,当一根锁闭杆通过锁闭柱将尖轨锁在机内时,在斥离尖轨上固定的另一根锁闭杆则成为挤岔表示杆。当挤岔时,通过斥离尖轨带动作为挤岔表示杆的锁闭杆(缺口有斜面)运动,推动检查柱上提断开自动开闭器接点,给出挤岔表示。而在锁闭位置的锁闭柱不动作,同时由于两根尖轨用拉杆连接在一起而同时转换,动作杆在超过挤脱力后就解锁,而处于锁闭位置的锁闭杆,由于安装装置的连接杆,当挤岔时就因变形而损坏。一根锁闭杆上的锁闭用的直缺口和挤岔表示用的斜缺口的距离与尖轨动程有关,只能适用于相应的尖轨动程,当超过此动程范围需另配该动程范围的锁闭杆。

对于可挤机型来讲,表示杆装有检查块,挤岔原理与不可挤机型相同。挤岔时,当挤脱器中的锁闭铁在动作杆上的锁块作用下,脱开挤脱柱,在锁闭铁上的凹槽推动水平顶杆,水平顶杆推动竖顶杆,竖顶杆推动动接点支架,从而切断表示,非经人工恢复锁闭铁,不可能再接通表示。

ZD(J)9-A 和 C 型为两点牵引道岔第一牵引点用的不可挤型转辙机,故没有挤脱器,道岔的挤岔表示由 ZD(J)9-B、D 型转辙机给出。ZD(J)9-B、D 型为两点牵引道岔第二牵引点用的转辙机,表示杆有检查尖轨密贴和挤岔断表示的功能。ZD(J)9-170/4k 主要用于单机牵引道岔,为可挤型,多用于地铁。

扫描二维码 3.7.1 中可以查阅《普速铁路信号维护规则技术标准》中 ZD(J)9 系列电动转辙机的相关内容。

3.7.1

第八节　道岔密贴检查装置

《铁路工程基本术语标准》(GB/T 50262—2013)对密贴检查器(switch closure detector)的定义是检查道岔在锁闭位置时两牵引点之间是否符合密贴要求的装置。密贴检查器最初只是用来检查道岔的密贴状态,后来又加上检查道岔的斥离状态,在转换道岔的转辙机没有挤岔表示功能时,也可以作为挤岔表示的安全设备。对于道岔密贴的概念直观上理解是指道岔尖轨和基本轨贴紧、没有间隙,实际上应是道岔尖轨和基本轨间的间隙在一定的范围内,并不影响行车安全时,就认为道岔处于密贴状态。目前使用的密贴检查器主要有经过中国铁路总公司技术鉴定的 JM-A 型和派生的 JM-A1 型、JM2-L 型、JM2-L2 型、JM2-Z 型等,本节重点介绍 JM-A 型密贴检查器的结构和原理。

一、密贴检查器的作用

随着铁路的发展,尤其是高速铁路的发展,对运输的安全要求也越来越高,把密贴检查器作为道岔表示的冗余设备,串接在道岔的表示系统中,主要作用是:

(1) 提高挤岔事故的监视可靠性。挤岔事故发生时,转辙机外锁闭机构均未解锁,道岔斥离尖轨发生位移,转辙机、密贴检查器其中之一或全部切断表示电路,均检查到了挤岔事故发生。

(2) 提高对道岔故障的监视。在转辙机牵引点较远处,尖轨、基本轨间夹有异物或尖轨变形等原因,使基本轨和尖轨间的间隙变大,影响行车安全时,设于该处的密贴检查器可及时切断表示电路,报警。

二、JM 型密贴检查器型号及基本技术参数

JM 型密贴检查器型号及基本技术参数见表 3-6。

表 3-6　JM 型密贴检查器型号及基本技术参数

型号	表示杆最大动程/mm	尖轨斥离检查距离/mm	接点组数	安装方式	备注
JM-A 170/25	170	≤25	1	线路两侧	每个检查点 2 台
JM-A 170/65	170	≤65	1	线路两侧	每个检查点 2 台
JM-A 190/65	190	≤65	1	线路两侧	每个检查点 2 台
JM-A1 155/65	155	≤65	2	线路中间	每个检查点 1 台
JM2-L 170/65	170	≤65	1	线路两侧	每个检查点 2 台
JM2-L2 170/25	170	≤25	1	线路两侧	每个检查点 2 台
JM2-Z 160/65	160	≤65	2	线路中间	每个检查点 1 台

三、JM-A 型密贴检查器

(一) 结构

JM-A 型密贴检查器结构如图 3-8-1 所示,由表示杆、启动片、速动片、接点组等组成。每台检查器设有两组密贴表示接点和两组斥离表示接点。接点系统采用圆弧接点,在动接点轴上装配有用花键连接的调整板、动接点组和拐臂。JM-A 型密贴检查器仅能检查一根尖轨的密贴和斥离状态,因此每组道岔两根尖轨需要两台密贴检查器,分别安设在线路两侧。

(二) 工作原理

JM-A 型密贴检查器启动片及其滚轮和表示杆的速动原理均与 ZDJ9 型电动转辙机的动作板的速动原理相同。调整板和启动片连接,启动片上装设滚轮,启动

片转动时通过调整板和拐臂带动动接点组转动,使其给出接通(或断开)、密贴(或斥离)表示。

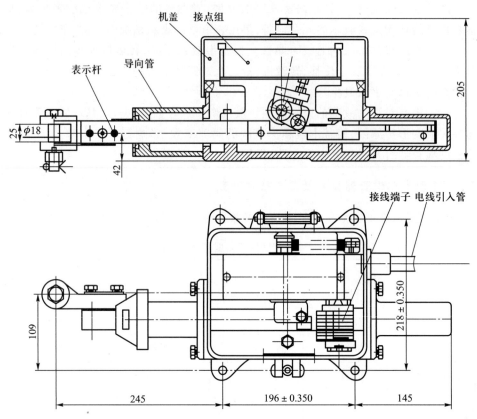

图 3-8-1 JM-A 型密贴检查器结构

密贴检查器表示杆设计成三个不同高度的平面(检测杆上平面、槽内平面和检测缺口,平面间由两个小斜面过渡连接),拐臂上设有一根弹簧,它给拐臂一个向下的作用力。当道岔转换时,尖轨带动表示杆移动,启动片上滚轮分别在三个平面上运动,使动接点分别经历断开原表示、中间位置、给出新表示的过程。下面以尖轨由密贴向斥离位(对应表示杆由拉入向伸出位)运动为例,说明密贴检查器工作过程。

处于密贴尖轨侧的密贴检查器表示杆开始伸出时,启动片上滚轮由处于检测缺口位置到与表示杆上第一斜面接触开始,表示杆水平移动 10 mm,如图 3-8-2b 所示。启动片上的滚轮与表示杆上槽内平面接触,动接点组转换 14°到中间位,可靠地切断表示,此时密贴表示和斥离接点均断开。在表示杆拉出 63 mm 以上时,启动片上滚轮经过表示杆上第二斜面与表示杆上平面接触,动接点组转换 28°,如图 3-8-2c 所示,接点组的斥离接点接通。

处于原斥离尖轨侧的密贴检查器刚好经历和上述相反的过程,启动片上的滚轮由检测杆上平面运动到槽内平面,最后启动片落入检测缺口,动接点由原处于斥离表示位到中间位,最后到密贴表示位。

　　每台 JM-A 型密贴检查器能够检查一根尖轨的密贴或斥离状态,每组道岔两根尖轨需要设两台密贴检查器,安设在道岔两侧,分别检查两根钢轨位置。只有当道岔的一根尖轨处于密贴状态,另一根尖轨处于规定位置,此时一台密贴检查器检测到密贴尖轨与基本轨间隙符合检查精度时其动接点才能够打入检查密贴的静接点片;另外一台密贴检查器只有检测到另一根尖轨处于规定开程时,其动接点才能打入检查斥离的静接点片。则这时通过密贴检查器表示接点和转辙机内表示接点配合给出道岔定位或反位表示。

　　当一根尖轨处于密贴位置,而另一根尖轨没有处于规定开程或密贴尖轨密贴程度不符合要求时,两台密贴检查器都至少会有一个接点(密贴或斥离)不通,说明道岔正在转换或处于挤岔状态。

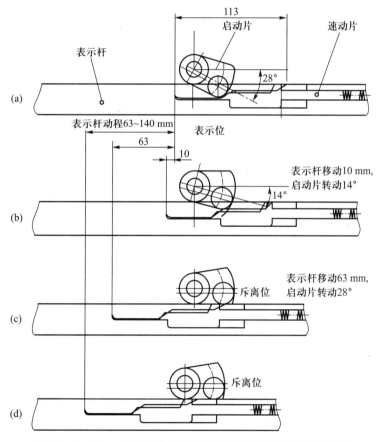

图 3-8-2　JM-A 型密贴检查器的接点组启动片与表示杆的关系

　　JM-A 型密贴检查器在表示杆伸出处,上平面上有一移位标,表示杆从斥离位拉入时,当接点组上的启动片刚从表示杆内速动片上掉下时,在移位标方孔左侧下的表示杆上刻有标记,如图 3-8-3 所示,此时,表示杆再向内移动,标记离移位标方孔左侧的距离,即为表示缺口的距离。

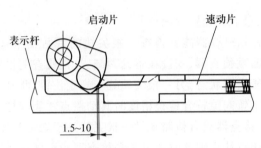

图 3-8-3　JM-A 型密贴检查器的表示缺口检查

（三）主要技术参数

（1）表示杆动程 65 ~ 160 mm。

（2）密贴检查间隙 1.5 ~ 10 mm。

（3）挤岔断表示的动程，从启动片的滚轮接触表示杆斜面开始为（10±3）mm。

（4）检查每侧尖轨的密贴位置，并可检查尖轨的斥离 65 mm 以上位置。

（5）每台检查器设有两组密贴表示接点和两组斥离表示接点。

扫描二维码 3.8.1 可以查阅《普速铁路信号维护规则技术标准》中道岔密贴检查装置的相关内容。

3.8.1

第九节　ZK 系列电空转辙机

电空转辙机的使用有其特殊要求，因为使用电空转辙机，需要有空气压缩机、储风缸、管路等风源设备，设备费用高，所以我国只在有风源设备的驼峰调车场道岔上使用。驼峰调车场绝大部分起溜放作用，车辆都是对向经过道岔，只有机车上峰才顺向通过道岔，极少发生挤岔事故，所以电空转辙机没有考虑挤岔防护。

电空转辙机先后出现过 ZK2、ZK3、ZK3-A、ZK4-170 等型号。ZK2 型是早期使用的电空转辙机，转换力较小，容易卡阻，无风源过滤设备。因缺点较多，已经被淘汰。ZK3 型转辙机转换力大，取消了机械外锁闭装置，安装与调整简单，维修容易。但在使用过程中发现，它在转换、锁闭及表示系统等方面还存在着危及安全的缺陷，因此在 ZK3 型的基础上改进为 ZK3-A 型，后来又在 ZK3-A 型的基础上改进生产了 ZK4-170 型电空转辙机。

一、ZK3 型电空转辙机

ZK3 型电空转辙机不仅适用于单开道岔和对称道岔，还适用于三开道岔。ZK3 型电空转辙机结构如图 3-9-1 所示，图示各部件位置是活塞杆拉入且到达最左侧时的位置。

ZK3 型电空转辙机的主要部件作用及原理如下。

（一）滤气器、油雾器

图 3-9-1 中分水滤气器的作用是滤去压缩空气中的微细污粒和水蒸气，用来

防止污物、异物及空气中的冷凝水进入气路,从而避免转辙机发生故障及机件生锈以致堵塞气路。由外部气源引入气压≥550 kPa 的压缩空气,通过管Ⅰ流经分水滤气器后,净化干燥的压缩空气经管Ⅱ到调压阀进行调压(额定压力 550 kPa),再经管Ⅲ送往油雾器,使润滑油雾化后随气流进入需要润滑的机件,达到润滑的目的。管Ⅳ有两条分路,一条为管Ⅴ,通往锁闭阀,另一条为管Ⅵ,通向滑阀。

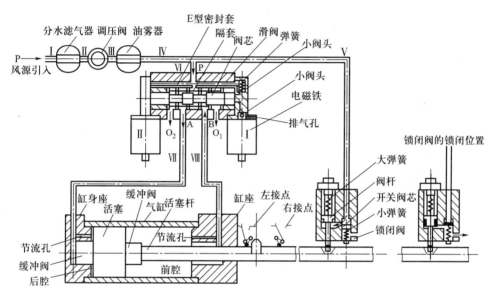

图 3-9-1　ZK3 型电空转辙机结构

(二) 解锁

经过管Ⅴ的压缩空气进入锁闭阀,当气压调整为≥400 kPa,克服锁闭阀小弹簧的弹力将开关阀芯推向下方,压缩空气经小孔道进入阀杆的下腔,压缩大弹簧将阀杆抬起,阀杆头部就由活塞杆的圆孔中拔出,使锁闭阀杆对活塞杆解锁。只要管路中不停止输入≥400 kPa 的压缩空气,锁闭阀始终保持解锁状态。

(三) 转换

流经管Ⅵ的压缩空气进入滑阀后,又分为三条支路,其中两条经小孔道分别通往左、右侧电磁阀上部的小阀头内腔,第三条为主通路,通往滑阀大腔孔。

假如接通左侧电磁阀的电源(直流 20 V),则衔铁吸起,将上部小阀头打开,同时将下部小阀头关闭,使压缩空气由左侧小通孔进入滑阀的左腔室,推动阀芯向右运动,此时由于右侧电磁阀未吸起,所以上部小阀头在弹簧作用下密封进气孔,下部小阀头打开排气孔。当阀芯向右运动时,滑阀右腔室内的空气由排气孔排往大气,所以阀芯快速向右移动与缓冲垫相接触,在缓冲作用下阀芯停在右侧极限位置,导通了 P、A 输入气路和 B、O_1 排气气路,于是压缩空气顺着 PA 气路,经管Ⅶ分路到达气缸后腔,对活塞施加压力,推动活塞向右运动,在活塞杆随活塞向右运动的过程中,气缸前腔的气体经管Ⅷ和 BO_1 气路排向大气。活塞杆通过密贴调整杆带动尖轨转换,在活塞将要到达右侧极限位置时,右侧缓冲阀起作用缓和活塞的冲击。

（四）锁闭

1. 气锁闭

如前所述,电磁阀通电后,滑阀阀芯到达极限位置,气路导通。即使断电,滑阀阀芯仍因压缩空气作用停留在动作以后的位置。因此,外部压缩空气始终以550 kPa 的额定气压作用在活塞上,抵抗了活塞的反向运动,即锁闭了道岔。

2. 机械锁闭

当因故无压缩空气或气压降至 250 kPa 以下时,锁闭阀中开关阀芯便在小弹簧作用下往回滑动,堵住压缩空气进气孔而导通阀杆的下腔与排气孔,将阀杆下腔的压缩空气排往大气,此时阀杆在大弹簧的作用下下移,其头部插入活塞杆的锁闭孔中,实行机械锁闭。

（五）接点转换表示

在活塞杆向右运动的过程中,装在活塞杆上的左、右动作板随活塞杆开始向右运动(伸出时),就断开拉入状态的表示接点,动作终了时接通伸出状态的表示接点,来反映尖轨的位置。

（六）挤岔

挤岔有两种情况,即有气压时和无气压时。有气压时,即正常工作时,挤岔力由尖轨通过密贴调整杆传动到活塞杆,克服电空转辙机各部件的阻力及压缩空气在活塞杆上产生的作用力,尖轨被挤到另一位置。无气压(包括气压小于 250 kPa)时,锁闭阀阀杆头部将活塞杆锁住,如果挤岔力较大会将阀杆端部挤断。

二、ZK3-A 型电空转辙机

ZK3-A 型电空转辙机是 ZK3 型的改进产品。它将锁闭阀改成经常锁闭状态,将分水滤气器、调压阀、油雾器集成为两联体,在主气道的两联体后部增设了单向阀,增设了小锁闭阀及梭阀,增设了表示杆,采用了速动接点系统。

（一）ZK3-A 型电空转辙机结构

ZK3-A 型电空转辙机主要由气缸、滑阀(换向阀)、锁闭阀、表示接点系统及气源处理二联件等部件组成,如图 3-9-2 所示。

1. 气缸

气缸主要由气缸体、活塞及活塞杆组成。活塞杆直接与道岔密贴调整杆相连,当压缩空气进入气缸推动活塞,使活塞杆伸出或缩进时带动道岔尖轨转换位置。

2. 滑阀

滑阀(换向阀)是 ZK3-A 型电空转辙机的控制机构,用来控制压缩空气进入气缸的方向(控制换向)及确保实现软锁闭。所谓软锁闭,就是依靠气缸中的压缩空气使道岔保持在规定位置的气压锁闭。滑阀主要由滑阀体、滑阀芯、气隔离套圈、小锁闭阀、梭阀、电磁阀及单向阀等组成。

ZK3-A 型与 ZK3 型的区别,在于它的滑阀增加了小锁闭阀、梭阀及单向阀等,以及改进了滑阀芯的结构形式,以防止错误换向,进一步保证软锁闭的实现。

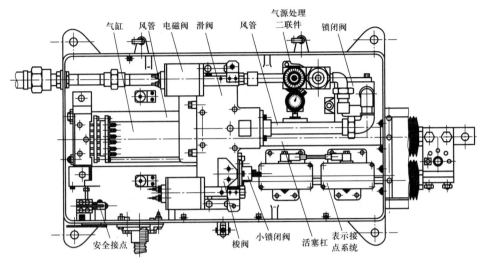

气缸　风管　电磁阀　滑阀　风管　气源处理二联件　锁闭阀

安全接点　梭阀　小锁闭阀　活塞杠　表示接点系统

图 3-9-2　ZK3-A 型电空转辙机结构

3. 锁闭阀

锁闭阀用来实现电空转辙机内的机械锁闭。滑阀开始工作时,锁闭阀活塞连同锁闭阀锁头向上移(缩进),锁头离开活塞杆上的定位或反位长圆孔,使其解锁,活塞杆即可伸出或缩进,带动道岔转换。在解锁过程中,压缩空气不停地经打开的锁闭阀活塞进入滑阀。道岔转换完毕,锁闭阀活塞连同锁闭阀的锁头下移,锁头进入活塞杆的反位或定位长圆孔内,实现了机械锁闭。

4. 气源处理二联件

气源处理二联件就是把过滤调压阀和油雾器集成一体,以缩小体积。过滤调压阀由分水滤气器和调压阀组成。气源处理二联件的功能是过滤、调压、润滑。

(二) ZK3-A 型电空转辙机动作原理

ZK3-A 型电空转辙机动作原理如图 3-9-3 所示,假设图中所示转辙机状态为定位,操纵后使其转换至反位。

首先反位电磁阀(电磁阀 1)励磁,打开进气阀,关闭排气阀,压缩空气从进气阀进入通向梭阀和滑阀进气孔 5。通向梭阀的压缩空气将梭阀芯推向下端,堵住通往电磁阀 2 的通路;同时压缩空气进入小锁闭阀,当气压达到 400 kPa 时,小锁闭阀解锁,这时滑阀芯在进入进气孔 5 的压缩空气的作用下,推向另一端(图 3-9-3 中为下端)。滑阀芯移至下端,隔断了滑阀中的出气口 3 与排气口 7 的气路,沟通出气口 2 与排气口 6 的气路和进气口 1 与出气口 3 的气路。出气口 2 与排气口 6 的气路沟通后,使气缸活塞右边具有软锁闭功能的压缩空气迅速从排气口排向大气;同时,由于进气口 1 与出气口 3 沟通,打开单向阀,锁闭阀解锁,压缩空气从进气口 1 经出气口 3、气缸风管进入气缸活塞左边。推动活塞连同活塞杆向右伸出,带动道岔转换到反位。

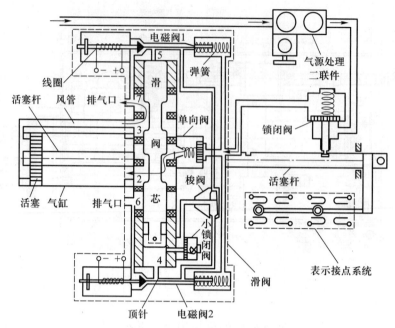

图 3-9-3 ZK3-A 型电空转辙机动作原理

道岔转换到底后,电磁阀 1 失磁,关闭它右边的进气阀,打开左边的排气阀,使滑阀进气孔 5 和小锁闭阀内的压缩空气经打开的排气阀排向大气,小锁闭阀锁闭。由于气缸活塞已推至右端不动,气缸中的气压上升到规定的压力时,关闭单向阀,这时气缸中的气压使道岔处于软锁闭状态,锁闭阀活塞上部的气压也随着升高,使上部的气压力与弹簧作用力之和大于活塞下部的气压力,将锁闭阀活塞连同锁头下移,锁头进入活塞杆的反位长圆孔内,实现机械锁闭,将道岔锁在反位。

三、ZK3 型和 ZK3-A 型电空转辙机主要特性

ZK3 型和 ZK3-A 型电空转辙机的主要特性见表 3-7 所列。

表 3-7 ZK3 型和 ZK3-A 型电空转辙机的主要特性

类型	活塞杆 行程/mm	额定 风压/kPa	锁闭 风压/kPa	解锁 风压/kPa	电磁阀电压(DC)/V			转换 时间/s	额定 负载/N
					额定	吸起	释放		
ZK3	170±2	550	≥250	≤400	20	≤16	≥3.5	≤0.6	1960
ZK3-A	200±2								2450

四、ZK4-170 型电空转辙机

ZK3 型电空转辙机经多次改进,基本上能满足驼峰调车场解编作业的需要,但仍存在着结构复杂、可靠性低、使用寿命短及维修量大等缺陷。为此研制了 ZK3 型电空转辙机的换代产品 ZK4-170 型电空转辙机。它优化了结构设计,改进了气路

并采用新型换向阀;气缸和阀体用铝合金材料代替铸铁材料,延长了关键部件寿命并减小整机重量和美化外观;采用新型密封材料延长了整机使用寿命并提高了可靠性。适用于驼峰调车场的 50 kg/m 和 43 kg/m 钢轨 9 号以下单开、对称道岔,可安装于道岔左侧或右侧。

（一）主要技术特点

ZK4-170 型电空转辙机采用国内外先进的气动元件及相关技术,主要具有以下技术特点:

（1）采用差压式自保换向阀作为整机控制机构,消除了换向阀误动作的隐患,简化了结构,提高了安全性,并具有结构新颖、体积小、重量轻等特点。

（2）利用电磁锁闭阀代替气动锁闭阀,克服了解锁时与动作杆卡阻的缺陷,实现了到位锁闭、解锁动作的顺序化。

（3）设备主要机构运动部分均采用 SF-2 复合材料衬套,减少了现场维修工作量,延长了整机的使用寿命。

（4）采用双锁闭设计,即气缸的气锁闭和电磁锁闭,防止因泄漏或断风造成设备失控引发的故障。

（5）表示装置安全可靠,故障率低,动作直观,便于观测和维修。

（6）采用组合式气源处理元件,克服了现场额定压力因振荡而造成变化的缺点。

（二）结构

ZK4-170 型电空转辙机由差压式自保换向阀、气缸、表示装置、电磁锁闭阀、组合式气源处理元件、管路等组成,如图 3-9-4 所示。

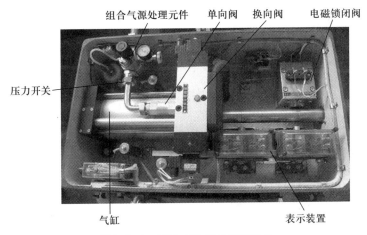

图 3-9-4　ZK4-170 型电空转辙机

ZK4-170 型电空转辙机的主要部件作用如下:

（1）差压式自保换向阀

换向阀是电空转辙机的主要控制部件,采用新型的差压式自保换向阀代替

ZK3-A 型电空转辙机中的梭阀、小锁闭阀。通过定、反位电磁阀的动作,使换向阀换向。动作完成后,利用换向阀阀芯变径结构产生压力差,保持换向阀阀芯的位置,确保设备不会因振动造成误换向,提高了整机的安全性。

（2）气缸

气缸是电空转辙机的主要执行部件,采用双向直推式气缸。气缸动作杆通过密贴调整杆与道岔尖轨相连,压缩空气推动动作杆伸出、拉入,从而完成道岔的转换。

（3）表示装置

表示装置用来反映电空转辙机的定位或反位。表示装置中的表示杆通过连接铁与动作杆相连,并与动作杆同步动作,接通或断开表示电路。

（4）电磁锁闭阀

电磁锁闭阀是电空转辙机的锁闭装置,用它来代替 ZK3-A 型电空转辙机中的大锁闭阀。通过电磁力使锁闭阀头缩回,完成解锁;断电后,通过弹簧力使锁闭阀头伸出,锁定动作杆,继而锁闭道岔。

（5）气源处理元件

气源处理元件对压缩空气在进入换向阀前进行净化处理,并使油雾器滴出的油形成雾状随压缩空气进入换向阀和气缸,从而起到润滑作用,同时,调压阀具有调整气源压力的作用,用集成式气源处理元件代替 ZK3-A 型电空转辙机中的气源处理二联件。

（6）低压开关

当机外风压低于压力开关断开风压设定值时,断开电磁锁闭阀电路,使电磁锁闭阀处于伸出状态,辅助锁闭活塞杆,进而保持尖轨位置。

（三）工作原理

从反位转向定位时,当定位电磁先导阀得电励磁,换向阀换向,气缸前腔进气,动作杆运动缩回,待尖轨与另一侧基本轨密贴后,接通定位表示电路,从定位转向反位时,动作过程与之相似。

电磁锁闭阀在压力开关控制下处于长期通电状态,当风压在额定风压时,压力开关接通电磁锁闭阀电路,锁闭杆处于缩回状态;当风压低于断开风压设定值时,压力开关切断电磁锁闭阀电路,锁闭杆伸出,锁闭活塞杆,从而锁闭道岔,保持尖轨位置。电磁先导阀线圈与电磁锁闭阀线圈采用单独供电方式。

（四）ZK4-170 型电空转辙机的主要技术特性

（1）活塞杆动程（170±2）mm;

（2）额定风压 550 kPa;

（3）最低工作风压 450 kPa;

（4）换向电磁阀电压:额定 24 V,吸起≤16 V,释放≥1.5 V;

（5）转换时间≤0.6 s;

（6）额定负载 2 450 N。

扫描二维码 3.9.1 可以查阅《普速铁路信号维护规则技术标准》中驼峰专用设备中快速转辙机的相关内容。

3.9.1

复习思考题

1. 转辙机有什么作用,如何分类?

2. ZD6-A 型电动转辙机由哪些部件组成,各部件的作用是什么?

3. 简述 ZD6-A 型电动转辙机的动作原理,它是如何对道岔起到解锁、转换、锁闭作用的?

4. ZD6 型电动转辙机的自动开闭器由哪些部件组成,其接点如何编号,如何动作?

5. ZD6 型电动转辙机如何安装,举例说明何为正装和反装,在什么情况下定位 1、3 排接点接通,在什么情况下定位 2、4 排接点接通?

6. 转辙机的表示杆有哪些作用,在正常和挤岔时如何动作?

7. ZD7 型电动转辙机有何特点?

8. ZD6 系列转辙机主要有哪些型号,各有什么特点,用于何处?

9. S700K 型电动转辙机主要由哪几部分组成,各部件的作用是什么?

10. 简述 S700K 型电动转辙机动作原理,它是如何对道岔起到解锁、转换、锁闭作用的?

11. S700K 型电动转辙机有哪几种安装方式,简述其速动开关组接点如何编号,在什么情况下定位 1、3 排接点接通,在什么情况下定位 2、4 排接点接通?

12. 道岔有哪几种锁闭方式,比较它们的优缺点。提速道岔要采用何种锁闭方式,为什么?

13. 简述尖轨用钩式外锁闭装置的结构和动作原理。

14. 简述可动心轨钩式外锁闭装置的结构和动作原理。

15. 电液转辙机是采用什么方式传递动力的,其动力机构由哪些部件组成,其优缺点是什么?

16. 简述 ZYJ7 型电液转辙机的结构和动作原理。

17. 简述 ZD(J)9 型电动转辙机的结构和动作原理,它与 ZYJ7 型、S700K 型相比有何异同?

18. 分析电动机在不同类型转辙机中起什么作用,如何使它正、反转?

19. 简述不同类型转辙机的摩擦联结器有何作用,分析它们是如何发挥这些作用的。

20. 简述不同类型的转辙机的挤切装置如何起到挤岔保护作用。

21. 电空转辙机与电动转辙机、电液转辙机相比有何异同,各有何优缺点,适用范围有何不同?

22. 简述 ZK3-A 型电空转辙机的结构和动作原理,它与 ZK3 型有何不同?

23. 简述 ZK4-170 型电空转辙机的结构和动作原理,它与 ZK3-A 有何不同?

24. 密贴检查器的作用是什么?

25. 举例说明对于不同型号的提速和非提速道岔应如何配置转辙机,比较采用不同类型的转辙机有什么异同。

第四章

轨道电路

在铁路信号系统中如何检测指定的线路上是否有车辆占用是极其重要的。在铁路信号发展的初期,主要依靠工作人员的观察和判断来确定线路的占用情况,因此有时会因为观察和判断失误而造成车辆冲突事故。由于不能实时自动实现列车位置检测,也不可能实现信号控制的自动化。直到美国 W·鲁滨孙博士于 1870 年发明了开路式轨道电路,1872 年又研制成功了闭路式轨道电路,从此实时自动检查线路占用的课题才得到解决,用轨道电路将列车运行与信号显示联系起来,铁路自动信号诞生,开创了自动信号的新时代。

第一节 概 述

轨道电路(track circuit)是用钢轨作为导体,用以检查区段占用状态的电路,是铁路信号的重要基础设备,它的性能直接影响行车安全和运输效率。

一、轨道电路的基本原理

轨道电路主要由送电端(transmitter end)、钢轨线路和受电端(receiver end)组成,它是以铁路线路的钢轨作为导体,两端加以机械绝缘(或电气绝缘),再连接送电和受电设备构成的电路系统,如图 4-1-1 所示。

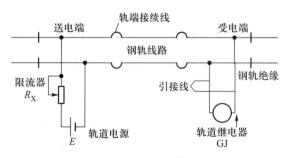

图 4-1-1　轨道电路的构成

送电设备设在送电端,由轨道电源 E 和限流电阻 R_{X} 等组成。接收设备设在受电端,一般采用继电器,称为轨道继电器。限流电阻的作用是保护电源不致因过负荷而损坏,同时保证列车占用轨道电路时,轨道继电器可靠落下。

送、受电设备一般放在轨道旁的变压器箱或电缆盒内,轨道继电器设在信号楼内。送、受电设备由引接线接向钢轨。钢轨是轨道电路的导体,为减小钢轨接头处的接触电阻,增设了轨端接续线。采用钢轨绝缘把相邻两个轨道电路之间隔离成互不干扰的独立的电路单元,每个轨道电路单元称为轨道电路区段。两绝缘节之间的钢轨线路的长度,称为轨道电路长度(track circuit length)。轨道电路长度要按照道床条件和分路灵敏度来确定。

当轨道电路内钢轨完整且没有列车占用时,电源通过钢轨和轨道继电器线圈构成闭合回路,轨道继电器吸起,表示轨道电路区段空闲。当轨道被列车占用时,由于列车轮对电阻远小于轨道继电器线圈电阻,电源大部分电流被列车轮对分路,流经轨道继电器的电流大大减小,轨道继电器落下,表示轨道电路区段被占用。

二、轨道电路的作用

(1)轨道电路的第一个作用,是监督列车的占用。

利用轨道电路监督列车在区间或列车和调车车列在站内的占用,为开放信号、关闭信号、建立进路或构成闭塞提供依据,将列车运行与信号显示联系起来,构成了铁路信号自动控制系统。

(2)轨道电路的第二个作用是传递行车信息。

区间移频自动闭塞系统利用轨道电路中传递不同的频率信息来反映前行列车的位置,决定各通过信号机的显示,为列车运行提供行车命令。

轨道电路中传送的行车信息,还为列车运行自动控制系统直接提供控制列车运行所需要的前行列车位置、运行前方信号机状态和线路条件等有关信息,以决定列车运行的目标速度,控制列车在当前运行速度下是否停车或减速。

三、轨道电路的分类

(一)按动作电源分类

1. 直流轨道电路

轨道电路电源采用直流电,称为直流轨道电路。它用于交流电源不可靠的非电力牵引区段,可以采用蓄电池浮充供电方式,交流有电时,由整流器供电;交流停电时,由蓄电池供电。

2. 交流轨道电路

采用交流供电的轨道电路,称为交流轨道电路。交流轨道电路的种类很多,频带用得很宽,大体可分为三段:低频,300 Hz 以下;音频,300～3 000 Hz;高频,10～40 kHz。一般交流轨道电路专指工频 50 Hz 的轨道电路,25 Hz 和 75 Hz 的轨道电路也属于交流轨道电路,但必须注明电源频率,以示区别。移频轨道电路的频率在

495～2 611 Hz,均属音频范围。道口用轨道电路,频率则在 14～40 kHz,属于高频。

（二）按工作方式分类

1. 开路式轨道电路

开路式轨道电路(opened track circuit)平时呈开路状态,如图 4-1-2 所示,它的发送设备和接收设备安装在轨道电路的同一端。轨道电路无车占用时,不构成回路,其轨道继电器落下。有车占用时,轨道电路通过列车轮对构成回路,轨道继电器吸起。

开路式轨道电路由于轨道继电器经常落下,不能监督轨道电路的完整,遇到断轨或引接线、接续线折断等故障,不能立即发现,若此时有车占用,轨道继电器也不能吸起,故开路式轨道电路不符合"故障-安全"原则,因此现在很少采用开路式轨道电路。如果在特殊情况下使用开路式轨道电路,应采用相应的防护措施。

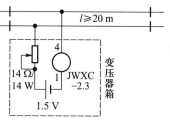

图 4-1-2　开路式轨道电路

2. 闭路式轨道电路

闭路式轨道电路(closed track circuit)平时构成闭合回路,如图 4-1-1 所示,其发送设备(电源)和接收设备(轨道继电器)分别装设在轨道电路的两端。轨道电路区段没有车占用时,轨道继电器吸起。有车占用时,轨道继电器落下。当发生断轨、断线等故障时,轨道继电器落下,能保证安全,所以现在轨道电路都采用闭路式。

（三）按所传送的信号电流特性分类

1. 连续式轨道电路

连续式轨道电路(continuous track circuit)中传送连续的交流或直流电流,这种轨道电路的唯一功能是监督轨道的占用与否,不能传送更多信息。我国目前应用比较广泛的是工频交流连续式轨道电路,接收设备采用 JZXC-480 型继电器时,也简称为"480"型轨道电路。

相敏轨道电路(phase modulated track circuit)也属于交流连续式轨道电路,是采用调相方式的轨道电路制式。

2. 移频轨道电路

移频轨道电路(frequency shift track circuit)是采用调频方式进行信号传输的轨道电路制式,在钢轨中传送的是移频电流,在发送端用低频(几赫兹至几十赫兹)作为行车信息去调制载频(数百赫兹至数千赫兹),使移频频率随低频作周期性变化,在接收端将低频解调出来,去动作轨道继电器。移频轨道电路可传送多种信息。我国目前广泛采用的是 ZPW-2000(UM)系列移频轨道电路。

3. 数字编码式轨道电路

数字编码式轨道电路也采用调频方式,但它采用的不是单一低频调制频率,而是一个若干比特的一群调制频率,根据编码去调制载频。编码包含速度码、线路坡度码、闭塞分区长度码、路网码、纠错码等,可以传输更多的信息。

4. 脉冲式轨道电路

脉冲式轨道电路(impulse track circuit)是由脉冲电流供电的轨道电路。我国已有和现有的极性频率制、应答式脉冲制、交流计数电码制、不对称脉冲制等轨道电路均属于脉冲式轨道电路。

(四)按分割方式分类

1. 有绝缘轨道电路

有绝缘轨道电路用钢轨绝缘将轨道电路与相邻的轨道电路互相隔离,目前我国车站内采用有绝缘轨道电路,但有绝缘轨道电路存在很多缺陷:一方面,在运营过程中,钢轨绝缘在列车运行的冲击力、剪切力作用下很容易破损,使轨道电路的故障率较高,这不仅加大了轨道电路的维修费用,也是造成列车晚点、打乱运输计划、影响运输任务完成的主要原因;另一方面,长钢轨无缝线路由于具有很多优点被广泛采用,但在长轨区段装设轨端绝缘有一定困难,有时需要锯轨,这就降低了线路的强度,增加了线路维护的复杂性和费用;并且,电气化铁路采用有绝缘的轨道电路也是不理想的,为了使牵引回流能绕过绝缘节,还必须安装扼流变压器,因此世界各国均相继研究和发展无绝缘轨道电路。

2. 无绝缘轨道电路(jointless track circuit)

无绝缘轨道电路在其分界处不设钢轨绝缘,而采用其他的方法予以隔离,按原理可分为电气隔离式、自然衰耗式和强制衰耗式三种类型。

电气隔离式又称谐振式,是利用谐振槽路,采用不同的信号频率,谐振回路对不同频率呈现不同阻抗,来实现相邻轨道电路间的电气隔离,ZPW-2000(UM)系列轨道电路即采用此方式。该方式存在死区段现象,死区段的长度与信号频率有关,频率越低,死区段越长,一般要求信号频率在 1 500 Hz 以上,但信号频率越高,传输距离越短,要满足轨道电路传输性能的要求,就必须在钢轨上每隔一定距离并联一个补偿电容。

自然衰耗式是利用轨道电路的自然衰耗和不同的信号特征(频率、相位等),实现轨道电路的互相隔离。当信号电流的频率增加时,钢轨线路阻抗的模值将增大,轨间的漏泄也会增加,因此信号电流的衰耗将增加。信号频率为 20 kHz 左右时,轨道上电流(电压)传输的衰耗是很大的,当向轨道馈送 2 ~ 3 V 的电压时,在距离馈电点百米左右的范围外,电压就会衰耗殆尽,这就是自然衰耗式无绝缘轨道电路的工作原理。道口信号所用的道口控制器就是采用这种方式的无绝缘轨道电路,通过选择适当的信号频率及发送设备的输出功率,在接收端直接接收或通过电流传感器接收。钢轨中的电流可沿正反两个方向自由传输,基本上靠轨道的自然衰耗作用来衰减信号,它不存在死区段,但存在越区传输的问题,会引起轨道电路的互相干扰,也会影响机车信号的可靠工作。如果同载频区段间隔太小,则同载频信号的越区干扰将会导致轨道电路失效,为此,必须增加载频数量,每一线路至少需3 个载频。

强制衰耗式是在自然衰耗式的基础上，吸收了电气隔离式的长处(谐振回路的强制性衰耗)而形成的。它采用电压发送、电流接收的方式，接收端由电流传感器接收信号。为避免信号越区传输，除采用频标信号外，采取在轨道电路受电端设置陷波器的方法，使信号传输一个轨道电路区段后，就被陷波器强制衰耗掉大部分，使剩余的信号不足以影响其他区段及机车信号的正常工作，与此同时，加强了轨道中的信号电流，从而提高了系统的信干比，改善了轨道电路的电气隔离效果。它也不存在死区段，ZP·W1-18 型无绝缘移频自动闭塞就采用这种方式。

(五) 按使用处所分类

1. 区间轨道电路

区间轨道电路主要用于自动闭塞区段，通常与自动闭塞制式相一致，按照自动闭塞通过信号机的设置划分闭塞分区，每个闭塞分区就设有轨道电路，不仅要监督各闭塞分区是否空闲，而且要传输有关行车信息。一般来说，区间要求轨道电路传输距离较长，要满足闭塞分区长度的要求。

在半自动闭塞区段，区间一般不设轨道电路，只有在进站信号机的外方设有接近区段的轨道电路，以通知列车的接近以及构成接近锁闭。在提速半自动闭塞区段，进站信号机外方设第一接近区段和第二接近区段轨道电路。

2. 站内轨道电路

站内轨道电路用于站内各区段，一般只有监督本区段是否空闲的功能，不能发送其他信息。站内轨道电路除了股道外，一般传输距离不长。为了使机车信号在站内能够连续显示，要对站内轨道电路实现电码化(coding)，即在列车占用本区段或占用前一区段时用切换方式或叠加方式转为能发码的轨道电路，发送机车信号信息。

站内轨道电路按有无道岔，又可分为无岔区段轨道电路和道岔区段轨道电路。

(1) 无岔区段轨道电路

无岔区段轨道电路内钢轨线路无分支，构成较简单。一般用于股道、尽头调车信号机前方接近区段、进站信号机内方、两差置调车信号机之间。

(2) 道岔区段轨道电路

站内在道岔区段，钢轨线路有分支，道岔区段的轨道电路就称为分支轨道电路或分歧轨道电路。道岔区段轨道电路构成较复杂，道岔处钢轨和杆件要增加绝缘，还要增加道岔连接线和跳线，当分支超过一定长度时，还必须设多个受电端。

(六) 按适用区段分类

1. 非电气化区段轨道电路

非电气化区段轨道电路，没有抗电气化干扰的特殊要求，一般的轨道电路指非电气化区段轨道电路。

2. 电气化区段轨道电路

电气化区段轨道电路，既要抗电气化干扰，又要保证牵引回流的畅通无阻。因为钢轨中流有 50 Hz 的牵引电流，所以轨道电路必须具备抗牵引电流干扰的能力，不能采用 50 Hz 的频率,而必须采用 50 Hz 以外的频率。对于有绝缘的轨道电路,还必须安装扼流变压器,使牵引电流能顺利越过绝缘节构成回路。

我国电气化铁路目前站内多采用 25 Hz 相敏轨道电路,区间多采用无绝缘移频轨道电路。

（七）按利用钢轨作为通道的方式分类

1. 双轨条轨道电路

轨道电路利用同一线路的两根钢轨作为传输通道。一般的轨道电路均为双轨条轨道电路。

2. 单轨条轨道电路

单轨条轨道电路是利用线路的一条钢轨作为传输通道,另一通道由电缆构成。例如驼峰调车场曾经使用的移频机车信号系统中,地面发送设备即采用单轨条移频轨道电路。计轴自动闭塞系统也用单轨条轨道电路发送移频信息,供机车信号接收。

四、轨道电路制式类型的选择

轨道电路制式类型的选择应符合下列规定:

（1）应采用闭路式轨道电路;

（2）开路式轨道电路不宜单独使用,特殊情况下使用时应有防护措施;

（3）站内:

① 采用机械绝缘轨道电路;

② 无岔站宜采用 ZPW-2000 系列轨道电路;

③ CTCS-2 级、CTCS-3 级区段,简单车站、线路所宜采用 ZPW-2000 系列轨道电路;

④ CTCS-2 级、CTCS-3 级区段的复杂车站,正线及到发线的股道部分宜采用 ZPW-2000 系列轨道电路,其他区段可采用 25 Hz 相敏轨道电路或不对称高压脉冲轨道电路;

⑤ 其他车站、线路所以及动车段、动车运用所、存车场宜采用 25 Hz 相敏轨道电路或不对称高压脉冲轨道电路,也可采用其他制式的轨道电路。

（4）区间:

① 半自动闭塞区段、自动站间闭塞区段,进站信号机、线路所通过信号机外方采用与站内同制式的轨道电路或 ZPW-2000 系列轨道电路;

② 自动闭塞区间采用 ZPW-2000 系列轨道电路。

各种制式轨道电路的应用和维护都应符合《维规》的相关技术标准。扫描二维码 4.1.1 可以查阅《普速铁路信号维护规则技术标准》中轨道电路中通则的相关内容。

五、轨道电路的划分和命名

（一）轨道电路的设置原则

《铁路信号设计规范》规定下列线路区段应设置轨道占用检查装置:

（1）集中联锁区内的列车进路和调车进路中的各区段;

4.1.1

（2）自动闭塞区段的闭塞分区；

（3）非自动闭塞区段,进站信号机、线路所通过信号机外方的区段；

（4）自动站间闭塞区段,相邻的站、所区间；

（5）道口遮断信号机外方的区段；

（6）需要检测被车占用的其他线路区段,以及为特定目的而确定的区段：

① 集中联锁车站内的牵出线、机待线、出库线、尽头线；

② 接有岔线车站的接轨线路入口处信号机外方的区段。

（二）站内轨道电路的划分

按照设计规范要求,站内轨道电路要划分为许多区段,以保证轨道电路可靠工作,满足排列平行进路的需要和便于车站作业。轨道电路划分的原则是：

（1）凡是设有信号机的地方,都要用钢轨绝缘将其内外方划分为不同的轨道电路区段。

（2）凡是能平行运行的进路,应用钢轨绝缘将它们隔开,形成不同的轨道电路区段。

（3）牵出线、机待线、出库线、专用线及其他用途的尽头线入口处的调车信号机前方,虽不在进路之内,也应装设一段长度不小于 25 m 的轨道电路,作为接近区段,便于及时了解上述线路是否有车接近或占用,保证信号开放后机车车辆接近时完成接近锁闭。

（4）进站信号机内方及双线单方向运行的发车口处,最外方对向道岔处设调车信号机时,在调车信号机与进站信号机或站界标之间应设一段轨道电路,其长度不小于 50 m,便于利用该调车信号机进行折返作业时不占用区间线路。

（5）在一个轨道电路区段内,单动道岔最多不超过 3 组,交分道岔不得超过 2 组,否则道岔组数过多,轨道电路难以调整。

（三）轨道电路区段的命名

站内道岔区段和无岔区段采用不同的命名方式,现以二维码 4.1.2 的举例站场图为例来进行说明。

1. 道岔区段轨道电路的命名

道岔区段轨道电路是根据道岔编号来命名的,在 DG 前冠以道岔编号。

一个轨道电路区段只包含一组道岔的,用其所包含的道岔编号来命名,如二维码 4.1.2 所示的 1DG、3DG、5DG、7DG 等。

4.1.2

一个轨道电路区段包含两组道岔的,用两组道岔编号连缀来命名,如二维码 4.1.2 中的 11–13DG、9–15DG、17–23DG、19–27DG。

若一个轨道电路区段包含三组道岔,则以两端的道岔编号连缀命名为“道岔最小编号–道岔最大编号”,例如包含了 11、23、27 号三组道岔,则命名为 11–27DG,在二维码 4.1.2 中没有这种情况。

2. 无岔区段轨道电路命名

无岔区段轨道电路命名有不同的情况：

（1）股道的轨道区段的命名以股道"编号"加字母"G"表示,正线股道的编号使用大写罗马数字,非正线股道的编号使用阿拉伯数字,如ⅠG、ⅡG、5G。

（2）股道由多个轨道区段组成时:

① 道岔区段的命名符合上述规定,例如3股道设有一组编号为15的道岔,则道岔区段命名为"15DG";

② 各无岔区段以股道编号后缀阿拉伯数字表示,如"3G1、3G2",在二维码4.1.2中没有这种情况。

（3）差置调车信号机之间的无岔区段,以两端相邻的道岔编号写成分数形式"较小编号/较大编号"加字母"WG"或"G"来表示,如二维码4.1.2中D5和D15之间的无岔区段命名为1/19WG或1/19G。

（4）进站信号机内方及双线单方向运行的发车口处的无岔区段,根据所衔接的股道编号加"A"（下行咽喉）及"B"（上行咽喉）来表示。如二维码4.1.2所示,北京方面下行进站口处的无岔区段分别衔接股道为ⅠG、ⅡG,故该无岔区段分别命名为ⅠAG、ⅡAG。

（5）牵出线、机待线、机车出入库线、专用线等尽头式调车信号机的接近区段,用调车信号机编号后加"G"或"JG"来表示,如二维码4.1.2中编组线D_{18}信号机的接近区段可命名为D_{18}G或D_{18}JG。

（6）非自动闭塞区间进站信号机外方的接近区段,用进站信号机名称后加"JG"来表示。如二维码4.1.2中X_DJG;如果设置有两个接近区段,则分别命名为X_D1JG、X_D2JG。

第二节　JZXC-480型交流轨道电路

一、JZXC-480型交流轨道电路的组成和工作原理

（一）JZXC-480型交流轨道电路组成

JZXC-480型交流轨道电路采用工频50 Hz交流电源,以JZXC-480型整流式继电器为轨道继电器,电路构成如图4-2-1所示,由送电端、受电端、钢轨绝缘、钢

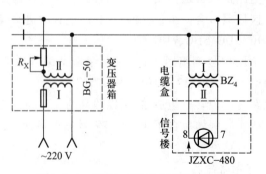

图4-2-1　JZXC-480型交流轨道电路

轨引接线、钢轨接续线以及钢轨等组成。送电端包括 BG 型轨道变压器、R-2.2/220 型变阻器,安装在变压器箱内,电源由室内用电缆送至送电端。受电端包括 BZ₄ 型中继变压器及 JZXC-480 型轨道继电器。其中,轨道继电器设在室内组合架上,BZ₄ 型中继变压器设在变压器箱或电缆盒中,再用钢轨引接线接向钢轨。钢轨绝缘设于轨道电路分界处,用于隔离相邻的轨道电路区段。

(二) JZXC-480 型交流轨道电路工作原理

当轨道电路完整,且无车占用时,交流电源由送电端经钢轨传输至受电端,轨道继电器吸起,表示本轨道电路区段空闲,此时轨道继电器的交流端电压应在 10.5～16 V 之间,即高出轨道继电器工作值(9.2 V)的 15% 左右,有此安全系数,以保证轨道继电器可靠励磁。长度较长和道床电阻较低的轨道电路,应参照调整表调整其轨道变压器输出电压。当车占用轨道电路区段时,轨道电路被车辆轮对分路,使轨道继电器端电压低于其释放值,轨道继电器落下,表示本轨道电路区段被占用。分路时,轨道继电器的交流残压值不得大于 2.7 V,即轨道继电器释放值(4.6 V)的 60% 左右,有此安全系数保证轨道继电器可靠释放。

二、JZXC-480 型交流轨道电路各部件及其作用

(一) 轨道变压器

BG 型轨道变压器主要用于轨道电路供电,目前主要使用的类型有 BG₁-50、BG₁-80A、BG₁-300、BG₂-300 和 BGD-A 型,BG 型轨道变压器的电气特性应符合表 4-1 的要求。BG₁-50 型轨道变压器的外形和各线圈电压如图 4-2-2 所示,变压器二次线圈电压如表 4-2 所列,可以通过改变变压器二次线圈侧的端子连接,获得不同的输出电压。

表 4-1　BG 型轨道变压器的电气特性

型号	额定容量/VA	一次线圈		二次线圈	
		额定电压/V	空载电流不大于/A	额定电压/V	额定电流/A
BG₁-50	50	110、220	0.020	0.45、0.9、3.15、6.3、10.80	4.5
BG₁-80A	80	110、220	0.015	0.75、1.5、5.25、10.5、18	4.5 6(2 000 Hz 允许电流)
BG₁-300	300	110、220	0.200	0.4、0.8、2.8、8.2、5.4、17.6	18
BG₂-300	300	110、220	0.200	5.5、16.5、11、71.5、143、247.5	1.21
BGD-A	—	220	—	0.5、1.0、1.5、6.0、12、21	12

注:BG₁-80 A 二次线圈允许电流值 6 A,是保证当移频电码化出口电流小于或等于 6 A 时,不损坏变压器。

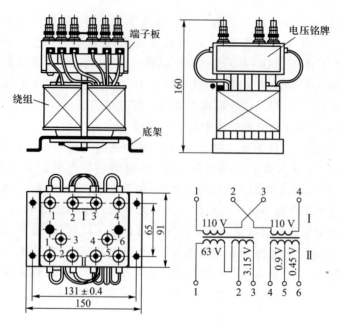

图 4-2-2　BG$_1$-50 型轨道变压器

表 4-2　BG$_1$-50 型轨道变压器二次线圈电压

电压/V	使用端子	连接端子	电压/V	使用端子	连接端子
10.80	1-6	3-4	5.40	1-4	2-5
10.53	1-5	3-4	4.95	1-4	2-6
9.90	1-6	3-5	4.50	2-6	3-4
9.45	1-3	—	4.05	2-5	3-4
9.00	1-5	3-6	3.60	2-6	3-5
8.55	1-4	3-5	3.15	2-3	—
8.10	1-4	3-6	2.70	2-5	3-6
7.65	1-6	2-4	2.25	2-4	3-5
7.20	1-5	2-4	1.80	2-4	3-6
6.75	1-6	2-5	1.35	4-6	—
6.30	1-2	—	0.90	4-5	—
5.85	1-5	2-6	0.45	5-6	—

（二）变阻器

图 4-2-1 中,轨道电路用限流电阻 R_x 为 R-2.2/220 型变阻器,阻值 2.2 Ω,功率 220 W,容许电流 10 A,容许温升 105 ℃。该变阻器工作电压不高,结构简单,牢固耐久,可靠易调,散热迅速。其外形如图 4-2-3 所示。

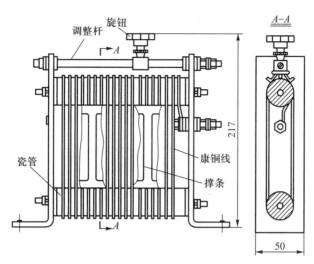

图 4-2-3 R-2.2/220 型变阻器

限流电阻 R_X 的作用有两点：

（1）当列车占用轨道时，防止过大的分流电流将 BG$_1$-50 型轨道变压器烧毁。

（2）能提高轨道电路的分流灵敏度。因为当列车分路时，列车分路电阻与限流电阻是串联关系，而分路电阻远小于限流电阻，使得列车分路后的轨道电路电压大部分降在限流电阻 R_X 上，受电端一侧得到的电压很小，使轨道继电器可靠落下。

（三）中继变压器

BZ 型中继变压器用于轨道电路受电端，主要用途是：

（1）钢轨可以用低压传输，经 BZ 型变压器升压后动作轨道继电器，这样可以减少道砟的漏电流；

（2）通过 BZ 型变压器实现钢轨阻抗与继电器阻抗的匹配。

BZ 型中继变压器主要有 BZ$_4$、BZ$_4$-A、BZ$_4$-U、BZD-A 型，其电气特性应符合表 4-3 的要求。

表 4-3 BZ 型中继变压器的电气特性

型号	额定容量/VA	额定频率/Hz	一次线圈 额定电压/V	二次线圈 空载电压/V	二次线圈 负载电压/V	一次线圈 空载电流/A	一次线圈 额定电流/A	额定负载/Ω
BZ$_4$	1	50	0.5	≤10.5	≥9.2	0.20～0.30	2.5	410
BZ$_4$-A	2	50	0.5	≤11	≥9.4	0.25～0.27	3.5	410
	20	650	≥8	220	—	—		—
BZ$_4$-U	3	50	0.5	≤11	≥9.4	0.25～0.27	6	410
	50	2 000	≥8	220	—	—		—
BZD-A	12	50	1	—	≥63		12	3 000

（四）钢轨绝缘（rail insulation）

钢轨绝缘安装在轨道电路分界处，如图4-2-4所示，以保证相邻轨道电路之间的可靠的电气绝缘，使它们互不影响。除了钢轨绝缘外，轨道电路区段的轨距保持杆、道岔连接杆、道岔连接垫板、尖端杆、转辙机的安装装置以及其他有导电性能的连接两钢轨的配件，均应装设绝缘并应保持绝缘良好。否则，任一连接杆件绝缘不良，都会破坏轨道电路的正常工作。

图4-2-4　钢轨绝缘

1. 对钢轨绝缘的要求

钢轨绝缘受机车车辆的频繁冲压，又处于日晒雨淋、酷暑严冬的环境中，是轨道电路的薄弱环节。因此要求：

（1）钢轨绝缘的结构，应能保证在钢轨爬行的情况下，以及在列车运行中产生的压力、冲击力和气温变化时产生的膨胀力的作用下，不致被损坏。

（2）钢轨绝缘应采用机械强度高、具有可靠电气绝缘性能的绝缘材料，以保证绝缘性能和使用寿命。制作钢轨绝缘的材料很多，主要有钢纸板、玻璃布板、尼龙塑料板等。

2. 钢轨绝缘的形式

钢轨绝缘由轨端绝缘、槽形绝缘、绝缘管、绝缘垫圈等组成，如图4-2-5所示。槽形绝缘按分段形式，可分为一段（整体）、二段和三段三种，按钢轨类型分为P-43 kg/m、P-50 kg/m、P-60 kg/m和P-75 kg/m四种。

图4-2-5　各种钢轨绝缘配件

（1）整体槽型钢轨绝缘

整体槽型钢轨绝缘的安装如图 4–2–6 所示。需一段式槽型绝缘 2 块,轨端绝缘 1~2 片,绝缘垫圈 12 个,绝缘管 12 个,以及相应垫圈、螺栓、螺母和弹簧垫圈。

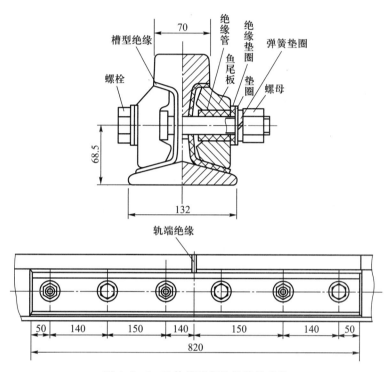

图 4–2–6 整体槽型钢轨绝缘的安装

（2）二段槽型绝缘

二段槽型绝缘将槽型绝缘分成两块,可互换使用。分段后钢轨接缝处正好是槽型绝缘的接缝处,使该处处于自由状态,从而减小了对槽型绝缘的破坏,延长了使用寿命。配套采用宽腰轨端绝缘,分为 A 型和 B 型两种,如图 4–2–7 所示,加宽了轨端绝缘相应于轨腰的部分。A 型为带自锁腰型(图中腰部实线者),凸出部分插入鱼尾板凹槽内,改善了整个轨端绝缘的受力情况。B 型为不带自锁腰型(图中腰部虚线者)。

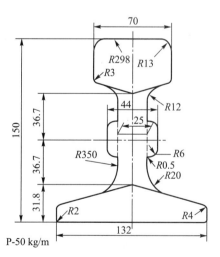

图 4–2–7 宽腰轨端绝缘

（3）三段槽型绝缘

三段槽型绝缘将绝缘分为左、中、右三块。P–50 kg/m 绝缘三块均可互换。

P-43 kg/m 的只有左右两块可互换。

除槽型绝缘外,二段、三段式其他部件数量同前述整体槽型绝缘方式。

为保证绝缘接头的机械强度和电气绝缘的良好,槽型绝缘的型号必须与安装的钢轨断面尺寸相符。轨缝以安装 1～2 片轨端绝缘为宜。安装后,两钢轨头部应水平,轨端绝缘保持平正。接头附近不得出现积水翻浆现象。

钢轨绝缘接头处应使用高强度螺柱、螺母和高强度绝缘垫圈,以增加钢轨接头的机械强度,有效延长钢轨绝缘的使用寿命。

(五)轨道电路连接线

轨道电路连接线包括钢轨引接线、钢轨接续线以及道岔连接线和跳线。

1. 钢轨引接线(bond between rail and transformer)

YG 型钢轨引接线(简称引接线)是连接轨道电路送、受端变压器箱或电缆盒与钢轨的导线。送、受电设备由引接线(钢丝绳)直接接向钢轨或先由电缆过轨,与设在另一侧的 HZ_0 型电缆盒相连,再由该电缆盒用引接线接至钢轨。引接线一般用涂有防腐油的多股钢丝绳(低碳素钢镀锌绞线)制成,如图 4-2-8 所示。它的一端焊在塞钉上,固定在钢轨上的塞钉孔内;另一端焊接在螺柱上,固定在变压器箱或电缆盒上。为保证引接线的可靠性,可采用双引接线。

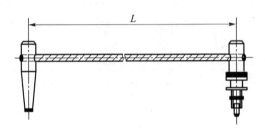

图 4-2-8　钢轨引接线

引接线按长度分为 1 200 mm、1 600 mm、2 700 mm、3 600 mm 四种,最大电阻值分别为 0.016 Ω、0.021 Ω、0.035 Ω、0.045 Ω。引接线电阻的大小,影响着轨道电路多种状态的工作,过大会使轨道电路工作不稳定;过小会降低轨道电路分路灵敏度。

引接线长度要满足连接设备之间的直线距离,并留有适当余量。引接线与周围金属应保持适当间隙,以免短路。运用中的引接线应不生锈,断根不超过 1/5,以免增加电阻值。

2. 钢轨接续线(bond for rail end)

钢轨接续线用于轨道电路接缝处的连接,以减小接触电阻。钢轨接续线分塞钉式和焊接式两种。

(1)塞钉式钢轨接续线

JS 型塞钉式钢轨接续线的外形及安装如图 4-2-9 所示。它由两根直径 5 mm 的镀锌钢线与两端的圆锥形塞钉焊接而成。钢线两端绕成螺旋形。钢轨接续线一般装在钢轨外侧,与鱼尾板密贴,高度不得超过轨头底部。安装时,塞钉孔内不得有锈。安装后,塞钉与塞钉孔缘应涂漆封闭。塞钉式钢轨接续线的缺点是它与钢轨间的接触电阻较大且不稳定。

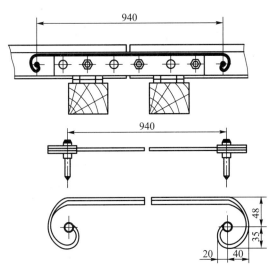

图 4-2-9　塞钉式钢轨接续线

为了保证轨道电路的稳定工作,推出了焊接式钢轨接续线。

（2）焊接式钢轨接续线

焊接式钢轨接续线采用多股镀锌钢绞线,截面积不小于 25 mm^2,长 200 mm,接头间的距离为 110 mm,将其焊在钢轨两端,如图 4-2-10 所示。

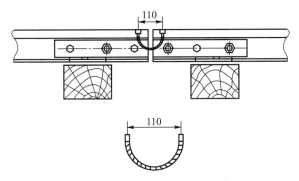

图 4-2-10　焊接式钢轨接续线

为保证钢轨接续线的可靠性,现场使用中多采用双塞钉式钢轨接续线或一塞一焊接续线。

三、道岔区段轨道电路

在车站内道岔区段,钢轨线路被分开而产生分支,所以道岔区段装设的轨道电路也就称为分支或分歧轨道电路。

在道岔上装设轨道电路时,必须防止信号电流被辙叉等金属导体短路,同时又应要求轨道电路能通过钢轨构成回路。为此,在轨距杆、连接杆、尖端杆、密贴调整杆等连接左右轨条的导电设备上,都应加装绝缘。此外还要加装一些切割绝缘,又称道岔绝缘,以防辙叉将轨道电路短路。同时,为保证信号电流的畅通,在道岔区段除装设轨端接续线和引接线外,还需装设道岔连接线和跳线,把同一极性的钢轨连接起来,构成一个带有分支(即直股和弯股)的轨道电路。

(一) 道岔绝缘和道岔跳线

道岔绝缘和道岔跳线的配置,单开道岔如图4-2-11所示,交叉渡线道岔如图4-2-12所示,复式交分道岔如图4-2-13所示。

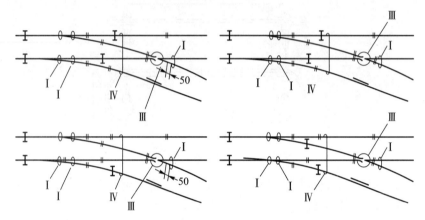

图4-2-11　单开道岔跳线、绝缘的配置

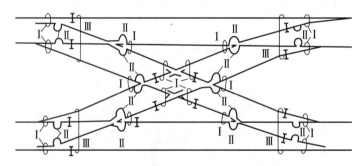

图4-2-12　交叉渡线道岔跳线、绝缘的配置

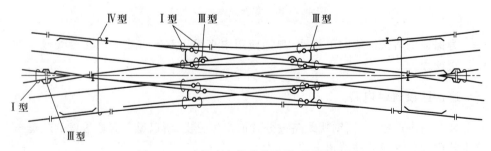

图4-2-13　复式交分道岔跳线、绝缘的配置

1. 道岔跳线

为了保证信号电流的畅通,道岔区段除轨端接续线外,需装设道岔跳线。道岔跳线是镀锌低碳钢绞线两端焊在圆锥形塞钉上,FAD型防腐蚀综合绝缘护套钢道岔跳线规格如表4-4所列,本规格适用于非电化区段轨道电路。各类道岔所用道岔跳线如表4-5所列。

表4-4　FAD型防腐蚀综合绝缘护套钢道岔跳线规格

道岔跳线型号	型号	公称长度/mm	电阻值不大于/Ω
FAD-900	I	900	0.012
FAD-1200	II	1 200	0.016
FAD-1500	III	1 500	0.020
FAD-3000	IV	3 000	0.039
FAD-3300	V	3 300	0.043

表4-5　各类道岔跳线组成表　　　　　　　单位:根

道岔种类	跳线型号			总计
	FAD-900	FAD-1 500	FAD-3 000	
单开	5	2	1	8
交叉渡线	30	10	4	44
复式交分	18	12	2	32

2. 道岔绝缘

道岔区段轨道电路除各种杆件、转辙机安装装置等要加装绝缘外,为了防止辙叉将轨道电路短路,还要加装切割绝缘,称为道岔绝缘。道岔绝缘视需要可设在道岔直股钢轨上,也可设在道岔侧股(弯股)钢轨上。

道岔绝缘的设置应符合下列规定:

(1)道岔区段设置道岔绝缘。

(2)道岔绝缘宜设置于无电码化的线路分支;道岔区段不属电码化区段时,道岔绝缘宜设置于线路直股。

道岔绝缘阻挡了流经钢轨的信号电流,使电码化信息经道岔跳线迂回,可能影响机车信号的正常工作,所以规定道岔绝缘宜设置于无电码化的线路分支。当道岔区段无需发码时,考虑到道岔绝缘受列车或车列运行时机械冲击力相对更加均匀,对提高道岔绝缘的使用寿命有利,所以规定道岔绝缘宜设置于线路直股。

(二)道岔区段轨道电路的连接方式

车站内道岔区段轨道电路的连接方式一般分并联式和串联式两种,图4-2-14所示的电路是串联式轨道电路(series track circuit)。这种电路的电流,要流经整个区段的所有轨条,可以检查所有跳线和钢轨的完整,所以其安全性能较高,但其结构复杂,增加了一组道岔绝缘,且在直股和弯股两根钢轨间加装两根用电缆构成的连接线,或用长跳线,给施工和维修带来不便,所以它在我国未被广泛采用。

图 4-2-15 所示的电路是并联式轨道电路(parallel track circuit)。这种电路比较简单,直股或弯股有车占用时,轨道继电器因分路均能落下。但在弯股分支线路上只有电压检查没有电流检查,当钢轨、跳线、连接线折断,列车进入弯股时,因弯股未设受电设备,轨道继电器不会失磁落下,这是非常危险的。因此,目前我国在一端与股道相连的道岔区段均采用并联式一送多受轨道电路。

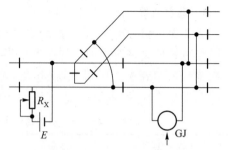

图 4-2-14　串联式轨道电路

当道岔绝缘与送、受电端设在同一线路上时,如图 4-2-15a 所示,跳线的状态(是否折断)能够得到电流检查,可以只设一根跳线,简称"单跳线";否则如图 4-2-15b 所示,平时跳线状态不能得到电流检查,为保险起见应设两根跳线,简称"双跳线"。电气化区段轨道电路各道岔均采用双跳线。

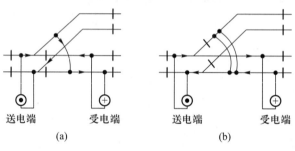

送电端　　　　受电端　　　　送电端　　　　受电端

(a)　　　　　　　　　　　　(b)

图 4-2-15　并联式一送一受轨道电路

(三) 一送多受轨道电路

一送多受轨道电路(single feeding and multipele receiving track circuit)设有一个送电端,在每个分支轨道电路的另一端各设一个受电端,如图 4-2-16 所示。各分支受电端轨道继电器的前接点串联在主轨道继电器电路中。当任一分支被分路时,分支轨道继电器落下,主轨道继电器也落下,可以在联锁电路中用主轨道继电器的接点状态检查整个区段的占用情况。

图 4-2-16a 所示为一送两受轨道电路,当弯股分支轨道电路有车占用时,DGJ_1 落下,DGJ 也落下,用 DGJ 的状态就可以监督轨道电路的状态。

图 4-2-16b 所示为一送三受轨道电路,当 DGJ_1 或 DGJ_2 落下时,都使 DGJ 落下,以实现对整个轨道电路空闲与否的检查。

一送多受轨道电路在受电端均串接可调电阻器 R_S,是为了提高轨道电路的分路灵敏度,以及使同一轨道电路内轨道继电器的电压基本平衡。

采用一送多受轨道电路时,应注意以下各点:

(1) 与到发线(包括场间列车走行线、外包线)相衔接的道岔轨道电路的分支末端,应设受电端。

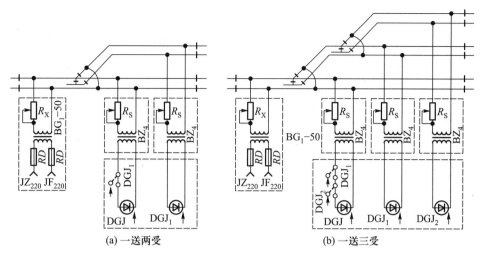

图 4-2-16　一送多受轨道电路

（2）所有列车进路上的道岔区段,其分支长度超过 65 m 时(自并联起点道岔的岔心算起),经计算不能保证可靠分路,在该分支末端应设受电端。

（3）个别分支长度小于 65 m 的分支线末端,当分路不良而危及行车安全时,亦应增设受电端。

（4）一送多受轨道电路最多不应超过三个受电端,否则维修调整困难。

（5）一送多受轨道电路任一地点有车占用时,必须保证有一个受电端被分路。

四、轨道电路的极性交叉

（一）极性交叉的定义

有钢轨绝缘的轨道电路,为了实现对钢轨绝缘破损的防护,要使绝缘节两侧的轨面电压具有不同的极性或相反的相位,这就是轨道电路的极性交叉(polar transposition),如图 4-2-17 所示。图中粗线表示接电源正极,细线表示接电源负极。

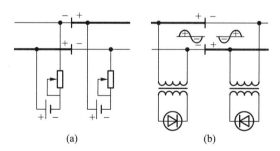

图 4-2-17　轨道电路的极性交叉

（二）极性交叉的作用

极性交叉的目的是防止相邻轨道电路之间的绝缘节破损时,相邻区段互相干扰,引起轨道继电器错误动作。如图 4-2-18 所示,1G 和 3G 是两个相邻的轨道电路区段,它们之间没有实现极性交叉配置。当1G区段有车占用,在绝缘破损的情况下,流经1GJ轨道继电器的电流等于两个轨道电源所供的电流之和,因此1GJ会保持在吸起状态,这对行车安全来说是非常危险的。

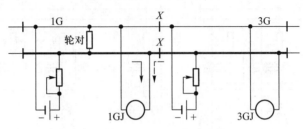

图4-2-18　极性交叉的作用

若按照极性交叉来配置,在绝缘破损时,轨道继电器中的电流就是两个轨道电源所供电流之差,只要调整得恰当,1GJ和3GJ都会落下,从而实现了"故障-安全"的原则。

轨道电路制式较多,采取的防护措施各不相同,但对相邻两轨道电路应保证对绝缘失效有可靠的占用检查防护的要求是相同的。

以前,站内采用直流轨道电路时,相邻轨道区段单元设置为不同的极性。对于采用JZXC-480型交流连续式轨道电路来说,只要两相邻轨道电路的电流相位相反,它们的瞬间极性也相反,就得到了极性交叉的效果。25 Hz相敏轨道电路绝缘失效的防护措施也是设置为不同的相位。

为改善轨道电路钢轨绝缘失效的防护性能和节省电缆,设计轨道电路和极性交叉时,一般采用"电源-电源"和"继电器-继电器"的布置方法,即所谓的"双送双受"的布置方法,如图4-2-19所示。

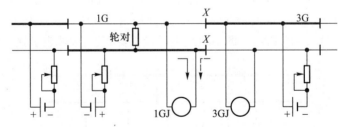

图4-2-19　"双送双受"的布置方法

对于计数电码轨道电路来说,因相邻区段的编码不同,无法实现极性交叉,为防止绝缘节破损后两个轨道电源相互送电,必须采用周期防护或频率防护的方法。ZPW-2000(UM)系列轨道电路采用的防护措施是相邻两个轨道电路设置为不同的载频频率。

(三)极性交叉的配置

在无分歧线路上,要配置极性交叉是比较容易的,只要依次变换相邻轨道电路的供电电源极性,就能达到所需的目的。而在有分支线路上,即有道岔处,极性交叉的配置就要复杂一些。因为道岔绝缘可以设在道岔直股,也可以设在弯股,不同的设置将影响整个车站极性交叉的配置。

　　下面简单介绍一下在车站有分歧线路上配置极性交叉的方法,该方法也简称为"封闭回路法"。

　　先画好车站单线平面图,如图 4-2-20a 所示,按照轨道电路区段的划分原则,用绝缘节将轨道电路区段划分好。然后在图中标画出道岔绝缘节,如图 4-2-20b 所示,可以切割在弯股,也可以切割在直股上,用虚线表示跳线。图 4-2-20b 中,6 号道岔绝缘切割在直股上,其余道岔绝缘均切割在弯股上。

　　如图 4-2-20b 所示,该车站构成了两个封闭回路(即回路Ⅰ和Ⅱ),跳线隔开的道岔绝缘不计数,当回路中的绝缘节个数为偶数时,可以实现极性交叉配置。若回路中的绝缘节个数为奇数,则不能实现极性交叉配置。在图 4-2-20b 中Ⅰ回路有 5 个绝缘节,Ⅱ回路有 4 个绝缘节,则Ⅱ回路可以实现极性交叉配置,Ⅰ回路不可以。为了实现极性交叉配置,则应把Ⅰ回路的绝缘节个数变为偶数,若 6 号道岔的道岔绝缘由直股切割改为弯股切割,如图 4-2-20c 所示,那么Ⅰ回路就有 6 个绝缘节,Ⅱ回路保持不变。两个回路中的绝缘节个数均为偶数,则整个车站可以实现极性交叉配置。

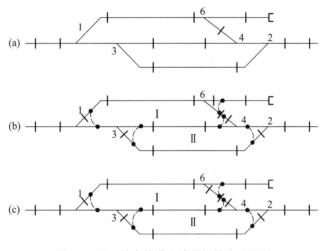

图 4-2-20　站内轨道电路的极性交叉配置

　　从上述分析可以看出,道岔绝缘不同的切割方式,将影响到整个车站极性交叉的配置。所以道岔绝缘的设置应注意:① 站内电码化要求正线连续发码,必须将道岔绝缘设在弯股上。② 不实行轨道电路电码化的道岔区段,可先把道岔绝缘设在直股上,这样道岔绝缘受力均匀,使用寿命会长一些。③ 可以通过移设不实行电码化的道岔区段的道岔绝缘(由直股切割改为弯股切割)来满足极性交叉的配置。

　　有的时候可能因站形复杂,各回路之间互相牵制,使个别回路的绝缘个数不能为偶数,从而无法使整个车站实现极性交叉配置,这时就应采取"人工极性交叉"的方法,如图4-2-21所示,一般在无岔区段增加一对钢轨绝缘和两根连线,构成"人工极性交叉"以满足极性交叉配置的要求。

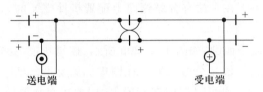

图 4-2-21 轨道电路的人工极性交叉

五、钢轨绝缘的设置

相邻轨道电路间必须设置钢轨绝缘,钢轨绝缘的设置应能满足保证安全、提高作业效率的要求。

(一)道岔区段的钢轨绝缘

在道岔区段,岔前一端的钢轨绝缘设在基本轨的接缝处。岔后一端的钢轨绝缘如图4-2-22a所示,除设置于双动道岔渡线的绝缘节外,其他与警冲标相关的用于分割相邻轨道区段的绝缘节应设置于警冲标内方,绝缘节距警冲标沿线路方向的距离 $L_{绝-警}$ 无动车组运行时不得小于3.5 m,一般不大于4 m;有动车组运行时不得小于5 m。

在道岔区段,设于警冲标内方的钢轨绝缘,距警冲标不得小于3.5 m,这是考虑到除动车组外,我国现有机车车辆最外方的车轴至车钩的最大距离 $L_{钩-轮}$ 一般不超过3.5 m,为保证列车进站后,其车钩应进入警冲标内方,否则可能造成侧面冲突,只有列车全部进入警冲标内方,道岔区段才能解锁,这样是安全的。若钢轨绝缘距警冲标过远,则影响到发线有效长度,所以规定不大于4 m。

相对于机车车辆,动车组的 $L_{钩-轮}$ 更长,我国当前投入运行的各型动车组CRH1、CRH2、CRH3、CRH5、CRH380AL、CRH380BL 等的 $L_{钩-轮}$ 最大值为4.25 m(CRH5型),据此,考虑工程实践并取整,规定了有动车组运行时 $L_{绝-警}$ 不得小于5 m。

有时为考虑平行作业的需要等原因,当钢轨绝缘不得以必须设于警冲标内方小于3.5 m处时,就构成了侵入限界的绝缘(insulated joints located within the clearence),简称为"侵限绝缘",在信号设备平面布置图上要将该绝缘节符号外方画上圆圈,与其他绝缘节相区分,如图4-2-22b所示。在联锁电路中要充分考虑"侵限绝缘"的防护问题。

除设置于双动道岔渡线的绝缘节外,其他与警冲标相关的用于分割相邻轨道区段的绝缘节,遇下列情况应设计为"侵限绝缘":

(1)设置于警冲标外方时;

(2)与警冲标并置时;

(3)设置于警冲标内方但距警冲标沿线路方向的距离小于规定的最小值(无动车组运行时为3.5 m,有动车组运行时为5 m)时。

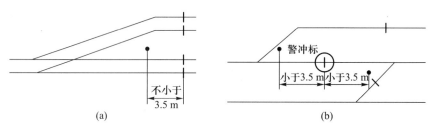

图 4-2-22 道岔区段钢轨绝缘的设置

（二）信号机处的钢轨绝缘

设于信号机处的钢轨绝缘,应与信号机坐标相同。当不可能设于同一坐标时,为避免安装信号机时造成锯轨、换轨等,在不影响行车的条件下,允许钢轨绝缘和信号机有一定距离。

接近信号机、进站信号机、进路信号机、出站信号机、通过信号机以及调车信号机处的机械绝缘节应与信号机并列设置,无法并列时应符合下列规定:

（1）接近信号机、进站信号机、接车进路信号机、接发车进路信号机、线路所通过信号机以及自动闭塞区间并置的通过信号机处,绝缘节可设置于信号机前方 1 m 至后方 1 m 的范围内;

（2）发车进路信号机、出站兼发车进路信号机、出站信号机以及自动闭塞区间单置的通过信号机处,绝缘节可设置于信号机前方 1 m 至后方 6.5 m 的范围内;

（3）调车信号机处的绝缘节可设置于信号机前方 1 m 至后方 1 m 的范围内,调车信号机设置于到发线时,设置规定同第（2）条。

绝缘节与信号机之间的距离 $L_{绝-信}$ 与机车司机室距其最外方轮对之间的距离 $L_{司-轮}$ 相关。机车主要有两类:第一类是司机室在最前方轮对之前,包括大部分内燃机车、电力机车以及动车组等;第二类是司机室在最前方轮对之后,主要是指蒸汽机车(司机室前方还有煤水车)和单司机室的专用调车机车。

当绝缘节需设置于信号机前方时,考虑到所有的线路上均可能运行第一类机车,当司机室邻近信号机停车时,为使轮对不致越过绝缘节,避免信号机无法开放,绝缘节不能位于信号机外方太远。综合各型机车的 $L_{司-轮}$ 值和现场的作业习惯,规定此时各种信号机的 $L_{绝-信}$ 均不大于 1 m。

当绝缘节需设置于信号机后方时,考虑到相对不常见的第二类机车,对于具有发车性质的信号机,以前规定 $L_{绝-信}$ 的参数由 1 m 放宽至 6.5 m,也是综合考虑了各型机车的 $L_{司-轮}$ 值和现场的作业习惯,当司机室邻近信号机停车时,为使轮对不致越过绝缘节,避免信号机无法开放,但是绝缘节也不能位于信号机内方太远,否则当列车进入信号机内方后,信号关闭会有较长时间的延迟。

（三）两钢轨绝缘应设于同一坐标处

为保证安全,轨道电路的两钢轨绝缘应设于同一坐标处,避免产生"死区段"。所谓轨道电路死区段(dead section of track circuit)就是指轨道电路中,两根钢轨间经轮对压接而无分路效应的一段线路。

死区段多发生在弯道上或道岔区段。当两钢轨绝缘不能设在同一坐标时,其错开的距离(死区段)应不大于 2.5 m,如图 4-2-23a 所示。这是因为当不得以产生死区段时,应防止由于车辆停留在死区段得不到检查而错误转换道岔、开放信号,导致严重的行车事故,车辆中二轴守车的轴距最小,其最小轴距为 2 743 mm,所以规定死区段不得大于 2.5 m。

对于旧结构道岔,因结构原因,死区段均大于 2.5 m,但车辆中除二轴守车外其他车辆轴距均大于 5 m,且守车已很少使用,所以对旧结构道岔死区段规定不得大于 5 m。

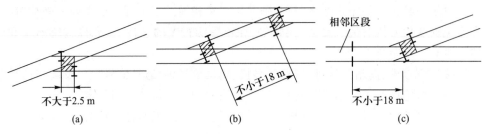

图 4-2-23　轨道电路死区段

(四) 两相邻死区段间隔

为了防止两个转向架之间轴距大的车辆跨入两相邻死区段内,或一个转向架车轴在相邻轨道电路区段内,而另一个转向架车轴跨入死区段内,出现有车占用不能分路的严重情况,规定轨道电路两相邻死区段或死区段与相邻轨道电路的间隔一般不小于 18 m,如图 4-2-23b、c 所示。这是考虑死区段间隔或与相邻轨道电路的间隔,必须大于车辆第二轴与第三轴之间的最大距离。车辆中内轴距最大为 16.3 m,留有一定余量,所以规定为 18 m。

(五) 异型钢轨接头处

异型钢轨接头处,因槽型绝缘等尺寸不一样,不得安装钢轨绝缘。

(六) 非自动闭塞区段的预告信号机处

非自动闭塞区段的进站信号机、线路所通过信号机设置预告信号机时,预告信号机处的绝缘节宜设置于预告信号机前方不小于 100 m 处。

进站预告信号机设置于进站信号机外方,其对应的轨道区段是列车自区间接近车站时的第一个轨道区段,它主要有两方面的作用:一是为车站值班员提供列车的位置信息,便于运输作业指挥;二是区分进站接车进路的预先锁闭和接近锁闭。

这是考虑站内作业繁忙,改变进路机会较多。由于改变进路,不得不关闭已开放的进站信号机。在信号机前方较近的一段距离内,信号显示效果较差。预告信号机如与绝缘节并置,当列车接近预告信号机时,如果刚好车站关闭了进站信号机,虽然此时预告信号机会由绿灯变为黄灯,但司机在此瞬间识别该显示的变化存在一定的困难,如遇进站信号机显示距离不足,则列车冒进进站信号机的可能性较大。因列车此时尚未占用接近锁闭区段,站内的接车进路处于预先锁闭状态,取消进路后道岔可能转换,存在安全风险。将绝缘节设置于预告信号机前方 100 m 处可避免上述风险,有利于司机确认预告信号机的显示变化。

非自动闭塞区段通过信号机的预告信号机及绝缘节关系与上述情况类似。

集中联锁车站中连接岔线的接轨线路入口处,调车信号机外方的电码化轨道区段长度不宜小于 400 m,其他尽头式调车信号机外方的轨道区段长度不得小于 25 m,安全线、避难线上的钢轨绝缘应尽可能设在尽头处。

扫描二维码 4.2.1 可以查阅《普速铁路信号维护规则技术标准》中工频交流轨道电路和直流轨道电路的相关内容。

4.2.1

第三节　25 Hz 相敏轨道电路

一、电气化牵引区段对轨道电路的特殊要求

1. 采用非工频制式的轨道电路

我国电气化铁路均采用工频 50 Hz 交流供电,钢轨既是牵引电流的回流通道,又是轨道电路信号电流的传输通道,因此轨道电路必须采用非工频制式,且该制式对 50 Hz 牵引电流的基波及其谐波干扰应具备有效可靠的防护措施,以保证轨道电路设备安全可靠地工作。

2. 采用双轨条轨道电路

在带有绝缘节的双轨条轨道电路中,利用轨道电路两根钢轨作为牵引电流回线,要用扼流变压器沟通牵引电流回路的连续性。双轨条轨道电路处于平衡状态,便于实现站内电码化。而单轨条轨道电路由一根轨条沟通牵引电流,对牵引电能损耗较大,轨道电路仅一根轨条通过信号电流,且易造成站内电码化串码、掉码,故不能采用。

3. 钢轨接续线截面加大

电气化区段的钢轨接续线,除应保证通过一定电流外,还要尽量减小钢轨接头的接触电阻,使两根钢轨阻抗平衡,减小牵引电流对轨道电路的干扰及牵引电能的损耗,以及保证设备和人身安全。因此,要求钢轨接续线有一定的截面积,且必须双套。

塞钉式接续线因松动和氧化作用,使接触电阻增大,造成两根钢轨阻抗不平衡,因此要求采用铜焊接线或冷挤压式焊接线。冷挤压焊接线接触电阻为微欧级,可重复使用,便于维修。当采用多股铜焊接线,其截面不小于 50 mm² 时,可不再加设塞钉式接续线。

4. 道岔跳线和钢轨引接线截面加大,引接线等阻

为了减小钢轨阻抗,道岔跳线和钢轨引接线应采用截面积不小于 42 mm² 的多股镀锌钢绞线。为了减小两根钢轨引接线因长度不同、阻抗不等对轨道电路不平衡度的影响,钢轨引接线宜采用等阻连接线。设置横向连接线用于相邻股道之间的连接,扼流中心连接线或板用于相邻轨道电路的连接。

二、电气化区段站内轨道电路制式

我国电气化铁路采用的轨道电路制式有 75 Hz 交流计数电码轨道电路、25 Hz 交流计数电码轨道电路、移频轨道电路、不对称脉冲轨道电路、25 Hz 相敏轨道电路。以上各种制式除了选用 50 Hz 以外的信号电流频率,均采用了相应的技术措施来防止干扰,以保证轨道电路的可靠工作。

三、扼流变压器

在电气化牵引区段,为保证牵引电流顺利流过绝缘节,在轨道电路发送端、接收端设置扼流变压器(impedance bond),如图 4-3-1 所示。轨道电路设备通过扼流变压器接向轨道传递信号信息。

扼流变压器由铁芯、牵引线圈 1-2、信号线圈 4-5 组成。牵引线圈中心点端子为 3。扼流变压器对牵引电流阻抗很小,而对信号电流阻抗较大,沿着两根钢轨流过的牵引电流 I_1、I_2 在轨道绝缘处通过扼流变压器的牵引线圈上部 1-3 和下部 2-3,再经过其中心线流向另一扼流变压器牵引线圈的上部 1-3 和下部 2-3,然后又流向相邻轨道电路的两根钢轨中去。这样,牵引电流就越过了绝缘节。

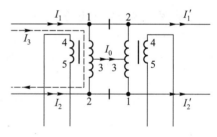

图 4-3-1　扼流变压器

因为钢轨中的牵引电流大小相等,扼流变压器牵引线圈 1-3、2-3 的匝数也相同,因此牵引电流在上、下线圈中产生的磁通相等而方向相反,它们的总磁通等于零,所以对次级信号线圈的信号设备没有影响。但若两钢轨中流过的牵引电流不平衡,扼流变压器铁芯中总磁通不为零,在信号线圈中将产生干扰,影响信号设备使用,故需增设防护设备。而信号电流因极性交叉,在两扼流变压器牵引线圈中点处电位相等,故不会越过绝缘节流向另一轨道电路区段,而流回本区段,在次级感应出信号电流。

25 Hz 相敏轨道电路用的扼流变压器有 BE_1-400/25、BE_2-400/25,$BE_{1,2}$-600/25,$BE_{1,2}$-800/25,$BE_{1,2}$-1000/25,$BE_{1,2}$-1600/25 等类型。BE_1-400/25 型扼流变压器的结构如图 4-3-2 所示。各种类型扼流变压器的电气特性如表 4-6 所列。

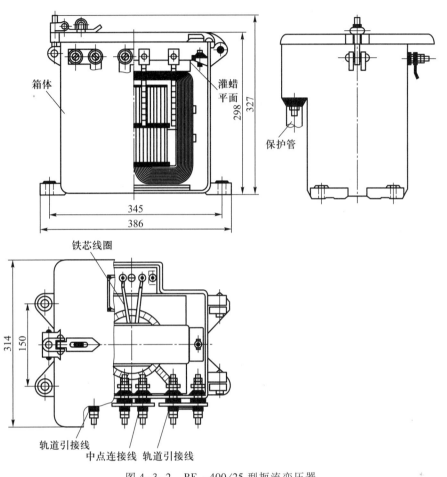

图 4-3-2　BE$_1$-400/25 型扼流变压器

表 4-6　扼流变压器的电气特性

变压器类型			BE$_1$-400/25 BE$_2$-400/25	BE$_1$-600/25 BE$_2$-600/25	BE$_1$-800/25 BE$_2$-800/25	BE$_1$-1 000/25 BE$_2$-1 000/25	BE$_1$-1 600/25 BE$_2$-1 600/25
中点允许通过连续总电流/A			400	600	800	1 000	1 600
同名端			1.4	1.4	1.4	1.4	1.4
匝比(牵引线圈 1-2/信号线圈 4-5)N			1:3	1:3	1:3	1:3	1:3
牵引线圈未经磁化阻抗	牵引线圈加 25 Hz、0.4 V 电压	阻抗不小于/Ω	0.8	0.8	0.8	0.9	0.9
		阻抗角不小于	75°	75°	75°	75°	75°
	牵引线圈加 25 Hz、2.5 V 电压,其阻抗应不大于/Ω		1.2	1.2	1.2	1.3	1.3

209

续表

变压器类型		BE_1- 400/25 BE_2- 400/25	BE_1- 600/25 BE_2- 600/25	BE_1- 800/25 BE_2- 800/25	BE_1- 1 000/25 BE_2- 1 000/25	BE_1- 1 600/25 BE_2- 1 600/25
牵引线圈经 50 Hz 电源 磁化阻抗	经 50 Hz、15 V 电源 磁化的牵引线圈加 25 Hz、2.5 V 电压,其 阻抗不小于/Ω	1.0	1.0	1.0	1.0	1.0
不平衡系数应小于		0.5%	0.5%	0.5%	0.5%	0.5%

注:1. BE_1 型为 400 Hz 铁芯,BE_2 型为 50 Hz 铁芯。

2. BE_1、BE_2 型用于 97 型 25 Hz 相敏轨道电路。

四、25 Hz 相敏轨道电路原理

(一) 25 Hz 相敏轨道电路的组成及基本原理

25 Hz 相敏轨道电路采用交流 25 Hz 电源连续供电,受电端采用二元二位轨道继电器,其电路原理如图 4-3-3 所示。

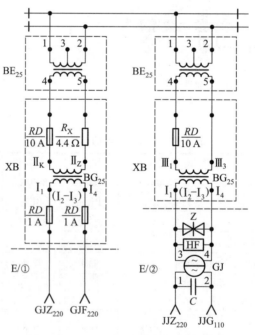

图 4-3-3　25 Hz 相敏轨道电路原理

25 Hz 电源屏分别供出 25 Hz 轨道电源和局部电源。轨道电源由室内供出,通过电缆供向室外,经送电端 25 Hz 轨道电源变压器(BG_{25})、送电端限流电阻(R_x)、送电端25 Hz扼流变压器（BE₂₅），送至轨面。轨道电流再经受电端25 Hz扼流变压器（BE₂₅）、受电端25 Hz轨道中继变压器（BG₂₅）、电缆线路，送回室内，经过防雷补偿单元中的硒堆（Z）、25 Hz防护盒（HF）给二元二位轨道继电器（GJ）的轨道线圈供电，局部线圈的25 Hz电流由室内电源屏局部电源供出。

当二元二位轨道继电器（GJ）的轨道线圈和局部线圈电源满足规定的相位和频率要求时，GJ吸起，表示轨道电路空闲，有列车占用时，轨道电源被分路，GJ落下。若轨道线圈和局部线圈电源频率、相位不符合要求，GJ也落下，这样25 Hz相敏轨道电路就具有频率、相位鉴别能力，抗干扰性能较高。

25 Hz相敏轨道电路只能用以检测轨道电路区段是否空闲，不能传输其他信息。因电源频率较低，传输损耗较低，故传输距离长。

（二）25 Hz相敏轨道电路各部件及作用

1. 防护盒

防护盒（HF）有HF-25型、HF₂-25型、HF₃-25型和HF₄-25型。HF₂-25型防护盒电路如图4-3-4所示，由电感、电容串联而成，线圈电感为0.845 H，电容为12 μF。它并接在轨道继电器的轨道线圈上，谐振频率为50 Hz，对50 Hz信号电流相当于15 Ω电阻，以抑制牵引电流干扰。对25 Hz信号电流相当于16 μF电容，对25 Hz信号电流的无功分量进行补偿，起着减小轨道电路传输衰耗和相移的作用。

HF₃-25型防护盒的电感线圈有两个中间抽头，可选择不同的电感量，电路如图4-3-5所示。HF₄-25型防护盒的电感线圈和电容器各有五挡供选择，可根据需要予以调整，电路如图4-3-6所示。各型防护盒的电气特性如表4-7所列。

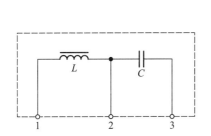

图4-3-4　HF₂-25型防护盒电路

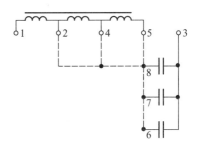

图4-3-5　HF₃-25型防护盒电路

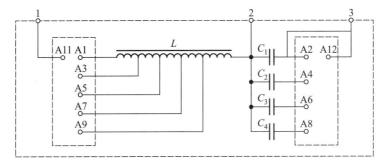

图4-3-6　HF₄-25型防护盒电路

表 4-7　防护盒的电气特性

型号	测试端子	连接端子	输入电压/V	输入频率/Hz	$|V_L-V_C|$/V	Q	备注
HF_2-25	1-3						
HF_3-25	1-3 3-8	2-6-7-8				≥18	同 HF_2
		4-7-8					可调 15°～20°
		5-8					可调 30°～40°
HF_4-25	1-3	A11-1	10	50	≤3	≥15	可下调 0°～30°
		A1-3、A4-12					可下调 0°～15°
		A11-5、A6-12					同 HF_2
		A11-7、A8-12					可上调 0°～15°
		A11-9、A8-12、A2-4					可上调 0°～30°

注:V_L——电感线圈两端的谐振电压值;

　　V_C——电容器两端的谐振电压值;

　　Q——谐振槽路的品质因数。

2. 防雷补偿器

防雷补偿器(QBF)有 FB-1 型和 FB-2 型。FB-1 型内设两套防雷补偿单元,如图 4-3-7 所示。FB-2 型内设一套防雷补偿单元。防雷补偿单元由硒堆(Z)和电容器(C)组成,硒堆用来防雷,电容器用来提高轨道电路局部线圈电路的功率因数,以减小变频器输出电流。其电气特性应符合下列要求:

(1)电容器:局部耐压为 250 V,型号为 CTA、CTB、CTZA、CTZB。

(2)硒堆:接收工作电压为 90 V,型号为 XT-1-22C5C。

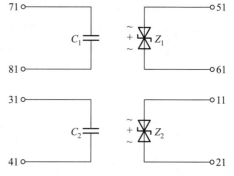

图 4-3-7　FB-1 型防雷补偿器

3. 25 Hz 轨道变压器

25 Hz 轨道变压器用于 25 Hz 相敏轨道电路中,作为供电电源和阻抗匹配用,送电端和受电端用的是同一型号,主要有 BG_1-65/25、BG_1-72/25,BG_1-140/25、BG_2-130/25,BG_3-130/25、BG_4-220/25 等类型。BG_1-72/25 型轨道变压器的各线圈电压如图 4-3-8 所示,更多 25 Hz 轨道变压器电气特性参数可以通过扫描二维码 1.2.4 查阅《普速铁路信号维护规则技术标准》中变压器的相关内容。

4. 二元二位轨道继电器

97 型 25 Hz 相敏轨道电路受电端采用 $JRJC_1$-70/240 型交流二元轨道继电器,原理在第二章第三节已阐述。它应变速度快,便于电码化时迅速发送机车信号信息,并且工作稳定、维护方便,具有可靠的相位选择性和频率选择性,因而对于轨端绝缘破损和外界牵引电流或其他频率电流的干扰能可靠地进行防护,钢轨内不平衡电流不大于 60 A 造成的 50 Hz 的干扰都不能使轨道继电器错误动作。

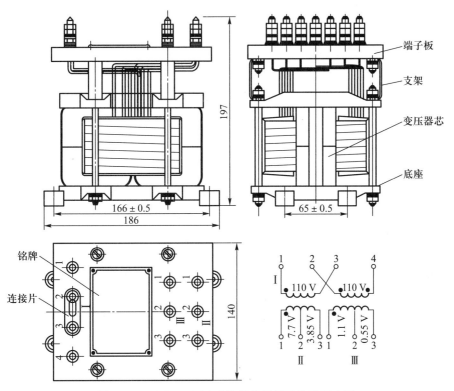

图 4-3-8 BG₁-72/25 型轨道变压器的各线圈电压

五、97 型 25 Hz 相敏轨道电路

原 25 Hz 相敏轨道电路,在现场大量使用,逐步暴露出一些亟待克服的技术缺陷,于是研制了 97 型 25 Hz 相敏轨道电路。

97 型 25 Hz 相敏轨道电路除保留原 25 Hz 相敏轨道电路工作稳定可靠、维修简单、故障率低的优点外,还提高了抗冲击干扰能力,并延长了轨道电路的极限长度。

(一) 97 型 25 Hz 相敏轨道电路的改进

1. 提高绝缘破损防护性能

钢轨牵引引接线改用焊接方式,减小接触电阻,以提高绝缘破损防护性能。

2. 取消不设扼流变压器的送、受电端的单扼流轨道电路

不设扼流变压器时,轨道继电器所受干扰远大于设扼流变压器的区段,产生误动的机会也较多,为此将有回归电流的轨道电路送、受电端(不包括其上无接触网的区段)一律设扼流变压器。

3. 改变扼流变压器的连接方式

将连向钢轨的一长一短引接线设计成等阻线,使扼流变压器外部连接方式得以改善,不平衡系数控制在1%以内,从而使牵引电流回归系统的不平衡系数得以降低。

4. 优化电源屏的配置

将分频器容量由原100 VA、300 VA、600 VA、1 400 VA改为400 VA、800 VA、1 200 VA,组成Ⅰ型(PXT-800/25)、Ⅱ型(PZT-1600/25)、Ⅲ型(PZT-2000/25)、Ⅳ型(PDT-4000/25)四种电源屏,分别供小站(20个区段以内)、中站(20~60个区段)、大站(60~120个区段)使用。

5. 改进交流二元继电器

经优化磁路设计和提高工艺设计水平后,新型JRJC$_1$-70/240型交流二元继电器的性能有所提高:① 后接点压力由0.15 N增加到0.2 N;② 返还系数由0.5增加到0.55;③ 消除了因翼板碰撞外罩而造成卡阻的可能故障。

6. 增加扼流变压器的类型

由原来的仅400 A一种,增加了600 A、800 A等类型。400 A、600 A、800 A分别供侧线、正线和靠近牵引变电所的区段使用。扼流变压器现有BE$_1$-400/25、BE$_2$-400/25,BE$_1$-600/25、BE$_2$-600/25,BE$_1$-800/25、BE$_2$-800/25,BE$_1$-1000/25、BE$_2$-1000/25,BE$_1$-1600/25、BE$_2$-1600/25等类型。

7. 改善移频电码化发送条件

固定送电端供电变压器的变比,使之和受电端匹配变压器的变比相同,由于此变比比原变比大大减小,从而改善了移频发送时的匹配特性。原供电变压器的变比高达220/7~220/4,现改为固定变比220/15。此方法除克服了原移频机车信号有时不稳定的缺点外,而且在不增加器材数量的基础上,将室内原隔离变压器改为兼有隔离和供电双重功能的变压器,调整它的输出电压即可进行轨道电路的调整。它使25 Hz轨道电路移频化的调整和测试均能集中在室内进行,极大地方便了现场调整测试和维修。

8. 极限长度延长

(1)提高送电端输入阻抗,将送电端限流电阻由原2.2 Ω增加到4.4 Ω;将受电端匹配变压器的变比由17降为15。

(2)改进分频器的设计,将25 Hz分频器的输出电压的允许波动范围,由原来的±5%减少到±3%。通过以上措施,最终能将极限长度由原来的1 200 m提高到1 500 m。

9. 提高了系统的抗干扰能力

采用综合治理方式对该制式进行改进,首先设法尽量减少干扰电流的侵入量,其次在干扰电流侵入后,设法降低其干扰作用。另外,侵入的干扰电流若能造成轨道继电器误动,则设法使其误动的后果不影响其他信号设备或电路。这样达到提高系统抗冲击干扰的目的。

（二）97 型 25 Hz 相敏轨道电路的电气特性

调整状态时,参照 25 Hz 相敏轨道电路调整表进行调整,轨道继电器轨道线圈上的有效电压应不小于 15 V,且不得大于调整表规定的最大值。

用 0.06 Ω 标准分路电阻在轨道电路送、受电端轨面任一处分路时,轨道继电器(含一送多受的其中一个分支的轨道继电器)端电压(分路残压)应不大于 7.4 V (JRJC$_1$–70/240 型继电器的释放值为 8.6 V),保证继电器可靠落下。

六、25 Hz 相敏轨道电路的种类

97 型 25 Hz 相敏轨道电路按送、受电端是否有扼流变压器分为送、受电端均设扼流变压器和送、受电端均不设扼流变压器两种。

在电气化区段有回归牵引电流流过的轨道区段,应采用带扼流变压器的轨道电路。对于没有牵引电流流过的轨道区段,仍需防止牵引电流对轨道电路的干扰,可采用无扼流变压器的轨道电路。无扼流变压器的轨道电路也可用于非电气化区段。

根据受电端的设置情况可分为一送一受、一送两受和一送三受轨道电路。

（一）25 Hz 相敏轨道电路单元

25 Hz 相敏轨道电路单元图如图 4–3–9 所示,E/①、E/②、E/③、④、⑤ 分别为 25 Hz 相敏轨道电路的五种单元类型,E 代表设扼流变压器,/① 为送电端,/② 为一送一受的受电端,/③ 为一送多受的分支受电端,/④、/⑤ 分别为不带扼流变压器的送电端、受电端。图中 XB 为信号变压器箱,BE$_{25}$ 为扼流变压器箱。

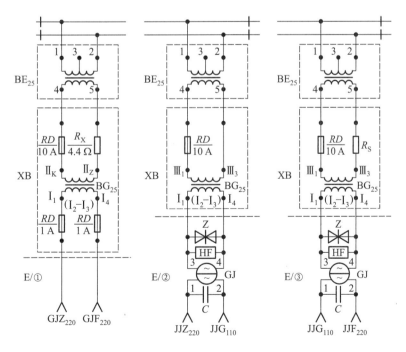

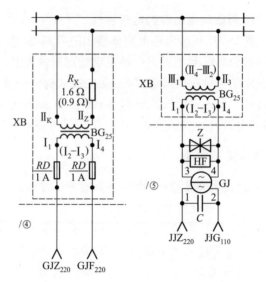

图 4-3-9　25 Hz 相敏轨道电路单元图

（二）一送一受轨道电路

　　送、受电端均设扼流变压器（双扼流）的一送一受轨道电路如图 4-3-3 所示。送、受电端均不设扼流变压器（无扼流）的一送一受轨道电路如图 4-3-10 所示。双扼流一送一受轨道电路,当限流电阻为 4.4 Ω 时,轨道电路允许长度为 1 500 m。无扼流一送一受轨道电路,当限流电阻为 0.9 Ω 时,其轨道电路允许长度为 1 500 m。

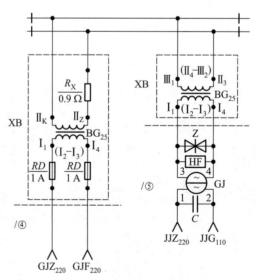

图 4-3-10　无扼流一送一受轨道电路

　　因区间大多采用 25 m 钢轨,其钢轨阻抗比 12.5 m 的钢轨低,且区间道砟电阻比站内道砟电阻高,所以接近区段轨道电路的允许长度可以达到 2 000 m。

（三）一送两受轨道电路和一送三受轨道电路

邻接股道的道岔区段一般采用一送两受或一送三受轨道电路,以监督线路完整和有良好的分路检查。在一个区段内,所用扼流变压器总数应考虑轨道变压器供电电压和保证轨道电路分路检查的要求,一般不应超过 4 台。

为提高分路灵敏度,带扼流变压器的轨道电路,其限流电阻为 4.4 Ω;无扼流变压器的轨道电路,则采用 1.6 Ω,并且在受电端串有电阻器 R_S,为了同时满足轨道电路的调整、分路和过载三种状态的正常工作。

一送两受轨道电路根据有无受电分支的数量,可有 20 种不同布置,在无受电分支末端允许设一个沟通牵引电流的附加空扼流变压器。双扼流一送两受不带无受电分支轨道电路如图 4-3-11 所示。

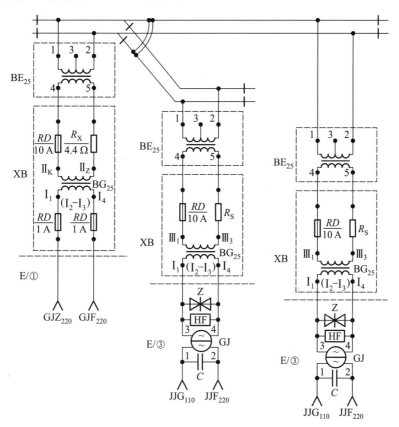

图 4-3-11 双扼流一送两受不带无受电分支轨道电路

一送三受轨道电路根据有无受电分支的数量,可以有 5 种不同布置。双扼流一送三受不带无受电分支轨道电路如图 4-3-12 所示。

七、25 Hz 相敏轨道继电器组合

采用 97 型 25 Hz 相敏轨道电路时,轨道继电器采用 $JRJC_1$-70/240 型交流二元继电器,需设专用的 25 Hz 相敏轨道继电器组合。一个 25 Hz 相敏轨道继电器组

合,内设三个受电端用防雷补偿单元、防护盒 HF 和交流二元继电器。从正面看,组合内器材排列如表 4-8 所列。

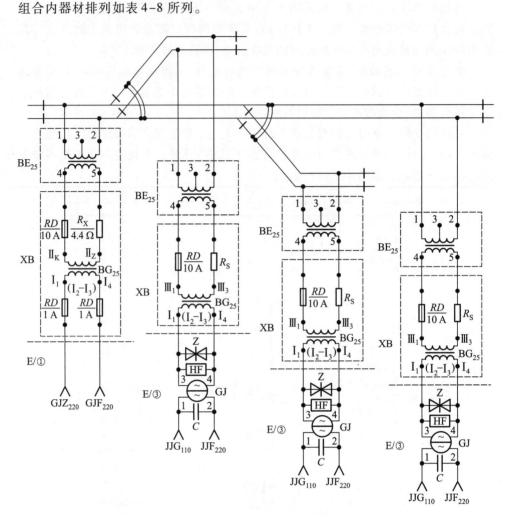

图 4-3-12　双扼流一送三受不带无受电分支轨道电路

表 4-8　25 Hz 相敏轨道电路组合

01-1	01-2	1	2(A)	3	4(B)	5	6(C)
QFB	QFB	HF	GJ	HF	GJ	HF	GJ
FB-1	FB-1	HF$_2$-25	JRJC$_1$-70/240	HF$_2$-25	JRJC$_1$-70/240	HF$_2$-25	JRJC$_1$-70/240

一个组合架可安装 9 个 25 Hz 相敏轨道继电器组合,当一个组合架上同时安装轨道继电器组合和安全型继电器组合时,相邻处应空开一个组合位置。二元二位继电器是感应式继电器且无附加轴,它的后接点不得在控制和表示电路中使用,且二元二位继电器只有两组接点,所以必须设复示继电器,联锁电路中采用专用的 JWXC-H310 型缓动继电器。

八、JXW25 型微电子相敏轨道电路

25 Hz 相敏轨道电路接收设备为交流二元继电器,存在较多的问题:

(1)返还系数较低,约为 50%,不利于提高轨道电路的传输性能。

(2)由于其机械结构的原因,易发生接点卡阻,列车进入该轨道电路区段,轨道继电器不能可靠落下,曾造成多起重大行车事故。

(3)抗干扰能力差。当电力机车升弓、降弓、加速或减速时,在轨道电路中产生较大的 50 Hz 脉冲干扰,可能造成继电器错误动作,直接危及行车安全。

(一)微电子相敏轨道电路基本原理

JXW25 型微电子相敏轨道电路原理图如图 4-3-13 所示,它保留了原 25 Hz 相敏轨道电路的优点,克服了其缺点,成为具有高可靠、高抗干扰能力的一种新型相敏轨道电路。该轨道电路的微电子接收器的局部电源和轨道电源分别由电源屏提供,并且局部电源超前轨道电源 90°。当电子接收器接收到 25 Hz 轨道信号,且局部电压的相位角超前轨道电压的相位角有一定范围时,执行继电器吸起。在相位差角为 90° 时,处于最佳接收状态。当收到的信号不能完全满足以上条件时,执行继电器落下。

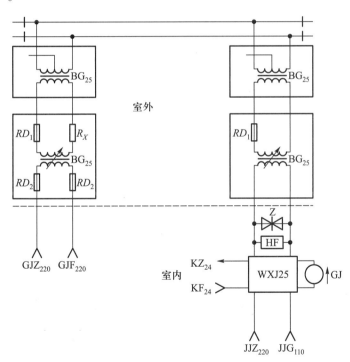

图 4-3-13　JXW25 型微电子相敏轨道电路原理图

(二)微电子相敏轨道电路接收器

JXW25 型微电子相敏轨道电路接收器(简称电子接收器)的原理框图如图 4-3-14 所示,其中 $X_J(t)$ 是局部信号,$X_G(t)$ 是轨道信号。

图 4-3-14　JXW25 型电子接收器原理框图

当局部信号和轨道信号是同频率,相位差为 θ 时,

设 $X_J(t)=A\sin\omega t, X_G(t)=B\sin(\omega t-\theta)$,则

$$Y=\int_{-\frac{T}{2}}^{\frac{T}{2}}A\sin(\omega t-90°)\cdot B\sin(\omega t-\theta)\mathrm{d}t=AB\int_{-\frac{T}{2}}^{\frac{T}{2}}\cos\omega t\cdot\sin(\theta-\omega t)\mathrm{d}t$$

其中 $T=\dfrac{2\pi}{\omega}$,当 θ 为+90°时,Y 为正值,$Y=AB\cdot T/2$,电子接收器使执行继电器吸起。而当 θ 为-90°时,Y 为负值,$Y=-AB\cdot T/2$。当 θ 为 0°或 180°时,Y 为零。Y 均为非正值,使执行继电器落下。这样,该接收器就具有可靠的相位选择性。

由于两根钢轨上的牵引电流不平衡,将有 50 Hz 牵引信号电压叠加在轨道电路信号上造成干扰,在列车占用轨道区段时,该干扰信号不应使执行继电器错误动作。

设局部信号的角频率为 ω,而轨道信号角频率为 2ω,相当于局部信号为 25 Hz,轨道信号为 50 Hz,则

$$Y=AB\int_{-\frac{T}{2}}^{\frac{T}{2}}\sin(\omega t-90°)\cdot\sin(2\omega t-\theta)\mathrm{d}t=0$$

这就是说同时收到 25 Hz 和 50 Hz 两种不同频率的信号时,在一个周期内 Y 为零,不会使执行继电器错误动作。而且对于其他高次谐波,当轨道信号频率为局部信号频率的 n 倍时:$Y=0$。

由于微电子接收器具有上述频率选择性,不仅可以防止 50 Hz 牵引电流的干扰,而且对于其他高次谐波干扰也有同样的作用。

微电子相敏轨道电路接收器电路组成如图 4-3-15 所示,由输入部分、单片机部分、输出部分和电源等组成。

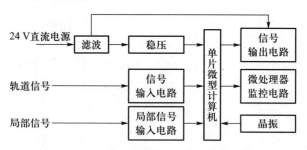

图 4-3-15　微电子相敏轨道电路接收器电路组成

1. 输入部分

输入部分由局部信号输入电路和轨道信号输入电路组成。局部信号输入电路是将局部信号经光电耦合输入给单片机。轨道信号输入电路包括隔离变压器、轨道输入相位辨别电路和接口电路。隔离变压器对输入信号起隔离、输入阻

抗匹配及防雷电冲击保护微电子设备的作用。轨道输入信号相位辨别电路和接口电路将轨道输入的模拟信号转换为数字信号,然后送入单片机对信号进行数字处理。

2. 单片机部分

由单片机、微处理器监控电路、晶体振荡电路组成,完成接收器的数字处理功能。单片机选用 MCS-51 系列芯片。微处理器监控电路的功能是有效检测单片机在不可预测的干扰作用下产生的程序执行紊乱和自动恢复,以提高单片机系统的可靠性和抗干扰能力。微处理器监控电路运行后,若单片机在规定时间内访问它,单片机正常工作;若规定时间内未能访问它,则使单片机自动复位,使系统重新初始化。

3. 输出部分

输出部分由驱动电路、功放电路、隔离变压器等组成。单片机部分对其输入信号处理后,输出一高频信号至输出部分,经驱动电路送到功放电路中,通过放大输出给隔离变压器,再进行整流、滤波,控制轨道执行继电器工作。

4. 电源

由滤波电路和两个三端稳压器组成。电源屏提供的 24 V 直流电,经滤波、稳压,输出 9 V 供轨道输入电路,5 V 供单片机电路,24 V 供信号输出电路。

系统软件主要由主程序和四个中断服务子程序组成,完成系统初始化、信号采集与处理、信号延时和继电器控制等功能。软件采用结构化设计方法,用汇编语言编写,各功能程序实现模块化。

(三) 微电子相敏轨道电路接收器型号及电气特征

1. 电子接收器的型号

JXW25-A 型电子接收器为单套,外形为安全型继电器形式,端子分配如图 4-3-16 所示。

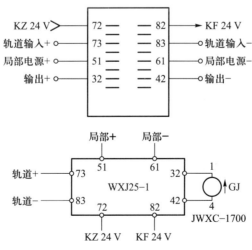

图 4-3-16 JXW25-A 型电子接收器端子分配

JXW25–A₁型电子接收器也为单套,外形为 JRJC 交流二元继电器形式。

JXW25–B 型电子接收器为双套,外形为安全型继电器形式。

电子接收器最后执行继电器为 JWXC–1700 安全型继电器。

在一送多受时,每个分支用一个接收器和执行继电器,在主接收器的执行继电器电路中串接其他分支执行继电器的前接点。

2. 电子接收器的电气特性

(1)JXW25 型电子接收器工作电压为 DC 24 V,工作电流不大于 100 mA。

(2)轨道接收阻抗: $|Z_G| = 400\ \Omega \pm 20\ \Omega, \theta = 72° \pm 10°$。

(3)在轨道电路空闲状态下,电子接收器输出给执行继电器的电压为 20 ~ 30 V。

(4)电子接收器的应变时间为 0.3 ~ 0.5 s。

(5)电子接收器在接收理想相位角的 25 Hz 轨道信号时,返还系数大于 90%。

(6)电子接收器的局部电源电压为 110 V,25 Hz;轨道信号电压滞后于局部信号电压的理想相位角为 90°。

九、电气化区段 25 Hz 轨道电路的几个设计原则

(一)扼流变压器的设置原则

二维码 4.3.1 为二维码 4.1.2 中举例站场下行咽喉电气化时的双线轨道电路图,现就其扼流变压器的设置说明如下:

4.3.1

(1)在电气化区段,为了使回归牵引电流畅通无阻地流回牵引变电所,相邻轨道电路的扼流变压器中点需相连。

(2)为了构成双线区段两正线间牵引电流通路,在双线区段进站信号机处,将两正线扼流变压器中点相连。

(3)两平行线路之间,为使经渡线道岔反位运行的列车牵引电流回流,应将两线路上扼流变压器中点相连通。为节省连线,一般对同一坐标的两扼流变压器进行连接。

(4)为了沟通牵引电流的回流道路,必需时应设置无受电端的扼流变压器,俗称"空扼流变压器"。

一送一受轨道电路可以设长度不大于 65 m 的三个或三个以上的无受电分支,可以在其中一个分支上设置一个空扼流变压器。将该空扼流变压器和邻接绝缘的扼流变压器或空扼流变压器的两中点相连,如图 4–3–17 所示。

为了沟通线路间的回归电流,可以直接引接吸上线或引接接触网变压器馈电地线,也可在一送一受轨道电路区段中部设置一个空扼流变压器,与相邻线路同坐标的扼流变压器的中点相连,如图 4–3–18 所示。

对于不连接轨道继电器的空扼流变压器,其信号线圈经 BG₁–130/25 型轨道变压器与补偿器 BCQ 相连,如图 4–3–19 所示。

补偿器 BCQ 的作用:对轨道电路的信号传输进行补偿,减少空扼流变压器对轨道电路信号能量的消耗,以减小轨道电路的总功耗,从而使轨道电路的供电变压

器二次电压不致因增设空扼流变压器后增大太多,因此当该空扼流变压器断线后不致因轨道电路的分路检查条件被恶化而影响轨道电路的允许长度。对机车信号的信息进行补偿,以减少空扼流变压器对机车信号信息的能量消耗,从而使机车信号的工作稳定可靠。对于不同的机车信号制式,补偿器的种类不同。

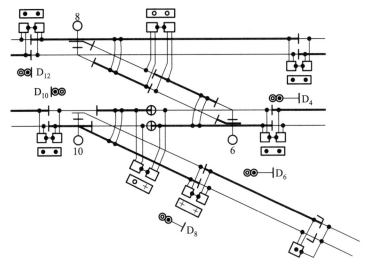

图 4-3-17　空扼流变压器设置(1)

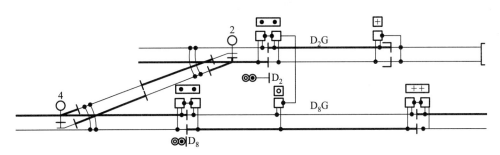

图 4-3-18　空扼流变压器设置(2)

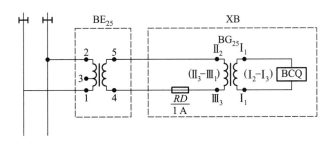

图 4-3-19　空扼流变压器电路图

(5) 如果全部采用双扼流轨道电路,中点相连后易构成迂回电路,有可能造成在轨道电路不完整或有列车占用的情况下失去检查,使轨道继电器错误吸起,如图 4-3-20 所示。

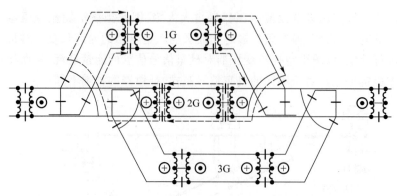

图 4-3-20　轨道电路的迂回电路径路示意图

　　图 4-3-20 中虚线为迂回电路的径路,1G 区段轨道继电器在有车占用或断轨的情况下,可以经迂回电路而错误吸起。为了减少迂回电路对轨道电路的影响,在确保回归牵引电流畅通的情况下,应将个别扼流变压器的中点连线不连,以断开迂回电路。但必须注意,正线(包括正线上的道岔区段和无岔区段)装设的扼流变压器中点连线必须相连。

（二）交叉渡线上两根直股都通过牵引电流时应增加绝缘节

　　为了确保交叉渡线上轨道电路和机车信号设备能正常工作,当交叉渡线上两根轨道都通过牵引电流时,该交叉渡线上应增加绝缘节,如图 4-3-21 中"a""b"绝缘节所示。

　　交叉渡线的两组渡线道岔的渡线部分一般均设有绝缘节,以将其所连接的两条线路划分为两个轨道区段,图 4-3-21 中 1/3 双动道岔和 5/7 双动道岔组成交叉渡线,绝缘节"A""B"将线路分为两个轨道区段 1-7DG、3-5DG。因道岔直股通过牵引电流,为了满足牵引电流回流,设有扼流变压器等设备,如果没有钢轨绝缘"a""b"则钢轨中的牵引电流将 1-7DG 与 3-5DG 两个轨道区段构成电气连通,可能影响轨道电路的正常工作。为防止轨道电路失去占用检查功能,应在渡线增设钢轨绝缘"a""b"。

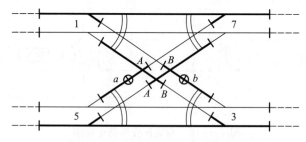

图 4-3-21　交叉渡线上增设绝缘节

　　由于交叉渡线道岔型号及铺设处所线路间距的不同,在辙叉处增设绝缘节的方向也不尽相同。

扫描二维码4.3.2可以查阅《普速铁路信号维护规则技术标准》中25 Hz相敏轨道电路的相关内容。

第四节 移频轨道电路

移频轨道电路包括国产4信息、8信息、18信息移频轨道电路和引进的UM71无绝缘移频轨道电路,以及国产化的WG-21A型、ZPW-2000A型和ZPW-2000R型等无绝缘移频轨道电路。现在广泛采用ZPW-2000系列无绝缘移频轨道电路。

一、移频自动闭塞的基本概念

移频自动闭塞就是以移频轨道电路为基础的自动闭塞。

它选用频率参数作为控制信息,采用频率调制的方式,把低频调制信号(F_C)搬移到较高频率(载频f_0)上,以形成振幅不变、频率随低频信号的幅度作周期性变化的移频信号。将此信号用钢轨作为传输通道来控制通过信号机的显示,达到自动指挥列车运行的目的。移频信号波形如图4-4-1所示。

从图4-4-1中可看出,移频信号的变化规律,是以载频f_0为中心,作上、下边频偏移。即当低频信号为低电位时,载频向下偏移,为$f_1=f_0-\Delta f$(称为下边频);当低频信号为高电位时,载频向上偏移,为$f_2=f_0+\Delta f$(称为上边频)。

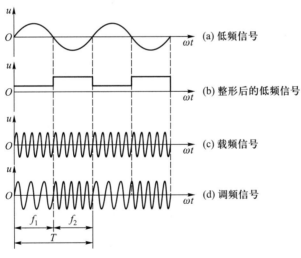

图4-4-1 移频信号波形

可见,移频信号是受低频信号调制的,它作上、下边频交替变化,两者在单位时间内的变化次数与低频调制信号频率相同。在轨道电路中传输的信息是下边频$f_0-\Delta f$和上边频$f_0+\Delta f$,载频f_0(又称中心载频)实际上是不存在的。由于下边频和上边频的交替变换是接近于突变性的,好似频率的移动,因此称为移频信号,应用这种移频轨道电路的自动闭塞称为移频自动闭塞。

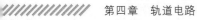

在移频自动闭塞中,低频信号用于控制通过信号机的显示,而载频 f_0 则为运载低频信号之用,其目的是提高抗干扰能力。

二、国产移频轨道电路

国产移频轨道电路为频率调制方式,中心载频为 550 Hz、650 Hz、750 Hz、850 Hz,其中 550 Hz、750 Hz 用于下行线,650 Hz、850 Hz 用于上行线,偏频 ±50 Hz,低频为 8 或 18 个。

(一) ZP-89 型 8 信息移频轨道电路

8 信息移频轨道电路原有 8 种低频,分别为 8(30)Hz、9.5 Hz、11 Hz、15 Hz、13.5 Hz、16.5(17.5)Hz、20 Hz、26 Hz,后增加为 12 信息,增加了 21.5 Hz、24.5 Hz 及 30(8)Hz、17.5(16.5)Hz。

8 信息移频轨道电路发送设备包括发送盘、站内防雷单元和电缆模拟网络,都设在室内,如图 4-4-2 所示,用电缆与送电端相连。其中发送盘为双机热备。接收设备包括接收盘、衰耗隔离盘、室内防雷单元和电缆模拟网络,也设在室内,用电缆与受电端相连。其中接收盘为双机并用。发送盘和接收盘由集成电路组成。

室内防雷单元由防雷变压器和压敏电阻组成。电缆模拟网络由电阻、电容和电感组成,相当于 9.5 km 电缆,分为 5 个单元,可根据现场实际需要进行调整,电缆模拟网络可使接收和发送设备具有相同的电缆负载,便于轨道电路调整及构成双向自动闭塞。

室外设备设在轨道变压器箱内,有轨道防雷单元、50 Hz 抑制器和移频轨道变压器。送电端和受电端采用同样的设备。轨道防雷单元由防雷变压器、三极放电管和压敏电阻组成,对雷电进行纵向及横向防护。50 Hz 抑制器用于对 50 Hz 工频干扰进行抑制。移频轨道变压器为非电气化区段轨道电路的传输变压器,以实现发送或接收设备与轨道电路的匹配连接,并改善轨道电路的传输特性。在电气化区段,改之为扼流变压器。

(二) ZP·Y1-18 型和 ZP·Y2-18 型 18 信息有绝缘移频轨道电路

ZP·Y1-18 型和 ZP·Y2-18 型 18 信息移频轨道电路与 8 信息移频轨道电路大体相同,只是接收、发送设备采用单片微机和数字信号处理技术,而且采用"N+1"冗余方式。

低频有 18 个,分别为 7 Hz、8 Hz、8.5 Hz、9 Hz、9.5 Hz、11 Hz、12.5 Hz、13.5 Hz、15 Hz、16.5 Hz、17.5 Hz、18.5 Hz、20 Hz、21.5 Hz、22.5 Hz、23.5 Hz、24.5 Hz、26 Hz。

(三) ZP·W1-18 型 18 信息无绝缘移频轨道电路

18 信息无绝缘移频轨道电路采用强制衰耗式无绝缘轨道电路,为一送一受,电压发送,电流接收。电流接收方式是在两根钢轨旁设置电流传感器,通过感应方式来接收信号,同时抵消钢轨中的牵引电流的干扰。

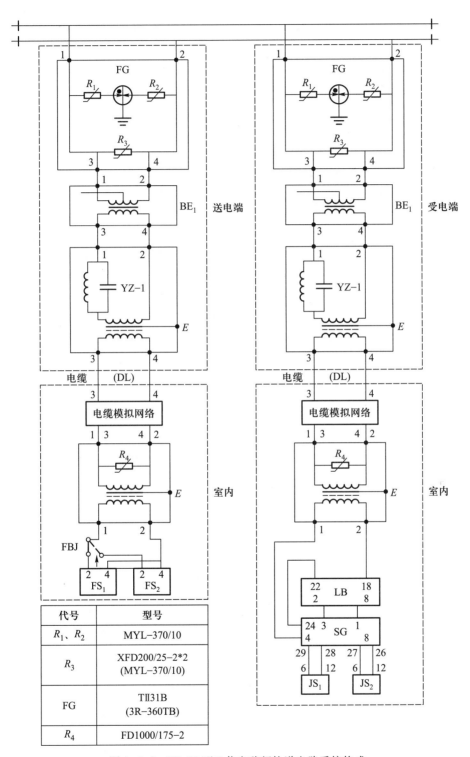

代号	型号
R_1、R_2	MYL–370/10
R_3	XFD200/25–2*2 (MYL–370/10)
FG	TⅡ31B (3R–360TB)
R_4	FD1000/175–2

图 4–4–2　ZP–89 型 8 信息移频轨道电路系统构成

相邻闭塞分区的轨道电路采用不同频率,由接在接收端的陷波器强制衰耗。它对本闭塞分区的频率呈低电阻,对相邻闭塞分区的频率呈高电阻。闭塞分区空闲时,本闭塞分区接收设备可靠动作,且不影响相邻闭塞分区的信号传输。本闭塞分区被占用时,因车轮对分路,电流传感器处的钢轨中电流很小,产生的感应电压很低,不能动作接收设备。

三、UM71 轨道电路

UM71 轨道电路是法国铁路为防止交流电气化牵引区段牵引电流谐波干扰于 1971 年研制的移频轨道电路。UM71 轨道电路是电气隔离式(谐振式)无绝缘轨道电路,采用调频方式。

载频频率 f_0 为 1 700 Hz、2 000 Hz、2 300 Hz、2 600 Hz。为防止相邻轨道电路及上、下行线轨道电路间的相互干扰,其载频使用为:下行线 1 700 Hz、2 300 Hz 交替配置;上行线 2 000 Hz、2 600 Hz 交替配置。频偏 Δf 为 ±11 Hz。低频频率 10.3 ~ 29 Hz,每隔 1.1 Hz 1 个,呈等差数列,共 18 个。

(一) UM71 轨道电路的组成和工作原理

UM71 轨道电路由设在室内的发送器 FQ、接收器 JQ、轨道继电器 GJ,设在室外的调谐单元 BA、空心线圈 SVA、带模拟电缆的匹配变压器 TAD-LFS 及若干补偿电容 C 组成,如图 4-4-3 所示。

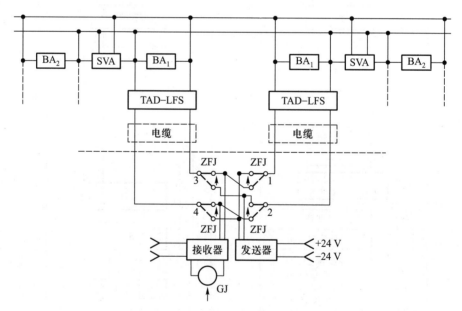

图 4-4-3　UM71 轨道电路系统构成

经编码条件,由发送器产生表示不同含义的移频信号。该信号经电缆通道传给匹配变压器 TAD-LFS 及调谐单元 BA,由轨道电路送电端经钢轨传输到轨道电路受电端。在钢轨受电端经调谐单元 BA、匹配变压器 TAD-LFS、电缆通道,将信号传送至接收器。接收器对移频信号进行限幅、解调及放大,动作执行环节 GJ。根据 GJ 状态检查区段的空闲与占用。有车占用时,轨面上传送的移频信号经机车的接收线圈传送给机车,为机车信号速度显示和速度监督提供信息。

UM71 型无绝缘轨道电路可利用改变方向电路的接点在一条线路上实现双方向运行。当区间正方向继电器 ZFJ 吸起时右侧为轨道电路送电端,左侧为轨道电路受电端。若 ZFJ 落下,左侧为轨道电路送电端,右侧为轨道电路受电端。UM71 轨道电路为双向集中式无绝缘移频轨道电路。

两个调谐单元 BA_1 与 BA_2 间距离 26 m,空心线圈 SVA 位于 BA_1、BA_2 的中间。BA_1、BA_2、SVA 及 26 m 长的钢轨构成电气调谐区。电气调谐区又称电气绝缘节,用以取代传统的机械绝缘节,实现相邻轨道电路的隔离。

电气绝缘节如图 4-4-4 所示。调谐单元 BA 是构成电气绝缘节的主要部件。相邻轨道电路的载频不同,BA 的型号也不同。图中 BA_1 型由 L_1、C_1 构成,BA_2 型由 L_2、C_2、C_0 构成。BA_1 的本区段是 1G,相邻区段是 3G;而 BA_2 的本区段是 3G,相邻区段是 1G。

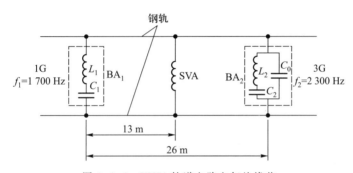

图 4-4-4　UM71 轨道电路电气绝缘节

电气绝缘节的绝缘原理是通过谐振来实现的。当载频确定后,选择 BA_1 及 BA_2 的参数,使本区段(1G)的调谐单元(BA_1)对相邻区段(3G)的 2 300 Hz 移频信号呈串联谐振,只有百分之几欧姆的阻抗,移频信号被短路,阻止其向 1G 传送。同时 BA_1 对本区段 1G 的 1 700 Hz 移频信号呈容抗,与 26 m 钢轨的电感和 SVA 的电感配合发生并联谐振,呈 2~2.5 Ω 的阻抗(称为"极阻抗"),保证移频信号被可靠接收。这样,某种载频的移频信号只能在本区段内传送,而不能向相邻区段传送,就像有绝缘节一样,构成了电气隔离。

电气调谐区长 26 m,是轨道电路的"死区段",在"死区段"内失去对车辆占用的检查。这个"死区段"对列车的正常运行没有妨碍,也不影响机车信号的连续显示,只是短于 26 m 的轨道车或最外轴距小于 26 m 的单机正好停在调谐区内就会造成失去检查的情况。因此,规定调谐区内禁止轻型车辆和小车停留。电气调谐区之所以确定为 26 m,与轨道电路的载频和频偏的选择、调谐单元元件参数的选择及钢轨材质参数等因素有关。

（二）各部件作用及原理

1. 调谐单元

调谐单元 BA 是由电感线圈和电容器组成的二端网络。它共有四种型号：V_1F_1、V_2F_1、V_1F_2、V_2F_2。其中，V_1F_1、V_2F_1 称为 F_1 型，又称为 BA_1 型，由 L_1、C_1 两个元件构成，分别用于上、下行线频率较低的载频（1 700 Hz 和 2 000 Hz）。V_1F_2、V_2F_2 称为 F_2 型，又称为 BA_2 型，由 L_2、C_2、C_0 三个元件构成，分别用于上、下行线频率较高的载频（2 300 Hz 和 2 600 Hz）。四种型号调谐单元的电感、电容元件参数不同。

2. 空心线圈

空心线圈 SVA 由直径 1.53 mm 的 19 股铜线绕成，无铁芯，带有中间抽头。单圈可通过 100 A 电流，全圈可通过 200 A 电流。SVA 主要用来平衡两根钢轨间的不平衡牵引回流。SVA 对钢轨中的 50 Hz 牵引回流及其奇次谐波形成 10 mΩ 左右的阻抗，可视为一条短路线，两根钢轨间存在的不平衡回流经 SVA 短路后，将不复存在。由于空心线圈没有铁芯，不存在较大电流下磁路饱和的问题，使平衡效果更好。

SVA 设在电气调谐区中间，还有以下作用：① 参与并改善调谐区的工作；② 保证维修安全；③ 作为扼流变压器使用。

3. 带模拟电缆的匹配变压器

带模拟电缆的匹配变压器 TAD-LFS 的作用是实现轨道和电缆的阻抗匹配，保证最佳传输效果。另外，为解决各信号点离信号楼的距离不同导致电缆长度不等使轨道电路参数不一致而调整困难的问题，设有模拟电缆。

模拟电缆与匹配变压器设在同一个盒内。匹配变压器变比为 1：7，钢轨侧为 1，兼有升压和降压的作用。模拟电缆有 0.5 km、1 km、2 km、4 km 四级，同一轨道电路的送电端和受电端距信号楼的电缆长度均补充至 7.5 km。

盒内的对称电感可用于抵消电缆的容性，改善传输效果；当列车在信号点处分路时，对移频信号限流，保护了匹配变压器。电感采用对称连接，有利于防雷。盒内还有一个防雷器件和两个隔直电容。

4. 补偿电容

UM71 轨道电路在钢轨中传输的移频信号频率较高，钢轨相当于一个感性负载，呈现较高的电感量（1.4 mH/m），使信号衰减较快，影响了轨道电路的传输长度。为了抵消钢轨的感性，保证轨道电路的传输距离和机车信号的可靠工作，需分段加装补偿电容。

在道砟电阻为 1.5 Ω·km、分路灵敏度为 0.15 Ω 的条件下，轨道电路长度为 700 m，若每隔 100 m 加一个补偿电容，长度可达 1 500 m。

电容的补偿原理可理解为将每个补偿段的电感 L 与电容 C 视为串联谐振，加装补偿电容后钢轨线路呈阻性，就改善了轨道电路的传输性能，减小了送、受电端钢轨的电流比，保证了轨道电路入口的信噪比，改善了接收器和机车信号的工作条件。加装补偿电容后还有利于断轨状态的检查。

为了简化补偿工作,每隔 100 m 设一个补偿电容。根据分析计算和实际使用,补偿电容的电容量选为 33 μF,谐振点为 2 430 Hz。补偿电容是否完整,直接影响到 UM71 轨道电路的调整状态,事关行车安全,必须保证它的完好状态。

四、UM2000 轨道电路

UM2000 轨道电路是法国 CSEE 公司研制的,用于秦沈客运专线。区间和站内均采用它,实现了站内与区间一体化。

UM2000 是数字编码无绝缘轨道电路,与 UM71 模拟轨道电路不同的是,将单频信息改为 27 位数字编码,采用数字调频方式。27 位数字编码中前 6 位为循环冗余校验码(CRC);中间 18 位为实际使用码,其中坡度信息 4 位(可按坡度划分为 16 个等级),目标距离信息 6 位(按 5 m 精度划分),速度信息 8 位;最后 3 位为预留信息位(秦沈客运专线实际使用 18 位,预留 3 位)。有效信息 21 位,信息量达 2^{21},大大增加了信息的传输量,能满足分段连续速度模式曲线列控的需要。

UM2000 轨道电路电气隔离原理与 UM71 相同,载频也相同,但用于秦沈客运专线的电气绝缘节长度,在桥面时为 19.2 m,非桥面为 20.4 m,原理图如图 4-4-5 所示。它在 UM71 的基础上采取了冗余措施,增加了补偿调谐单元 DB。DB 平时对轨道电路起补偿作用,当通用调谐单元 BU 出现故障时,DB 作为调谐单元的备用元件,起到电气隔离相邻轨道电路的作用,增加了系统的安全性和可靠性。

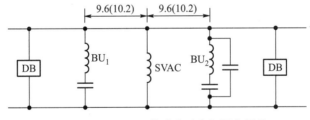

图 4-4-5 UM2000 轨道电路电气隔离原理

与 UM71 轨道电路一样,UM2000 轨道电路也采用加装补偿电容的方法来保证轨道电路的传输距离。补偿电容器容量为 22 μF,但补偿电容的节距不是等距离的,而是根据载频和轨道电路的实际长度计算得到的。

五、ZPW-2000A 型无绝缘轨道电路

ZPW-2000A 型无绝缘轨道电路是我国在充分吸收 UM71 轨道电路的技术优势,同时借鉴移频轨道电路应用 DSP 数字信号处理技术成功经验的基础上自主开发的。

（一）主要技术特点

（1）解决了调谐区断轨检查问题,实现轨道电路全程断轨检查。减少调谐区分路死区。实现对调谐单元断线故障的检查。实现对拍频干扰的防护。

（2）通过系统参数优化,提高了轨道电路传输长度。提高机械绝缘节轨道电

路传输长度,实现与电气绝缘节轨道电路等长传输。轨道电路调整按固定轨道电路长度与允许最小道砟电阻方式进行。既满足了 1 Ω·km 标准道砟电阻、低道砟电阻传输长度要求,又提高了一般长度轨道电路工作稳定性。

（3）用 SPT 国产铁路信号数字电缆,减小了铜芯线径,减少备用芯组,加大传输距离,提高系统技术性能价格比,降低工程造价。

（4）采用钢包铜引接线取代 75 mm² 铜引接线,利于维修。

（5）发送、接收设备四种载频频率通用,载频通用使器材种类减少,可降低总的工程造价。

（6）发送器和接收器均有较完善的检测功能,发送器可实现"N+1"冗余,接收器可实现双机互为冗余。

（二）ZPW-2000A 型无绝缘轨道电路的载频频率

ZPW-2000A 型无绝缘轨道电路的载频频率为 1 700-1、1 700-2、2 000-1、2 000-2、2 300-1、2 300-2、2 600-1、2 600-2 Hz,共 8 个,其中-1 为+1.4 Hz,-2 为-1.3 Hz,频偏为±11 Hz。

低频频率为（10.3+n×1.1）Hz,n 为 0~17,即:10.3 Hz、11.4 Hz、12.5 Hz、13.6 Hz、14.7 Hz、15.8 Hz、16.9 Hz、18 Hz、19.1 Hz、20.2 Hz、21.3 Hz、22.4 Hz、23.5 Hz、24.6 Hz、25.7 Hz、26.8 Hz、27.9 Hz、29 Hz,同 UM71。

ZPW-2000A 轨道电路的载频设置应符合下列规定:

（1）区间、站内轨道电路的载频统筹设置。

（2）闭塞分区分界点两侧的轨道电路采用不同的载频。

（3）区间下行线的载频按 1 700 Hz、2 300 Hz 交替设置,区间上行线的载频按 2 000 Hz、2 600 Hz 交替设置。

（4）车站下行线及下行侧到发线宜采用 1 700 Hz、2 300 Hz 载频,车站上行线及上行侧到发线宜采用 2 000 Hz、2 600 Hz 载频;有多个发车方向的车站,载频的设置应符合列车运行的需求。

（5）与 ZPW-2000A 轨道电路区段相邻的站内其他制式的轨道电路区段,以 ZPW-2000A 移频设备实现电码化时,发码设备的载频应与相邻 ZPW-2000A 轨道区段的载频不同。

（三）系统构成及原理

ZPW-2000A 型无绝缘轨道电路系统的室内设备包括发送器、接收器和电缆模拟网络等。室外设备包括调谐单元、空心线圈、匹配变压器、补偿电容。该系统有电气-电气绝缘节（JES-JES）结构和电气-机械绝缘节（JES-BA∥SVA'）结构两种,两者电气性能相同。现以电气-机械绝缘节结构为例进行系统原理介绍,系统构成如图 4-4-6 所示。

1. 室外部分

（1）调谐区（JES）

ZPW-2000A 型无绝缘轨道电路系统,与 UM71 无绝缘轨道电路一样采用电气绝缘节来实现相邻轨道电路区段的隔离。电气绝缘节长度改进为 29 m,由空心线圈(如图 4-4-7 所示)、29 m 长钢轨和调谐单元(如图 4-4-8 所示)构成。

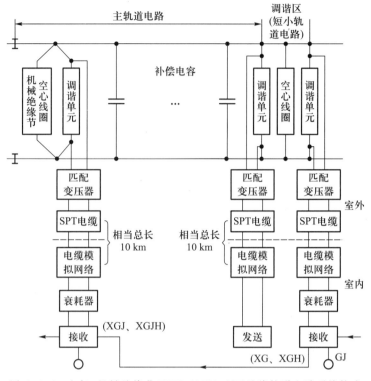

图 4-4-6 电气-机械绝缘节 ZPW-2000A 型无绝缘轨道电路系统构成

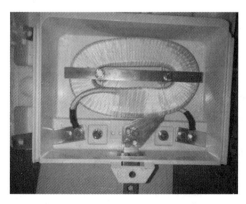

图 4-4-7 空心线圈

图 4-4-8 调谐单元

调谐区对于本区段频率呈现极阻抗,利于本区段信号的传输及接收。对于相邻区段频率信号呈现零阻抗,可靠地短路相邻区段信号,防止了越区传输,实现了相邻区段信号的电气绝缘。同时为了解决全程断轨检查,在调谐区内增加了小轨道电路。

ZPW-2000A 型无绝缘轨道电路的调谐区设计应注意:不得设置于不同类型道床的衔接处、钢轨伸缩调节器范围内;不宜设置于有护轮轨的区域接触网电分相区。

（2）机械绝缘节

由机械绝缘节空心线圈（SVA′）和调谐单元（BA）并联而成，其电气特性与电气绝缘节相同。SVA′按载频分为 1 700 Hz、2 000 Hz、2 300 Hz、2 600 Hz 四种。

（3）匹配变压器

一般条件下，按 0.3～1.0 Ω·km 道砟电阻设计，实现轨道电路与 SPT 传输电缆的匹配连接。

（4）补偿电容

根据通道参数并兼顾低道砟电阻道床传输，选择电容器容量，使传输通道趋于阻性，保证轨道电路具有良好传输性能。

（5）传输电缆

采用 SPT 型铁路信号数字电缆，线径为 1.0 mm，一般条件下，电缆长度按总长 10 km 考虑，根据工程需要，也可按 12.5 km、15 km 考虑。

（6）调谐区设备引接线。

调谐区设备与钢轨引接线采用 3 700 mm、2 000 mm 钢包铜引接线各两根构成，用于调谐单元、空心线圈、机械绝缘节空心线圈等设备与钢轨间的连接。

2. 室内部分

（1）发送器

用于产生高精度、高稳定移频信号源。系统采用"$N+1$"冗余设计。故障时，通过 FBJ 接点转"$+1$"FS。

（2）接收器

ZPW-2000A 型无绝缘轨道电路将轨道电路分为主轨道电路和调谐区短小轨道电路两部分，并将短小轨道电路视为列车运行前方主轨道电路的所属"延续段"，如图 4-4-9 所示。

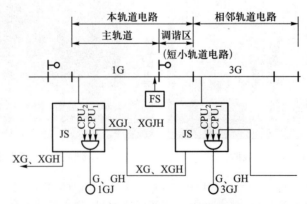

图 4-4-9　主轨道与调谐区短小轨道电路原理图

接收器除接收本主轨道电路频率信号外，还同时接收相邻区段短小轨道电路的频率信号。接收器采用 DSP 数字信号处理技术，将接收到的两种频率信号进行快速傅里叶变换（FFT），获得两种信号能量谱的分布，并进行判决。

主轨道电路的发送器由编码条件控制产生表示不同含义的低频调制的移频信号。该信号经电缆通道（实际电缆和模拟电缆）传给匹配变压器及调谐单元。因为钢轨是无绝缘的，该信号既向主轨道传送，也向调谐区短小轨道传送。主轨道信号经钢轨送到轨道电路受电端，然后经调谐单元、匹配变压器、电缆通道，将信号传至本区段接收器。

调谐区小轨道信号由运行前方相邻轨道电路接收器处理，并将处理结果形成小轨道电路继电器执行条件通过其端子 XG、XGH 送至本区段接收器端子 XGJ、XGJH，作为轨道继电器（GJ）励磁的必要检查条件之一。

本区段接收器同时接收到主轨道移频信号及小轨道电路继电器执行条件，判决无误后驱动轨道电路继电器吸起，并由此来判断区段的空闲与占用情况。另外，接收器还同时接收相邻区段所属调谐区小轨道电路信号，向相邻区段提供小轨道电路状态（XG、XGH）条件。

（3）衰耗盘

用于实现主轨道电路、小轨道电路的调整；给出发送和接收器故障、轨道占用等表示；提供发送、接收用+24 V 电源电压、发送功出信号、接收端轨入、轨出 1、轨出 2 等测试条件。

（4）电缆模拟网络

电缆模拟网络设在室内，按 0.5 km×2 km、0.5 km×2 km、1 km×2 km、2 km×2 km、2 km×2 km、2 km×2 km 六节设计，用于对 SPT 电缆长度的补偿。电缆与电缆模拟网络补偿长度之和为 10 km。

3. 系统防雷

系统防雷由发送端、接收端的"站内防雷"两部分构成。该防雷设在室内，实现对从电缆引入雷电冲击的横向、纵向防护。对从钢轨引入雷电冲击保护，横向防护防雷单元设在匹配变压器轨道输入端，纵向防护防雷单元设在空心线圈中心线与地之间。完全横向连接处不设防雷单元。

扫描二维码 4.4.1 可以查阅《普速铁路信号维护规则技术标准》中各种型号无绝缘轨道电路的相关内容。

4.4.1

第五节　驼峰轨道电路

驼峰场轨道电路根据其作用可分为两类。一类是推送部分的各专用线（禁溜线、迂回线）及专用线与推送线连接的道岔区，其作用主要是监督线路是否空闲和钢轨完整，以及参与信号及道岔自动控制系统工作，没有特殊要求。其轨道区段的划分原则一般与大站电气集中轨道区段划分原则基本相同，主要考虑运行的调车进路及调车作业中缩短机车走行距离。另一类是溜放部分的分路道岔区段的轨道电路，亦称驼峰轨道电路，它除了有上述作用外，还参与自动传递进路信息及起区段锁闭道岔的作用,为此它有特殊要求。本节主要介绍驼峰轨道电路的特殊性及电路构成的原理。

一、驼峰轨道电路区段的划分及技术要求

(一) 驼峰轨道电路区段划分的基本原则

1. 在保证溜放安全的前提下,尽可能缩短驼峰轨道电路的长度

为了提高驼峰解体能力,要求前、后溜放车组之间的间隔越短越好。但车组之间的间隔距离是受道岔轨道电路区段长度限制的,所以分路道岔轨道电路区段亦越短越好。

具体划分的方法是每个分路道岔应单独划分一个轨道电路区段,有时相邻两组道岔距离较近,常发生后续道岔的一组保护区段始端绝缘节正处于前一道岔的辙叉部分,无法安装,这种情况不能将两个道岔划分为一个轨道电路区段,而只能省去一组绝缘,只装设单边保护绝缘。

从单纯提高解体能力方面看轨道电路区段越短越好,但还要注意车辆的结构与轨道电路的配合作用。若轨道电路的长度短于车辆2、3轴之间的内轴距,则会出现车辆跨压在轨道电路区段上,出现无车占用的错误反映。所以轨道电路不能短于经驼峰溜放的内轴距最大的四轴车的内轴距的长度。

2. 保护区段的设置

为了提高溜放效率,溜放进路不使用进路锁闭,只有道岔区段锁闭,就是说,只要车辆未占用道岔轨道区段,道岔就有转换的可能性。

为了保证溜放车辆的安全,防止车辆进入正在转换的道岔之中,岔前必须有一定长度的保护区段,如图4-5-1所示。此长度应保证道岔刚启动,车辆第一轮对进入该轨道电路区段,到车辆第一轮对运行到岔尖时,道岔应该转换完毕并

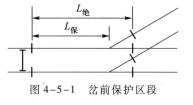

图4-5-1　岔前保护区段

且尖轨已经密贴,使车辆安全通过该道岔。这段长度就是车辆在道岔转换过程中运行的距离,称为保护区段。

保护区段的长度可按公式计算:

$$L_{保} = V_{max}(t_{继} + t_{转} + 0.2)$$

式中:$L_{保}$——保护区段长度(m);

　　V_{max}——溜放车组通过保护区段的最大速度(m/s);

　　$t_{继}$——轨道继电器、道岔控制电路中有关继电器等的动作时间(s);

　　$t_{转}$——转辙机动作时间(s);

　　0.2——安全量。

从上式可以看出,采用快动转辙机和控制电路,以及应变速度快的轨道电路,有利于缩短保护区段的长度,从而缩短道岔轨道电路长度,进而缩短了溜放车组的间隔距离。这样,不但有利于提高作业效率,而且也节省占地面积及投资。

3. 无岔区段轨道电路的设置

溜放进路上除了每组道岔设轨道电路外,其余线路均为无岔区段。无岔区段是否设轨道电路,可根据程序控制进路的需要考虑。

(二)驼峰轨道电路的一些特殊的运营要求

(1)驼峰场轨面比较脏,油污、砂子、煤屑等物从车辆上散落下来,经过碾压形成导电不良的薄层,再遇到轻车,与轨面接触压力小,致使轨道电路分路效应变坏,特别遇到高阻轮对的车辆,甚至不会分路,为此,驼峰轨道电路应采取一定措施防止上述情况发生。

(2)轻车组或短车组,过道岔区溜放时会"跳动",轨道电路瞬间失去分路效应,造成轨道继电器瞬间错误吸起,道岔中途解锁转换。这种情况虽然不多见,但在运营中是绝对不允许发生的,因此驼峰轨道电路必须采取防止"轻车跳动"的措施。

(三)驼峰轨道电路的技术条件

综上所述,驼峰轨道电路的技术条件如下:

(1)驼峰轨道电路采用闭路式轨道电路,应符合"故障-安全"原则。

(2)溜放进路上分路道岔,每组道岔划为一个轨道电路区段,并安装能防止车辆"跳动"瞬间失去分路效应的轨道电路。

(3)道岔轨道电路长度($L_绝$)应尽可能缩短,但要大于最大内轴距,并保证保护区段的长度。

(4)采用应变速度快、分路灵敏度高(规定为 0.5 Ω)的轨道电路,继电器落下时间不超过 0.2 s(0.5 Ω 分路电路时)。

二、驼峰交、直流轨道电路

(一)交流连续闭路式驼峰轨道电路

交流连续闭路式驼峰轨道电路原理如图 4-5-2 所示。送电端采用 BG_1-50 型变压器,限流电阻 R 用 R-6/65 型变阻器,受电端采用 60×60 方型硒整流片或 $2CP_1$ 型硅二极管接成桥式整流器,执行元件采用 JWXC-2.3 型继电器。因为受电端采

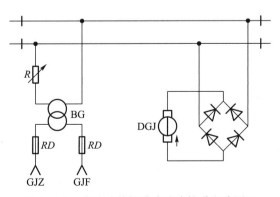

图 4-5-2 交流连续闭路式驼峰轨道电路原理

用硒片,利用其非线性特性,当轨道区段被分路时,硒片上的正向电压降低,其正向阻值急剧上升,使受电端电阻增大,继电器加速释放。这种轨道电路限流电阻调整合适,分路效应良好,车辆占用反应迅速。

(二)驼峰直流轨道电路

当编组站处在电气化牵引区段时,其牵引电流对工频交流轨道电路有干扰,可能产生误动。为此,一般考虑采用直流轨道电路,由送电端整流器供出直流电源,驼峰直流轨道电路原理如图 4-5-3 所示。如果采用交流轨道电路,则应采用 25 Hz 相敏轨道电路。

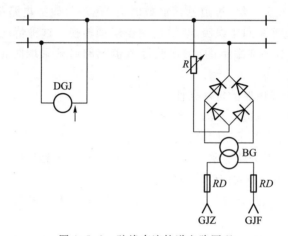

图 4-5-3　驼峰直流轨道电路原理

三、驼峰双区段轨道电路

在分路道岔上为了防止"轻车跳动",短时间失去分路作用造成轨道继电器错误吸起,而采用了双区段轨道电路。就是把一个轨道区段的轨道电路分割成两段,其中第二段轨道电路除了受车轮的分路外,还受第一段轨道继电器的控制。

一般在岔尖基本轨接缝处分开,前面一段命名为 DG_1,后一段为 DG,分别设轨道 DGJ_1 和 DGJ,另外还设 DGJ_1 的反复示继电器 $FDGJ_1$,如图 4-5-4 所示。

无车组占用时 DGJ_1 和 DGJ 均励磁吸起,$FDGJ_1$ 由于 DGJ_1 后接点切断其电路而处在失磁落下状态。当车组进入 DG_1 区段时,DGJ_1 失磁落下,$FDGJ_1$ 励磁吸起,由于 $FDGJ_1$ 后接点接在 DGJ 电路中,DG 区段虽然还没有被车组轮对分路,但 DGJ 已经失磁落下。

由于继电器 $FDGJ_1$ 采用缓放型继电器,若车组在 DG_1 区段"跳动"时,DGJ_1 会随着车组"跳动"而瞬间吸起,但 $FDGJ_1$ 依靠缓放在此瞬间仍吸起,所以 DGJ 始终在失磁落下状态,这样就能防止"轻车跳动"时 DGJ 的错误动作。

有关的联锁电路中凡使用轨道继电器接点处,均使用 DGJ 接点,从而防止了"轻车跳动"造成短时间失去分路效应的不良后果。

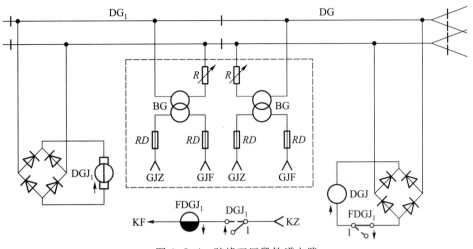

图 4-5-4　驼峰双区段轨道电路

四、TGLG 型驼峰高灵敏轨道电路

为了进一步提高轨道电路的分路灵敏度,解决高阻轮对造成的分路不良问题,研制了高压脉冲轨道电路。100 V 高压脉冲能击穿钢轨表层的氧化膜,降低轮对分路电阻。这种脉冲轨道电路的主要特性是分路灵敏度高,应变速度快,50 m 以下区段的分路灵敏度不小于 3 Ω,响应时间不大于 0.2 s。

驼峰高灵敏轨道电路由高压脉冲发送器、电子脉冲接收器和单闭磁轨道继电器组成,如图 4-5-5 所示。

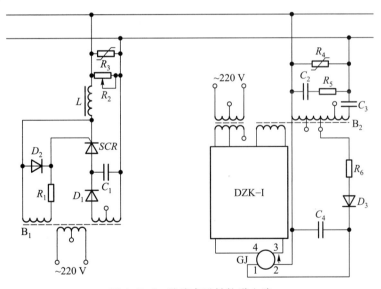

图 4-5-5　驼峰高灵敏轨道电路

(一) 发送器
发送器的作用是产生脉冲电压。发送器的输入为 50 Hz 交流 220 V 电源,经

变压器 B1,利用二极管、电容、电阻、晶闸管 SCR 转换为幅值约 100 V 的高压脉冲。

当交流电源正半周时,D_1 导通,给 C_1 充电,D_2 导通,晶闸管 SCR 截止,电容器电压很快充到电源电压的峰值。当电源负半周时,D_2 截止,晶闸管的控制极为正,阴极为负,晶闸管导通,则 C_1 向轨道放电,产生高压脉冲。当 C_1 放电电流小于 SCR 的维持电流时,SCR 关闭,断开 C_1 放电电路。电源下一个周期又重复上述过程,产生 50 Hz 的脉冲电压,输入钢轨。

图 4-5-5 中 R_2 用于限制空载输出的脉冲电压幅度,抑制因道床漏泄电阻变化引起的轨面电压变化。可通过调整 R_2,使输出电压达到要求值。R_3 为过压防护压敏电阻。

(二)接收器

接收器电路原理如图 4-5-5 所示。从轨面来的高压脉冲电压经 C_3 隔直,变压器 B_2 降压,分两路输出。一路为轨道电路电源,经二极管 D_3 给 C_4 充电,同时给轨道继电器 GJ 的 1-2 线圈(控制线圈)供电。在脉冲间歇时,C_4 放电给继电器供电。另一路驱动电子开关 DZK-I,产生局部电源供给 GJ 的 3-4 线圈(局部线圈)。GJ 采用 JDBXC-550/550 型单闭磁继电器,如果继电器两个线圈得到同极性电流即吸起。

当车辆进入轨道区段时,轨道电路被分路,接收器无脉冲电压输入,GJ 失磁落下。当电路发生故障时,只要两个线圈中的任何一个断电都能使 GJ 失磁落下,提高了电路的安全可靠性。

由于电子开关具有很高的返还系数和开关速度,就使得接收器具有较高的返还系数和分路灵敏度(50 m 以下区段不小于 3 Ω,其他区段不小于 0.2 Ω),而且应变速度快(50 m 以下区段不大于 0.2 s,其他区段不大于 0.5 s)。

除了用于驼峰的 TGLG 型高灵敏轨道电路外,还有用于非电气化区段及直流电气化区段的 GLG 型高灵敏轨道电路,其轨道电路长度不大于 1 200 m,分路灵敏度为 300 m 以下区段不小于 0.6 Ω,300 m 以上区段不小于 0.15 Ω,应变时间不大于 0.3 s。

第六节 不对称高压脉冲轨道电路

不对称高压脉冲轨道电路由不对称高压脉冲发送设备、传输通道及不对称高压脉冲接收设备组成,其在轨面传输的是不对称的脉冲信号,幅值较高,可以击穿轨面中度生锈锈层及半绝缘粉尘污染,从而达到较好的分路效果,该系统符合"故障-安全"原则,安全性完善度等级满足 SIL4 级。

一、不对称高压脉冲轨道电路的类型

(1)依据机车动力牵引分为电气化区段使用类型和非电气化区段使用类型。

电气化区段传输变压器使用扼流变压器,非电气化区段使用普通的轨道变压器,其他电路结构保持一致。

（2）依据发送和隔离设备的安装位置分为集中式和分散式。集中式的发送设备在室内安装,而分散式的发送设备在室外安装,电路结构一致,只是防雷和断路器的配备有所不同。

（3）依据是否叠加电码化分为叠加与不叠加两类,叠加电码化又分叠加 ZPW-2000 系列和叠加国产移频,区别在于使用的隔离设备和抑制器有所不同。

（4）根据供电电源的不同分为 25 Hz 和 50 Hz。

二、不对称高压脉冲轨道电路的组成和工作原理

不对称高压脉冲轨道电路基本由发送设备、送受端传输变压器、译码器、二元差动继电器等组成。非电气化区段,发码器室外分散放置的一送一受电路图如图 4-6-1 所示,发码器室内集中放置的一送一受电路图如图 4-6-2 所示;电气化区段,发码器室外分散放置的一送一受电路图如图 4-6-3 所示,发码器室内集中放置的一送一受电路图如图 4-6-4 所示。

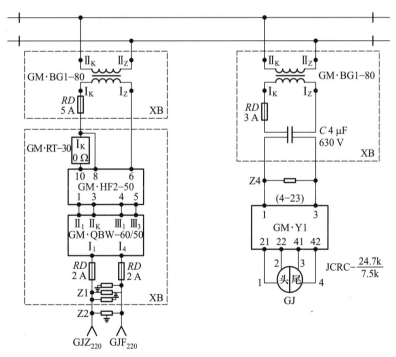

图 4-6-1　非电气化区段发码器室外分散放置的一送一受电路图

（一）GM·F-50(25) 系列高压脉冲发码器

GM·F-50(25) 系列高压脉冲发码器是与高压脉冲译码器、$BE_{1(2)}$-M 型扼流变压器或 GM·BG-80 型轨道变压器配套使用的,高压脉冲发送设备由信号轨道

电源供电后,通过芯片的控制,输出高压脉冲,产生高压脉冲信号源,提高了轨面瞬间击穿电压,解决了由于轨面严重生锈带来的分路不良问题,改善了轨道电路分路灵敏度,产生的头部和尾部不对称的高压脉冲,如图4-6-5所示。

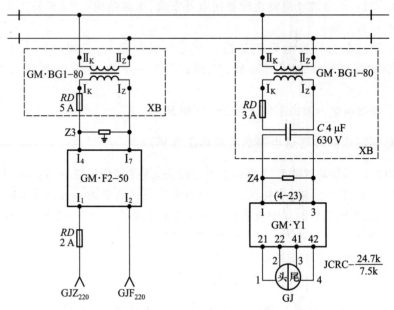

图4-6-2　非电气化区段发码器室内集中放置的一送一受电路图

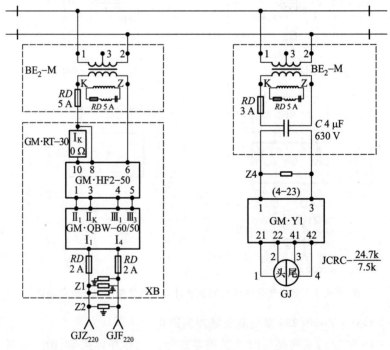

图4-6-3　电气化区段发码器室外分散放置的一送一受电路图

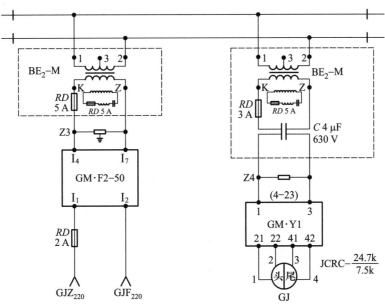

图 4-6-4 电气化区段发码器室内集中放置的一送一受电路图

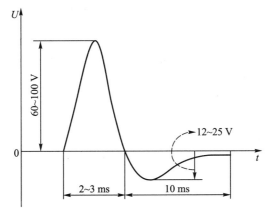

图 4-6-5 头部和尾部不对称的高压脉冲

GM·F-50(25)系列高压脉冲发码器型号的含义如图 4-6-6 所示。

（二）GM·Y 系列高压脉冲译码器

GM·Y 系列高压脉冲译码器应用于现场 25 Hz 或 50 Hz 供电的高压脉冲轨道电路区段的接收端，用来接收高压脉冲，并供给二元差动继电器工作电源。

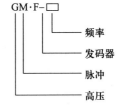

图 4-6-6 GM·F-50(25)系列高压脉冲发码器型号的含义

高压脉冲译码器采用积分式高压脉冲波形鉴别器，它在轨道电路接收端与扼流变压器和轨道继电器相连接，它专门接收轨道上送来的高压脉冲才能正常工作。高压脉冲译码器由两个电路组成，一个电路是专门接收扼流变压器次级线圈输出的不对称脉冲的脉冲头，另一个电路则相反，接收扼流变压器次级线圈输出的不对称脉冲的脉冲尾。译码器本身不设局部电源,它只接收钢轨上送来的高压脉冲才能工作,电路原理如图 4-6-7 所示。

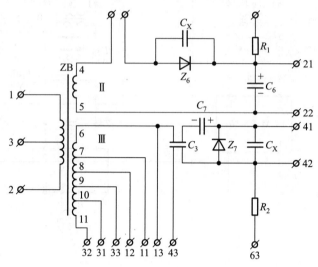

图 4-6-7 高压脉冲译码器电路原理

高压脉冲译码器由中继变压器 ZB、二极管、电容器、电阻等组成。译码器由扼流变压器或轨道变压器提供能源,中继变压器 ZB-II、二极管和电容器组成一个半波整流电路,专门接收轨道上送来的不对称脉冲的波头,进行整流滤波;中继变压器 ZB-III、电容器、二极管组成另一个半波整流电路,专门接收轨道上送来的不对称脉冲的波尾,进行整流滤波。两个半波整流电路,经电容器滤波后,向二元差动轨道继电器供电。

(三) JCRC-24.7K/7.5K 型二元差动继电器

JCRC-24.7K/7.5K 型二元差动继电器和译码器、扼流变压器构成电气化区段轨道电路的接收端。专门接收钢轨上固定极性的高压脉冲而工作,它不需要局部电源,当钢轨上的脉冲极性不符或高压脉冲的波头、波尾的幅值比例畸变或在钢轨上有工频电流干扰(对于 25 Hz)时,二元差动继电器停止工作。继电器线圈参数及电气特性应满足表 4-9 的要求。

表 4-9 JCRC-24.7K/7.5K 型二元差动继电器线圈参数及电气特性

继电器型号	线圈电阻/kΩ		释放值不小于		工作值/V		差动值/V			充磁值/V		头部圈单圈不吸起值不小于/V
	头部圈	尾部圈	头部线圈	尾部线圈	头部圈不大于	尾部圈不大于	尾部圈不大于	头部圈电压给定	差动比	头部圈	尾部圈	
JCRC-24.7K/7.5K	24.7	7.5	实测工作值的50%	实测工作值的50%	27	19	81 150	27 50	2:1 ~ 3:1	100	100	300

高压脉冲二元差动继电器动态工作值比静态工作值低,动态返还系数比静态返还系数高。在室内用直流电源测试二元差动继电器的工作值、落下值和返还系数称为静态,在现场应用的环境或利用高压脉冲发码器工作时用直流表测试二元差动继电器的以上参数称为动态,动态的工作值比静态的工作值要低,落下值要高,返还系数也高,动态的工作值比静态的要低 10% 左右,例如静态的工作值头/尾为 30 V/23 V,动态约为 27 V/21 V;静态的落下值头/尾为 15 V/11.5 V,动态约为 17 V/12.5 V;静态返还系数为 0.5,而动态返还系数可达 0.7。

(四)变压器

(1) GM·BG$_1$-80 型高压脉冲轨道变压器:用于非电气化区段的高压脉冲轨道电路,各线圈电压如图 4-6-8 所示。

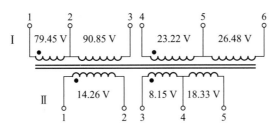

图 4-6-8　GM·BG$_1$-80 型高压脉冲轨道变压器各线圈电压

(2) GM·BDF-100/25 型高压脉冲发码电源变压器:供给 GM·HF$_1$-25 高压脉冲发码盒工作电源,各线圈电压如图 4-6-9 所示。

(3) GM·QBW-60/50 型高压脉冲稳压变压器:供给 GM·HF$_2$-50 高压脉冲发码盒工作电源,原理如图 4-6-10 所示。

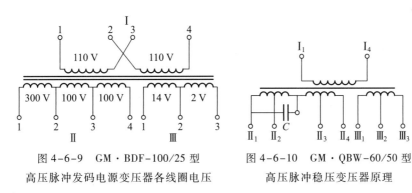

图 4-6-9　GM·BDF-100/25 型
高压脉冲发码电源变压器各线圈电压

图 4-6-10　GM·QBW-60/50 型
高压脉冲稳压变压器原理

(五) BE$_{1(2)}$-M 型扼流变压器

BE$_{1(2)}$-M 型扼流变压器适用于高压脉冲轨道电路,型号含义如图 4-6-11 所示。

扼流变压器的工作原理在本章第三节已经介绍过,只要两根钢轨中的牵引电流大小相等,则牵引电流在扼流变压器铁芯中所产生的磁通也大小相等、方向相反,两者相互抵消,因此牵引电流对扼流变压器次级线圈不会产生干扰感应电压。

对于信号电流,它利用两根钢轨作为传输环路,在两边半个线圈中流通的方向是相同的,故在次级线圈中有信号电流的感应电压,这样就达到了既可传输信号电流,又可满足牵引电流通过钢轨绝缘返回牵引变电所,并对信号电流不产生干扰的目的。

$BE_{1(2)}$-M1 型扼流变压器线圈结构如图 4-6-12 所示,其电气特性应满足表 4-10 的要求,高压脉冲信号根据现场情况参考调整表进行变比选择。

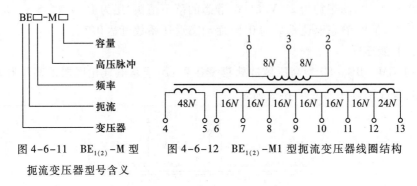

图 4-6-11　$BE_{1(2)}$-M 型
扼流变压器型号含义

图 4-6-12　$BE_{1(2)}$-M1 型扼流变压器线圈结构

表 4-10　$BE_{1(2)}$-M1 型扼流变压器电气特性

型号		BE_1-M1、BE_2-M1
同名端		1、4、6
变比(牵引线圈/信号线圈)		1 : 3.1 : (1+1+1+1+1+1.5)
牵引圈未经磁化阻抗	牵引圈加 50 Hz/10 V 电压,其阻抗不小于/Ω	3
不平衡牵引电流不小于 50 A(加 50 Hz 电压于牵引线圈)变压器饱和时,信号线圈 7-13 的开路电压不应大于/V		200
不平衡度	应小于/%	0.5

注:扼流变压器包含 BE_1-M1 400,BE_1-M1 600,BE_1-M1 800,BE_1-M1 1 000,BE_1-M1 1 200,BE_1-M1 1 600,BE_2-M1 400,BE_2-M1 600,BE_2-M1 800,BE_2-M1 1 000,BE_2-M1 1 200,BE_2-M1 1 600。

(六)GM·HPG-ZD 型高压脉冲隔离匹配盒

GM·HPG-ZD 型高压脉冲隔离匹配盒用于高压脉冲轨道电路叠加 ZPW-2000 电码化区段,其作用是通过 ZPW-2000 信号,隔离高压脉冲信号而保护 ZPW-2000 发送设备,型号含义如图 4-6-13 所示。

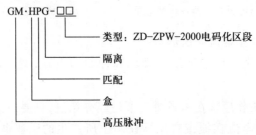

图 4-6-13　GM·HPG-ZD 型高压脉冲隔离匹配盒型号含义

高压脉冲轨道电路叠加 ZPW-2000 电码化区段电路图如图 4-6-14 所示,使用时注意:将两个调整端子 T 接向该高压脉冲隔离匹配盒所在一侧移频发送设备产生的载频频率相对应的端子。例如,若该侧移频发送频率为 1 700 Hz,则将两个调整端子 T 均接向隔离匹配盒的 1700 端子。

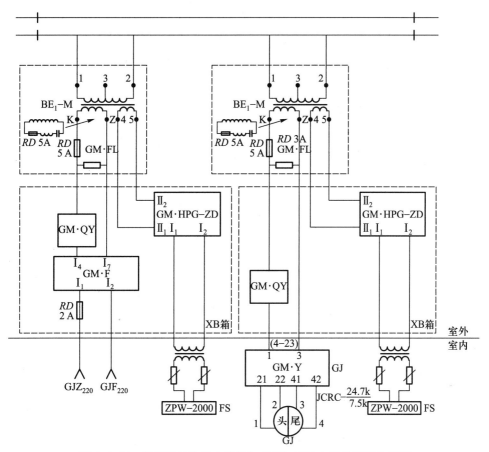

图 4-6-14 高压脉冲轨道电路叠加 ZPW-2000 电码化区段电路图

(七) GM·QY 型高压脉冲抑制器

GM·QY 型高压脉冲抑制器适用于高压脉冲轨道电路叠加 ZPW-2000 电码化区段,在高压脉冲轨道电路受电端起到隔离电码化的作用。

(八) GM·BMT 型高压脉冲电码化调整变压器

GM·BMT 型高压脉冲电码化调整变压器用于高压脉冲轨道电路叠加国产移频区段,其作用是对送到轨道上的电码化电压进行调整,以满足机车信号入口电流的要求。

三、高压脉冲轨道电路的极性交叉防护

当两个高压脉冲轨道电路相邻时,采用极性交叉来实现钢轨绝缘节破损的防护。如图 4-6-15 所示,其防护原理是:因为接收端的译码器是有极性的,它只能

接收本区段轨道上发送来的高压脉冲才能工作,因此,当钢轨绝缘节破损时,相邻轨道电路的不对称脉冲信息就干扰该区段的译码器,但它的脉冲极性正好与该区段的脉冲相反。这时,译码器的输出电压,正好使二元差动轨道继电器的尾部线圈电压提高,头部线

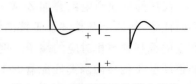

图 4-6-15　高压脉冲轨道电路的极性交叉防护

圈电压下降,根据二元差动继电器的特性可知,在这种情况下,继电器将失磁,从而起到钢轨绝缘破损防护的目的。

四、高压脉冲轨道电路的设计原则

(1)电气化区段站内股道及道岔区段轨道电路,一般按双轨条轨道电路设计。

(2)一送一受道岔区段轨道电路允许包含三条以下、长度小于 65 m 的无受电端分支,并可在两个分支上装设空扼流变压器,空扼流变压器二次侧开路。

(3)一送多受轨道电路允许装设扼流变压器总台数为四台。

(4)站内所有相邻轨道区段,均应按极性交叉的原则设计,但对非正线,处于双送的相邻区段,无条件实现极性交叉时,允许不做极性交叉。

(5)电气化区段的轨道接续方式应采用焊接,若条件不具备,可采用双套塞钉钢轨接续线,扼流变压器采用等阻连接线。

(6)凡必须与钢轨连接的金属导体,其对地电阻应大于 100 Ω,并且只能装在同一侧钢轨上,一个轨道区段不得超过 16 处。

(7)轨道电路受电端一般集中装于室内;为减小功率,提高轨间电压,易于改造施工,实行送电端分散设置,发码器置于室外;新建线发送器也可集中装于室内,但电缆距离应≤1 km,并采用大功率发码器。

(8)对叠加 UM71、ZPW-2000 电码化应采用四线制、二线制叠加和预叠加。

(9)电源功率应按照每区段 60 W 计算。

(10)对送、受电端的电缆无特殊要求,仅在电码化区段,国产移频、UM71、ZPW-2000 机车信号信息的电缆应满足有关传输的要求。

五、高压脉冲轨道电路的施工调整

(1)现场调研轨道电源容量。

高压脉冲轨道电路的平均功耗为 60 W/区段。施工前应根据改造区段的数量初步估算轨道电源容量是否满足改造后的要求,若不满足,则需要考虑增加电源屏容量。

(2)器材测试。

使用前应先将器材按照标准要求进行检测,避免因运输等问题影响开通使用。

(3)根据施工图纸、现场情况及调整表选择扼流变压器或轨道变压器,并确定变比及连接端子。四线制电码化区段,扼流变压器或轨道变压器应选择 3:1 变

比,调谐器一般固定使用6.5:1变比。然后进行室外及室内设备的接线及调整,并进行仔细检查,确保接线正确。

(4) 连接译码器的输入端子。

长区段译码器输入使用1、3端子,短区段使用1、2端子。

(5) 若通电后发现尾部电压高出头部电压很多,则考虑可能是极性相反,只需将轨道变压器或扼流变压器端子所接线对调即可。

(6) 根据高压脉冲轨道电路调整表及现场轨面情况进行调整。

若电压偏高:应加大GM·F-25的限流电阻或减小发码器发送电压,或者改变发送端、接收端变压器变比。

若电压偏低:应减小GM·F-25的限流电阻,但限流电阻与发送端电缆环阻之和不得小于10 Ω,或增大发码器发送电压或者改变发送端、接收端变压器变比。

若头尾电压比例失调:应调整GM·Y译码器的43端子与11、12、31、33、32端子的连接,以满足要求。

在最不利的情况下,继电器电压要满足工作值的1.1倍,即$U_{头}$为30 V,$U_{尾}$为21 V。

(7) 若为叠加电码化区段,还应测试电码化入口电流是否达到要求。

(8) 进行极性交叉测试,确保极性交叉的正确。

(9) 轨道电路调整完毕后要进行分路试验,用0.15 Ω短路线在区段上任一点进行分路,继电器应可靠落下,其残压头部应不大于13.5 V,尾部不大于9.5 V。

扫描二维码4.6.1可以查阅《普速铁路信号维护规则技术标准》中高灵敏轨道电路、不对称高压脉冲轨道电路的相关内容。

4.6.1

第七节 轨道电路的分析计算及调整

一、轨道电路的基本工作状态

轨道电路的基本工作状态可以分为调整状态、分路状态和断轨状态。轨道电路在各种工作状态下工作,要受到许多外界因素的影响,其中受道砟电阻、钢轨阻抗和电源电压三个可变参数的影响最大,但这三个参数的变化,对上述的各种工作状态造成的影响又各不相同,因此,如何保证轨道电路在各种可变参数变化时,均能稳定而可靠地工作,是研究轨道电路的重要任务之一。

1. 轨道电路的调整状态

轨道电路的调整状态(regulated state of track circuit)就是轨道电路完整和空闲(无车占用)、接收设备(如轨道继电器)正常工作时的状态。在调整状态,对轨道继电器来讲,它从钢轨上接收到的电流值越大,它的工作就越可靠。但是这个电流值将随着钢轨阻抗、道砟电阻、发送电压的变化而改变。

轨道电路调整状态的最不利工作条件是发送电压最低、道砟电阻最小、钢轨阻抗最大,同时轨道电路长度为极限长度。在最不利条件下,要求轨道接收设备应能可靠工作,反映轨道电路的空闲状态。

2. 轨道电路的分路状态

轨道电路的分路状态(shunted state of track circuit)就是当轨道电路区段有车占用时,接收设备(如轨道继电器)应被分路而停止工作的状态。当列车占用轨道时,它的轮对在两钢轨之间形成电阻,按一般电路的分析,可以看成是短路作用。但轨道电路本身就是低电阻电路,所以在列车占用时,只能看作是在两钢轨间跨接了一个分路电阻,故称为分路状态。

分路状态的最不利工作条件是发送电压最高、钢轨阻抗最小、道砟电阻最大、列车分路电阻也最大。在分路状态的最不利条件下,轨道接收设备应能可靠地停止工作,反映轨道电路区段有车占用。

3. 轨道电路的断轨状态

轨道电路的断轨状态是指轨道电路的钢轨在某处折断时的情况。此时虽然钢轨已经折断,但轨道电路仍旧可以通过大地而构成回路,接收设备中还会有一定数量的电流流过。为了确保安全,断轨时接收设备应不能工作。

对于断轨状态来讲,其最不利的工作条件是断轨时轨道电路的参数变化使得轨道接收设备中获得最大电流。它除了与钢轨阻抗模值最小、发送电压最大有关外,断轨地点与道砟电阻的大小也对其有一定的影响,即有一个使轨道接收设备中电流值变得最大的最不利的数值,这两个数值一般称为临界断轨地点和临界道砟电阻。

实际上断轨状态有两种情况,一种是列车在钢轨上行驶时,由于冲击力的作用,使钢轨断裂,这时,轨道电路的接收设备在钢轨折断前已被分路而处于停止工作状态,因此,只要求列车出清轨道电路以后,轨道接收设备不再工作,就可以保证行车安全,通常所讲的断轨状态就是指这种情况。另一种情况是当轨道电路空闲(无车占用)时,移去一段钢轨,这时,轨道接收设备也必须停止工作,为与前者区别起见,这种情况称为"移轨状态"。

(1)断轨时,对轨道继电器而言,其可靠不吸起的电流与实际通过轨道继电器的最大电流的比叫断轨系数,以 K_d 表示,继电器的不吸起电流是它的工作电流值的80%,令不吸起电流的90%为可靠不吸起电流,则:

$$K_d = \frac{0.72 I_g}{I_{gd\,max}} \tag{4-7-1}$$

式中: I_g ——轨道继电器工作电流值(A);

$I_{gd\,max}$ ——轨道电路断轨最不利工作条件下,通过轨道继电器的最大电流(A)。

$K_d > 1$ 可以有断轨保障。

(2)移轨时,对轨道继电器而言,其可靠落下的电流与实际轨道继电器的最大电流的比叫移轨系数,以 K_d' 表示,一般轨道继电器的落下电流值是工作电流值的50%,可靠落下电流值又规定为落下电流值的60%,则:

$$K_d' = \frac{0.3I_g}{I_{gd\,max}} \tag{4-7-2}$$

$K_d' > 1$ 可以有移轨保障。

从式(4-7-1)和式(4-7-2)可以看出,轨道电路要实现移轨保障比实现断轨保障更困难,对一般连续供电式轨道电路来讲,移轨状态检查的要求是较难实现的。

二、轨道电路分路的几个术语

1. 列车分路电阻

列车占用轨道电路时,轮对跨在两根钢轨上形成的电阻,就称为列车分路电阻(shunt resistance)。它由车轮和车轴本身的电阻,以及轮缘与钢轨顶部的接触电阻组成。由于车轮和车轴本身的电阻要比接触电阻小得多,可忽略不计,所以列车分路电阻实际上就是轮缘与钢轨顶部的接触电阻。

列车分路电阻的大小与在轨道上分路的车轴数、车辆的载重情况、列车的运行状态、轮缘的装配质量和磨损程度、钢轨顶部的洁净程度等因素有关,它的变化范围很大,可以从千分之几欧姆变化到 $0.06\ \Omega$。

2. 分路效应

由于列车分路使轨道电路接收设备中电流减少,并处于不工作状态,称为有分路效应(shunting effect)。在分路状态最不利的工作条件下,有列车分路时,对于连续式轨道电路,要保证轨道继电器的端电压不大于它的可靠释放值;对于脉冲式轨道电路,要保证轨道继电器的端电压小于或等于它的可靠不吸起值。分路效应在很大程度上确定了轨道电路的质量。

3. 分路灵敏度

分路灵敏度(shunting sensitivity)是指在轨道电路的钢轨上,用一电阻在某一点对轨道电路进行分路,此时恰好能够使轨道继电器线圈中的电流减小到释放值(脉冲式轨道电路为不吸起值),则这个分路电阻值就叫轨道电路在该点的分路灵敏度。

轨道上各点的分路灵敏度是不一样的,这就是说在轨道上不同的地点分路时,为保证轨道继电器恰好落下或不吸起,所需的分路电阻阻值是不相等的。分路灵敏度用电阻值(Ω)来表示。

4. 极限分路灵敏度

对某一轨道电路来说,各点的分路灵敏度中的最小值,就是该轨道电路的极限分路灵敏度。

轨道电路各点的分路灵敏度是不同的,需要检查的是它的极限分路灵敏度,因为整个轨道电路区段的分路灵敏度是以它为代表的。通过推导计算轨道电路任一点分路灵敏度的公式,可以从中确定出极限分路灵敏度位置的分布规律:① 轨道电路最大分路灵敏度地点与其始端和终端参数有关;② 对交流轨道电路而言,当两端的输入阻抗角为正值时,其极限分路灵敏度的位置在两端。目前,我国铁路上所使用的轨道电路都属于感性负载,因此,它们的极限分路灵敏度在轨道电路的两端。

不论在什么情况下,对某一轨道电路求得的极限分路灵敏度都应该大于或等于标准分路灵敏度,这样就可以保证分路状态的正常工作。

5. 标准分路灵敏度

标准分路灵敏度是衡量各种轨道电路分路状态情况优劣的标准。我国规定一般的轨道电路标准分路灵敏度为 0.06 Ω,要求对一轨道电路,在分路状态最不利的工作条件下,用 0.06 Ω 的标准电阻线,在任何地点分路时轨道电路的接收设备都必须停止工作,这样该轨道电路的分路效应才符合标准。

各种轨道电路的标准分路电阻取值应符合下列规定:

(1) 25 Hz 相敏轨道电路的标准分路电阻取值为 0.06 Ω。

(2) 不对称高压脉冲轨道电路的标准分路电阻取值为 0.15 Ω。

(3) ZPW-2000 系列轨道电路道砟电阻小于 3 Ω·km 时,标准分路电阻取值为 0.15 Ω;道砟电阻不小于 3 Ω·km 时,标准分路电阻取值为 0.25 Ω。

(4) 驼峰分路道岔区段的轨道电路长度很短,且线路坡度大,曲线半径小,又进行溜放作业,所以规定驼峰轨道电路的标准分路灵敏度为 0.5 Ω,驼峰高灵敏度轨道电路标准分路灵敏度为 3 Ω。

三、轨道电路的基本参数

轨道电路的基本参数指的是它的一次参数(primary parameter)和二次参数(secondary parameter)。

(一)轨道电路的一次参数

轨道电路是通过钢轨传输电流的,钢轨铺设在轨枕上,轨枕又安置在道砟中,所以轨道电路是具有低绝缘电阻的电气回路。钢轨阻抗 Z(钢轨电阻 R 和钢轨感抗 ωL 的向量和)和漏泄导纳 Y(漏泄电导 G 和漏泄容抗 $1/\omega C$ 的向量和)是轨道电路固有的电气参数。

轨道电路的一次参数是 $Z(R、L)$ 和 $Y(G、C)$ 的总称。

1. 道砟电阻(r_d)

如图 4-7-1 所示,轨道电路的漏泄电流是由一根钢轨经轨枕、道砟和道床流向另一根钢轨的,其值大小是由钢轨线路的绝缘阻抗,即道砟电阻决定的。

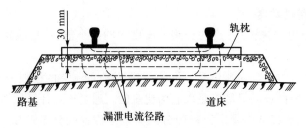

图 4-7-1　轨道电路漏泄电流的径路

道砟电阻(ballast resistance)是一个分布参数,通常以每千米钢轨线路所具有的漏泄电阻的阻值表示,称为单位道砟电阻或简称道砟电阻,用 r_d 表示,其单位是 $\Omega \cdot km$。

由于漏泄电流通过不同性质的导电介质流过,钢轨和线路上部建筑的金属配件都具有电子导电性。道砟、轨枕和道床土壤内均含有水分,所以它们具有离子导电性,并可把它们作为特殊的电解质来看待。

因此,道砟电阻的数值,一方面取决于线路上部建筑的结构,即取决于道砟的材料、道砟层的厚度和清洁度、轨枕的材质和数量,另一方面还取决于温度和湿度的变化及道床土壤的导电率等因素。

可以用作道砟的材料很多,我国大部分地区都是用碎石做道砟,它不太吸收水分,本身又不易导电,所以对提高道砟电阻值是有利的。当道床中混有炉渣、煤屑、列车制动所产生的金属粉末、盐质溶液等杂质时,道砟电阻值就会下降。

我国使用的轨枕,有木枕和钢筋混凝土轨枕。为提高道砟电阻值,木枕应该用绝缘的防腐剂来处理。当木枕有裂缝和腐朽等情况时,电阻值要降低。每根木枕的绝缘电阻值约在几十千欧,当每千米铺设 1 600 ~ 2 400 根时,则每千米轨枕绝缘电阻在 20 Ω 左右。钢筋混凝土轨枕的电导率受环境温度和湿度的影响比木枕更为显著,而且钢轨之间呈现的电容性增强,使漏泄电流增大。当信号电流的频率在千赫兹以内时,电容的作用很小。钢筋混凝土轨枕的钢轨底部设有绝缘垫板,它的好坏对道砟电阻值有较大的影响。每根钢筋混凝土轨枕的绝缘电阻值约 70 ~ 80 Ω,则每千米轨枕绝缘电阻只有 0.04 ~ 0.05 Ω,垫上绝缘垫板后,则每千米轨枕绝缘电阻可达 50 ~ 150 Ω。

但实际的道砟电阻值远低于上述数值,这是因为漏泄电流是经由轨枕、道砟和大地三条并联径路构成回路的。环境温度、湿度对道砟电阻的影响也非常大。经过长期大量的测量和统计,我国现行规定的轨道电路道砟电阻值不应小于表 4-11 的要求。

表 4-11 轨道电路的道砟电阻值

碎石道床	道砟电阻/($\Omega \cdot km$)	
	直流	交流
区间	1.2	1.0
站内	0.7	0.6

由于我国疆土辽阔,南北方的地质和气候差异很大,道床的状况也较复杂,造成有些区段最小道砟电阻值低于标准值。道砟电阻越小,两钢轨间漏泄电流就越大,轨道电路消耗的电能就会增多,而且道砟电阻值变化的范围越大,轨道电路的工作状态就越不稳定,因此,要保证轨道电路稳定地工作,必须尽可能地提高最小道砟电阻值。

提高道床排水能力,定期清筛道砟,及时更换腐朽及破裂的轨枕等,都是提高道砟电阻值的有效措施。确定轨道电路的工程设计长度时,最低道砟电阻的取值应符合下列规定:

(1)客货共线铁路

站内有砟轨道不应大于 0.6 $\Omega \cdot km$;区间有砟轨道不应大于 1.0 $\Omega \cdot km$。

（2）高速铁路、城际铁路

有砟轨道不应大于 $2.0\ \Omega \cdot km$；无砟轨道不应大于 $3.0\ \Omega \cdot km$。

2. 钢轨阻抗（Z）

每千米两根钢轨（回路）的阻抗，称为单位钢轨阻抗，简称钢轨阻抗（rail imped-ance），用 Z（Z 表示其模值）来表示，单位是 Ω/km。它包括钢轨本身的阻抗及钢轨接头处的阻抗。钢轨接头处的阻抗则包括鱼尾板及接续线的阻抗和它们的接触电阻。鱼尾板和钢轨间接触电阻的大小与鱼尾板、钢轨端部表面的污垢及生锈程度、螺栓的松紧、气候条件等有关，它的变化范围很大。

为了得到稳定的和尽可能小的钢轨阻抗，在钢轨接头处安装了钢轨接续线。鱼尾板和钢轨间的接触电阻与接续线阻抗及接续线与钢轨间的接触电阻相并联，因此，钢轨接头处的总阻抗就会显著降低，并比较稳定。

当轨道电路中通以直流信号时，钢轨阻抗就是纯电阻，称之为钢轨电阻。当轨道电路中通以交流信号时，在钢轨的内部和周围形成交变磁场，除了有效电阻外，还有感抗存在，总的阻抗比直流时要大很多。

由于钢轨的相对导磁率大，当通以很低频率的电流时，钢轨中就会出现集肤效应，使有效截面减小，有效电阻增大。它在很大程度上取决于信号电流的频率，其次还与钢轨断面形状、电导率、磁导率有关。在理论概算和实际测算的基础上，我国规定在实际使用中的轨道电路的钢轨电阻（直流）或钢轨阻抗（交流）值不应大于表 4–12 的要求。

表 4–12 轨道电路的钢轨阻抗标准值

持续线类型	轨道电路类型	频率/Hz	钢轨电阻/Ω，钢轨阻抗/（Ω/km）	
			区间	站内
塞钉式	交流	50	$1.0\angle18°$	$1.2\angle43°$
	直流	—	—	0.8
	25 Hz	25	$0.5\angle52°$	$0.62\angle42°$
	移频	550	$5.1\angle79°$	$5.1\angle79°$
		650	$5.9\angle79.2°$	$5.9\angle79.2°$
		750	$6.7\angle80°$	$6.7\angle80°$
		850	$7.75\angle81°$	$7.75\angle81°$
焊接式	交流	50	$0.8\angle60°$	$0.8\angle60°$
	直流	—	0.2	0.2
	25 Hz	25	$0.5\angle52°$	—
	移频	550	$5.1\angle79°$	$5.1\angle79°$
		650	$5.9\angle79.2°$	$5.9\angle79.2°$
		750	$6.7\angle80°$	$6.7\angle80°$
		850	$7.75\angle81°$	$7.75\angle81°$

持续线类型	轨道电路类型	频率/Hz	钢轨电阻/Ω,钢轨阻抗/(Ω/km)	
			区间	站内
长钢轨 (无缝钢轨)	ZPW-2000	1 700	$14.08 \angle 85.2°$	$14.08 \angle 85.2°$
		2 000	$16.44 \angle 85.44°$	$16.44 \angle 85.44°$
		2 300	$18.798 \angle 85.62°$	$18.798 \angle 85.62°$
		2 600	$21.147 \angle 85.78°$	$21.147 \angle 85.78°$
	交流	50	$0.65 \angle 70°$	$0.65 \angle 70°$

（二）轨道电路的二次参数

轨道电路的二次参数包括特性阻抗 $\boldsymbol{Z}_\mathrm{C}$($Z_\mathrm{C}$ 表示其模值)与传输常数 $\boldsymbol{\gamma}$(γ 表示其模值),它们是轨道电路一次参数(钢轨阻抗 $\boldsymbol{Z}$ 和道砟电阻 r_d)的函数,所以称为轨道电路的二次参数。

轨道电路的钢轨阻抗和道砟漏泄都是均匀分布的,它也属于均匀分布参数传输线,因此分布参数传输线的基本方程在轨道电路中也适用,它反映了轨道电路始端(送电端)的电压和电流与终端(受电端)的电压和电流的关系:

$$\begin{cases} \boldsymbol{U}_\mathrm{S} = \boldsymbol{U}_\mathrm{Z}\mathrm{ch}\,\boldsymbol{\gamma}l + \boldsymbol{I}_\mathrm{Z}\boldsymbol{Z}_\mathrm{C}\mathrm{sh}\,\boldsymbol{\gamma}l \\ \boldsymbol{I}_\mathrm{S} = \dfrac{\boldsymbol{U}_\mathrm{Z}}{\boldsymbol{Z}_\mathrm{C}}\mathrm{sh}\,\boldsymbol{\gamma}l + \boldsymbol{I}_\mathrm{Z}\mathrm{ch}\,\boldsymbol{\gamma}l \end{cases} \qquad (4-7-3)$$

式中:$\boldsymbol{U}_\mathrm{S}$、$\boldsymbol{I}_\mathrm{S}$——轨道电路始端的电压、电流;

$\boldsymbol{U}_\mathrm{Z}$、$\boldsymbol{I}_\mathrm{Z}$——轨道电路终端的电压、电流;

$\boldsymbol{Z}_\mathrm{C}$、$\boldsymbol{\gamma}$——轨道电路的特性阻抗、传输常数;

l——轨道电路的长度。

1. 特性阻抗

和其他均匀分布参数传输线一样,也可以应用四端网的理论来分析研究轨道电路的各种问题。图 4-7-2 是以四端网 A 代替轨道线路,则根据四端网链接的理论,可把 l 长的轨道电路分成 n 段,每段长为 l/n,每段可以用集中参数的 Γ 形或 T 形、Π 形四端网来代替,则 l 长的轨道电路就可以用 n 个 Γ 形或 T 形、Π 形四端网链接来代替,当 $n \to \infty$ 时,也能精确地算出始端电压和电流与终端的电压和电流的关系。图 4-7-3 为一小段轨道电路的等效 Γ 形四端网。

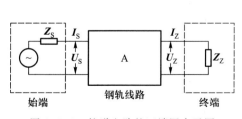

图 4-7-2　轨道电路的四端网表示图

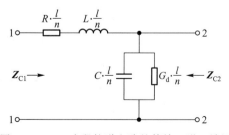

图 4-7-3　一小段轨道电路的等效 Γ 形四端网

四端网 11 端的特性阻抗为

$$\boldsymbol{Z}_{C1} = \sqrt{\boldsymbol{Z}_{K1} \cdot \boldsymbol{Z}_{D1}} \tag{4-7-4}$$

式中:$\boldsymbol{Z}_{K1}$——当 22 端开路时,11 端的输入阻抗;

$\boldsymbol{Z}_{D1}$——当 22 端短路时,11 端的输入阻抗。

$$\boldsymbol{Z}_{K1} = (R+j\omega L)\frac{l}{n} + \frac{1}{(G_d+j\omega C)\dfrac{l}{n}}$$

$$\boldsymbol{Z}_{D1} = (R+j\omega L)\frac{l}{n}$$

将 $\boldsymbol{Z}_{K1}$、$\boldsymbol{Z}_{D1}$ 代入(4-7-4)式,得

$$\boldsymbol{Z}_{C1} = \sqrt{(R+j\omega L)\frac{l}{n} \cdot \left[(R+j\omega L)\frac{l}{n} + \frac{1}{(G_d+j\omega C)\dfrac{l}{n}}\right]}$$

$$= \sqrt{\left[(R+j\omega L)\frac{l}{n}\right]^2 + \frac{R+j\omega L}{(G_d+j\omega C)}}$$

当 $n \to \infty$ 时,则 $\left(\dfrac{l}{n}\right)^2 \to 0$,则

$$\boldsymbol{Z}_{C1} = \sqrt{\frac{R+j\omega L}{G_d+j\omega C}} \tag{4-7-5}$$

同样,22 端的特性阻抗为

$$\boldsymbol{Z}_{C2} = \sqrt{\boldsymbol{Z}_{K2} \cdot \boldsymbol{Z}_{D2}} \tag{4-7-6}$$

式中:$\boldsymbol{Z}_{K2}$——当 11 端开路时,22 端的输入阻抗;

$\boldsymbol{Z}_{D2}$——当 11 端短路时,22 端的输入阻抗。

$$\boldsymbol{Z}_{K2} = \frac{1}{(G_d+j\omega C)\dfrac{l}{n}}$$

$$\boldsymbol{Z}_{D2} = \frac{1}{\dfrac{1}{(R+j\omega L)\dfrac{l}{n}} + (G_d+j\omega C)\dfrac{l}{n}}$$

将 $\boldsymbol{Z}_{K2}$、$\boldsymbol{Z}_{D2}$ 代入(4-7-6)式,得

$$\boldsymbol{Z}_{C2} = \sqrt{\frac{1}{(G_d+j\omega C)\dfrac{l}{n}} \cdot \frac{1}{\dfrac{1}{(R+j\omega L)\dfrac{l}{n}} + (G_d+j\omega C)\dfrac{l}{n}}}$$

$$= \sqrt{\frac{1}{(G_d+j\omega C)\dfrac{l}{n}} \times \frac{(R+j\omega L)\dfrac{l}{n}}{1+(G_d+j\omega C)(R+j\omega L)\left(\dfrac{l}{n}\right)^2}}$$

当 $n \to \infty$ 时, 则 $\left(\dfrac{l}{n}\right)^2 \to 0$, 则

$$\mathbf{Z}_{C2} = \sqrt{\dfrac{R + j\omega L}{G_d + j\omega C}} \tag{4-7-7}$$

因为每一小段轨道电路等效 Γ 形网的 11 端与 22 端的特性阻抗相等, 则可以把 l 长的轨道电路由 n 个 Γ 形网匹配链接而成, 所以总的轨道电路的特性阻抗 $\mathbf{Z}_C$ 为

$$\mathbf{Z}_C = \mathbf{Z}_{C1} = \mathbf{Z}_{C2} = \sqrt{\dfrac{R + j\omega L}{G_d + j\omega C}} \tag{4-7-8}$$

当通过轨道电路电流的频率低于 1 000 Hz 时, 可忽略其容性, 则

$$\mathbf{Z}_C = \sqrt{\mathbf{Z} \cdot r_d} = \left| \sqrt{\mathbf{Z} \cdot r_d} \right| e^{j\frac{\varphi_Z}{2}} \tag{4-7-9}$$

式中: $\mathbf{Z}$——单位钢轨阻抗 (Ω/km);

    r_d——单位道砟电阻 ($\Omega \cdot \mathrm{km}$);

    φ_Z——钢轨阻抗的幅角 (rad)。

2. 传输常数

根据定义, 每一小段轨道电路的等效 Γ 形网的传输常数为:

$$\mathrm{th}\,\boldsymbol{\gamma} = \sqrt{\dfrac{\mathbf{Z}_{D1}}{\mathbf{Z}_{K1}}} = \sqrt{\dfrac{\mathbf{Z}_{D2}}{\mathbf{Z}_{K2}}} \tag{4-7-10}$$

将 $\mathbf{Z}_{K1}$、$\mathbf{Z}_{D1}$ 或 $\mathbf{Z}_{K2}$、$\mathbf{Z}_{D2}$ 的值代入式 (4-7-10), 则

$$\mathrm{th}\,\boldsymbol{\gamma} = \sqrt{\dfrac{(R + j\omega L)\dfrac{l}{n}}{(R + j\omega L)\dfrac{l}{n} + \dfrac{1}{(G_d + j\omega C)\dfrac{l}{n}}}}$$

$$= \sqrt{\dfrac{(R + j\omega L)(G_d + j\omega C)\left(\dfrac{l}{n}\right)^2}{(R + j\omega L)(G_d + j\omega C)\left(\dfrac{l}{n}\right)^2 + 1}}$$

当 $n \to \infty$ 时, 则 $(R + j\omega L)(G_d + j\omega C)\left(\dfrac{l}{n}\right)^2 \ll 1$, 则

$$\mathrm{th}\,\boldsymbol{\gamma} = \sqrt{(R + j\omega L)(G_d + j\omega C)}\,\dfrac{l}{n}$$

当 $\mathrm{th}\,\boldsymbol{\gamma}$ 很小时, $\mathrm{th}\,\boldsymbol{\gamma} \approx \boldsymbol{\gamma}$, 则

$$\boldsymbol{\gamma} = \sqrt{(R + j\omega L)(G_d + j\omega C)}\,\dfrac{l}{n}$$

由 n 个 Γ 形网匹配链接的总网络的传输常数为 n 个 $\boldsymbol{\gamma}$, 所以 l 长的轨道电路的传输常数为 $n\boldsymbol{\gamma}$, 当 l 长为一千米时, 其轨道电路的传输常数为

$$\boldsymbol{\gamma} = \sqrt{(R + j\omega L)(G_d + j\omega C)} \tag{4-7-11}$$

对交流轨道电路来讲, 传输常数为复数, 可以写为

$$\gamma = \beta + j\alpha$$

其中 β 为轨道电路的衰耗常数,它反映了轨道电路的电压、电流每千米的衰耗程度,单位为 1/km; α 为轨道电路的相移常数,它反映轨道电路的电压、电流每千米的相移情况,单位为 rad/km。

当忽略轨道电路的容性时,有

$$\gamma = \sqrt{\frac{Z}{r_d}} = \left| \sqrt{\frac{Z}{r_d}} \right| e^{j\frac{\varphi_Z}{2}} \tag{4-7-12}$$

式中: Z——单位钢轨阻抗(Ω/km);

$\quad r_d$——单位道砟电阻($\Omega \cdot \mathrm{km}$);

$\quad \varphi_Z$——钢轨阻抗的幅角(rad)。

对于直流轨道电路来讲: $\alpha = 0$, $\gamma = \beta = \sqrt{\dfrac{Z}{r_d}}$

四、交流轨道电路一次参数的测算

在测算轨道电路一次参数时,通常的方法是从轨道电路始、终端电压、电流的关系中先求出二次参数,再根据二次参数求得一次参数。

交流轨道电路一次参数,一般是指工频(50 Hz)的轨道参数。对于 75 Hz、25 Hz 电源作用下的轨道电路的一次参数,可参照工频的方法测算,下面介绍两种常用的方法。

(一)开路、短路法

这种方法和直流轨道电路参数测算法一样,先测出轨道电路终端开路和短路时的始端电压、电流值,即可算出始端的输入阻抗,只是对于交流轨道电路不仅要测模值,还要测出它们之间的相角。测量电压、电流之间相角的大小,需要利用相位表或三电压表。

1. 相位表法

相位表法的测量电路如图 4-7-4 所示,图中相位表的读数 φ 指的是轨道电路始端电流和电压之间的相位差。

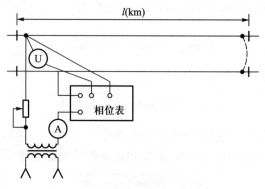

图 4-7-4　相位表法的测量电路

从图 4-7-4 中可以看出,当终端开路或短路时,从相位表、电压表、电流表中可测得终端开路时始端的 U_{SK}、I_{SK}、φ_{SK},终端短路时始端的 U_{SD}、I_{SD}、φ_{SD}。则始端的开路输入阻抗 $\boldsymbol{Z}_{\mathrm{SK}}$ 和短路输入阻抗 $\boldsymbol{Z}_{\mathrm{SD}}$ 分别为

$$\boldsymbol{Z}_{\mathrm{SK}} = \frac{U_{\mathrm{SK}}}{I_{\mathrm{SK}}}\mathrm{e}^{j\varphi_{\mathrm{SK}}}$$

$$\boldsymbol{Z}_{\mathrm{SD}} = \frac{U_{\mathrm{SD}}}{I_{\mathrm{SD}}}\mathrm{e}^{j\varphi_{\mathrm{SD}}}$$

$$(4\text{-}7\text{-}13)$$

将式(4-7-13)代入式(4-7-4)、(4-7-10)得

$$\boldsymbol{Z}_{\mathrm{C}} = \sqrt{Z_{\mathrm{SK}} \cdot Z_{\mathrm{SD}}}\, \mathrm{e}^{j\frac{\varphi_{\mathrm{SK}}+\varphi_{\mathrm{SD}}}{2}}$$

$$\mathrm{th}\,\boldsymbol{\gamma}l = \sqrt{\frac{Z_{\mathrm{SD}}}{Z_{\mathrm{SK}}}}\, \mathrm{e}^{j\frac{\varphi_{\mathrm{SD}}-\varphi_{\mathrm{SK}}}{2}}$$

$$(4\text{-}7\text{-}14)$$

由于 $\mathrm{th}\,\boldsymbol{\gamma}l$ 是复数双曲函数,需加以变换,再根据复数反双曲函数公式(推导过程省略)求出 $\boldsymbol{\gamma}$ 为

$$\boldsymbol{\gamma} = \beta + j\alpha$$

其中

$$\beta = \frac{1}{2l}\mathrm{arth}\left(\frac{2T\cos\varphi_T}{1+T^2}\right)$$

$$\alpha = \frac{1}{2l}\arctan\left(\frac{2T\sin\varphi_T}{1-T^2}\right)$$

$$(4\text{-}7\text{-}15)$$

式(4-7-15)中 $T = \sqrt{\dfrac{Z_{\mathrm{SD}}}{Z_{\mathrm{SK}}}}$,$\varphi_T = \dfrac{\varphi_{\mathrm{SD}}-\varphi_{\mathrm{SK}}}{2}$。

最后由式(4-7-9)和式(4-7-12)得

单位钢轨阻抗:

$$\boldsymbol{Z} = \boldsymbol{Z}_{\mathrm{C}} \cdot \boldsymbol{\gamma} = |\boldsymbol{Z}_{\mathrm{C}} \cdot \boldsymbol{\gamma}|\mathrm{e}^{j(\varphi_{ZC}+\varphi_\gamma)}$$

$$(4\text{-}7\text{-}16)$$

式中:φ_{ZC}——特性阻抗的幅角(rad);

φ_γ——传输常数的幅角(rad)。

单位道砟漏导:

$$\boldsymbol{G}_{\mathrm{d}} = \frac{\boldsymbol{\gamma}}{\boldsymbol{Z}_{\mathrm{C}}} = \left|\frac{\boldsymbol{\gamma}}{\boldsymbol{Z}_{\mathrm{C}}}\right|\mathrm{e}^{j(\varphi_\gamma-\varphi_{ZC})}$$

$$= g_{\mathrm{d}} + j\omega C$$

$$(4\text{-}7\text{-}17)$$

单位道砟电阻:

$$r_{\mathrm{d}} = \frac{1}{g_{\mathrm{d}}}$$

$$(4\text{-}7\text{-}18)$$

或

$$r_{\mathrm{d}} = \frac{Z_{\mathrm{C}}}{\gamma\cos(\varphi_\gamma-\varphi_{ZC})}$$

$$(4\text{-}7\text{-}19)$$

单位道砟电容:

$$C_d = \frac{\omega C}{2\pi f} \qquad (4-7-20)$$

或

$$C_d = \frac{\gamma \sin(\varphi_\gamma - \varphi_{ZC})}{2\pi f Z_C} \qquad (4-7-21)$$

2. 三电压表法

要想求出轨道电路始端的开路输入阻抗和短路输入阻抗,除前述的相位表法外,还可以采用三电压表法,如图 4-7-5 所示。具体测算方法是在轨道电路终端开路、短路时,用一块电压表迅速地测出图中的三处电压值,三个电压是矢量和的关系,如图 4-7-6 所示。

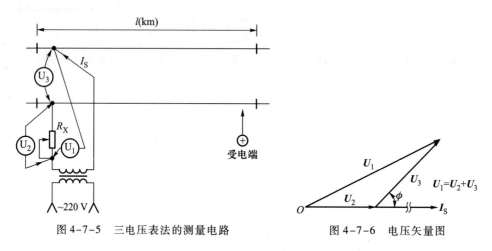

图 4-7-5 三电压表法的测量电路   图 4-7-6 电压矢量图

通过限流电阻 R_X 的电流就是流入轨道电路的始端电流 I_S,它与 R_X 上的电压 U_2 是同相的,U_S 是轨道电路的始端电压,φ 就是始端电压、电流之间的相位差,也就是这时输入阻抗的幅角。根据三角形余弦定律:

$$U_1^2 = U_2^2 + U_3^2 + 2U_2 U_3 \cos\varphi$$

则

$$\varphi = \arccos \frac{U_1^2 - (U_2^2 + U_3^2)}{2U_2 U_3} \qquad (4-7-22)$$

将轨道电路终端开路、短路时,测得的 U_{1K}、U_{2K}、U_{3K} 和 U_{1D}、U_{2D}、U_{3D} 代入式(4-7-22),分别求得 φ_K 和 φ_D。

当 R_X 为已知时,则开路输入阻抗 Z_{SK} 和短路输入阻抗 Z_{SD} 分别为:

$$\boldsymbol{Z}_{SK} = \frac{U_{3K} \times R_X}{U_{2K}} e^{j\varphi_K}$$

$$\qquad (4-7-23)$$

$$\boldsymbol{Z}_{SD} = \frac{U_{3D} \times R_X}{U_{2D}} e^{j\varphi_D}$$

求出 $\boldsymbol{Z}_{SK}$ 和 $\boldsymbol{Z}_{SD}$ 后,就可以计算出轨道电路的二次参数和一次参数,方法同相位表法。

（二）开路、短路终端开路电压法

当交流的频率较低，钢轨线路之间的漏阻主要呈电阻特性时，可以用开路、短路终端开路电压法来测算轨道电路的一次参数，这种方法只要测取电压和电流的模值，就可以计算出轨道电路的一次参数。可是它的缺点是不能测出呈电容性的道床情况，水泥轨枕及道砟电阻较高时，误差比较大。

开路、短路终端开路电压法的测量电路如图 4-7-7 所示。这种方法除了要知道轨道电路的长度 l 外，还应测量出终端开路时始端的轨面电压 U_{SK}、电流 I_{SK} 和终端轨面电压 U_{ZK}，以及终端短路时始端的轨面电压 U_{SD}、电流 I_{SD}。其计算步骤如下：

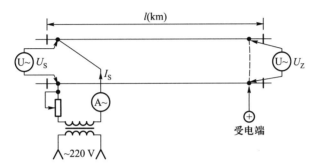

图 4-7-7　开路、短路终端开路电压法的测量电路

1. 求传输常数

当终端开路时，终端电流 $I_Z = 0$，则传输方程式（4-7-3）变成

$$U_{SK} = U_{ZK} \cdot \text{ch } \gamma l$$

$$I_{SK} = \frac{U_{ZK}}{Z_C} \cdot \text{sh } \gamma l \tag{4-7-24}$$

则

$$\text{ch } \gamma l = \frac{U_{SK}}{U_{ZK}}$$

$$\text{sh } \gamma l = \frac{I_{SK} \cdot Z_C}{U_{ZK}} \tag{4-7-25}$$

由复数双曲函数公式推导可得出 β 和 α 为

$$\beta = \frac{1}{2l} \text{arch} \left(\frac{U_{SK}}{U_{ZK}} \right)^2 \left(1 + \frac{Z_{SD}}{Z_{SK}} \right)$$

$$\alpha = \frac{1}{2l} \arccos \left(\frac{U_{SK}}{U_{ZK}} \right)^2 \left(1 - \frac{Z_{SD}}{Z_{SK}} \right) \tag{4-7-26}$$

$$|\gamma| = \sqrt{\beta^2 + \alpha^2}$$

$$\varphi_\gamma = \arctan \frac{\alpha}{\beta} \tag{4-7-27}$$

2. 求特性阻抗 Z_C

开路输入阻抗为 $|Z_{SK}| = \dfrac{U_{SK}}{I_{SK}}$，短路输入阻抗为 $|Z_{SD}| = \dfrac{U_{SD}}{I_{SD}}$，则

$$|Z_C| = \sqrt{Z_{SK} \cdot Z_{SD}}$$

因为道砟电阻为纯电阻,所以

$$|Z_C| e^{j\varphi_{ZC}} = \left| \sqrt{Z \cdot r_d} \right| \cdot e^{j\frac{\varphi_Z}{2}}$$

$$|\gamma| e^{j\varphi_\gamma} = \left| \sqrt{\frac{Z}{r_d}} \right| \cdot e^{j\frac{\varphi_Z}{2}}$$

3. 求一次参数 Z 和 r_d

单位钢轨阻抗为

$$Z = |Z_C \cdot \gamma| e^{j\varphi_{ZC}} \tag{4-7-28}$$

单位道砟电阻为

$$r_d = \left| \frac{Z_C}{\gamma} \right| \tag{4-7-29}$$

当测量道碴电阻比较低或者线路比较长的轨道电路时,往往会出现开路和短路输入阻抗相等的情况,甚至出现短路阻抗大于开路阻抗的现象,这就很难用前面所述的公式求得正确的结果。为了克服这种情况所带来的困难,可以采用两次短路法来测算:首先在轨道上某一长度为 l 的地方进行短路,用前述方法求得它的短路输入阻抗,然后在距始端 2 倍于 l 的地方再次短路,又可以求得一个短路输入阻抗;由轨道电路的传输方程式,可解得二次参数;再根据公式,即可求出轨道电路的一次参数。

（三）测算数值分析

测算所得的交流一次参数,应该和参数的标准值相比较,以便评定该轨道电路。

一般情况下,道砟电阻应大于或至少等于规定的标准值(个别也有低于标准值的情况)。钢轨阻抗的实测模值可能会小于标准值,幅角却可能大于标准值(若模值大于标准值,则说明轨端接续线导电不良,或者测算有误差)。站内轨道电路的钢轨阻抗,50 Hz 时的标准值是 $1.2\angle 43°(\Omega/\mathrm{km})$,即每千米钢轨电阻标准的有效值是 $0.877\ \Omega(Z \times \cos\varphi_Z)$,而感抗的标准值是 $0.818\ \Omega(Z \times \sin\varphi_Z)$,感抗分量是由电源的频率、钢轨(包括接续线)的几何形状,以及钢轨的导磁、导电特性等决定的,在一般情况下测试的结果和标准值相差不会太大。电阻分量则在很大的程度上取决于钢轨接头处的接触电阻值,标准值中的电阻分量是允许的最大值,超过它就说明接续线的情况不合格,所以一般的测算结果应该小一些。因此,由于测算所得的感抗分量与标准值出入不大,而电阻分量又会小于标准值,所以测算所得的阻抗模值也就会小于标准值的模值,而它的幅角值会大于标准的幅角值。

五、轨道电路的分析和计算

轨道电路的分析和计算是针对轨道电路的调整状态、分路状态和断轨状态来

进行的,还要考虑过载校核和机车信号状态。在分析和计算时,首先要进行调整状态的计算,然后按照调整状态计算出的各种数值,再进行其他各种工作状态的验算。不管是分析计算,还是校核验算,都必须在各种工作状态的最不利条件下进行。

现在以交流连续式安全型轨道电路("480"型轨道电路)为例进行分析和计算。

(一) 调整状态的分析计算

调整状态分析计算的目的,是要在调整状态最不利的工作条件下,并保证轨道继电器可靠地吸起时,确定轨道电路始端轨道变压器 BG_5 二次侧的电压 V_b 和限流器电阻 R_x 的阻值。图 4-7-8 是"480"型轨道电路的等效电路。

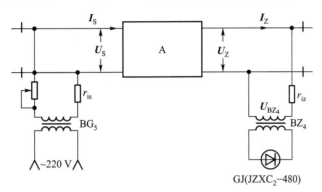

图 4-7-8　"480"型轨道电路的等效电路

1. 计算的条件和基本公式

在调整状态最不利的条件下,道砟电阻应取最小值 $r_{dmin}(\Omega \cdot km)$,钢轨阻抗应取最大值(即钢轨阻抗的标准值) $\boldsymbol{Z} = |\boldsymbol{Z}|e^{j\varphi_Z}(\Omega/km)$。这样相应的二次参数就是:特性阻抗为 $\boldsymbol{Z}_C = |\boldsymbol{Z}_C|e^{j\varphi_{ZC}} = \left|\sqrt{\boldsymbol{Z} \cdot r_{dmin}}\right|e^{j\frac{\varphi_Z}{2}}$,传输常数为 $\boldsymbol{\gamma} = |\boldsymbol{\gamma}|e^{j\varphi_\gamma} = \left|\sqrt{\dfrac{\boldsymbol{Z}}{r_{dmin}}}\right|e^{j\frac{\varphi_Z}{2}} = \beta+j\alpha$。

若轨道电路的长度为 l,终端轨面所要达到的电压、电流为 $\boldsymbol{U}_Z$、$\boldsymbol{I}_Z$,根据轨道电路的传输方程式(4-7-3),可求得轨道电路始端的轨面电压 $\boldsymbol{U}_S$、$\boldsymbol{I}_S$,即

$$\boldsymbol{U}_S = \boldsymbol{U}_Z \text{ch } \boldsymbol{\gamma}l + \boldsymbol{I}_Z\boldsymbol{Z}_C \text{sh } \boldsymbol{\gamma}l$$

$$\boldsymbol{I}_S = \frac{\boldsymbol{U}_Z}{\boldsymbol{Z}_C}\text{sh } \boldsymbol{\gamma}l + \boldsymbol{I}_Z \text{ch } \boldsymbol{\gamma}l$$

由此求得轨道变压器二次侧的电压最低值为:

$$\boldsymbol{U}_{bmin} = \boldsymbol{U}_S + \boldsymbol{I}_S(R_X + r_{is}) \tag{4-7-30}$$

式中: r_{is} ——始端引接线电阻,一般取 $0.1 \sim 0.3\ \Omega$。

2. 确定终端电压、电流值的方法

$\boldsymbol{U}_Z$ 和 $\boldsymbol{I}_Z$ 是对应轨道继电器在工作值时终端轨面的电压和电流,则:

$$\boldsymbol{U}_Z = \boldsymbol{I}_Z r_{iz} + \boldsymbol{U}_{BZ_4} \tag{4-7-31}$$

式中: $\boldsymbol{U}_{BZ_4}$ ——轨道继电器的电压等于工作值时,在中继变压器一次侧的端电压;

r_{iz}——引接线电阻,一般取 $0.1 \sim 0.3 \ \Omega$。

轨道继电器线圈的直流电阻是 $480 \ \Omega$,中继变压器的匝数比是 $1:20$,按照理想变压器的理论,中继变压器的一次侧的阻抗及相应的电压、电流值都可以算出来,但计算结果并不符合实际。其主要原因是在交流作用下,轨道继电器不是纯电阻负载,中继变压器也不是理想的。此时,只能通过实际测算来确定。表 4-13 是轨道继电器采用 JZXC-480 型继电器(6 组接点)时,BZ_4 中继变压器一次侧的电压、电流、阻抗数据。有了这些数据,就可以求出 U_z。

表 4-13 BZ_4 的特性(用 JZXC-480 型继电器 6 组接点)

轨道继电器		BZ_4 一次侧(轨道侧)		
状态	交流电压/V	电压/V	电流/A	阻抗/Ω
释放	4.6	$0.265 \angle 37.5°$	0.24	$1.1 \angle 37.5°$
吸起	8.0	$0.44 \angle 35°$	0.395	$1.1 \angle 35°$
工作	9.2	$0.5 \angle 35°$	0.45	$1.1 \angle 35°$
过载	37	$1.37 \angle 45°$	2.5	$0.55 \angle 45°$

3. 求解限流器阻值和最低供电电压

式(4-7-30)中有两个未知数 U_{bmin} 和 R_X,这是一个不定方程,必须再依靠其他条件才能获得合理的结果。目前有两种方法,一是要求在始端轨面短路时,电源的功率消耗最小,也就是只有当始端的总阻值等于调整状态计算中所求得的始端轨面输入阻抗(模值)时才能实现,即

$$R_S = R_X + r_{is} = \left| \frac{U_S}{I_S} \right| = |Z_S| \qquad (4-7-32)$$

当电源的功率消耗问题并不突出时,可以采用另外一种选择限流器阻值的方法。因为由调整状态的计算所确定的电源变压器电压、限流器的阻值,应该保证在始端轨面短路时,始端不会出现过负荷的现象,也就是说,始端可能出现的最大电流值不会超过始端设备所能容许的电流值。由于电源变压器 BG_5 的二次侧最多只能容许通过 4.5 A 的电流,因此可以列出:

$$|I_{Smax}| = \frac{|U_{bmax}|}{R_X + r_{is}} \leqslant 4.5 \qquad (4-7-33)$$

由式(4-7-30)和式(4-7-33)就能求出相应的 U_{bmin} 和 R_X 值。

4. 选取实用的电压值

由式(4-7-30)求得的电源电压是最低值 U_{bmin}。变压器标牌上的电压是对应于一次侧为额定值(BG_5 变压器电压为 220 V,电流为 0.25 A)时的输出值,电源电压的波动范围是 220 V±22 V。当电压下降 10% 时,应仍能保证最低值。为此,将求得的电压最低值 U_{bmin} 增加 10%,然后再选择标牌上的额定值。其次,当求得 $U_b = 1.1 \times U_{bmin}$ 之后,选 BG_5 二次侧的相应电压时,U_b 值往往并不能和标牌上的电压值恰好相符,因为 BG_5 的二次电压是按 0.45 V 一级进档的。计算出来的电压值

U_b,若落在两挡之间,则应选用其中的上限。

在轨道电路的计算中,经常会遇到电源电压的最大值 U_{bmax},当波动范围在 220 V±22 V 时,则按下式来求 U_{bmax} 值:

$$|\boldsymbol{U}_{bmax}| = 1.1 \times |\boldsymbol{U}_b| \tag{4-7-34}$$

(二) 分路状态的分析计算

在调整状态的计算中,确定了电源的供电电压 U_b 和限流电阻值 R_X,但并不能说明这两个数值是最合理的,因而还需要根据该值进行一系列其他工作状态的验算,若均能满足各种状态的要求,才能算完成了该轨道电路的调整计算工作。

分路状态的校验是首先要验算的一种工作状态,其目的是在调整状态计算的基础上,在分路状态最不利的工作条件下(即电源电压最高、钢轨阻抗最小、道砟电阻为无穷大),当轨道上有列车占用时,能否确保轨道电路终端的接收设备停止工作(即是否能确保有分路效应)。

分路状态的验算工作有两种方法,一是求出轨道电路的极限分路灵敏度,并与标准分路灵敏度进行比较,若前者大于后者,则有分路效应。另一种是采用电压比较法,即分路状态下求出的电源电压与调整状态下求出的电源电压最大值进行比较,若前者大于后者,则有分路效应。这两种方法都适用于限流阻抗和轨道变压器二次线圈电压已经确定的场合。前者可以具体算出极限分路灵敏度的大小,但不如后者简单。下面简单介绍一下电压比较法。

电压比较法是在调整状态计算的基础上,在分路状态最不利的条件下,用标准分路灵敏度(例如 0.06 Ω 的电阻)在轨道电路的始端和终端分路,如图 4-7-9 所示,并使通过轨道继电器的电流值等于可靠落下值(连续式轨道电路)或可靠不吸起值(脉冲式轨道电路),利用集中参数四端网的计算方法,计算出在上述情况下的轨道电路送电端轨道变压器二次侧相应的电压 U_{bf},若 $U_{bf} > U_{bmax}$(调整状态计算出的电源电压最高值),则说明该轨道电路有分路效应。

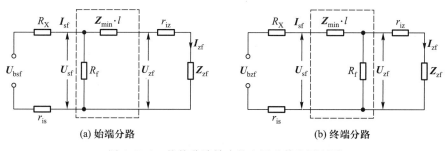

(a) 始端分路 (b) 终端分路

图 4-7-9 校核分路效应的电压比较法原理图

图 4-7-9a 是在始端分路时的原理图,根据式(4-7-3)传输方程式,可求得始端的电流、电压值($\boldsymbol{I}_{sf}$ 和 $\boldsymbol{U}_{sf}$ 值),再求得始端分路时电源电压 $\boldsymbol{U}_{bsf}$ 为

$$\boldsymbol{U}_{bsf} = \boldsymbol{U}_{sf} + \boldsymbol{I}_{sf}(R_X + r_{is})$$

用同样的步骤可求得在终端分路时的电源电压 $\boldsymbol{U}_{bzf}$,原理图如图 4-7-9b。

当 $U_{bsf}>U_{bmax}$ 和 $U_{bzf}>U_{bmax}$ 时，说明该轨道电路有分路效应，调整状态的计算是可行的。

（三）断轨状态的分析计算

断轨状态的研究是轨道电路理论中最复杂的部分。因此，有关这种状态的分析和计算是建立在许多假设上的。分析研究断轨状态的工作也是从它的最不利条件出发。

断轨状态的最不利条件除了与电源电压最高和钢轨阻抗最小有关以外，还受临界断轨地点和临界道砟电阻的影响。对于某一轨道电路，首先在调整状态计算确定电源电压和限流阻抗值，并经分路状态的校核后，才进行断轨状态的校核。断轨状态的校核必须在有临界断轨地点和临界道砟电阻时，才有可能确定通过终端设备的最大电流值，进一步再检验轨道电路的断轨系数和移轨系数是否满足规定的要求。

（四）过载校核计算

通过调整状态、分路状态的计算，初步确定了轨道电路有关元器件的数值后，就应进行过载校核计算。所谓过载校核，就是在有关的元器件上，校核其电压、电流值是否超过它所允许承受的过负荷值。轨道电路的设备主要放置在送电端和受电端，所以过载校核也分在两端进行。

1. 送电端过载校核

送电端过载校核是当电源电压最高，轮对在轨道电路的始端分路，并且分路电阻 R_f 等于零时（此时称为短路状态），对送电端可能出现最大电流值（短路电流 I_d）进行校验。由下式求得：

$$I_d = I_{smax} = \frac{|U_{bmax}|}{R_X + r_{is}} \tag{4-7-35}$$

这个电流值不应该超过电源可以供给的最大供电电流，当然也不应大于有关器件如限流器、电缆等所能容许通过的最大电流值。

2. 受电端过载校核

受电端可能出现最大电流值是在电源电压最高、钢轨阻抗最小和道砟电阻最大的时候。当道砟电阻为无穷大时，整个电路就成为一个简单的串联电路，这时最大电流值为：

$$I_{Zmax} = \frac{|U_{bmax}|}{|Z_S + Z_{min} \cdot l + Z_Z|} \tag{4-7-36}$$

这一电流值不应超过受电端有关器件所能承受的最大电流值。

产生过负载的原因很可能是限流器的阻值太小。阻值小可能是调整不当、线路太长、道砟电阻最小值太低而引起的。当然，也可能是所采用器件设备的负荷量太小而造成的。

（五）机车信号工作状态下的轨道电路分析

在装有连续式机车信号区段的轨道电路，除了要保证上述调整、分路、断轨状态的工作和检查短路过载状态外，还必须保证机车信号的正常动作。机车信号工作状态的要求如下：

（1）列车进入轨道电路，在机车接收线圈底下的钢轨中通过的信号电流不得小于规定值，以保证机车接收到必要的能量。

（2）当有第二列列车进入已经被占用的轨道电路时，要求在第二列机车接收线圈底下的钢轨中通过的电流，不大于规定值的 50%，以保证第二列机车接收线圈所接收到的能量不会使机车信号设备继续工作。

（3）列车进入钢轨折断的轨道电路时，要求在机车接收线圈底下的钢轨中通过的电流，不大于规定值的 50%。

六、轨道电路的调整

轨道电路的调整工作应该在轨道空闲的时候进行。调整状态的计算是以调整状态最不利条件为依据的，但是在调整轨道电路时，却不可能正好是在最不利的条件下进行，那么此时轨道电路始端、终端的电压和电流应该等于多少呢？经过前面的分析可知，影响轨道电路工作的主要因素是道砟电阻。所以，问题的关键是找出始端、终端的电压和电流随道砟电阻变化的规律。

（一）调整表和调整曲线

轨道继电器的端电压 U_J 随道砟电阻 r_d 变化的关系，用曲线描绘出来就称为调整曲线，用表格的形式列出来就称为调整表。

调整表和调整曲线是依据轨道电路的转移阻抗公式求得不同的道砟电阻值时轨道电路的终端电流值，再根据终端电流和轨道继电器端电压的特性，用计算机编制出调整表和调整曲线。《维规》列出了各种轨道电路的调整表、调整曲线，作为现场日常维修的依据，而不必进行反复的计算。

轨道电路的调整是指在固定送电端限流电阻和受电端的情况下，按照调整表或调整曲线对送电端轨道变压器送电电压进行调整，通过轨道变压器端子的不同连接，以满足轨道电路对调整状态和分路状态的要求。调整轨道电路时固定送电端限流电阻值，对可靠分路和防止送电端分路时设备过载是有利的；固定中继变压器和受电端电阻，也有利于可靠分路和抗干扰。但对于一送多受区段，可对受电端电阻进行调整。

轨道电路的调整，要求在选择好限流器阻值、电源电压、轨道变压器变比后，不论道床条件如何变化，各种参数怎样波动，轨道电路的各种工作状态，都要能够稳定可靠地工作，而不需经常去调整，这就是所谓的一次调整法。

调整表是按照满足调整、分路两种工作状态及送、受电端设备不过载的原则而编制的。目的是使本制式技术能力范围内的轨道电路实现一次调整。表 4-14 所列为道砟电阻变化范围 0.6～∞ Ω·km 的 JZXC-480 型轨道电路调整表。该调整表根据不同的钢轨线路情况（钢轨单节的长度、接续线的差别）和区段长度，分别规定了轨道变压器的应调电压 U_T（作为调整标准），并相应给出轨道继电器的最高参考电压 U_{JM}，供日常监测轨道电路运用特性时参考。

表 4-14　JZXC-480 型轨道电路调整表（道砟电阻:0.6~∞ Ω·km）

轨道电路长/m	Z_g:0.8$e^{j60°}$/(Ω·km^{-1})								Z_g:1.0$e^{j46°}$/(Ω·km^{-1})							
	R_y:0.06~0.1 Ω				R_y:0.25~0.3 Ω				R_y:0.06~0.1 Ω				R_y:0.25~0.3 Ω			
	R_s:1.2 Ω		R_s:2.0 Ω		R_s:1.2 Ω		R_s:2.0 Ω		R_s:1.2 Ω		R_s:2.0 Ω		R_s:1.2 Ω		R_s:2.0 Ω	
	U_T/V	U_{JM}/V	U_T/V	U_{JM}/V	U_T/V	U_{JM}/V	U_T/V	U_{JM}/V	U_T/V	U_{JM}/V	U_T/V	U_{JM}/V	U_T/V	U_{JM}/V	U_T/V	U_{JM}/V
400	2.04	17.3	2.84	17.9	2.23	17.9	3.09	18.5	2.16	17.9	2.98	18.5	2.36	17.9	3.24	18.5
450	2.15	17.9	3.01	18.5	2.36	18.5	3.27	19.1	2.30	18.5	3.18	19.1	2.51	18.5	3.46	19.1
500	2.27	18.5	3.18	19.7	2.49	19.1	3.47	19.7	2.45	19.1	3.40	19.7	2.68	19.1	3.69	20.2
550	2.40	19.1	3.36	20.2	2.62	19.7	3.67	20.7	2.61	19.7	3.68	20.2	2.85	19.7	3.94	20.7
600	2.53	19.7	3.55	20.7	2.76	20.2	3.88	21.1	2.77	20.2	3.86	21.1	3.03	20.2	4.20	21.6
650	2.66	20.2	3.75	21.1	2.91	20.2	4.10	21.6	2.95	20.7	4.11	21.6	3.22	21.1	4.47	22.0
700	2.81	20.7	3.96	22.0	3.07	21.1	4.33	22.5	3.13	21.1	4.37	22.5	3.42	21.6	4.76	22.9
750	2.95	21.6	4.18	22.5	3.23	21.6	4.56	22.9	3.33	22.0	4.65	23.3	3.63	22.5	5.07	23.7
800	3.11	22.0	4.40	23.3	3.40	22.5	4.81	23.7	3.54	22.5	4.95	23.7	3.86	22.9	5.39	24.4
850	3.27	22.5	4.64	23.7	3.58	22.9	5.07	24.4	3.76	23.3	5.26	24.4	4.10	23.7	5.73	25.0
900	3.44	22.9	4.89	24.4	3.77	23.3	5.35	24.7	3.99	23.7	5.59	25.0	4.35	24.0	6.10	25.6
950	3.62	23.7	5.15	25.0	3.96	24.0	5.63	25.3	4.24	24.4	5.94	25.6	4.62	24.7	6.48	26.1
1 000	3.81	24.0	5.42	25.3	4.17	24.4	5.93	25.9	4.50	25.0	6.31	26.1	4.91	25.3	6.88	26.6
1 050	4.01	24.7	5.71	25.9	4.38	25.0	6.24	26.4	4.78	25.6			5.21	25.9		
1 100	4.22	25.0			4.61	25.3	6.57	26.8								

（二）调整表的使用

以表 4-14 为例，使用调整表前应确认：

（1）轨道电路的供电电压应符合规定，其允许波动范围在 220 V±22 V 以内。

（2）所使用的中继变压器 BZ$_4$ 的空载电流应在 200～300 mA 之间。

（3）核准轨道电路区段长度 l，测定送电端总电阻 R_s（包括引接线电阻）及受电端引接线电阻 R_y，使它们分别达到调整表所规定的挡值。

采用双塞钉和焊接式接续线的轨道电路及采用单节长 25 m 或无缝长轨线路的轨道电路，应选用调整表中 $Z_g = 0.8e^{j60°}$ Ω/km 挡；采用单塞钉接续线及单节长 12.5 m 钢轨线路的轨道区段，应选用调整表中 $Z_g = 1.0e^{j46°}$ Ω/km 挡。

受电端设备（BZ$_4$）用引接线直接连接钢轨的，选用 $R_y = 0.06～0.1$ Ω 挡；用过道电缆连接钢轨的，选用 $R_y = 0.25～0.3$ Ω 挡。

调整表中所列的送电端总电阻 R_s 挡可任选其一，选定后固定不变。一般来说，选 2.0 Ω 挡对短区段的分路特性和长区段的送电端过载特性更好一些；选 1.2 Ω 挡可使长区段两端的分路特性更均衡一些，制式的极限长度也更长一些。

调整表所给出的应调电压 U_T 是对应于信号楼向轨道电路供电的电压额定值为 220 V 时，各轨道区段发送变压器应输出的端电压。如果信号楼向轨道电路供电电压不是 220 V，应核算出应调电压值。

轨道电路的实际长度介于调整表给出的挡别之间时，除极限使用长度（表中粗黑线以下部分）外，其应调电压允许就近选靠挡值。

轨道变压器实际输出电压（带载测量）不等于应调电压值时，除极限使用长度外，允许就近选靠输出端子；在极限使用长度时，只允许选定实际输出电压不大于应调电压值的端子。

例如：一段轨道电路长 850 m，采用焊接式接续线，过道电缆连接钢轨。此时，$Z_g = 0.8e^{j60°}$ Ω/km，$R_y = 0.25～0.3$ Ω，$R_s = 1.2$ Ω。从调整表中可得：$U_T = 3.58$ V，$U_{JM} = 22.9$ V。可通过改变变压器二次侧的端子连接，获得不同的输出电压。BG$_1$-50 型轨道变压器二次线圈电压如本章第二节表 4-2 所列。BG$_1$-50 型变压器二次侧线圈电压有 3.60 V 挡，与 3.58 V 相当接近，此时 BG$_1$-50 型变压器二次侧端子连接 3-5、使用 2-6。

轨道电路调整后，应进行分路试验。当区段的实际最低道砟电阻值低于 0.4 Ω·km，区段的实际钢轨阻抗值大于正常变化范围，超过本制式的最大技术能力时，使用调整表不能做到一次调整。

对超出本制式技术能力的轨道区段，不得盲目调整，应考虑整治道床或选用改进形式的轨道电路。

（三）25 Hz 相敏轨道电路的调整

1. 调整方法及有关说明

25 Hz 相敏轨道电路由于采用集中调相方式，电源屏输出的局部电源电压恒超前于轨道电源电压 90°，因而不需要对轨道电路进行个别调相。在一般情况下，轨道电源经轨道电路的各个环节传输后,到达轨道继电器的轨道线圈时将会产生一定相移,从而造成一定的失调角。但失调角并不大,即使是一送多受的轨道电路,在某些情况下其失调角偏大一些,但仍可以用提高供电电压的方法来补偿失调角引起的转矩减小,以使翼板得到规定的转矩。因此,25 Hz 相敏轨道电路的调整与整流式"480"型轨道电路一样,也主要是供电电压的调整。

在施工和维修中对 25 Hz 相敏轨道电路的调整,可参考调整表进行。但调整表的编制,如一送一受时的轨道电路,其供电变压器二次侧输出的调整电压是按特定参数计算得到的,而实际上现场的轨道电路在允许范围内的参数千差万别。

另外,在计算时 25 Hz 电源按正弦波和线性电路考虑,而实际中 25 Hz 电源为非正弦波,轨道电路各环节的铁磁元件也是非线性的,因此计算与实际是存在差别的。

基于以上原因,计算所得的调整表中的供电电压不可能包括实际运用中可能遇到的全部情况,因而只能作为调整轨道电路的参考。

在调整 25 Hz 相敏轨道电路时,应主要参考调整电压,再对照检查轨道继电器的端电压,视道砟电阻的情况来判断是否符合规律。如仅参考轨道继电器的端电压,则不易发现轨道电路有接触不良等故障。

多年来现场运用情况表明,25 Hz 相敏轨道电路具有调整比较容易的特点,与整流式"480"型轨道电路的调整相比,并无特殊之处,且较整流式轨道电路更能适应较低道砟电阻的情况。"97"型 25 Hz 相敏轨道电路既克服了原 25 Hz 相敏轨道电路的缺点,又将其分路性能提高,因此,它对低道砟电阻的轨道电路的适应性更强。

2. 调整注意事项

在调整 25 Hz 相敏轨道电路时应注意以下几点:

(1)送电端限流电阻的数值及受电端中继变压器的变比,应按原理图的规定加以固定,不应作为调整轨道电路的手段进行调整。

若调小限流电阻,将恶化轨道电路的分路。若改变中继变压器的变比,会使受电端连接器材的阻抗和轨道电路的阻抗匹配条件遭到破坏。因此,在调整前,应首先检查送电端限流电阻的阻值和受电端中继变压器的变比是否符合原理图的规定,然后再调整供电变压器的二次侧电压,使之满足轨道电路的工作要求。

(2)25 Hz 相敏轨道电路的重要特征之一是具有相位选择性,因而具有可靠的轨端绝缘破损保护。

在调整轨道电路前,应检查元件间是否按同名端相连,钢轨的连接是否符合相位要求。在调整供电变压器的电压时,也应注意不要将同名端接错。如遇到个别器材的同名端不符合规定时,不允许在器材的外部采取人为交叉方式解决,而应更换器材,避免日后造成错误。

(3)不带空扼流变压器和无受电分支的一送一受的轨道电路,在道砟电阻最高的情况下,用标准分路线(阻值为 $0.06\ \Omega$)在送电端及受电端分路时,应有分路检查。

对于一送多受的轨道电路,随道岔布置的不同,分路最不利的地点也不同,故检查分路除应在送电端和所有受电端进行外,还需在岔尖及其他地点进行。

如带有无受电分支,还应在无受电分支的末端检查。

一送多受时轨道电路是将所有受电端轨道继电器的前接点串联再控制轨道复示继电器,以其接点用于信号的各电路中,因而只需保证一个受电端符合有分路检查的要求。

(4)设有空扼流变压器的轨道电路,应对其轨道电路进行补偿。

当设有空扼流变压器的轨道电路实施电码化时,除对轨道电路补偿外,还应对机车信号的电码化信息进行补偿。

因机车信号信息的不同所需要的补偿器的类型也不同,应根据机车信号信息来选择相应类型的补偿器。在确定了补偿器的基础上再按需要调整轨道电路供电电压。

(5)一送多受时,轨道电路的受电端电阻也应按调整参考表的给定值固定,然后根据其类型,按调整参考表的相应类型来调整轨道电路的供电电压,此时,各轨道继电器上的端电压应在调整参考表给定的允许电压范围内。

(6)一送两受轨道电路附有带空扼流的无受电分支时,可先选定补偿器,然后确定各受电端的电阻值,最后再按需要调整轨道电路的供电电压。

(7)已实施了电码化的轨道电路,应检查其机车信号的入口分路电流是否满足机车信号工作的要求。

复习思考题

1. 轨道电路的作用是什么?

2. 轨道电路如何分类,各种轨道电路在铁路信号中有哪些应用?

3. 举例说明站内轨道电路区段如何划分,怎么命名?

4. 交流连续式轨道电路由哪些部件组成,各起什么作用?

5. 简述交流连续式轨道电路的工作原理。

6. 道岔区段轨道电路有何特点,何为一送多受轨道电路?

7. 什么是轨道电路的极性交叉,有何作用,举例说明如何实现轨道电路的极性交叉。

8. 设置钢轨绝缘有哪些规定,何谓"侵限绝缘",何谓"死区段"?

9. 信号机处的钢轨绝缘,其设置应符合哪些要求?

10. 电力牵引区段对轨道电路有哪些特殊要求?

11. 25 Hz 相敏轨道电路如何组成,简述 25 Hz 相敏轨道电路的工作原理,它有何特点?

12. 何谓双扼流、无扼流、空扼流,它们之间有什么区别,各用于何处?

13. 简述微电子相敏轨道电路的工作原理,它有何优点?

14. 何谓移频轨道电路,有什么用途? 简述其工作原理。

15. 简述 ZPW-2000A 型无绝缘移频轨道电路的组成和原理。

16. 对驼峰轨道电路有何特殊要求? 简述双区段驼峰轨道电路的工作原理,它有何特点?

17. 简述不对称高压脉冲轨道电路的组成和工作原理。

18. 轨道电路的基本工作状态有哪几种,各种基本工作状态的最不利条件分别是什么?

19. 何谓分路灵敏度、极限分路灵敏度和标准分路灵敏度?

20. 轨道电路的一次参数和二次参数有哪些,如何测算轨道电路的一次参数?

21. 如何进行轨道电路调整? 举例说明如何使用轨道电路调整表。

第五章

计轴设备

　　轨道占用检查装置主要分为轨道电路和计轴轨道检查装置。所谓计轴轨道检查装置(axle counter train detection device),是利用计轴设备检查区段占用状态的装置,在我国的使用经验积累和应用范围都比轨道电路少很多。计轴设备不能检测非金属轮对的机车车辆,在叠加发送机车信号信息方面还需要进一步完善;另外,它易受外界环境干扰,可用性相对不高。但在某些情况下计轴轨道占用检查装置也有所应用,例如:① 在道砟电阻率很低的区段,轨道电路调整状态和分路状态的矛盾变得突出,为确保分路检查性能,轨道区段易出现故障占用(俗称"红光带"),采用计轴轨道占用检查装置能提高可用性。② 在自动站间闭塞区段,遇站间距离较长时,以计轴轨道占用检查装置实现区间"空闲/占用"检查更为经济。

第一节　计轴设备的基本原理及应用

一、计轴设备的基本工作原理

　　计轴设备是利用轨道传感器、计数器来记录和比较驶入和驶出轨道区段的轴数,以此确定轨道区段的占用或空闲。在没有轨道电路的地方,如果要检测相应区段(或区间)是否处于空闲状态,不仅要检测到列车进入本区段,还必须证明驶入的列车确实已经离开该区段。由于列车可能在该区段发生脱钩,致使一部分车体离开而另一部分车体还留在本区段,所以简单的检测就会产生误判。

　　计轴设备的基本工作原理是:当列车驶入,车轮进入轨道传感器作用区,轮对经过传感器磁头时,向驶入端处理器传送轴脉冲,轨道区段驶入端处理器开始计轴,驶入端处理器首先判定运行方向,确定对轴数是累加计数还是递减计数。列车进入轨道区段,驶入端计轴器对轮轴进行累加计数,并发出区段占用信息,同时驶入端处理器经传输线向驶出端处理器发送驶入轮轴数,列车全部通过驶入端计轴点时,停止计数。当列车到达区段驶出端计轴点时,由于列车是驶离区段,驶出端计轴器进行减轴运算,同时将结果再传送给驶入端处理器,列车全部通过后,两端的微机同时对驶入区段和驶离区段的轮轴数进行比较运算,两端一致时,证明进入区段的轮轴数等于离开区段的轮轴数,可以认为区段已经空闲,发出区段空闲信息表示,当无法证明进入区段的轮轴数等于离开区段的轮轴数时,则认为区段仍将处于占用状态。

二、计轴设备的基本组成

计轴设备主要包括轨旁计轴点、信息传输部分、计轴处理部分和电源部分。轨旁计轴点主要用于产生车轴脉冲,包括车轮传感器和电气连接箱。信息传输部分用来传递信息,包括传输线、防雷及线路连接设备。计轴处理部分的主要功能是对计轴点产生的车轴脉冲进行计数和确定列车运行方向,比较计轴入口点和出口点所记轴数及记录计数结果,此部分包括计数、比较、监督、表示等装置。电源部分能提供可靠不间断的电能。

(一)轮轴传感器

车轮传感器的类型很多,目前大多使用电磁式有源传感器,主要有变耦合式和变衰耗式两类,电路框图如图 5-1-1 所示,由发送、接收传感器(磁头),发送电路,接收电路三部分组成。

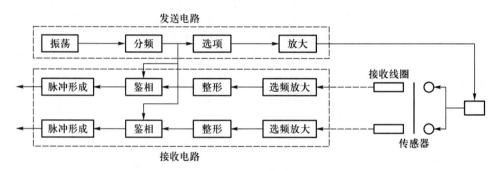

图 5-1-1　电磁式有源传感器电路框图

每套磁头包括两对发送和接收磁头,如图 5-1-2 所示,用以采集轮轴信息和鉴别列车运行方向,每对发送磁头(T)安装在钢轨外侧,接收磁头(R)安装在钢轨内侧。发送磁头的信号来自室内微机计轴箱的传感器板,然后由传感器发送电路分频、整形、功率放大,再经防雷单元隔离,由发送外线送给计轴点的两个发送磁头。通过磁场耦合,在发送磁头与接收磁头之间形成磁通桥路,从而在调谐的接收线圈上获得一定的信号输出。

无车轮经过传感器时,其产生的磁力线如图 5-1-2a 所示,在接收线圈内感应的交流电压相位与发送电压相位相同。当轨面有车通过时,轮缘改变了磁力线方向,T 产生的磁力线如图 5-1-2b 所示,这样在 R 中产生的感应电压相位改变180°,即车轮对载频信号进行了相位调制,在接收线圈内感应的交流电压相位与发送电压相反,这个载有"轮轴"信息的信号经传输电缆送到室内接收电路,经整形、检波后产生一个轴脉冲。

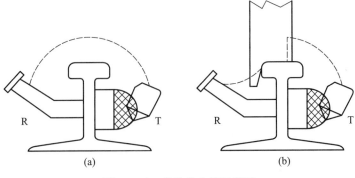

图 5-1-2 磁头磁力线示意图

由于两对磁头产生的轴脉冲在时间上先后不同。两脉冲组合后形成具有五种形态的轴脉冲对,根据两脉冲的组合时序可确定列车的运行方向,从而产生相应的加轴或减轴运算。传感器脉冲形成过程的波形如图 5-1-3 所示。轴脉冲形成后,计轴过程完全由软件来完成。

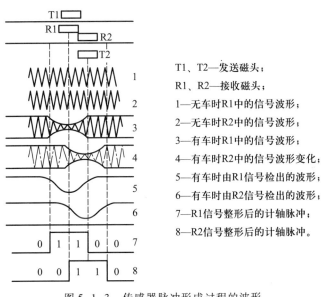

T1、T2—发送磁头;

R1、R2—接收磁头;

1—无车时R1中的信号波形;

2—无车时R2中的信号波形;

3—有车时R1中的信号波形;

4—有车时R2中的信号波形变化;

5—有车时由R1信号检出的波形;

6—有车时由R2信号检出的波形;

7—R1信号整形后的计轴脉冲;

8—R2信号整形后的计轴脉冲。

图 5-1-3 传感器脉冲形成过程的波形

(二)计轴处理部分

计轴处理部分接收来自计轴点的轴脉冲,对轮轴脉冲进行计算和校对,以防止两个线圈所计轴数不一致。区段(区间)一端的计轴系统将本系统所计轴数送给相应区段(或区间)的另一端系统,并接收对方系统送来的轴数,根据两端系统计轴数是否一致确定区段的占用或空闲状态。计轴处理部分还要对计轴点进行监测,发现计轴点故障,显示计轴故障。另外,许多计轴设备还要为其他系统(如联锁系统、闭塞系统)提供"轨道空闲"或"轨道占用"的表示信息,一般用区间轨道继电器(QGJ)表示,因此,计轴处理部分需要根据运算结果动作 QGJ,由 QGJ 表征轨道区段的"空闲/占用"。为了满足"故障-安全"原则,计轴处理部分需要采用安全冗余机构,即其中一个 CPU 出错,不能导致计轴结果出现错误,因此一般采用"2 取 2"结构,以两套 CPU 为最小系统。

（三）信息传输部分

一个区段(区间)是否处于占用或空闲状态必须由该区段(区间)两端计轴系统所计轴数共同判定,一般轴数相同为空闲,轴数不相同为占用,因此,两端计轴系统必须进行轴数互传,两端计轴系统的轴数互传是由传输子系统实现的。由于所传输的信息具有很高的安全特性,所以要求传输子系统具有安全传输能力。

站间通信采用专用的通道,当采用实回线点对点直连时,最大距离一般为 10 km,通信接口设备为调制解调器;当采用光纤点对点直连时,最大距离一般为 60 km,通信接口设备为光电转换模块;当通道采用音频话路或其他通信中继设备时,距离一般不受限制,要求通道带宽不小于 64 kbit/s。

采取的安全措施包括:数据传输采用冗余方式,二组信息共用一条通道分时传递,接收端进行"2 取 2"确认,不一致则导向安全;信息源经 CRC 生成器(16 位)附加循环冗余码,到达接收方后经校验器校验;采用 ARQ 的发送等待技术,每次通信正确与否都将得到确认;接收方对安全信息进行多次重复确认,防止误动;接收方在规定的时间内不能正确收到对方的信息,将视为故障状态,导向安全;采用专用通信协议,有效防止干扰或恶意侵入;为最大限度地保证系统的安全性,在信息的接收方不进行纠错。

（四）输入输出部分

该部分一般有轴数显示模块,用来为值班员提供轴信息,还包括 QGJ 驱动及计轴设备正常继电器(JZCJ)驱动等部分。

QGJ 用以表示所监视的区段占用或空闲状态,是一个由"故障-安全"电子电路驱动的安全型偏极继电器,电路出现故障应当使得 QGJ 落下,以导向安全侧。为了区别"设备故障"和"区间占用"状态,一般还设有一个 JZCJ,该继电器也是一个由"故障-安全"电子电路驱动的安全型偏极继电器,JZCJ 落下,说明计轴系统出现故障,无法判断所属区段(区间)的空闲与占用。

《铁路信号设计规范》中对采用计轴轨道占用检查装置时,室内表示灯和按钮的设置有下列规定:

（1）应设置轨道区段空闲/占用表示灯;

（2）宜设置设备使用/停用表示灯、带铅封及计数器的设备使用/停用按钮,以及设备恢复使用音响;

（3）宜设置设备正常/故障表示灯;

（4）具有人工恢复空闲状态的功能时,设置带铅封及计数器的轨道区段复零按钮和预复零按钮,以及轨道区段复零表示灯和预复零表示灯;

（5）可设置轴数显示。

三、计轴设备的主要技术条件

（1）计轴设备响应时间：

① 轨道区段由占用到空闲，输出条件的响应时间不应大于 2 s；

② 轨道区段由空闲到占用，输出条件的响应时间不应大于 1 s。

（2）计轴设备传感器适用于 43 kg/m 及以上各种类型的钢轨并可靠工作；室外轨旁设备在电气化区段的钢轨牵引电流和谐波等干扰下应能可靠工作。

（3）磁头的安装应符合下列要求：

① 检测区段长度应大于最大轴距。

② 安装应符合建筑接近限界的要求。

③ 距信号机的安装位置应符合信号机处钢轨绝缘安装位置的要求。

④ 用于站间闭塞区间轨道检查的磁头应安装于进站信号机内方 2 ~ 3 m 处。

⑤ 应安装在轨枕间的钢轨上，且应避开轨距杆等金属部件。

⑥ 两组磁头应安装于同一侧钢轨上。

⑦ 在复线区段，磁头应安装于外侧钢轨上。

⑧ 磁头安装须用绝缘材料与钢轨隔离。

⑨ 磁头安装应牢固，磁头齿与底座齿必须对准密合，各部螺栓、螺母上的扭矩应符合规定要求；底座无裂纹，外壳无损伤。

（4）计轴设备的数据传输通道应采用不加感通信电缆、铝护套计轴综合电缆中的通信四芯组线对或者光缆，通道质量应符合有关技术标准。

（5）计轴设备主机的电缆连接线屏蔽层不得与室外引入电缆屏蔽层接地相连，也不得与机械室内分散接地的信号地线相连。

（6）计轴设备应有可靠电源供电，输入电源断电 30 min 以内，应保证计轴设备正常工作。

（7）计轴设备发生任何故障，作为检查轨道区段空闲与占用状态的轨道继电器应可靠落下，并持续显示占用状态；故障排除后，未经人工办理，不得自动复位。

（8）计轴设备的电源、传输通道、磁头等部位应有雷电防护设施。

四、计轴设备的应用

早在 1913 年，瑞士铁路已将计轴设备用于轨道占用检查，目前将其应用最广泛的是德国铁路。1988 年以后我国研制的 JWJ-B、C 型和 JZ1 型微机计轴设备陆续在平齐线、宝成线、北同蒲、京原线等单线铁路区段安装使用，作为区间检查的手段之一，进一步保证单线铁路行车安全。许多单线铁路将区间半自动闭塞设备与计轴设备结合构成计轴站间闭塞系统，提高了区间通过能力和行车安全性。另外，为解决区间通过能力紧张状况，还可以将计轴设备与自动闭塞方向电路相结合，在区间加装通过信号机，构成计轴自动闭塞设备，提高区间通过能力。

计轴设备不仅可以在区间闭塞中使用，在站内轨道电路使用不良的区段，如分路不良或经常红光带区段,也可以用计轴设备替代轨道电路,在轨道电路不适宜地区,甚至可以完全用计轴设备作为区段检查设备,因此,多区段计轴技术也是计轴设备的应用方向之一。

我国铁路目前使用的计轴设备主要有 ZP30CA 型、AzS(M)350 型、JZ-H 型、JZ·GD-1 型、DK·JZ 型、JWJ-C2 型等。

(一)半自动闭塞区间检查

目前,我国单线铁路区间一般不设置轨道电路,列车在区间的运行安全主要是依靠半自动闭塞设备保证的。图 5-1-4 所示是单线继电半自动闭塞示意图,在一个区间的相邻两站设一对半自动闭塞机(BB),并经过两站间的闭塞电话线连接起来,通过两站半自动闭塞机的相互控制,保证一个区间同时只有一列列车运行。

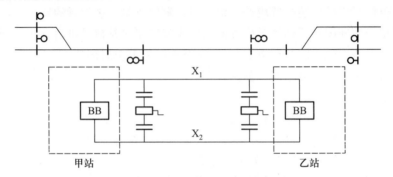

图 5-1-4　单线继电半自动闭塞示意图

由于没有区间轨道电路,区间空闲检查是靠车站值班员确认列车完整到达来实现的,效率低,如果发生列车在区间断钩,车站值班员确认错误,则可能出现区间留有车辆,但闭塞设备无法检查出来,继续向区间发车的危险情况。仅靠半自动闭塞及人工实现区间空闲检查是不够的,所以许多地方开始推广在半自动闭塞区段补充计轴设备实现区间空闲检查的方法。

半自动闭塞区间检查的主要工作过程是:发车站、接车站均设置轴数显示单元,区间没有车辆时,轴数显示 0 轴。当列车离开发车站,进入区间,计轴设备开始计轴,两端站显示进入轴数。列车到达接车站,经过接车站计轴点时,轴数显示单元根据出去的轮轴数进行递减显示,如果轴数显示 0 轴,说明两端计轴设备记录的进入轮轴数与出清的轮轴数一致,区间无车,则值班员可以复原闭塞,否则值班员必须确认列车完整到达,才能复原闭塞。在这种方法中,计轴设备只是提供给值班员区间空闲检查的一种手段,是否区间空闲,是否能够复原闭塞,还是由值班员决定。

(二)计轴自动站间闭塞

计轴自动站间闭塞(automatic station blocking with axle counter)是将计轴设备的空闲检查与半自动区间闭塞设备结合的技术,实现了站间自动闭塞。系统结构如图 5-1-5 所示,该系统保留 64D 半自动闭塞的所有条件,在闭塞办理过程中,

64D 继电半自动闭塞设备工作,只是通过结合电路,利用计轴设备检查区间空闲的条件。它的主要功能是:当发车站办理发车进路时,站间自动构成闭塞状态,列车到达接车,经计轴检查区间空闲后,自动解除闭塞。根据两站办理发车进路情况及区间空闲条件,自动实现闭塞申请、同意接车及到达确认,取消过去人工办理闭塞、人工同意接车及人工确认到达手续,实现站间自动闭塞,提高区间运输效率,保障行车安全性。

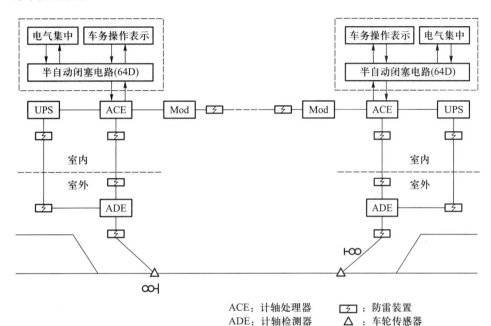

ACE:计轴处理器　　　:防雷装置
ADE:计轴检测器　　△:车轮传感器

图 5-1-5　计轴自动站间闭塞系统构成框图

计轴自动站间闭塞的工作过程如下:

(1)甲站办理发车进路,联锁系统通过结合电路自动向乙站发闭塞申请;

(2)若乙站未办理发车进路,利用计轴设备自动检查区间有没有车辆,若两端计轴设备记录的轴数相等,驱动 QGJ 吸起,说明区间空闲,乙站自动发回同意接车信息;

(3)甲站闭塞设备驱动 KTJ 吸起,具备发车条件,甲站出发信号点亮,允许发车;

(4)列车离开甲站,发车口计轴器对进入区间列车轴数计数,发车站与接车站的计轴设备驱动 QGJ 落下,发车站 KTJ 落下,区间闭塞;

(5)列车进入乙站,接车口计轴器检查列车完整出清区间,发车站与接车站的计轴设备驱动 QGJ 吸起,闭塞自动复原。

这里两站计轴设备的计轴信息需要及时互相传输,即使列车达到接车站,但两端计轴器记录的轴数不一致,也不能认为列车完整出清区间,发车站与接车站的 QGJ 保持落下,闭塞不能自动复原。

通过上述过程说明可以看到列车是否完整出清区间已经从原来的人工确认变成了计轴设备自动检查,效率得到提高,更重要的是行车安全程度得到很大提高。

此类系统一般要考虑计轴设备故障时恢复半自动闭塞,把半自动闭塞作为计轴自动站间闭塞的备用手段。

计轴自动站间闭塞的主要技术条件是:

(1)列车进入自动站间闭塞区间的凭证是出站信号机开放。

(2)当办理发车进路时,站间自动构成闭塞状态。

(3)出站信号机开放,应连续检查闭塞状态正确及区间空闲。

(4)两站不能同时向同一区间开放出站信号机。

(5)列车进入发车进路后,出站信号机应自动关闭。在闭塞解除前,两站向该区间的出站信号机均不能再次开放。

(6)列车到达接车站、补机返回发车站,经检查区间空闲后,自动解除闭塞。

(7)区间闭塞后,发车进路解锁前,不能解除闭塞;取消发车进路,发车进路解锁后,闭塞随之自动解除。

(8)当计轴设备发生故障,可按规定经人工办理,转为半自动方式。

(三)站内多点计轴技术

站内轨道电路分路不良问题是困惑电务与车务部门多年的运输安全问题。也是我国铁路的一个共性问题。由于受轨面生锈或有附着物,以及气候、环境、材质、走不走车等因素影响,轨道电路分路不良是一个动态过程,随天气、季节、外界环境及线路运用频次等的变化而变化。目前,解决轨道电路分路不良的技术措施主要有采用监控防护盒提高轨道电路分路灵敏度技术方案、轨面防锈喷涂方案和计轴方案三种。

1. 计轴检测基本工作原理

在所监视的区段两端各设置一个计轴点,记录列车(车辆)驶入和驶出的轴数,并进行结果比较,以此确定该区段的占用或空闲状态。如图 5-1-6 所示,当列车从所检查区段的一端出发,车轮驶入车轮传感器 A 作用区域时,车轮经过传感器磁头向微机传送轴脉冲,微机开始计数,并判别运行方向,确定对轴数是累加计数还是递减计数。此时 A 计数结果为 N(列车轴数),B 计数结果为 0,微机根据轴数信息,经比较不一致后,发出区段占用信息,控制该区段轨道继电器落下。当列车驶离区段时,经过车轮传感器 B 计数为 N,经微机比较结果一致,输出区段空闲信息,控制该区段轨道继电器吸起。

图 5-1-6　区段计轴检测基本原理

2. 计轴点设置及多点计轴检测原理

许多站内轨道电路比图 5-1-6 所示的情况复杂,例如道岔区段分一送多受区段、双动道岔区段、交叉渡线区段等。为了满足各种区段的检测,需要进行多点计轴检测,并要合理设置计轴点。一般在轨道电路中需设置绝缘节的地方要设置计轴点。

(1)两个连续区段检测时的计轴点设置

两个连续区段检测时的计轴点设置如图5-1-7所示,共需要设置A、B、C三个计轴点来检查两个区段JG和WG的空闲/占用状态,其中B计轴点为两个区段复用计轴点,这样可以减少一个计轴器。

图5-1-7 两个连续区段检测时的计轴点设置图

当列车运行经过计轴点的顺序为A→B→C时,计轴设备作出如下判断:当A轴数=B轴数,则JGJ吸起;当A轴数≠B轴数,则JGJ落下;当B轴数=C轴数,则WGJ吸起;当B轴数≠C轴数,则WGJ落下。

当列车运行经过计轴点的顺序为C→B→A或者两个以上连续区段时,也是用同样的原理来判断各区段的占用和空闲状态。

(2)一送多受区段检测时的计轴点设置

一送多受区段计轴点设置如图5-1-8所示,由A、B、C三个计轴点来检查一送两受道岔区段1DG的空闲、占用状态。

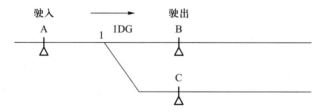

图5-1-8 一送多受区段计轴点设置图

当列车运行经过计轴点顺序由A→B或A→C时,计轴设备作出如下判断:当A轴数=B轴数,则1DGJ吸起;当A轴数≠B轴数,则1DGJ落下;当A轴数=C轴数,则1DGJ吸起;当A轴数≠C轴数,则1DGJ落下。反之,当列车运行经过计轴点顺序由B→A或C→A时,系统也是使用同样的原理进行判断。

(3)双动道岔区段检测时的计轴点设置

双动道岔区段计轴点设置如图5-1-9所示,由A、B、C三个计轴点来检查1/3双动道岔的3DG区段的空闲、占用状态。

当列车由计轴点A、B、C任意一个计轴点进入3DG区段时,微机通过A、B、C三个计轴点总的变化轴数是否相等来确定3DG区段的空闲和占用状态。其中计轴点C是判断1DG和3DG两个区段的复用计轴点。

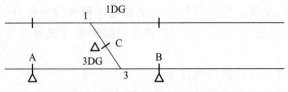

图 5-1-9 双动道岔区段计轴点设置图

（4）交叉渡线区段检测时的计轴点设置

交叉渡线区段计轴点设置如图 5-1-10 所示，由 A、B、C、D 四个计轴点来检查道岔区段 3-5DG 的空闲、占用状态。

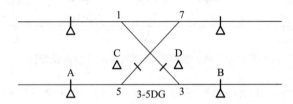

图 5-1-10 交叉渡线区段计轴点设置图

当列车由计轴点 A、B、C、D 任意一个计轴点进入 3-5DG 区段时，微机通过 A、B、C、D 四个计轴点总的变化轴数是否相等来确定 3-5DG 区段的空闲、占用状态。其中，计轴点 C 和 D 是判断 1-7DG 和 3-5DG 两个区段占用还是空闲的共用计轴点。

（四）计轴设备复零

当计轴设备上电、故障恢复或由于干扰造成区段轴数不相等致使计轴轨道继电器失磁落下时，需要进行人工复零操作。在复零操作之前，必须经过人工确认待复零轨道区段确实空闲，在确保轨道区段无车的情况下，才能进行计轴复零操作。一般在运转室控制台面设有总复零按钮和对应每个区段的复零按钮。区段复零按钮是带有铅封的自复式按钮。同时按下总复零按钮和对应轨道区段复零按钮，使该区段计轴轨道继电器励磁吸起，复零操作成功，计轴设备进入正常工作状态。

第二节 ZP30CA 计轴器

ZP30CA 计轴器由德国阿尔卡特 SEL 公司与北京全路通信信号研究设计院联合设计并制造，主要应用于站间闭塞。它的室外计轴器由 EAK30CA 电子盒和 SK30 磁头组成，室内配套有轴数显示器、检测盒、UPS、开关电源等，系统构成框图如图 5-2-1 所示，系统配置如图 5-2-2 所示。

ZP30CA 计轴器在被检查的区间两端各设一个计轴点，用以检查经过计轴器车辆的轴数，两个计轴点计算机分别对两端的轴数进行比较，从而确定区间是否空闲，实现区间自动检查、自动解除闭塞及防错办的功能。

带计轴区间检查的继电半自动闭塞系统由传感器（磁头）、电子盒（EAK30CA）、

UPS、检测盒(JJ)、滤波器、64D 继电半自动闭塞设备及结合电路等组成,下面简要介绍其工作原理和运用情况。

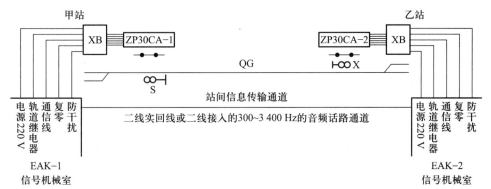

图 5-2-1　ZP30CA 计轴器系统构成框图

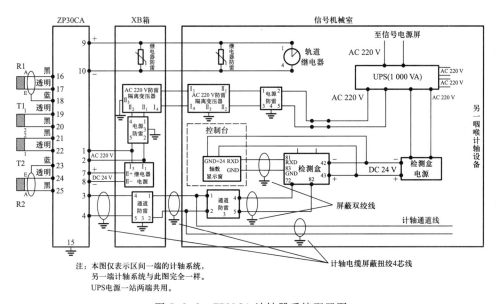

图 5-2-2　ZP30CA 计轴器系统配置图

一、SK30 磁头和 EAK30CA 电子盒

每个计轴点设置 1 套高频磁头(SK30),它可分为 SK_1 和 SK_2 两组,每组又分为发送磁头 T 和接收磁头 R 两部分。安装时,T 在钢轨外侧,R 在内侧。T 和 R 内各有一组线圈。工作时 T 的发送频率为 30 kHz,电压为 20 V,原理在本章第一节已经阐述,这里不再赘述。

EAK30CA 电子盒安装在轨道旁的支座上,与轨道磁头使用专用电缆连接。电子盒由 6 块板组成:2 个接口板(SEA 板),2 个计算机板(ZPR 板),1 个 MOD 板和

1 个电源板。SEA 板与磁头连接读入轮轴脉冲信号,并通过 MOD 板与同一区间另一端的 EAK30CA 电子盒通信,接收状态信息并发送信息。电源板将室内送来的电源变为 2 路 24 V,供 2 个 ZPR 板使用。

磁头 R 产生的感应电压送入 SEA 板,经整流后送入 ZPR 板。无车时,ZPR 板电压为正;有车时,电压为负。这样每当有轴通过时,可接收到轮脉冲。因为每个测试点有 2 组磁头,所以当有轴通过时,2 组 SEA 板均送出轮脉冲。当 2 个轮脉冲重叠,就计为 1 个轴,轴数根据计轴方向存入加减计数器中。如先从磁头 1 送出轮脉冲,计数器加 1;先从磁头 2 送出,则计数器减 1。对小于 4 ms 的脉冲不予计数,以提高抗干扰性能。

如图 5-2-2 所示,ZP30CA 计轴器为双重叠加系统,同时也是“故障-安全”系统。2 个 ZPR 板各自独立。当它们状态一致时,可对外发送指令;状态不一致,则停止工作,并故障报警,使 QGJ 落下。当 ZPR1 和 ZPR2 内部继电器同时吸起,ZP30CA 的 9、10 端子可输出电压到室内,使 QGJ 吸起,证明区间空闲;当 ZPR1 和 ZPR2 同时落下,表明区间占用或是复零状态。在证明区间轴差为零后,ZP30CA 内部继电器方可吸起。

二、检测盒(JJ)

电子盒 EAK30CA 的监测是通过计轴检测盒(JJ)来完成的。检测盒上设有区间占用、本站故障、邻站故障、本站复零、邻站复零和工作指示共 6 个表示灯,用以检查计轴设备运用状况。监测系统配有监测软件,可用 1 台笔记本计算机,通过 RS-232 串口与 JJ 相连,从计算机上读出系统工作状态和所在区间轴数,且均为汉字显示。

三、UPS

UPS 由原有车站电源屏的 AC 220 V 供电,输出两路不间断的 AC 220 V 电源,如图 5-2-2 所示,一路经防雷变压器供给室外电子盒 EAK30CA 工作,另一路经检测盒电源变换为 DC 24 V 供给计轴检测盒(JJ)工作。UPS 在停电时可持续供电 0.5 h 以上,保证电力线故障转换或停电维修时,计轴设备不停用。

四、计轴设备与64D结合电路

计轴设备与 64D 继电半自动闭塞结合电路,包括修改原 64D 电路,增加区间轨道继电器(QGJ)、计轴使用继电器(JSYJ)、计轴停用继电器(JTZJ)和列车到达继电器(LDDJ)等。这些电路实现了区间检查、列车到达接车站后自动复原的功能。

扫描二维码 5.2.1 可以查阅《普速铁路信号维护规则技术标准》中计轴设备中通则、ZP30CA 型计轴设备的相关内容。

5.2.1

第三节　AzS（M）350 型计轴设备

西门子 AzS(M)350 型微机计轴系统是一种小型微机计轴系统。它的核心是 ZP43V 型计轴点设备和 AzS(M)350M 型运算单元,采用 SIMIC 安全型计算机为控制核心,配备完善的配套电路构成其运算单元。每个运算单元可以直接连接 4 个西门子 ZP43V 型计轴点设备,同时具备检查 2 个轨道区段的能力,并且通过多个运算单元的有机组合来构成一个整体系统,用以检查不同规模形式的站场和区间轨道区段的空闲/占用状态。目前,西门子 AzS(M)350 型微机计轴设备已在许多国家和地区得到应用。

AzS(M)350 型计轴设备的型号含义如图 5-3-1 所示。

图 5-3-1　AzS(M)350 型计轴设备的型号含义

西门子 AzS(M)350 型微机计轴系统的组成包括安装在站场或区间轨道旁的 ZP43V 型计轴点设备(包括双置轮对传感器和车轮电子检测器)和置于室内的计轴主机西门子 AzS(M)350 运算单元组合。

一、ZP43V 型计轴点设备

(一)设备安装

ZP43V 型计轴点设备安装于铁路轨道区段的各端点位置,每个端点位置安装一套,使得这几个 ZP43V 计轴点共同检测这个封闭的轨道区段,现场安装如图 5-3-2 所示。

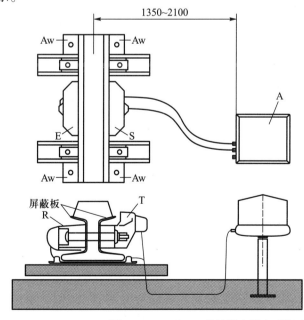

T、R:固定在钢轨上的双置传感器的发送、接收装置;
A:安装于轨旁的轨道箱;
AW:传感器的保护装置。

图 5-3-2　ZP43V 型计轴点设备现场安装图

　　在所防护区段的每个检测点设置一对车轮传感器,相邻车轮传感器间的距离不小于 1.2 m。车轮传感器安装于两轨枕间钢轨的轨腰处。发送器装于钢轨的外侧,接收器装于钢轨的内侧。车轮传感器的接收器、发送器用两个螺栓与两个屏蔽板一起固定在轨腰上,车轮电子检测器安装于轨旁的轨道箱中,轨道箱安装时其外沿距所属线路侧钢轨内侧不小于 1 400 mm,车轮传感器和车轮电子检测器之间用专用连接电缆连接。

(二) 工作原理

　　ZP43V 型计轴点设备的功能在于通过车轮传感器感应进出区段的车轮及其运行方向,当一个车轮进入 ZP43V 型计轴点双置车轮传感器发送、接收系统的作用范围时,它增强了二者之间的电磁场强度,在其接收端产生一组感应脉冲,该组脉冲信号经车轮电子检测器的内部电路对其进行预处理后,经连接电缆传输至信号楼内的由 SIMIC 微机系统组成的运算单元组合。

　　正常工作时,信号发生器将其产生的 43 kHz 的正弦信号通过电缆发送至车轮传感器的两个发送线圈,带通滤波器将从传感器接收线圈接收的信号滤波、放大和整形处理后,将两路信号调制成 3.16 kHz、6.152 kHz 的信号,然后将其耦合成一路信号传送到计轴电缆上。ZP43V 型计轴点设备的工作原理框图如图 5-3-3 所示。

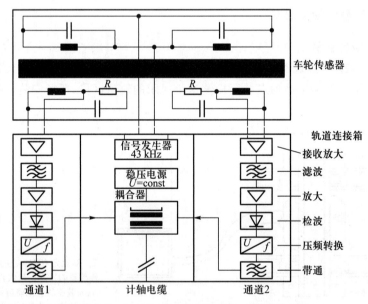

图 5-3-3　ZP43V 型计轴点设备的工作原理框图

二、AzS(M)350 运算单元

(一) 基本工作原理

　　置于室内的西门子 AzS(M)350 运算单元组合分为 B 型、M 型和 T 型三种形式,它们的硬件电路板和数据传输方式不同。计轴运算单元由两个配置相同的独立的微机组成,只有在两个计算机运算结果一致时,才允许将一个输出命令给程序控制电路,由此可以避免输出错误的信息。运算单元对轮轴脉冲信号进行处理,识别轮对、判断轮对运行方向,对内部存储器的轴数信息做相应的修改,并以此判断相应轨道区段的空闲/占用状态,判断的结果经继电器输出。

(二) AzS(M)350M 型运算单元

AzS(M)350M 型运算单元的工作原理框图如图 5-3-4 所示,ZP 为室外计轴点,ZP-D 为运算单元间的连接线路,FM 为区间空闲表示继电器,AzGrT 为故障复零按钮,P 为校验继电器。

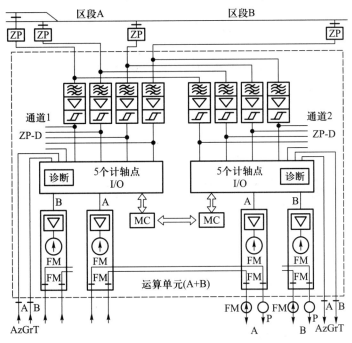

图 5-3-4　AzS(M)350M 型运算单元的工作原理框图

从原理图上可以看出,西门子 AzS(M)350M 型运算单元在设计上符合"故障-安全"原则,并具备以下功能特点:

(1) 可同时检查两个轨道区段的状态,每个轨道区段的状态由两个继电器 FM(区间空闲表示继电器)和 P(校验继电器)共同表示,提供一组安全输出,它们将作为条件动作相应接口电路中的联锁继电器。

(2) 区段占用输出响应时间低于 100 ms,区间空闲状态输出响应时间为 350~400 ms。

(3) AzS(M)350M 型运算单元上所连接的 5 个 ZP43V 计轴点并不是固定分配给它所检查的某个区段,它们可以根据具体设计要求安排给某个区段,但各运算单元最多连接 5 个计轴点。

(4) 在一个 AzS(M)350M 型计轴系统中,有的运算单元甚至没有连接任何计轴点,而是完全通过复用其他运算单元的计轴点来进行工作的。通过使用这种复用方式,可以将任意多个 AzS(M)350M 型运算单元及其连接的计轴点有机地组成一个任意规模的计轴系统。如果一个 AzS(M)350M 型运算单元所检查的两个区段是邻接的,则这两个区段将共用邻接计轴点的信息。每个计轴点信息最多可复用 3 次。

(5)在 AzS(M)350M 型运算单元上,对应其检查的每个区段都有一组故障复零按钮 AzGrT,它们分别用于恢复不同类型的故障。图 5-3-4 中的两个 AzGrT 按钮,主要是用于恢复由于某种原因造成的某区段的轴数计数错误。

三、ZP43V 计轴点的复用方式

ZP43V 计轴点的设置方式比较灵活,有三种复用方式。

1. 复用方式一

采用在 ZP43V 计轴点轨道箱内加装计轴点复用板的方式复用计轴点信息,如图 5-3-5 所示。该方式主要用于使用该计轴点的两运算单元之间相距较远的情况,比如在两个车站之间的区间上的计轴点,如果被两站上的运算单元共用时,可考虑使用此复用方式。

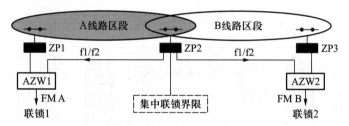

图 5-3-5 ZP43V 计轴点复用方式一

2. 复用方式二

一个 AzS(M)350M 型运算单元所检查的两个区段相邻时,相邻点的计轴点是复用的,如图 5-3-6 所示。

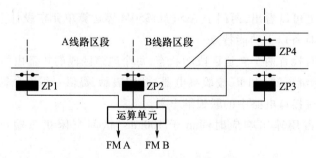

图 5-3-6 ZP43V 计轴点复用方式二

3. 复用方式三

多个 AzS(M)350M 型运算单元置于同一地方,且相互距离不超过 15 m 时,可以通过相互连接的电缆复用计轴点信息,如图 5-3-7 所示。

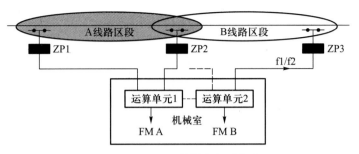

图5-3-7　ZP43V计轴点复用方式三

扫描二维码5.3.1可以查阅《普速铁路信号维护规则技术标准》中AzS(M)350型计轴设备的相关内容。

5.3.1

第四节　JZ1-H型、JZ·GD-1型微机计轴系统

一、JZ1-H型微机计轴系统

JZ1-H型微机计轴设备主要用于自动站间闭塞、自动闭塞的轨道区段检查,是国内最先通过中国铁路总公司相关认证的计轴产品,并于2014年8月通过了欧标SIL4认证。该系统通过采集室外车轮传感器的信息,计算比较得出轨道区段的占用/空闲状态,并通过安全型继电器将此状态向相关的系统(如联锁系统)输出。

(一)系统概述

JZ1-H型计轴系统计算判断部分是由两个独立的处理板完成,其硬件和软件完全相同,采用"2取2"的安全结构。两块CPU板采集处理相同的信息(轴信息、复位信息等),通过独立计算输出判定结果,并通过交叉回读输出结果信息,判别2块CPU板处理结果的一致性。当判定结果一致时,系统才能给出标识区段空闲的轨道继电器条件输出;否则,系统输出标识区段占用的轨道继电器条件。

系统能区分列车运行方向,适用于列车正常运行、补机折返等正常作业。系统分为室内设备和室外设备两部分。室外车轮传感器设在轨道区段的始端和末端,用于采集轨道上列车通过传感器的所有轴数及方向,同样设置在室外的JCH(电子检测盒)配合车轮传感器用于轮对信息的采集处理,JCH将处理过的轮对信息传输至室内主机,经主机CPU进行逻辑判断比较后,输出区段的占用/空闲条件。

系统设有防雷措施,具有较强的抗雷电冲击能力。

系统提供预复位及条件复位两种复位方式,可在控制台设置相关复位按钮。

系统带有RS232标准接口,可将信息通过监测接口传至监测设备。

(二)系统构成及原理

JZ1-H型微机计轴系统分为三个部分:室外部分、室内部分、传输通道部分,系统结构示意图如图5-4-1所示。

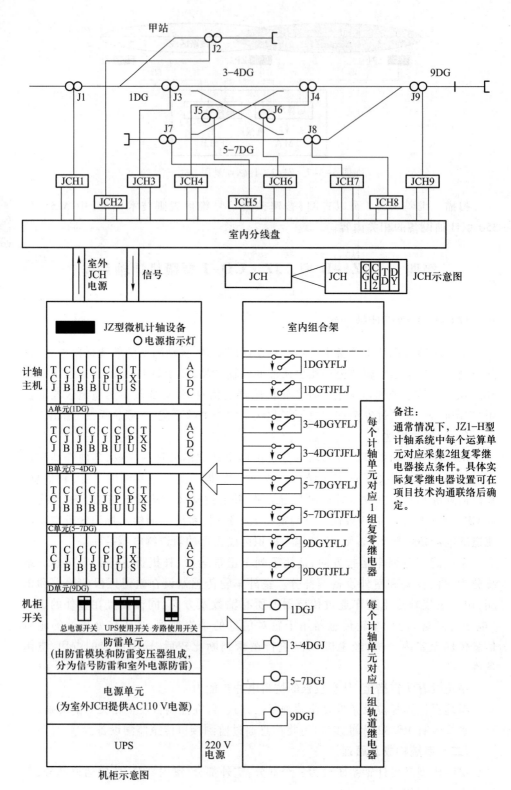

图 5-4-1　JZ1-H 型微机计轴系统结构示意图

　　室外信号源部分由电子检测盒（JCH）和车轮传感器（CC32K 型传感器）组成，JCH 配合 CC32K 型磁头共同完成对轮对信息的感应和检测，并将处理后的信息转换为 FSK 信号发送。

　　信号机械室内装设有计轴主机柜。主机柜包含计轴主机单元、防雷单元组合和电源单元。计轴检测点至室内主机应采用专用通道：计轴专用 PJZL23 型电缆。该电缆芯数包含 8 芯、12 芯、16 芯、22 芯、28 芯、34 芯、38 芯、44 芯等。

　　每个室外检测点与机械室内有两对连接线，一对为信号线，另一对为电源线，其中电源线最多可以四个检测点共用一对电缆与室内连接。当室内至室外距离大于 4 km 时，电源线需要加芯处理，减小电源损耗。

1. 室外设备

室外设备包括 CC32K 型传感器和高频电子检测盒 JCH。

（1）CC32K 型传感器

CC32K 型传感器采用高频调相方式，具有较高的可靠性和良好的抗干扰性能，不受钢轨上的牵引电流影响。以一个计轴点为例，它由两对传感器系统组成，每对相互独立，如图 5-4-2 所示。每对传感器系统包含一个发送传感器和一个接收传感器，接收传感器分为左接收和右接收，左接收位于钢轨内侧的左侧，右接收位于钢轨内侧的右侧，在铭牌上分别用"L"和"R"标识。车轮传感器采用打孔安装方式，安装在轨腰位置。发送传感器安装在钢轨外侧，接收传感器安装在钢轨内侧，每对传感器的发送和接收磁头对称于钢轨安装。每个传感器均配有一条用于和 JCH 连接的尾缆（磁头附带专用电缆）。尾缆一端固定灌封在传感器内，尾缆长度通常为 4 m 左右。

图 5-4-2　CC32K 型车轮传感器视图（以 1 个计轴点为例）

（2）JCH 电子检测盒

JCH 电子检测盒采用标准的 3U、28T 插箱结构，并外加金属防护罩，由金属支架固定在轨边的水泥基座上。盒内内插三种 4 块欧洲标准尺寸（100 mm×160 mm）的印制单元板，以 1 个计轴点为例，分别为 CG_1、CG_2 发送/接收板，TD 通道板，DY 电源板，如图 5-4-3 所示。

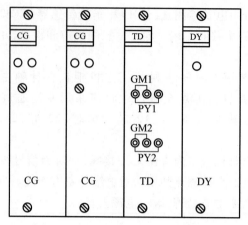

图 5-4-3　JCH 机笼内板卡面板示意图

① CG 板:传感器接收板

板卡由发送模块、接收模块和检测模块组成。CG 板向发送磁头提供 30 kHz 和 29 kHz 的信号电压,并将轮对经过时接收磁头中感应的信号电压送回盒内,进行解调,完成对信号的相位和幅度变化的检测判别,输出传感器有无受阻状态及参数漂移监测结果的电平信息。每个 JCH 中配置 2 块 CG 板,2 块板卡互相独立,分别对应 1 对传感器。

② TD 板:通道板

TD 板内设 3 组独立振荡源,分别受控于传感器系统 1、传感器系统 2 的受阻及无受阻电平信息,以及对应传感器系统 1 和 2 电气参数漂移监测的电平信息。经过“电平–频率”转换后的频率信息通过母板与室内运算处理单元连接。经 TD 板转换后的便于远距离传输的数字信号(FSK),送到车站信号机械室内的计轴主机进行计轴。每个 JCH 中配置 1 块 TD 板。

③ DY 板:电源板

DY 板用于将室内远供 AC 110 V 电源转换为 DC 24 V 电源,为 JCH 中的 CG 板、TD 板供电。每个 JCH 中配置 1 块 DY 板。

④ 母板

电子检测盒 JCH 各单板通过母板进行板卡间的电气连接。每个电子检测盒配1 块母板。

2. 室内设备

计轴系统室内设备分为计轴主机单元、防雷单元及电源单元。如图 5-4-4 所示,通常情况下,计轴主机与防雷单元可放置在一个主机柜中,机柜尺寸为 600 mm× 800 mm×2 200 mm(长×深×高),若站场较大,防雷单元与主机柜需分设在不同机柜中。

计轴主机单元对应有开关、保险、RS232 串口;室外供电单元由隔离变压器(220 V/110 V)及防雷模块组成,隔离变压器置于机柜内托盘上,并设有相应的断路器;机箱背部导轨处设有机柜零层端子(如 D0、D1、D2),对应对外及对内接线;每组接入的室外信号及远供电源都通过隔离变压器、对应的防雷模块进行防护,防雷模块置于机柜背部导轨处;机箱背面设有地线端子。

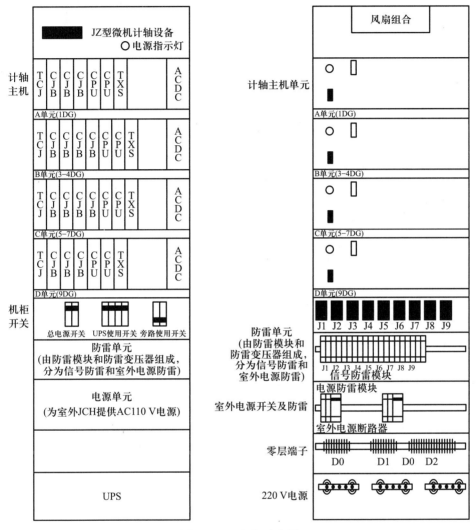

图 5-4-4　机柜示意图

(1)计轴主机单元

计轴主机板卡置于标准机笼内,各板卡面板示意图如图 5-4-5 所示。

① TCJ 板:采集板

TCJ 板为运算单元与联锁复零继电器的接口处理板。用于采集外部复零继电器的接点条件并通过光电隔离转换成高低电平送与 CPU 板。预复零的采集处理与条件复零的采集处理由 2 套独立的电路处理完成,其原理完全相同。每套主机设置 1 块 TCJ 板。

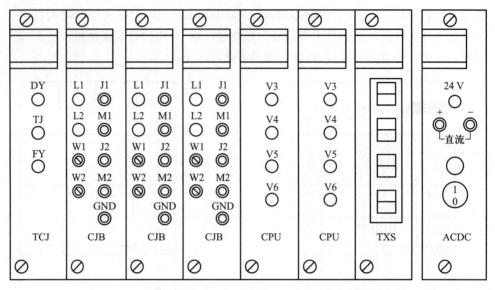

图 5-4-5　计轴主机板卡面板示意图(以 1 个 3 点主机单元为例)

②　CJB 板:传感器采集板

每个 CJB 板设置 2 套独立的滤波、整流、比较电路分别处理对应室外检测点的 2 对传感器轴信息,用于解调信号源设备传回的 FSK 信号,并转换成 CPU 能够识别的高低电平。每套主机的 1 个信号源对应 1 块 CJB 板。

③　CPU 板:微处理板

每套主机设置 2 块 CPU 板。2 块 CPU 板采用相同的硬件结构及软件结构。CPU 板采集处理 CJB 板的轴信息并进行计算、判别处理后,给出区段空闲/占用条件,并将此状态通过母板传输至外部安全型继电器。

当列车完全驶离区段时,经计轴主机 2 块 CPU 板的判断比较,确认数据信息无误及区段无车则给出区段空闲指示,相应区段轨道继电器吸合;当列车进入区段或未驶离区段时,则给出区间占用指示,相应区段轨道继电器落下。

④　TXS 板:显示板

用于显示区段轴数和故障信息。为非安全相关部件。每套主机设置 1 块 TXS 板。

⑤　ACDC 板:电源板

用于将 AC 220 V 电源转换为 DC 24 V 电源,为主机各板卡提供工作电源。每套主机设置 1 块 ACDC 板。

⑥　母板

用于主机单元各板卡的电气连接并提供外部接口端子。每套主机单元设置 1 块母板。

(2)　防雷单元

计轴室内机柜设有防雷设备,保护室内计轴主机不被室外设备与电缆终端架之间的线路中产生的感生电压(如闪电或牵引电流)损坏。防雷单元采用隔离变压器与防雷模块(防雷保安器)组合。一个室外的 JCH 设置一组信号防雷单元,对室外信号进行防护,同时一组远供电源需设置一组防雷单元进行雷电防护。

(3)电源单元

室内主机总电源由信号电源屏提供,输入电压范围为 AC 220 V±22 V。输出:① 主机工作电源:通过 ACDC 板将 AC 220 V 转换为 DC 24 V,为计轴主机提供电源,采用隔离电源模块进行防护。② 远供电源:机柜内设置隔离变压器,将 AC 220 V 电源转换为 AC 110 V 后提供给室外信号源设备,采用隔离变压器进行隔离防护。机柜还可配置 UPS 电源(可选),为机柜提供不间断电源。

二、JZ·GD-1型微机计轴系统

JZ·GD-1 型微机计轴系统主要用于站内轨道区段检查,室外部分采用 RSR180 型传感器,室内设备采用 JZ·GD-1 型计轴主机。系统成熟可靠,并能安全、稳定地不间断工作,通过了欧标 SIL4 安全认证。

(一)JZ·GD-1 型计轴系统特点

(1)JZ·GD-1 型计轴主机采用双通道可编程微处理器系统组成"2 取 2"安全型运算器,检查和处理所有的安全信息。系统具有逻辑判断能力,通过设置能够对多种轨道区段进行处理,适用范围广。软件和硬件都采用模块化设计,结构简单,维修方便。

(2)室外车轮传感器(RSR180)采用双传感器单体封装设计,即两套车轮传感系统封装于一体。车轮传感器的感应范围为距传感器表面垂直高度 50 mm 内,水平方向距传感器外侧约 20 mm。车轮传感器的运作基于磁力线偏转的原理,位于车轮传感器外壳中心线上的发射线圈产生的磁力线通过接收线圈,当一个轮轴顺序通过磁头传感器时,接收线圈的磁力线会按相应的顺序先后偏转,磁场强度也会相应改变。线圈中感应电流也会随之变化,室内运算单元可通过检测两个磁头电流变化的先后顺序,准确检测出轮轴,同时对不满足时序的非车轮干扰进行排除。

(3)室外计轴点,除了车轮传感器之外,没有任何其他的轨旁电子设备,因此故障处理方便,维修简便,维护费用低。

(4)车轮传感器安装于钢轨内侧,安装方便,不用作雷电防护。车轮传感器工作于雷电 LPZ0B 区域内,由于 RSR180 处于浮地工作状态,自身也具备足够的抵抗横向雷电脉冲的能力,因此室外不需要额外设置雷电防护元件,不接任何地线。

(5)在室内,每个轨道区段配置一套计轴运算单元,没有共用的主机单元。

(6)采用模块化设计,便于系统维护。

(7)JZ·GD-1 型计轴系统采用单区段处理模式,每个轨道区段的检测结果以轨道继电器条件方式输出,即输出轨道继电器励磁或失磁条件,该条件为计轴与联锁的接口之一。

(二)计轴设备构成及原理

JZ·GD-1 型微机计轴系统的结构如图 5-4-6 所示。系统包括车轮传感器

（RSR180）、过电压防护板（BSI）、评估板（IMC，也叫 EB 板）、中央处理板（CPU）、条件采集板（TCJ）、显示板（TXS）和电源等单元。其中，每个 RSR180 对应一个 BSI 和 EB 板，用于对传感器感应的轴信息进行评估处理；CPU 用于对所检测区段的轴数计算及判别；TCJ 板用于采集外部复位信息，经处理后送 CPU；TXS 板用于将处理轨道区段轴数及故障信息显示出来。

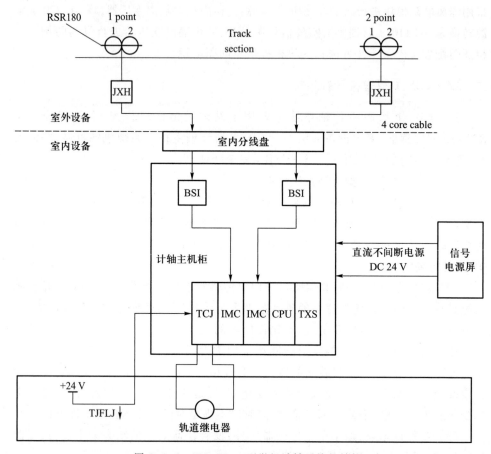

图 5-4-6　JZ·GD-1 型微机计轴系统的结构

　　一个计轴区段所有电子单元的集合称为计轴处理系统，在计轴处理系统中线路上车轮传感器的安装点称为计轴检测点。

　　车轮驶过传感器作用区域时，RSR180 将所感应的电流信号通过电缆传输至室内评估板 IMC。评估板采用双通道，对所接收到的两路传感器电流信息进行独立评估后，通过光电隔离，将轴信息以高低电平方式送至 CPU。CPU 由两套独立处理电路组成，采用"2 取 2"方式，每套电路独立实时处理经评估板评估后的轴信息（可同时处理 1~6 个检测点信息），再经两套电路将检测结果比较后输出。只有当两套处理电路均判别进入区段轴数和驶离区段轴数相等，且无故障时，输出标识区段空闲的轨道励磁条件，否则输出标识区段占用的轨道励磁条件。

复零方式可根据用户需要选用预复零和直接复零两种方式。在预复零工作方式下,对所检测区段预复零操作后,区段仍显示占用,需有列车完整通过所监视区间后,系统才输出标识区段空闲的轨道励磁条件。

1. 轨旁设备

JZ·GD-1型计轴系统轨旁信号设备组成包括室外车轮传感器、轨旁电缆终端盒(可根据需要由工程提供或另向厂家购买)、防护胶管及安装组件。

(1) RSR180型车轮传感器

车轮传感器安装于钢轨腰部,标准连接线为5 m,特殊情况下可定制不同长度的连接线。车轮传感器内包括两套传感系统,轮对运行方向检测是基于车轮传感器内两套传感系统来实现的。从系统安全性上考虑,在电气上两套传感系统是互相独立的。

车轮传感器是采用电磁感应原理来检测其周围铁磁物质有无的有源车轮传感器,其突出的特点是和周围其他的媒介无关且具有较好的环境适应性。RSR180型车轮传感器采用先进的车轮轮缘传感技术,可精确地判定车轮信息。具有较强的抗干扰能力。车轮传感器直接固定于钢轨的内侧,且无需室外电子设备,车轮传感器直接和室内设备相连,具有室外设备简单、安装紧固方便的特点。

(2) 传输电缆

车轮传感器与室内设备要求使用星绞线进行连接,包含一对电源线和一对信号线,其中电源线和信号线可在同一个四芯组。一根电缆只能用于传输车轮传感器信号,并能够传输多个车轮传感器的信号。一个车轮传感器使用电缆的一个星绞组,如图5-4-7所示。

车轮传感器和室内设备连线每一个车轮传感器需要两对芯线,分别为供电线和检测数据线,每个检测点需一个车轮传感器。建议每个检测点采用一个四芯星绞组电缆连接到室内相应主机上。

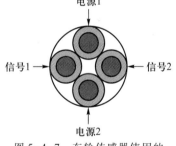

图5-4-7　车轮传感器使用的星绞组电缆

计轴点与运算单元之间的最大电缆长度即为传输距离。JZ·GD-1型计轴系统的设备分布由传输距离确定。计轴系统的传输距离受限于连接电缆的环阻,电缆线环阻最高为250 Ω,可以根据电缆线环阻来计算传输距离,表5-1列出了典型铜缆直径所对应的传输距离。

表5-1　典型铜缆直径所对应的传输距离

线径 d/mm	环阻 R/Ω	距离 s/m
0.9	250	4 453
1.0	250	5 318
1.4	250	10 776

（3）轨旁电缆接线盒

车轮传感器与室外的星绞电缆在轨旁接线盒处进行接续。车轮传感器至电缆接线盒的引线距离不大于 5 m（车轮传感器自带电缆长度为 5 m，特殊情况下可选择 10 m）。

2. 室内设备

计轴室内设备主要为计轴机柜，可以安装 19 in① 标准机箱。根据机柜的型号不同，一个机柜最多可安装 15～18 个运算单元，端子排也布置于机柜内，电源输入端子排、车轮传感器输入端子排和轨道状态输出端子排布置于机柜的背面。

每个计轴机箱可以装 3 个运算单元，每个运算单元包括 TCJ 板一块、TXS 板 1 块、CPU 板 2 块、评估板 2 块（评估板在具体配置中，因可以重复使用，具体数量有一定差异，通常为 1～2 块）。

扫描二维码 5.4.1 可以查阅《普速铁路信号维护规则技术标准》中 JZ1－H、JZ·GD–1、DK·JZ 型微机计轴设备的相关内容。

5.4.1

第五节　JWJ–C2 型微机计轴设备

JWJ–C2 型微机计轴设备适用于自动闭塞区段、自动站间闭塞区段及站内轨道区段的占用检测。室内设备由计轴主机（包括运算器、计轴电源及防雷组匣）组成，室外设备由车轮传感器（主传感器和辅助传感器）和轨道箱组成。

一、JWJ–C2 型微机计轴设备的特点

（1）设备的软、硬件体系采用"2 取 2"的安全结构，满足安全性的运用要求。

（2）采用 CAN 总线传输技术，系统可靠性大大提高，可扩展性强。

（3）采用轨旁处理轮轴信号及数字传输轴数信息的工作方式，系统抗干扰能力强。

（4）实现了车轮传感器免调整结构，便于设备安装及运用维护。

（5）设备故障能够通过自检故障代码提示出来，便于使用维护。

（6）配套开发的计轴设备维护机为系统的运用维护提供了科学的监测手段。

（7）计轴设备与 64D/F 半自动闭塞系统结合构成自动站间闭塞系统，也可完全脱离 64D/F 半自动闭塞系统，与站内联锁系统结合，独立构成自动站间闭塞系统。

二、计轴主要单元设备的构成

（一）计轴主机

计轴主机由主机机柜、运算器、防雷组匣、不间断电源及维护机或监控机等组

---

① 1 英寸（in）= 0.025 4 米（m）。

成。计轴主机设备布置示意图如图 5-5-1 所示。

1. 维护机或监控机

维护机用于区间计轴闭塞系统,安装在 J·G 型主机机柜内,由维护机主机和监控组合构成。其中维护机主机由工控机、显示器、数据采集卡、Modem 卡及 CAN 卡等组成;监控组合由托盘和侧面接线端子组成。

监控机用于区间分界点计轴闭塞系统,安装在 J·G 型主机机柜内,由监控机主机和监控组合构成。其中监控机主机由工控机、显示器、数据采集卡、网卡、多串口卡及 CAN 卡等组成;监控组合由托盘和侧面接线端子组成。

2. 运算器(以 J·YG2-4 型运算器为例)

J·YG2-4 型运算器安装在 J·G 型主机机柜内,由 J·XY1 型运算器机箱和 6 种单元卡构成。6 种单元卡由左到右分别为 J·DY1 型运算器电源卡(PCU)、J·KC 型运算器测试卡(TSU)、JD·Z 型主控卡(MCU)、J·CR 型输入输出卡(IOU)、J·ZG 型光纤转换卡(FCU)和 J·X 型显示卡(DPU)。

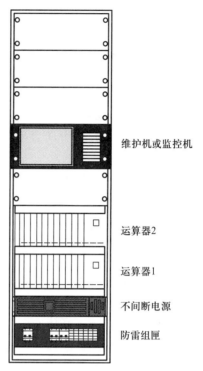

图 5-5-1　计轴主机设备布置示意图

(图中标注:维护机或监控机、运算器2、运算器1、不间断电源、防雷组匣)

3. 防雷组匣

J·UL 型防雷组匣用于电源防雷、通道防雷和设备供电,安装在 J·G 型主机机柜内。由电源防雷单元、通信防雷单元、空气开关、防雷隔离变压器、接线端子等器件及配线构成。

4. 不间断电源

SURT1000XLICH 型不间断电源用于提供计轴设备电源,安装在 J·G 型主机机柜内。

5. 主机机柜

J·G 型主机机柜主要用于安放运算器、防雷组匣、不间断电源、维护机或监控机。

(二)车轮电子检测器(ADE)

1. J·LC 型车轮电子检测器

J·LC 型车轮电子检测器(ADE)安装在 XB₂ 型轨道箱内,由 J·XC 型检测器机箱和 6 块单元卡组成。6 块单元卡从左到右分别为 J·S 型计数卡(ACU)、J·JF-28 型发送接收卡(TRU1)、J·C 型检测卡(SDU)、J·JF-24 型发送接收卡(TRU2)、J·JF-20 型发送接收卡(TRU3)和 J·DC 型检测器电源卡(PDU)。

2. J·LC1 型车轮电子检测器

J·LC1 型车轮电子检测器(ADE)安装在 J·XG 型轨道箱内,由 J·XC1 型检测器机箱和 7 块单元卡组成。7 块单元卡从左到右分别为 J·S 型计数卡（ACU）、J·JF1-28 型发送接收卡（TRU1）、J·C 型检测卡（SDU）、J·JF1-24 型发送接收卡（TRU2）、J·JF1-20 型发送接收卡（TRU3）、J·KCC 型检测器测试卡（TSU）和 J·DC1 型检测器电源卡（PDU）。在 J·XG 型轨道箱上还装有防雷单元和接线端子排等。

（三）车轮传感器

车轮传感器成套使用，1 套车轮传感器包含 1 个主传感器和 1 个辅助传感器。

1. 主传感器

主传感器由 2 对磁头、共用的 1 套底座、引接电缆及电缆护套构成。每对磁头包括 1 个发送磁头（T）和 1 个接收磁头（R），每个磁头上带有一条 2 芯屏蔽电缆，T1/R1 磁头的工作频率为 28 kHz，T2/R2 磁头的工作频率为 24 kHz。每套主传感器包括发送底座和接收底座各 1 个，发送底座上带有 2 个电缆护套接头。

2. 辅助传感器

辅助传感器由一对磁头、一套底座、引接电缆及电缆护套构成。磁头与主传感器通用，每个磁头上带有一条 2 芯屏蔽电缆，磁头的工作频率为 20 kHz。每套辅助传感器包括发送底座和接收底座各 1 个，在接收底座上带有 1 个电缆护套接头。

（四）轴数显示器

J·XZ 型轴数显示器通过与 J·X 型显示卡（DPU）进行 CAN 通信，分别接收车站上、下行运算器（ACE）传递的区间轴数信息并显示。它包括两组数码显示，分别为车站上行侧和下行侧区间显示轴数。

扫描二维码 5.5.1 可以查阅《普速铁路信号维护规则技术标准》中 JWJ-C2 型微机计轴设备的相关内容。

5.5.1

 复习思考题

1. 简述轮轴传感器（磁头）的基本原理。

2. 作为轨道占用检查装置，计轴设备有哪些优缺点？

3. 为什么一个计轴点设置两对轮轴传感器？

4. 简述 ZP30CA 计轴器的基本组成和原理，它是如何应用于站间闭塞系统的？

5. 简述 AzS(M)350 型计轴设备的基本组成和原理。

6. 简述 JZ1-H 型计轴设备的基本组成和原理。

7. 简述 JZ·GD-1 型计轴设备的基本组成和原理，举例说明它是如何实现站内轨道区段检查的。

8. 简述 JWJ-C2 型计轴设备的基本组成和原理。

第六章

应答器

在铁路信号系统中,如何检测指定的线路上是否有车辆占用是极其重要的,除了轨道电路及计轴设备能够实现自动检查线路空闲的功能外,近年来随着短程无线通信技术的发展而产生的应答器、轨道感应环线等也都具有列车定位检测的功能。

除了列车定位功能,应答器、移频轨道电路和轨道感应环线等还具有向列车传输信息的能力,这些地面信息可以使运行中的列车司机、列车超速防护系统或列车自动运行系统了解与前方列车的间隔、前方线路坡度、弯道、临时限速、进路预排等信息,因此,应答器、轨道感应环线等已经成为现代铁路信号系统中的重要地面设备,得到广泛应用。本章主要以我国 CTCS 系统为背景,介绍应答器系统的有关知识。

第一节 概 述

随着电子技术的进步,一种可以存储和发送数据报文的高速数据传输的点式设备(intermittent device)得到广泛应用,这就是应答器(balise),当列车通过应答器时,它不仅可以向列控车载设备提供大量固定信息和可变信息,还可以根据它安装的物理位置检测列车的当前位置。20 世纪 90 年代,欧洲国家研制开发了具有统一尺寸标准、类型标准、接口标准及技术参数参考标准的点式应答器(Euro-balise)。我国为了适应列控系统的发展,正在大力开展欧洲标准的点式应答器的应用与研究。

一、应答器的功能

应答器主要用于向 CTCS-2 级列控系统车载设备提供线路速度、线路坡度、轨道电路、临时限速等线路参数信息;向 CTCS-3 级列控系统车载设备提供位置定位、级间转换、建立无线通信等信息。

（一）应答器向列控车载设备传输信息的种类

（1）线路基本参数：如线路坡度、轨道区段长度、轨道区段编码等；

（2）线路速度信息：如线路最大允许速度、列车最大允许速度等；

（3）临时限速信息：当由于施工、天气等原因引起的对列车运行速度进行限制时，向列车提供临时限速信息；

（4）车站进路信息：根据车站情况，向列车提供接发车进路信息，以及相关的线路参数；

（5）道岔限速信息：给出前方道岔侧向允许列车运行的速度值；

（6）特殊定位信息：如变相点、升降弓、进出隧道、列车停位等；

（7）其他信息：如固定障碍物信息、列车运行目标数据、链接数据等。

应答器以报文的形式发送信息，因此需要定义报文的格式和所代表的含义。我国列控系统中，应答器报文（balise telegraph）采用欧洲标准。每条应答器报文都是由一个 50 位的报文帧头、若干信息包及一个 8 位的结束包构成，共计 830 位，每个信息包都具有各自的格式和定义。为了保证传输的安全性和可靠性，要按照欧洲标准对其进行加扰编码，形成 1023 位的传输报文。应答器、应答器地面电子单元、车站列控中心中储存和传输的都是 1023 位的报文。

（二）应答器组

为完成传送数据报文的任务，应答器经常要成组运用，构成应答器组（balise group），由 2~8 个应答器组成。组内相邻应答器间的最小距离应为 $5.0_0^{+0.5}$ m。

二、应答器的分类

根据应答器所传输报文是否可变，分为固定信息应答器（无源应答器）和可变信息应答器（有源应答器）。

（一）无源应答器

无源应答器（fixed balise）中的信息是经特殊设备固化在应答器存储单元里的，一般安装以后不能改变。它与外界无物理连接，不需要外加电源，平时处于休眠状态，所以无源应答器自身功耗很低，仅在列车通过并获得车载设备发送的功率载波能量时被激活，激活后立即发送调制好的预先写入的固定报文。

（二）有源应答器

有源应答器（switchable balise）通过专用的电缆与应答器地面电子单元（LEU，lineside electric unit）连接，根据 LEU 设备所发送的报文，实时向列车传送可变信息，一般设置在进站和出站信号机前方，主要是发送临时限速、前方进路等信息。

三、应答器编号和名称

（一）应答器编号

每个应答器（组）都有一个编号，并且该编号在全国铁路范围中是唯一的。

在每一条报文的帧头中，都要包含该应答器（组）的编号及每个应答器在组中的位置;在链接信息包中,要提供所链接的应答器的编号。

每个应答器(组)的编号由大区编号、分区编号、车站编号、应答器单元编号共同构成。应答器编号表示为:大区编号-分区编号-车站编号-应答器单元编号(应答器组内编号)。

1. 大区编号

大区编号是按全国铁路区域、以现行电务段或客运专线区域为参照而划分的,它由三位十进制数表示,编号范围为 1~127。

中国铁路总公司已经分配了大区编号,在设计中需要按文件执行。新增、调整大区编号时,需要由铁路局(公司)向中国铁路总公司申请,批复后方可实施。

2. 分区编号

分区编号由一位十进制数表示,编号范围为 1~7。

在大区编号内,以线别和车站分布情况进行分区编号,同一线别的车站应尽量分配在同一分区内,车站数量较多时可分配多个分区,车站数量较少时,多个线别可合并在一个分区内。

中国铁路总公司对既有线 CTCS-2 级区段已经分配了分区编号,在设计中需要按文件执行。新增、调整分区编号时,需要由铁路局(公司)向中国铁路总公司申请,批复后方可实施。

3. 车站编号

车站编号由两位十进制数表示,编号范围为 1~60。

一般按分区内车站的下行方向顺次进行车站编号,当多个线别合并在一个分区时,线别之间车站编号留出适当余量,既有分区内增减车站时,不得影响其他车站编号。

车站编号由铁路局(公司)和工程设计部门按应答器编号规则纳入工程设计,并报中国铁路总公司核备。

4. 应答器单元编号

应答器单元编号由三位十进制数表示,编号范围为 1~255。

对车站管辖范围内(含区间)的全部应答器(组)进行统一编号,以列车正运行方向或用途为参照,按正线贯通、从小到大的原则进行编号,下行编号为奇数,上行编号为偶数。

当增减应答器时,应不影响应答器单元编号,同时特别要注意,相关应答器的报文内容(有链接关系的)需要做相应的改变。

5. 组内编号

每个应答器组可由 2~8 个应答器组成,以列车正运行方向为参照,列车首先经过的应答器为 1 号,其他顺次编号。

应答器报文帧头中的变量 N_PIG 描述本应答器在组中的位置。

(二) 应答器(组)命名

应答器编号相当于身份识别,而从该编号中很难看出其特征及安装位置,不便

于维护和管理。因此,除编号外,每个应答器(组)应有其名称。应答器命名以 B
开头,后加里程标或信号机名称,其中里程标多参照区间通过信号机命名规则。

　　应答器编号及命名如图 6-1-1 所示,无源应答器的图形符号为△,有源应答
器为▲。应答器名称及单元编号为 B＊＊＊＊/＊＊＊。应答器组内编号为①、
②、③……

　　假如图 6-1-1 中应答器位于 045 号大区、1 号分区、23 号车站,在信号平面布
置图中表示为 045-1-23,放置于车站名称(举例站)下方。

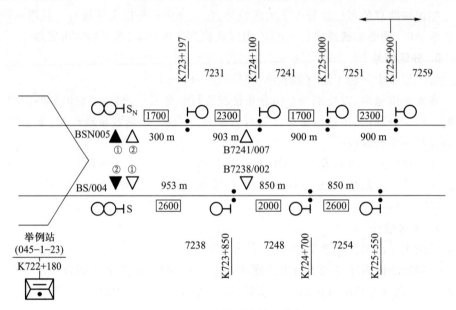

图 6-1-1　应答器编号及命名

　　7238 通过信号机处的应答器,命名为 B7238,单元编号为 002,图中标识为
B7238/002,最终档案编号为 045-1-23-002。

　　上行进站信号机处的应答器组,BS 单元编号为 004,图中标识为 BS/004,并用
①和②表示两个应答器在组中的位置,最终档案编号分别为 045-1-23-004-1、
045-1-23-004-2。

四、应答器的安装

　　应答器系统由地面、车载两部分设备组成。在列控系统应用中,为了获取地面
信息,一般地面应答器有两种安装方法,一种是安装在钢轨间中央道床上,另一种
是安装在一根钢轨外侧,根据应答器在地面的安装方法,车载设备应与之对应进行
安装。我国 CTCS 系统都是把应答器安装在钢轨间中央道床上。

　　(1)各应答器或应答器组中的第一个应答器应安装在信号点的说明:距离绝
缘节或调谐单元 15 m 处,前后允许偏差为 1 m。

　　(2)地面应答器安装尺寸和方向如图 6-1-2 所示,应答器安装在轨枕中央,

其表面应低于钢轨表面 93～190 mm。

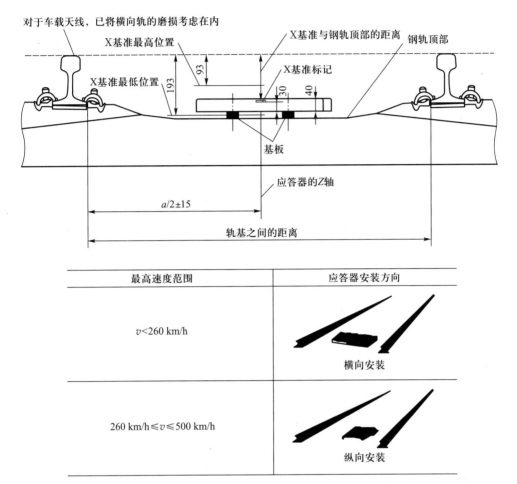

图 6-1-2　地面应答器安装尺寸和方向

（3）为避免两相邻应答器之间上行链接信号相互干扰,其最小安装距离应满足下列要求:

① $v_s \leqslant 180$ km/h 时,$d=2.3$ m。

② 180 km/h$<v_s \leqslant 300$ km/h 时,$d=3.0$ m。

③ 300 km/h$<v_s \leqslant 500$ km/h 时,$d=5.0$ m。

其中,v_s 为线路允许最大列车运行速度,d 为最小安装距离。

（4）同一应答器组中两个相邻应答器之间距离应在满足最小距离前提下尽量缩短,其最大距离不得大于 12 m(目前设计提供为 5 m,相隔一根枕木的距离为宜)。

（5）地面应答器应尽量安装在最小曲线半径大于 300 m 的线路上。

（6）有源应答器的地面电子单元(LEU)应集中设置在信号机械室内,LEU 与应答器间采用信号电缆或专用屏蔽信号电缆进行连接,电缆最大长度应不大于 3.5 km。

第二节　应答器系统的组成及工作原理

一、应答器系统的组成

　　应答器系统包括地面设备和车载设备两部分。地面设备包括地面无源应答器和地面电子单元(LEU)连接构成的有源应答器。车载设备包括车载天线和应答器信息接收单元(balise transmission module，BTM)。应答器系统结构框图如图6-2-1所示。

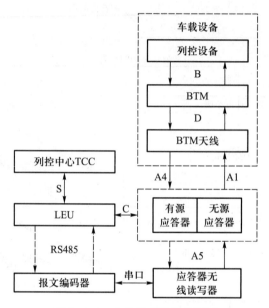

图 6-2-1　应答器系统结构框图

（一）无源应答器

　　对于无源应答器来说，首先要接受能源，因此无源应答器的设计比有源应答器复杂，但无源应答器去除电源电路而改用外部供电，即可当作有源应答器使用。

　　无源应答器如图6-2-2所示，由两部分组成，一是接收能源天线和发送信息天线，二是信息储存装置。列车接通应答器时，首先通过车载天线发送变频能源给地面应答器，应答器通过能源接收天线接收高频能源并转变成电能提供给信息储存装置及发送天线。信息储存装置将信息编码通过发送天线送向机车，车载设备通过接收天线收到地面数据，这样耦合一次，即完成一次传送信息任务。

（二）应答器地面电子单元（LEU）

　　LEU是一种数据采集与处理单元，如图6-2-3所示，通过串行通信接口或其他接口方式与列车运行控制中心连接，周期接收列车运行控制中心发送的实时变化的信息，并连续向有源应答器发送报文，即具有报文透明传输功能。

图 6-2-2　无源应答器　　　　　　图 6-2-3　应答器地面电子单元(LEU)

　　一个 LEU 可以同时向 4 个地面有源应答器发送 4 种不同数据报文。列车接近地面有源应答器时,LEU 发送的数据报文应保持不变。LEU 能实时监测与地面有源应答器之间信息通道的状态,并及时向车站列控中心回送。当 LEU 与地面有源应答器通信中断时,不应产生危及行车安全的后果。当外部控制条件无效或通信故障时,LEU 应向有源应答器发送默认报文。

　　(三)车载天线(BTM 天线)

　　车载天线是一个双工的收发天线,既要向地面发送激活地面应答器的功率载波,还要同时接收地面应答器发送的数据报文。车载天线置于机车底部,距轨道约 180~300 mm。

　　当天线的导体通过高频电流时,在其周围空间会产生电场与磁场,电磁场能离开导体向空间传播,形成辐射场。发射天线正是利用辐射场的这种性质,使车载主机传送的高频信号经过发射天线后能够充分地向空间辐射。当地面应答器被激活后,应答器发射另一个高频信号,在其电磁波传播的方向,天线就会产生感应电动势,此时与天线相连的接收设备输入端就会产生高频电流。接收效果的好坏除了电波的强弱外,还取决于天线的方向性和与接收设备的匹配情况。

　　车载天线的外壳要由硬塑料作保护,防止异物撞击。车载天线具有自检和断线检查功能。

　　(四)应答器信息接收单元(BTM)

　　BTM 由电源板、发送器、接收器、解码板和三块通信板组成,用于完成对地面应答器数据信息的接收与处理。在列车运行的整个期间,BTM 发送器产生 27.095 MHz 的能量信号,通过车载天线不断向地面发送,当列车经过地面应答器时,地面应答器被激活并将存储在其内的报文信息通过车载天线向 BTM 主机发送。BTM 主机接收到报文后进行解码还原、错误核对,并将解码后的数据传输给列控车载安全计算机,为生成制动模式曲线提供数据。BTM 通过电源线和通信线与外部接口连接。

二、应答器的工作原理

当机车经过地面应答器时,车载天线以 27.095 MHz 的无线射频激活应答器,应答器接收电磁能量并开始工作,以编码信息的形式向车载天线发射预置在应答器中的信息数据,应答器是以 4.234 MHz±200 kHz 的中心频率循环不间断地串行发送 1 023 位传输报文,信息传输速率为 564.48 kbit/s,直至能量消失。车载天线与应答器之间的作用原理如图 6-2-4 所示。

无源应答器是一个信息编码调制器,由于其电源由车载天线感应而生,故其功耗要求非常严格。其基本组成原理框图如图 6-2-5 所示,当安装在列车底部的车载天线与地面应答器之间的磁场强度达到规定的范围时,应答器线圈感应到车载天线发出的功率信号,应答器电源电路通过变换器、检波和电压调节,输出系统工作所需的电压,系统进入工作状态。

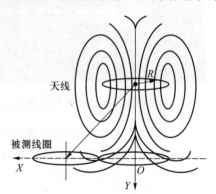

图 6-2-4 车载天线与应答器
之间的作用原理

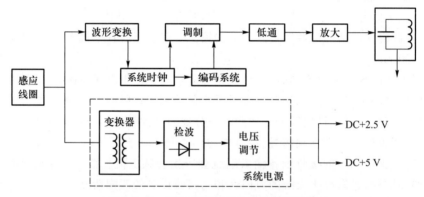

图 6-2-5 无源应答器基本组成原理框图

波形变换电路从感应线圈谐振频率信号中提取系统工作时钟,同时供给编码器和调制电路。编码器读取预置在系统 FLASH 中的信息,并给调制器输出编码条件。调制器从系统时钟获得产生 FSK 调制信号的上边频 f_1 和下边频 f_2。调制完成后的 FSK 信号要经低通滤波器整形之后放大,由天线发射出去。整个过程需要 3 ~ 5 ms。

由于发送的是相位连续的 FSK 信号,载频为 4.23 MHz,频偏高达 282 kHz,数传率为 564 kHz,FSK 信号调制指数 β 由下式计算:

$$\beta = 2\Delta f/f_i$$

式中,f_i 是以赫兹表示的数据频率,Δf 是载波的频偏。那么:

$$\beta = 2\Delta f/f_i = 564 \text{ kHz}/564 \text{ kHz} = 1$$

在相位连续的 FSK 信号功率谱密度中,调制指数 $\beta = 1$ 时,功率谱密度曲线在

f_1 和 f_2 处为 2 条线状谱。每条谱线所占功率都是信号功率的 1/4,2 条谱线共占信号总功率的 1/2,有利于降低接收的误码率。载波频偏(发射模式)取决于输入数据流的振幅,反过来也一样成立,解调后载波的数据振幅是载波偏差(接收模式)的函数,这一点对系统误码率(BER)是很重要的。

BER 是每个发射比特相对于每比特所包含噪声功率的函数,它们之间的关系用 E_b/N_0 表示,即每个比特的功率噪声比。可通过减少接收器噪声或提高发射功率来改善 E_b/N_0,也可提高每个发射比特的功率来改善 E_b/N_0。提高载波频偏能增加每个发射比特的功率,从而提高 E_b/N_0,并降低比特出错率,但其负面影响是提高频偏会导致频宽增加,降低系统的信道数量。对于无源应答器,降低 BER 只能通过减少接收器噪声和合适的编码模式。

三、应答器系统的数据传输接口

如图 6-2-1 所示,应答器系统中存在多种数据传输接口,其中有源应答器与地面电子单元(LEU)之间需要有线接口,无源应答器不存在这个有线接口,也不需要 LEU。

(一)接口"A"

"A"接口为地面应答器与车载天线设备间的通信接口,其接口定义对确保不同应答器设备间互联互通及信息传输的高效、安全、可靠具有重要的意义。它具有以下功能:① 车载天线设备向地面应答器提供电磁能量;② 地面应答器向车载天线设备发送数据报文;③ 无线读写器对地面应答器读写数据报文(接口"A5")。应答器车→地传输(接口"A4")的功率载频为 27.095 MHz±5 kHz;应答器地→车传输(接口"A1")的中心频率为 4.234 MHz±200 kHz;应答器数据信号的调制方式为 FSK,平均数据传输速率为 564.48×(1±2.5%) kbit/s。

(二)接口"C"

"C"接口为 LEU 与地面有源应答器间的通信接口,它包含由 LEU 向地面有源应答器传输数据报文的接口"C1"、地面有源应答器向 LEU 回送被激活的信号接口"C4"、LEU 向地面有源应答器提供偏置电压的接口"C6",这三种接口信号同在一对专用屏蔽双绞电缆芯线中传输。接口"C"编码方式为双相差分电平编码(DBPL编码)。地面有源应答器的接收速率与地面电子单元(LEU)发送速率相同。

有源应答器提供列车进路信息、股道长度、临时限速等动态信息。车站列控中心(TCC)采集来自联锁系统及调度中心的有关信息(如列车进站的股道号、股道长度、临时限速等),通过接口"S"传送至 LEU,再通过它控制有源应答器的发送,为列车提供实时信息。正常情况下,有源应答器接收 LEU 连续发送的报文向列车传送,一旦与 LEU 的连接中断(电缆断线),当有源应答器被激活,在接口"C"检测不到有效信号时,将向通过列车传送自身预存信息(默认/缺省报文)。

(三)接口"B""D"

"B"接口为 BTM 与车载列控计算机设备间的通信接口,应采用 RS-485、CAN总线或其他串行数据总线方式。接口"D"为车载天线与 BTM 间的设备内部接口。

四、应答器的用户报文结构及数据包分析

为适应列车不同的需求,应答器报文分长报(1023 位)和短报(341 位)两种,其中长报文的有效用户数据为 830 位,短报文为 210 位。用户数据先分为 10 位 1 组,经过扰码处理,再通过线性分组转为 11 位数据组,最后发送的编码数据还需加上若干控制位、额外形状位和校验位。编码后的报文在译码时不仅要通过数据校验,还需对数据进行有效性分析,这样可以防止随机干扰和突变干扰,以及传输过程中位滑动和位插入,保证数据的正确接收。使用 BCH 码来保护上传报文,该码是循环的,这意味着将任何有效的代码字一分为二并进行交换后,新的报文仍然是具有相同消息内容的有效报文。BCH 码主要用于探测错误,但是如果安全能够得到保证,也可用于纠错。该报文格式的主要优点是同步机制在报文内移动,且是奇偶位的一部分,这就简化了对代码的安全保护,因为在同步故障的情况下,要确定对于某一代码的效果是十分困难的。

(一) 应答器的用户报文结构

每一条应答器用户报文都由帧标志(包头)、用户数据位和报文结束标志结束包构成,具体报文数据内容如表 6-1 所示。

表 6-1 应答器用户报文数据内容

帧标志(包头)50 bit	用户数据位 772 bit	结束位(11111111)8 bit

为保证应答器与动车组 ATP 车载设备的运用相匹配,应答器报文的格式采用统一的数据结构。在既有线 CTCS-2 级列控系统中,引用了欧洲定义的应答器链接包、线路坡度包、线路速度包、等级转换包、用户数据包、特殊区段包、文本信息包、地理位置信息包、调车危险包;根据 CTCS-2 级点连式列控系统的需求,参照欧洲报文定义的格式,我国自定义了轨道区段包、临时限速包、区间反向运行包、大号码道岔包和绝对停车包五个 CTCS 数据包。

应答器链接包(ETCS-5):提供应答器的链接信息,描述应答器的链接关系,数据包报文基准量为 69 bit、增量为 39 bit,总量为 $[69+(n-1)\times39]$ bit,n 为链接应答器数目。

线路坡度包(ETCS-21):提供线路坡度信息,数据包基准量为 78 bit,增量为 24 bit,总量为 $[78+(n-1)\times24]$ bit,n 为线路坡度数目。

线路速度包(ETCS-27):提供线路静态速度信息,为线路最大允许速度,数据包基准量为 86 bit,增量为 28 bit,总量为 $[86+(n-1)\times28]$ bit,n 为线路允许速度数目。

等级转换包(ETCS-41):提供级间转换信息,数据包容量为 97 bit。

用户数据包(ETCS-44):主要是用来嵌套用户自定义的 CTCS 用户数据包,如轨道区段、临时限速、区间反向运行等。

特殊区段包(ETCS-68):可以向机车乘务员实时反映列车运行前方的一些特殊情况,如隧道、桥梁、无电区等,数据包容量为 114 bit。

文本信息包(ETCS-72):用于提供运行方向前方车站的名称,一般在列车进站

外方三个闭塞分区开始显示,出站进入区间后,文本显示消失。该文本信息一般宜放置在进站外方三个闭塞分区处的无源应答器组中。

地理位置信息包(ETCS-79):用于提供接收到的应答器组的坐标信息、长短链预告或者公里标系变换,通常在每一个应答器组里都存在。

调车危险包(ETCS-132):用于在进、出站口处应答器向列车传送调车危险报文信息,可禁止列车以调车模式进入区间。在出站信号机处发送调车危险报文,可防止列车在没有排列调车进路时,以调车模式驶出股道。数据包容量为 24 bit。

轨道区段包(CTCS-1):提供线路轨道区段信息,数据包基准量为 93 bit,增量为 24 bit,总量为 $[93+(n-1)\times 24]$ bit,n 为轨道区段数目。

临时限速包(CTCS-2):提供线路临时限速信息,数据包容量为 122 bit。

区间反向运行包(CTCS-3):用于当区间反向运行,轨道电路发送轨道检查码(27.9 Hz),没有发送追踪码序时,给列车发送反向运行的起点及反向运行的长度。数据包容量为 122 bit。

大号码道岔包(CTCS-4):根据道岔区段空闲条件,给出道岔侧向允许列车运行的速度。数据包容量为 48 bit。

绝对停车包(CTCS-5):进出站有到发线信号关闭时,该处应答器发绝对停车报文。车载设备在完全监控、部分监控、调车监控、机车信号等各工作模式下接收到该报文均应触发紧急制动。车载设备在目视行车模式下不处理该信息包。

(二)应答器数据包分析

应答器按放置位置及其功能划分,主要有区间无源应答器组、进站口有源应答器组、侧线出站信号机处有源应答器组、出站口有源应答器组、级间转换应答器组、大号码道岔应答器组。其包含的主要数据包内容如下:

1. 区间无源应答器组

区间无源应答器组在列车正、反向运行时,既有线和客运专线的数据包内容相同,具体数据内容如表 6-2 所示。

表 6-2　区间无源应答器组数据内容

应答器工作状态	用户信息报文包										
	应答器链接	线路坡度	线路速度	等级转换	特殊区段	调车危险	CTCS 数据				
							轨道区段	临时限速	区间反向运行	大号码道岔	绝对停车
正向运行	√	√	√		√		√				
反向运行	√										

2. 进站口有源应答器组

在既有线和客运专线中,该组应答器内有源和无源的数据内容均相同。有源应答器提供列车进路等列车正向运行信息,无源应答器用于提供列车反向运行时的线路数据,并发送调车危险信息防止列车以调车模式进入区间运行。有源应答器数据内容如表6-3所示,无源应答器数据内容如表6-4所示。

表6-3 进站口有源应答器组内有源应答器数据内容

应答器工作状态	用户信息报文包										
	应答器链接	线路坡度	线路速度	等级转换	特殊区段	调车危险	CTCS数据				
							轨道区段	临时限速	区间反向运行	大号码道岔	绝对停车
正线接车	√	√	√				√	√			
侧向接车-1		√	√				√	√			
侧向接车-2	√	√	√				√	√			
侧向接车-3	√	√	√				√	√			
反向发车	√							√			

注:"侧向接车-1"为列车侧向接车,且无直股发车条件;"侧向接车-2"为列车侧向接车,且有直股正向发车条件;"侧向接车-3"为列车侧向接车,且有直股反向发车条件;"特殊区段"信息报文包在有特殊区段的情况下使用。

表6-4 进站口有源应答器组内无源应答器数据内容

应答器工作状态	用户信息报文包										
	应答器链接	线路坡度	线路速度	等级转换	特殊区段	调车危险	CTCS数据				
							轨道区段	临时限速	区间反向运行	大号码道岔	绝对停车
反向发车		√	√			√	√				

3. 出站口有源应答器组

在既有线和客运专线中,该组应答器内有源和无源的数据内容均相同。该组内有源应答器的数据内容与进站口有源应答器数据内容相似,无源应答器的数据内容与区间无源应答器数据内容相同,且发送调车危险信息防止列车以调车模式进入区间运行。有源应答器数据内容如表6-5所示,无源应答器数据内容如表6-6所示。

表6-5 出站口有源应答器组内有源应答器数据内容

应答器工作状态	用户信息报文包										
	应答器链接	线路坡度	线路速度	等级转换	特殊区段	调车危险	CTCS数据				
							轨道区段	临时限速	区间反向运行	大号码道岔	绝对停车
正向发车	√							√			
反向正线接车	√	√	√				√	√			
反向侧向接车-1		√	√				√	√			

应答器工作状态	用户信息报文包						CTCS 数据				
	应答器链接	线路坡度	线路速度	等级转换	特殊区段	调车危险	轨道区段	临时限速	区间反向运行	大号码道岔	绝对停车
反向侧向接车-2	√	√	√				√	√			
反向侧向接车-3	√	√	√				√	√			

表 6-6 出站口有源应答器组内无源应答器数据内容

应答器工作状态	用户信息报文包						CTCS 数据				
	应答器链接	线路坡度	线路速度	等级转换	特殊区段	调车危险	轨道区段	临时限速	区间反向运行	大号码道岔	绝对停车
正向发车		√	√		√	√					

4. 出站信号机处应答器组

在既有线提速中,未设置该应答器组,但在客运专线中,为保证列车在车站内运行的安全性,以及列车在站内数据的完整性,设置了该应答器组。

当车站排列接车进路时,出站信号机处的应答器发送默认报文,其中默认报文的内容还应含有绝对停车数据包 CTCS-5。该信息包在没有排列进路时发车方向有效。有源应答器的数据内容如表 6-7 所示,无源应答器的数据内容如表 6-8 所示。

表 6-7 出站信号机处应答器组内有源应答器数据内容

应答器工作状态	用户信息报文包						CTCS 数据				
	应答器链接	线路坡度	线路速度	等级转换	特殊区段	调车危险	轨道区段	临时限速	区间反向运行	大号码道岔	绝对停车
接车进路						√					√
发车进路	√	√	√		√	√	√	√			

表 6-8 出站信号机处应答器组内无源应答器数据内容

应答器工作状态	用户信息报文包						CTCS 数据				
	应答器链接	线路坡度	线路速度	等级转换	特殊区段	调车危险	轨道区段	临时限速	区间反向运行	大号码道岔	绝对停车
接车方向		√	√				√				
发车方向											

5. 级间转换应答器组

该组应答器提供 CTCS-2 至 CTCS-0/1 或 CTCS-0/1 至 CTCS-2 转换处的线路信息。其由三组应答器组成,分别是正向预告点应答器组、执行点应答器组和反向预告点应答器组,由于均提供线路固定信息,采取成对无源应答器提供该信息。预告点应答器组数据内容如表 6-9 所示,执行点应答器组数据内容如表 6-10 所示。

表 6-9　级间转换处预告点应答器组数据内容

应答器 工作状态	用户信息报文包										
	应答器 链接	线路 坡度	线路 速度	等级 转换	特殊 区段	调车 危险	CTCS 数据				
							轨道 区段	临时 限速	区间反 向运行	大号码 道岔	绝对 停车
CTCS0/1 至 CTCS-2	√	√	√	√			√				
CTCS-2 至 CTCS0/1	√	√	√	√			√				

表 6-10　级间转换处执行点应答器组数据内容

应答器 工作状态	用户信息报文包										
	应答器 链接	线路 坡度	线路 速度	等级 转换	特殊 区段	调车 危险	CTCS 数据				
							轨道 区段	临时 限速	区间反 向运行	大号码 道岔	绝对 停车
CTCS0/1 至 CTCS-2	√	√	√	√			√				
CTCS-2 至 CTCS0/1		√	√	√			√				

6. 大号码道岔应答器组

该组应答器根据道岔区段空闲条件,给出道岔侧向允许列车运行的速度;且根据道岔区段空闲条件的不同,同一大号码道岔其侧向允许列车运行的速度可以有多个等级。当大号码道岔侧向允许列车运行的速度小于或等于 80 km/h 时,应答器可以不给出"大号码道岔"报文。当列车进路为道岔正向时,该应答器发送默认报文,默认报文的内容与区间无源应答器相似。其数据内容如表 6-11 所示。

表 6-11　大号码道岔应答器组数据内容

应答器 工作状态	用户信息报文包										
	应答器 链接	线路 坡度	线路 速度	等级 转换	特殊 区段	调车 危险	CTCS 数据				
							轨道 区段	临时 限速	区间反 向运行	大号码 道岔	绝对 停车
正向运行	√	√	√				√			√	
反向运行	√										

（三）应答器的链接关系及数据覆盖范围

在 CTCS-2 级列控系统中,信息内容涉及行车安全的应答器组之间建立链接关系。当列车正向运行时,一个应答器组与同一运行方向连续两个相邻应答器组建立链接关系;当列车反向运行时,一个应答器组应与同一运行方向相邻一个应答器组建立链接关系,如图 6-2-6 所示。

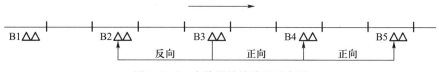

图 6-2-6　应答器链接关系示意图

列车正向运行时,一个应答器组链接其运行方向连续两个相邻应答器。当丢失一个应答器的数据包时,不影响列车正常运行,仅在连续丢失两个应答器数据包的情况下,列车采用常用制动或紧急制动。

区间无源应答器的数据范围为链接同一方向相邻两个应答器组,再加上一个制动余量。对于既有线提速 200 km/h 区段,其制动余量按 4.5 km 计算;对于设计最高时速 250 km/h 的客运专线,其制动余量按 7 个闭塞分区计算。区间无源应答器组数据覆盖范围如图 6-2-7 所示。

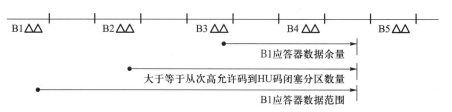

图 6-2-7　区间无源应答器组数据覆盖范围

列车在站内运行时,需有站内设置的应答器提供线路静态数据及进路等相关动态数据。站内设置的应答器,其应答器链接关系及数据覆盖范围与区间无源应答器类似,均为链接同方向的相邻两个应答器组,再加一个制动余量。

列车反向运行时,按站间自动闭塞运行,区间运行的应答器数据内容由进站口应答器组内无源应答器提供,其数据覆盖范围如图 6-2-8 所示。

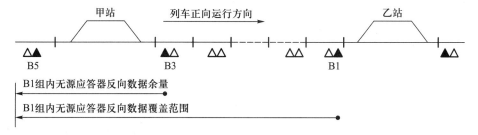

图 6-2-8　进站口应答器组内无源应答器反向数据覆盖范围

　　当区间轨道区段较多,且进站口应答器组内无源应答器的容量无法满足时,需增加反向中继,此时,进站口的无源应答器与反向中继的数据覆盖范围都将缩小,以满足数据包的容量,具体数据范围为到下一个提供反向线路数据的应答器组再加上一个制动余量。

第三节　应答器的设计和应用

一、我国 CTCS 列控系统应答器的设置原则

　　(1)用于识别运行方向的应答器组应至少包括 2 个应答器,用于修正列车位置的应答器组可只用 1 个应答器。

　　(2)在区间闭塞分区入口处设置 2 个及以上无源应答器构成应答器组,提供线路参数和运行方向。300~350 km/h 的客运专线应在每个闭塞分区设置,200~250 km/h 的客运专线可间隔 1 个闭塞分区设置。

　　(3)进站信号机(含反向)处设置由有源应答器和无源应答器组成的应答器组,提供进路参数、临时限速、调车危险等信息。

　　(4)出站信号机处设置由有源应答器和无源应答器组成的应答器组,提供绝对停车、进路参数、临时限速、调车危险等信息。

　　(5)区间中继站处设置 1 个有源应答器,提供临时限速等信息。

　　(6)应答器组内相邻应答器间的距离为(5±0.5)m。设置在闭塞分区入口处、进站信号机处的应答器组距调谐单元或机械绝缘节(20±0.5)m(从最近的应答器计算)。

　　(7)出站信号机处应答器组安装在出站信号机前方 85 m 处。当信号关闭时,该应答器组发绝对停车报文,车载设备在各工作模式下接收到该报文均应触发紧急制动停车。

　　(8)在大号码道岔(18 号以上)前产生 U2S 码的闭塞分区入口处应设置由有源应答器和无源应答器组成的应答器组,根据道岔区段空闲条件,给出道岔侧向允许列车运行的速度。

　　(9)集中设置在信号机械室内、控制正线有源应答器的 LEU 设备应采取冗余措施。LEU 应具备应答器电缆的断路及短路监测功能。

二、既有线 CTCS-2 提速区段应答器的设置

　　在既有线 200 km/h 提速 CTCS-2 区段中,线路最高运行速度为 200 km/h,最高码序为 L3,常用制动余量取 4.5 km。应答器的布置在位置加以限定的基础上,兼顾了应答器的容量要求,以及车载处理的逻辑要求。

　　这一方案的布置原则是:每个应答器正、反向链接两个应答器同时加上常用制动距离(200 km/h 线路为 4.5 km),并且数据范围宜满足列车运行在应答器未丢失

情况下,能够生成从最高的允许码到 HU 码的控车模式曲线所需的闭塞分区数量。

(1) 原则上顺着列车运行方向,在坡度变化较少、线路状况较好(无或者较少分割点)的区段按间隔三个闭塞分区预布。

(2) 线路状况复杂、坡度变化频繁的区段按间隔两个甚至一个闭塞分区布置。确保当两个相邻且数据冗余的链接应答器(组)失去链接关系时,列车运行应不受影响;当三个相邻且数据冗余的链接应答器(组)失去链接关系时,列车应采取常用制动,且冗余数据应满足制动距离要求。

(3) 进站口和出站口有源应答器和无源应答器成组设置,用以确定列车运行方向。有源应答器主要提供临时限速信息,无源应答器提供线路固定信息。有源应答器靠近站舍,进站口无源应答器用于反向行车,通过容量检算,若容量溢出,需在区间中间位置增加反向中继。

(4) 在 CTCS-0/1 至 CTCS-2 或 CTCS-2 至 CTCS-0/1 级间转换处,设置三组由两个无源应答器组成的应答器组,分别为正向预告点应答器组、执行应答器组和反向预告点应答器组。

(5) 应答器组内相邻应答器间的距离为(5±0.25)m。

(6) 设置在闭塞分区入口处、进站信号机处的应答器组距调谐单元或机械绝缘节的距离宜为(15±0.25)m(从最近的应答器计算)。

既有线提速的 CTCS-2 区段主要包含以下几种类型的应答器布置。

(一) 区间有绝缘信号点应答器(组)布置

按列车正向运行方向布置,应答器组内最后一个应答器布置在距绝缘节 15 m 处,组内相邻两个应答器间距为 5 m,如图 6-3-1 所示。

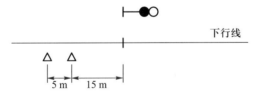

图 6-3-1 区间有绝缘信号点应答器(组)配置示意图

(二) 区间无绝缘信号点应答器(组)布置

按列车正向运行方向布置,应答器组内最后一个应答器距调谐单元(BA)不小于 15 m(如果在两根轨枕间,安装在远离 BA 的轨枕上,如遇到护轮轨需商定调整),组内相邻两个应答器间距为 5 m,如图 6-3-2 所示。

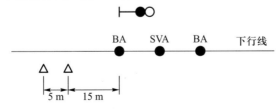

图 6-3-2 区间无绝缘信号点应答器(组)配置示意图

（三）进、出站口应答器（组）布置

进站口和出站口有源应答器和无源应答器成组设置，用以确定列车运行方向。有源应答器主要提供临时限速信息，无源应答器提供线路固定信息。有源应答器设置靠近站舍，正向运行时，组内最后一个应答器分别布置在进站信号机处绝缘节和反向进站信号机处绝缘节外方 15 m 处，应答器组内相邻应答器间距为 5 m，如图 6-3-3 所示。

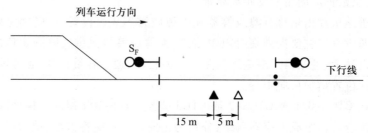

图 6-3-3 进、出站口应答器（组）配置示意图

（四）级间转换应答器（组）布置

级间转换应答器设置于区间列车较少使用制动的区段，距进、出站端距离大于 450 m，包含预告点应答器组、执行点应答器组和反向预告点应答器组。执行点应答器组内最后一个应答器距调谐单元（BA）15 m，组内相邻两个应答器间距为 5 m。预告区段长度应满足即将转换的列控系统设备投入正常工作和司机确认所需要的时间，一般按 5 s 设计，距执行点约 240 m，如图 6-3-4 所示。

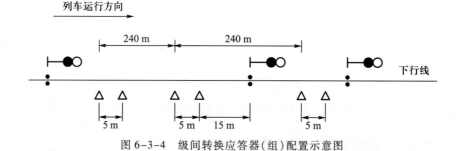

图 6-3-4 级间转换应答器（组）配置示意图

（五）大号码道岔应答器（组）布置

在大号码道岔前发送 U2S 码的轨道电路入口处应设置一个有源应答器（组），如图 6-3-5 所示。

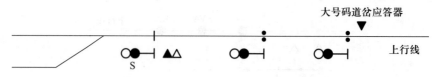

图 6-3-5 大号码道岔应答器（组）配置示意图

三、客运专线应答器的布置

在客运专线(以线路最高运行速度为 250 km/h 为例)中,最高码序为 L5,经计算常用制动余量取 7 个闭塞分区(每个闭塞分区长度约为 1 300 m)。区间应答器成对布置,极大满足了容量问题。故在布置的时候,可不考虑容量。同时由于应答器组链接的第一组、第二组应答器间间隔两个闭塞分区,数据覆盖范围满足了从最高的允许码到 HU 码的控车模式曲线所需的闭塞分区数量,即不存在码序检查问题,不需进行码序检查,布置原则是:

(1)原则上每间隔两个闭塞分区入口处设置 2 个无源应答器构成应答器组。

(2)进站信号机(含反向)处设置由 1 个有源应答器和 1 个无源应答器组成的应答器组,提供临时限速、接车进路参数、调车危险及发车方向的区间轨道电路和线路参数等信息。

(3)用于识别运行方向的应答器组至少包括 2 个应答器;用于修正列车位置的应答器组可用 1 个应答器。

(4)侧线出站信号机处设置 1 个有源应答器和 1 个无源应答器组成的应答器组,提供绝对停车信息和发车进路信息等。

(5)级间转换区段成对设置预告点应答器组、执行点应答器组和反向预告点应答器组。

(6)应答器组内相邻应答器间的距离为(5±0.25)m。

(7)设置在闭塞分区入口处、进站信号机处的应答器组距调谐单元或机械绝缘节的距离宜为(20±0.25)m(从最近的应答器计算)。应答器的布置如图 6-3-6 所示。

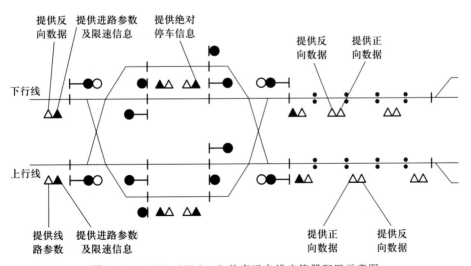

图 6-3-6　200～250 km/h 的客运专线应答器配置示意图

复习思考题

1. 简述应答器的基本工作原理。
2. 应答器的主要用途是什么？试述应答器传输信息的种类。
3. 有源应答器与无源应答器有什么区别？
4. 地面电子单元的主要功能是什么？
5. 简述车载应答器传输模块的功能和工作原理。
6. 如何检查地面应答器的报文是否正确？
7. 描述应答器的报文格式和位数。
8. 报文中信息包有哪几类？分别简述其数据内容。
9. 举例说明应答器的命名原则，应答器编号是如何构成的？
10. 进站信号机处应设置什么类型的应答器，提供哪些信息？
11. CTCS 级间转换应答器组包括哪些应答器，预告区段长度如何确定？

电源系统设备

铁路信号电源屏(power supply panel)是将电源引入、配电、变压、稳压、整流及电源防护等元器件组装在一起的柜状设备。它是电气集中联锁、自动闭塞、驼峰信号设备等的供电装置,必须保证不间断地供电,并且不受电网电压波动和负载变化的影响,还要保证供电安全。

信号电源屏最初于20世纪60年代后期出现在我国铁路中,由工厂生产,以简化施工和维修,目前已经形成种类齐全的信号电源屏系列。为满足不断发展的信号设备的供电需要,从2000年开始出现了智能电源屏,使信号电源技术有了突破性的发展。

第一节　铁路信号设备的供电概况

一、铁路信号设备对供电的基本要求

各类铁路信号设备的使用条件虽有不同,但总的来说,铁路信号设备对供电的三大基本要求是可靠、稳定、安全,即对电源的可靠程度都有较高的要求;对供电电压和频率的稳定性都有一定的要求;都要保证供电的安全。

(一)要求电源可靠

铁路信号电源原则上应与铁路其他部门的电源结合考虑,以便统一和简化供电系统,且便于维护管理。但根据其重要性和管理分工的不同,也有单独设置供电系统的情况。铁路用电一般都是由电力部门供给的,尽可能不自设发电设备。在电气化区段,当技术经济合理时,也可采用牵引电源。

铁路对路外供电电源按其可靠程度分为三类:

1. 第一类电源

所谓第一类电源就是能取得两路可靠的独立电源,其中一路为专盘专线(exclusive external power supply),或虽不能取得专用电源,但能由其他重要线路接

引供电;供电容量满足铁路信号设备的最大用电量;电压、频率的波动在容许范围之内,或电压波动虽较大但能稳压。

2. 第二类电源

只能取得一路电源,但质量较好,供电容量、电压和频率的波动情况与第一类电源相同。

3. 第三类电源

不能满足第一、二类电源条件的其他电源。

独立电源是指不受其他电源影响的电源。如一个发电机组,有专用的控制设备和馈电线路,与其他母线没有联系或虽有联系但其他母线发生故障时能自动切断联系,就是独立电源。

可靠电源是指能昼夜连续供电,因维修和事故的停电有一定限制的电源。有关规定为:因维修的计划停电,第一类电源每路每月一次,每次不超过 4 h;第二类电源每月一次,每次不超过 10 h。因事故造成的临时停电两年累计:第一类不超过48 次,每次一般不超过 2 h;第二类不超过 100 次,每次一般不超过 4 h。

专盘专线是指由外部电源的发电厂或变电站向铁路用电负荷供电的专用开关间隔及电源线路(不与其他负荷共用)的统称。

为了保证供电可靠,按铁路信号与行车的关系划分供电等级和负荷等级,以便管理,按因事故停电所造成的后果,可将信号设备的负荷等级划分如下:

(1) 一级:凡发生停电就会造成运输秩序混乱的负荷;

(2) 二级:凡偶尔短时停电不会马上打乱行车计划,但停电时间长了也会影响运输秩序的负荷;

(3) 三级:其他。

铁路信号设备中的大站继电集中联锁、计算机联锁、自动闭塞、调度集中和调度监督、驼峰信号设备等都是一级负荷。

一级负荷由第一类电源供电时,一般不需要另设备用电源,但要求自动或手动转换两路电源时,供电中断时间不大于 0.15 s,以免在电源转换过程中使原吸起的继电器落下而影响行车。

自动闭塞虽为一级负荷,但因相邻两变电所可互为备用,故每一变电所并不要求引入两路独立电源,然而相邻两变电所的电源应相互独立。

在使用第二类电源地区,除自动闭塞外,是否适用于其他属于一级负荷的信号设备,需结合电源情况慎重考虑。一般可用该电源做主电源,但需设置备用电源。

非自动闭塞区段的中、小站继电集中联锁为二级负荷。二级负荷可由第二类电源供电,但也需设置备用电源。

第三类电源原则上不用做一级负荷的电源。

各种采用计算机的信号系统,为保证不中断供电,需使用不间断供电系统。

(二) 要求电源稳定

为使电源可用,必须规定铁路信号设备供电电压的允许波动范围及交流电源的频率波动范围。三相交流供电时各相负载应力求平衡,以提高供电效率和设备利用率,减小电压波形的畸变。

供电电压、频率的允许波动范围及允许的负荷功率因数在正常情况下应符合下列标准:

(1)两路输入电源允许偏差范围,单相电压 AC 220^{+33}_{-44} V,三相电压 AC 380^{+57}_{-76} V/AC 220^{+33}_{-44} V,频率(50±0.5)Hz,三相电压不平衡度小于或等于 5%,电压波形失真度小于或等于 5%。

(2)负荷功率因数不低于 0.85。

(3)对于铁路信号电源设备,因其由电网供电,负荷的变化将引起供电电压的波动,故须设有稳压装置,以保证电压稳定在规定的范围之内。

(三)要求电源安全

为了保证供电安全,铁路信号电源设备必须采取以下措施:

(1)铁路信号设备的专用低压交、直流电源都要对地绝缘,以免发生接地故障时造成电路错误动作。

(2)铁路信号设备的供电种类和电压等级较多,必须分路供电,并用变压器隔离,力求发生故障时缩小故障范围,避免故障扩大化。

(3)使用电缆供电时要考虑电缆芯线间的分布电容形成串电的问题,必要时应分开电缆供电。

(4)由架空线路供电,必须考虑防雷,防止浪涌电压影响,以及安全接地问题。

(5)铁路信号设备的保安系统如采用断路器组成,则断路器的容量应经计算确定,并应满足动作的选择性(即分支断路器先动作,总断路器后动作)及灵敏度(即动作时间)的要求。

(6)高压(AC 380/220 V,DC 100 V 以上)设备要隔离,以保证人身安全。

二、信号电源屏概况

(一)信号电源屏的主要技术要求

(1)电源屏应有两路独立的交流电源供电,两路输入电源允许偏差范围应符合表 7-1 的要求。电源屏输入、输出应设置断路器(熔断器),在短路、过流时应可靠断开;断路器(熔断器)应根据设备实际用电负载进行选择,输入电源选择的断路器(熔断器)应不大于负载电流的 2 倍,输出应不大于 1.5 倍。

表 7-1　电源屏两路输入电源允许偏差范围

序号	输入电源	允许偏差
1	电压	AC 220^{+33}_{-44} V(+15% ~ -20%)
2		AC 380^{+57}_{-76} V/220^{+33}_{-44} V(+15% ~ -20%)
3	频率	(50±0.5)Hz
4	三相电压不平衡度	≤5%
5	电压波形失真度	≤5%

（2）输入电源供电方式、转换时间应符合：

①　一主一备的工作方式：正常情况下应用可靠性较高的一路电源供电，一路电源故障时，自动切换到另一路电源供电，并应有手动转换和直供功能。

②　两路同时供电方式：两路电源同时向电源屏供电，当其中一路断电时，另一路自动承担全部负荷供电。

③　两路输入交流电源，当其中一路发生断电或断相时，转换时间（包括自动或手动）不大于 0.15 s；智能电源屏模块之间转换时，转换时间应不大于 0.15 s。

在两路输入交流电源转换期间，采用续流技术的直流电源（不含直流电动转辙机电源、闭塞电源）、25 Hz 电源应保证不间断供电。

（3）当输入电源屏的交流电源在 +15% ~ −20% 范围内变化时，经稳压（调压）后的电源允许波动范围应不大于 ±3%。当稳压（调压）系统出现故障时，应能断电维修，且应不影响信号设备的继续供电。

（4）信号电源屏主、备装置转换过程中，应不影响信号设备的正常使用，备用电源屏应能完全断电。

（5）三相交流输出电源应确保相序正确，若相序错误，应报警；当车站装有三相交流电动（电液）转辙机时，电源屏的三相交流输出电源相序检测装置在三相断相或错相时能发出报警信号。

（6）电源屏的输出闪光电源，其通断比约为 1∶1，其闪光频率在室内作表示使用时，宜采用 90 ~ 120 次/min；在室外作信号点灯使用时，宜采用 50 ~ 70 次/min。

（7）不间断供电装置应定期检查，确保工作正常。

（8）电流互感器二次侧不得开路，并应可靠接地。

（9）各种电源屏的表示和声光报警装置均应正常工作。智能电源屏输入电源过压、欠压，电源模块故障、过温，输出电源过载，三相电源缺相、错相（有相序要求的输出回路），稳压（调压）装置故障均应报警。智能电源屏模块的互换应符合有关标准的规定，各种输入、输出电源的端子应统一。

（10）机架应焊接牢固，不得有假焊、漏焊，门板要平整，无凹凸现象，零部件安装牢固。

（11）电源屏应采用具有横向和纵向防护功能的防雷组合单元。

（二）信号电源屏的类型

按用途分，信号电源屏可分为车站继电集中联锁电源屏、计算机联锁电源屏、驼峰电源屏、区间信号电源屏、25 Hz 轨道电源屏、交流提速电源屏、计轴电源屏等。

1. 车站继电集中联锁电源屏

车站继电集中联锁电源屏是车站 6502 电气集中联锁的供电装置，主要供给继电集中联锁系统所需各种交、直流电源。按容量分为 5 kVA 小站电源屏、5 kVA 中站电源屏、10 kVA 中站电源屏、15 kVA 大站电源屏和 30 kVA 大站电源屏。

为了保证继电集中联锁系统用电，电源屏提供的电源种类如下：

（1）交流电源

信号点灯电源：一般为 220 V，夜间为了节省用电和延长灯泡寿命，在保证足够的信号显示距离的前提下可以降低电压，例如降到 180 V。用 XJZ、XJF 表示。

轨道电路电源：为 220 V，用 GJZ、GJF 表示。

道岔表示电源：为 220 V，用 DJZ、DJF 表示。

控制台表示灯电源：一般为 24 V，夜间可降到 19.6 V，用 JZ、JF 表示。

控制台表示灯闪光电源：为 24 V，闪光频率为 90～120 次/min，用 SJZ、JF 表示。

其他用途电源：为 220 V，如维修用电、控制台通信电源、专用照明电源。

（2）直流电源

电动转辙机动作电源为 220 V，用 DZ、DF 表示。

安全型继电器电源为 24 V，用 KZ、KF 表示。

2. 计算机联锁电源屏

计算机联锁电源屏是为满足计算机联锁系统对电源的较高要求而设计的供电装置，它的电路结构基本上与继电集中联锁电源屏相同，只是增加了计算机所用电源。计算机联锁电源屏按容量分为 5 kVA、10 kVA、15 kVA、20 kVA 和 30 kVA 五种。主要技术要求有：

（1）应能满足电气化区段和非电气化区段计算机联锁系统控制的车站信号设备的供电要求。

（2）具有抗干扰、可靠性高等性能。

（3）各供电支路有任一电源不能正常供电时，应能自动或手动转换至备用电源，在转换过程中，不能影响设备正常工作。转换后的原电源支路应能断电维修。

（4）供 UPS 的两路主备电源，须具有稳压、净化功能。

3. 驼峰电源屏

驼峰电源屏是驼峰信号设备的供电装置。在驼峰调车场，继电器和转辙机电源有其特殊要求，在两路引入电源转接时不允许断电，必须保证转辙机正常转换，因而必须设置直流备用电源，且能浮充供电。驼峰电源屏视所采用的转辙机类型不同，分为电动型和电空型两种。按容量分为 15 kVA、30 kVA 两种。

4. 多信息移频电源屏

多信息移频电源屏是多信息移频自动闭塞的供电装置，现自动闭塞均采用集中设置方式，由电源屏供出本站管辖范围内区间各信号点的信号机点灯电源和移频轨道电路电源等。

（1）移频区间柜、站内电码化及点式柜的直流开关电源应符合下列要求：

输入电源：50 Hz、AC 220^{+33}_{-44} V。

额定输出电压：DC（48±0.3）V、DC 48～50 V 连续可调。

纹波电压：峰–峰值小于 200 mV，有效值小于 50 mV。

直流开关电源过压、过热、过流保护功能可靠。

（2）区间信号机点灯的交流稳压电源应符合下列要求：

输入电压：50 Hz、AC 220^{+33}_{-44} V。

输出电压：AC(220±6.6)V。

交流稳压电源应具有软启动功能。

5. 25 Hz 轨道电源屏

25 Hz 轨道电源屏是专供电气化区段 25 Hz 相敏轨道电路用的电源屏，它提供 25 Hz 的轨道电源和局部电源。按变频原理，25 Hz 轨道电源屏分为铁磁变频式和电子变频式。97 型 25 Hz 轨道电源屏按容量分为Ⅰ型(800 VA)、Ⅱ型(1 600 VA)、Ⅲ型(2 000 VA)、Ⅳ型(4 000 VA)四种，分别适用于不超过 20、40、60 和 120 个轨道区段的车站。主要技术要求有：

（1）电气特性应符合下列要求：

输入电源：AC 160～260 V、50 Hz。

输出电源：轨道 AC(220±6.6)V、25 Hz；局部 AC(110±3.3)V、25 Hz。局部电源电压超前轨道电源电压角度 90°。

（2）任何束 25 Hz 轨道电源发生短路故障时，能自动将该束的供电切除，保证不影响其他束的正常供电。

6. 交流提速电源屏

交流提速电源屏是专供提速区段交流转辙机用的电源屏，S700K、ZYJ7 型转辙机均采用 380 V 三相交流电源，由该电源屏供电。按容量又分为 10 kVA、15 kVA、20 kVA、30 kVA 四种。主要技术要求有：

（1）交流提速电源屏采用隔离直供的方式供电。两路输入交流电源中一路发生断电或断相时，转换时间（包括自动或手动）不大于 0.15 s。

（2）交流电源输入采用三相四线制。

（3）错相、缺相、过欠压应报警。

各型电源屏（除交流提速电源屏、25 Hz 轨道电源屏）的最主要区别是采用不同的交流稳压器。采用的交流稳压器不同，具体电路就有很大的区别。用于电源屏中的交流稳压器，有属于第一类交流稳压器的感应调压器、自动补偿式稳压器，它们都需要控制电路，而感应调压器还需要驱动电动机；也有属于第二类交流稳压器的稳压变压器和参数稳压器，它们都是基于铁磁谐振原理构成的交流稳压器，不需要控制电路，相对而言，结构比较简单。

三、智能型电源屏的出现

进入 20 世纪 80 至 90 年代后，我国铁路信号技术加快发展步伐，出现了众多信号新技术，而作为信号系统的供电设备，却严重滞后于信号技术的发展，存在较多问题，主要表现在：

（1）以电气集中为供电核心的信号电源屏，已经不能满足多种信号技术的要求，派生出多种单一功能的各类电源设备，如 25 Hz 轨道电源屏、区间电源屏、计算机联锁电源屏、三相转辙机电源屏、UPS 等,集中在电源室(或继电器室)内,使电源室的面积不断扩大,制式混杂。

(2)各种电源屏稳定性、可靠性差,智能化程度低,尽管一些改进型的电源屏采用了一些高可靠的元器件,但整体结构和工作方式基本不变。系统技术落后,故障率高,难以维护和管理。

(3)在两路输入电源转换过程中,部分电源回路与电气集中结合不严密,影响行车安全。轨道电路电源,尤其是 25 Hz 相敏轨道电路电源,在两路输入电源转换过程中,由于瞬间停电,造成轨道继电器及其复示继电器落下,致使控制台闪红光带或关闭已开放的信号。继电器电源经稳压、变压、整流后,通过电容器的放电过程度过两路电源转换的供电间断。若电容器容量不够,会使照查继电器落下,来电后不能自动恢复,使信号关闭。站内轨道电路电码化、自动闭塞、站内与区间结合电路等,正逐渐采用微电子技术,在电源转换时,也会造成设备复位,重新自检,从而使站内和区间的信号关闭。

鉴于以上弊端及现代信号技术发展的需要,亟需研制新型信号电源系统,因此智能电源屏应运而生。智能电源屏虽有多种制式,但共同的特点是具有自动监测功能和模块化结构。

四、铁路信号智能电源屏的定义和技术特征

铁路信号智能电源屏是指采用模块化电力电子技术,具有实时监测、报警、记录和故障定位功能的供电设备。

铁路信号智能电源屏的技术特征有:

(1)设有监测单元,具有自动监测功能,实现了电源系统的实时状态和故障的监测及远程监控和管理。

(2)不同程度地实现了模块化,即将各种交、直流电源按用途设计成不同的模块,用户根据需要选择模块,构成供电系统。

(3)广泛采用电力电子技术,包括无触点切换技术、逆变技术、锁相技术、软开关技术、功率因数补偿技术、并联均流冗余技术、安全防范技术等,以保证供电系统的可靠性。

五、智能型铁路信号电源屏的分类

(一)按监测技术分类

1. 按监测模块采用的监测技术分类

各种智能型电源屏的监测模块采用了不同的监测技术,主要有可编程控制器(PLC)技术、单板机技术、工控机技术等,以保证电源系统的可靠性。

2. 按监测系统的构成分类

可分为一套屏设一个监测模块和一面屏设一个中央监测模块两类。

(1)一套屏设一个监测模块的方案,是以单个电源模块和进出线配电板为单

元,设置 CPU 采集板,将本单元采集到的开关量、模拟量转换为数字量,通过通信总线将信息传送至一套屏的监测模块。监测模块将信息显示、存储后,再通过有线通信系统和无线移动通信系统,将信息向上级管理部门传送,使系统具备了远程监测功能。

(2)一面屏设一个中央监测模块的方案,是将屏中各模块中采集到的各种开关量、模拟量直接传送至本屏监测模块。监测模块将信息显示、存储后,再通过有线通信系统和无线移动通信系统,将信息向上级管理部门传送,使系统具备了远程监测功能。

(二)按电源屏中主电路的组合技术分类

按主电路(传送电能的电路)组合技术不同,智能型电源屏可分为采用工频电磁技术的电源屏、工频电磁技术和电力电子技术(指由电子电路高频调制对电能进行变换的技术)相结合的电源屏、全电力电子技术的电源屏。

1. 采用工频电磁技术的智能型电源屏

工频电磁技术的智能型电源屏是指电源屏的稳压、整流、分频、隔离部分,均采用基于工频电磁系统的铁磁稳压器、相控整流器、铁磁分频器、E(R)型隔离变压器等器件组成。

此类电源屏在原电源屏的基础上增加了智能监测功能,对能够模块化的部分进行了模块化。在主电路系统中,两路电源以一主一备的切换方式工作,各输出电源模块为“1+1”方式备用。

此类电源屏的特点是价格较低,但技术落后,故障率较高,整机效率低,质量大,噪声和温升高。两路电源切换和主备模块切换时输出电源会瞬间中断供电。

2. 工频电磁技术和高频电力电子技术相结合的智能型电源屏

此类电源屏在电源屏的不同部位、不同回路中,分别采用了工频元器件和高频电力电子器件。目前,有两种主接线结构。

(1)第一类主接线结构:在主电路系统中,两路电源以一主一备切换方式工作。继电器电源、自动闭塞电源采用高频开关电源技术,实现了模块并联均流,两路电源切换时供电不中断。信号点灯电源、50 Hz 轨道电路电源采用工频电磁技术,两路电源切换时输出电源会出现瞬间中断(小于 0.15 s)。直流转辙机电源、25 Hz 轨道电源和局部电源,有采用电力电子技术的,也有采用电磁技术的。

这类电源屏的价格较低,技术比较先进,工作较可靠,效率较高,直流输出电压连续可调,两路电源切换时直流部分供电不中断。但技术的完整性和系统性不够,交流部分技术较落后,效率低、质量大、噪声高,两路电源切换时输出电源还会瞬间中断供电。

(2)第二类主接线结构:在主电路系统中,两路电源同时工作,分别采用参数稳压器稳压,整流后并联工作。各种交、直流输出电源,均以该直流母线为平台,采用高频电力电子技术变换后获得所需交、直流输出电源。输出部分模块化,各种模块均采用“$n+m$”的并联均流技术,整个系统做到了两路电源切换时供电不中断。

其中继电器电源、自动闭塞电源、直流转辙机电源,采用了高频开关变换技术。信号点灯电源、50 Hz 轨道电路电源、25 Hz 轨道电源和局部电源,采用了高频逆变锁相技术。

这类电源屏工作可靠性较高,对电源的适应能力强,任一路电源和任一路模块故障都不影响系统正常工作。但技术的完整性和系统性不够,交流稳压部分采用的工频器件,效率低,质量大,噪声和温升高,不易模块化;输出模块功率密度高,不利于散热;所有 220 V 的交流模块共用一组调制电路,没有做到模块的功率器件和控制器件完全并联;整机价格较高。

3. 全高频电力电子技术的智能型电源屏

全高频电力电子技术的电源屏是指电源屏各部分的功能器件全部由高频调制的电子电路组成。又分为有切换接点和无切换接点两种类型。

(1)有切换接点的智能型电源屏:两路电源一主一备切换工作,各类模块主备工作。系统中存在两路电源切换和交流部分主备模块切换两个切换环节。

在主电路系统中,继电器电源、自动闭塞电源、直流转辙机电源,采用了高频开关电源技术,实现了模块并联均流,两路电源切换时供电不中断。信号点灯电源、50 Hz 轨道电路电源和 25 Hz 轨道电源及局部电源,采用了高频逆变锁相技术,但是交流模块不能并联均流,采用了一主一备的"1+1"的工作方式,主模块故障时,用继电电路切换至备用模块工作。

这类电源屏全部采用高频电力电子技术,可靠性较高,效率较高,噪声小,直流输出电压连续可调,直流电源在两路电源切换时供电不中断。但系统中存在两级有接点的切换环节,两路电源切换或主备模块切换时,有可能使交流输出电源瞬间中断供电,电源切换环节本身是一个故障点,可能影响系统的可靠性;价格较高。

(2)无切换接点的智能型电源屏:整个系统中没有带接点的切换环节,成为静态的供电系统。两路电源同时工作。所有直流电源全部采用高频开关电源技术,所有交流电源全部采用高频逆变锁相技术。交、直流模块全部采用"$n+1$"或"$n+m$"并联均流冗余技术。

这类电源屏实现了对智能型电源屏产品的技术整合,全部采用成熟的高频电力电子技术,适应电源能力强;安全可靠,环保节能,整机功率密度高;质量轻,噪声低,寿命长;全部模块化结构,扩容方便,现场无维护;直流输出电压连续可调,交、直流模块均为"$n+1$"或"$n+m$"并联均流冗余,大大降低了系统的备用容量和整机的价格;系统中一路电源中断或断相、错相,任何一个模块故障,都不影响系统的正常工作;在没有蓄电池的情况下,不用电容器储能的方式,实现了两路电源切换时供电零中断,彻底解决了多年来由于两路电源切换而引发的各种故障;系统预留了蓄电池接口,可扩展为分布式 UPS 电源系统,这一性能特别适合要求电源不能中断的干线铁路、客运专用铁路、高速铁路、大型编组站、城市轨道交通系统中的信号设备使用。但在系统中应用了多项高新电力电子技术,价格较高。

(三)按稳压方式分类

智能型电源屏按稳压方式可分为不间断供电、分散稳压、集中与分散稳压相结合三种类型。

1. 不间断供电方式

两路电源经转换、整流、滤波后为直流母线电源,然后通过 DC/AC 逆变和 DC/DC 开关电源分别向各交流、直流负载供电。直流母线电源同时给蓄电池浮充电,两路输入电源转换或停电时由蓄电池供电。对于计算机联锁的微机电源采用UPS。其稳压在逆变器、开关电源、UPS 中实现。

这种方式因有蓄电池,可基本实现输出电源的不间断供电,但造价高,并需经常维护。

2. 分散稳压方式

两路电源经转换后对各模块供电,交流电源模块采用参数稳压器稳压,直流电源模块采用开关电源稳压,即稳压分散于各模块之中。

这种方式提高了系统的可靠性,但参数稳压器功率因数低,空载时温升高,对于三相供电系统易发生共振,而且输出电压不易根据实际需要调整。

3. 集中与分散稳压相结合的方式

两路电源经转换后对各模块供电,交流部分采用无触点补偿式稳压器稳压,再对各交流模块供电,直流电源模块采用开关电源。

这种方式交流部分集中稳压,效率高,功率因数接近 1。输出交流电压可根据实际需要调整,但对交流稳压器的可靠性有较高要求。

扫描二维码 7.1.1 可以查阅《普速铁路信号维护规则技术标准》中电源设备中通则、电源屏的相关内容。

7.1.1

第二节　PZ 系列铁路信号智能电源屏

一、系统概述和结构

PZ 系列铁路信号智能电源屏按信号设备的不同制式、不同容量可构成不同的电源系统,常用的有 5 kVA 电气集中电源系统、10 kVA 电气集中电源系统、15 kVA 电气集中电源系统、10 kVA 计算机联锁电源系统、15 kVA 计算机联锁电源系统,各种系统有 50 Hz 和 25 Hz 两种类型。此外,还有区间、提速电源系统。系统型号含义如图 7-2-1 所示。

PZ 系列铁路信号智能电源屏系统框图如图 7-2-2 所示,两路输入交流电源经交流配电单元进入交流模块、直流模块,模块输出经交流输出配电单元和直流输出配电单元,给各类信号设备供电。

系统采用三级集散式监控方式,交流配电单元、直流配电单元和各电源模块内均设有 CPU 监控板,负责对各自状态进行监测和告警,并与系统的监控模块通信。监控模块通过 RS422 接收交流配电单元、直流配电单元和模块的运行信息并进行相应的处理。监控模块还通过 RS422、RS232 等连接本地计算机,并通过 MODEM

或其他传输通道(如公务信道、专用信道等)连接监控中心,实现信号电源的集中监控组网。

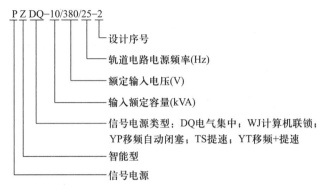

图 7-2-1　PZ 系列智能电源屏系统型号含义

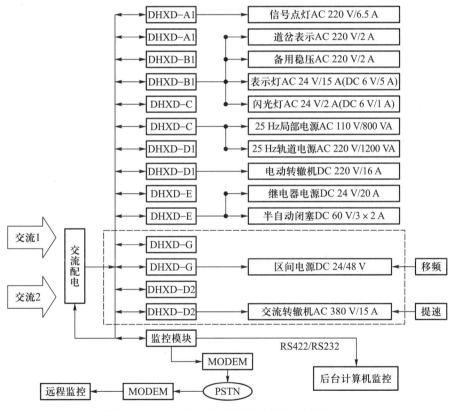

图 7-2-2　PZ 系列铁路信号智能电源屏系统框图

二、系统特点

PZ 系列铁路信号智能电源屏融合多种先进技术,具有高可靠、高效率、免维修、少维护等优点,其主要技术特点是:

（1）模块化,实现了系统的免维修、少维护;

（2）智能化,可实时监测系统的工作状态,发生故障及时显示和告警,并具有故障记忆功能;

（3）网络化,可远程监控和集中监测组网,最终实现信号电源的无人值守;

（4）各电源模块采用"1+1"方式热备用,电子开关自动切换,切换时间小于0.15 s,保证了系统的高可靠性;

（5）电源模块采用无损伤热插拔技术,在线更换时间小于 3 min,维护快捷方便;

（6）独特的两路交流输入自动切换装置,可保证系统的直流电源不间断输出;

（7）超宽的电压工作范围,输入电压范围为 AC 165～275 V;

（8）效率高,整流模块的效率不小于90%;

（9）防雷和过压防护措施完善,保证系统在恶劣的条件下可靠工作;

（10）安全可靠,系统设计符合国际安全标准。

三、主要技术参数

（1）两路交流输入电源一主一备,且应能以自动或手动方式切换。

① 交流输入欠压切换（保护）点的电压为（159±5）V（相电压）。

② 欠压切换（保护）回差电压为（20±5）V（相电压）。

③ 交流输入过压切换（保护）点的电压为（281±5）V（相电压）。

④ 过压切换（保护）回差电压为（20±5）V（相电压）。

（2）直流模块的各路输出电流的限流点应在其标称值的105%～115%之间。

（3）轨道电路一路输出发生短路故障时,系统应能自动切除该路电源,且不影响其他各路的正常工作;短路故障排除后应能自动恢复供电。

（4）各种电源模块的电气参数如表7-2所列。

表 7-2　各种电源模块的电气参数

序号	模块名称	额定输出参数	负载类型	输出电压允许范围	绝缘电阻（DC 500 V）	备注
1	DHXD-A1	AC 220 V/5 A	信号点灯稳压备用电码化等	AC（220±10）V	≥25 MΩ	
	DHXD-A2	AC 220 V/5 A	50 Hz 轨道电路	AC（220±10）V	≥25 MΩ	
	DHXD-A3	AC 220 V/10 A	微机电源	AC（220±10）V	≥25 MΩ	只在计算机联锁电源系统出现

续表

序号	模块名称	额定输出参数	负载类型	输出电压允许范围	绝缘电阻（DC 500 V）	备注
2	DHXD-B1	AC 220 V/2 A	道岔表示	AC（220±10）V	≥25 MΩ	只在电气集中电源系统出现
		AC 220 V/2 A	稳压备用	AC（220±10）V	≥25 MΩ	
		AC 24 V/20 A	表示灯	AC（24±3）V	≥25 MΩ	
		AC 24 V/2 A	闪光灯	AC（24±3）V	≥25 MΩ	
	DHXD-B3	AC 24 V/50 A	表示灯	AC（24±3）V	≥25 MΩ	
		AC 24 V/5 A	闪光灯	AC（24±3）V	≥25 MΩ	
3	DHXD-C	AC 220 V/1 200 VA	25 Hz 轨道电路	AC（220±6.6）V（25±0.5）Hz	≥25 MΩ	输出相位差：局部电源超前轨道电源90°
		AC 110 V/800 VA	25 Hz 局部电路	AC（110±3.3）V（25±0.5）Hz	≥25 MΩ	
4	DHXD-D1	DC 220 V/16 A	直流转辙机	DC（220±1.1）V	≥25 MΩ	
	DHXD-D2	AC 380 V/15 kVA	交流转辙机	电网电压	≥25 MΩ	三相四线制
5	DHXD-E	DC 24 V/20 A	继电器	DC（24±0.48）V	≥25 MΩ	
		DC 24 ~ 60 V/2 A	半自动闭塞1 或站间继电器电源	DC（24 ~ 60）V±0.6 V	≥25 MΩ	
		DC 24 ~ 60 V/2 A	半自动闭塞2 或站间条件电源	DC（24 ~ 60）V±0.6 V	≥25 MΩ	
		DC 24 ~ 60 V/2 A	半自动闭塞3	DC（24 ~ 60）V±0.6 V	≥25 MΩ	
6	DHXD-F1	AC 220 V/2 A	道岔表示	AC（220±10）V	≥25 MΩ	用于 10 kVA 计算机联锁电源系统
		AC 220 V/2 A	稳压备用	AC（220±10）V	≥25 MΩ	
		AC 220 V/1 A	电码化电源	AC（220±10）V	≥25 MΩ	
	DHXD-F2	DC 24 ~ 60 V/2 A	站内继电器电源	DC（24 ~ 60）V±0.6 V	≥25 MΩ	
		DC 24 ~ 60 V/2 A	站间条件电源	DC（24 ~ 60）V±0.6 V	≥25 MΩ	
7	DHXD-G1	DC 48 V/50 A	区间闭塞电源	DC（48±1）V	≥25 MΩ	
	DHXD-G2	DC 24 V/50 A		DC（24±0.6）V	≥25 MΩ	
8	DHXD-H	AC 220 V/6.5 A		AC（220±10）V	≥25 MΩ	

四、PZDQ-05/380/25 型铁路信号智能电源屏

PZDQ-05/380/25 型铁路信号智能电源屏为车站继电集中联锁系统供电，分

为直流输出柜和交流输出柜。

（一）直流输出柜

直流输出柜由机柜、交流输入插框、监控模块插框、直流输出插框组成。

1. 交流输入插框

交流输入插框完成两路交流输入电源切换控制和系统的输入防雷。正面有交流输入空气开关、C 级防雷器（含防雷空气开关）、D 级防护盒、直流模块输入空气开关、接地汇流排和零线汇流端子排等。背面有两组机械联锁接触器、配电监控板、监控信号转接板、开关量扩展板、交流电流采样板、两路交流相线汇流端子排等。

2. 直流输出插框

直流输出插框完成两路输入电源的输入及转接、交流输入电流采样、系统直流电源输出和防雷。正面有输出防雷隔离开关和直流输出空气开关，背面有电流互感器、交流进线端子座、直流输出防雷板。

（二）交流输出柜

由交流输入插框、监控模块插框和交流输出插框组成。

1. 交流输入插框

交流输入插框完成交流模块的输入、交流输出防雷和 25 Hz 轨道电源负载短路切除等功能。正面有输出防雷隔离开关和交流模块输入空气开关，背面有交流输出防雷板和负载短路切除板。

2. 交流输出插框

交流输出插框完成系统的交流输出。正面有交流输出空气开关、交流转接端子座。背面有隔离变压器组件，用于模块 DHXD-C 的交流输入隔离。

PZ 系列的其他型号智能电源屏的配电单元结构与上述基本相同。

（三）机柜配置

一般继电联锁铁路信号智能电源系统，分直流输出柜和交流输出柜；区间和提速电源均为单屏系统。机柜尺寸为 800 mm×600 mm×200 mm（宽×深×高），安装尺寸为 636 mm×370 mm。机柜下端的接地引入螺栓（M8）用来接地线，系统的防雷地和保护地分离，设有接地汇流排。

五、PZWJ-15/380/25-2 型铁路信号智能电源屏

PZWJ-15/380/25-2 型铁路信号智能电源屏为车站计算机联锁系统供电，由三面屏组成，分别为直流屏、交流 1 屏、交流 2 屏。

（一）直流屏

直流屏完成两路交流输入电源切换控制，输出继电器电源和直流转辙机电源，监控单元也设于屏内，其电路原理图见 PZWJ-15/380/25-2 型铁路信号智能电源屏直流屏电路原理图，可扫描二维码 7.2.1 查看。

7.2.1

1. 两路交流电源切换电路

两路三相交流电源（380/220 V）分别经断路器 QF_2、QF_3 输入，采用切换方式供

电。Ⅰ路电源由交流接触器 KM_1 和 KM_4 通断,Ⅱ路电源由交流接触器 KM_2 和 KM_3 通断。每路电源经其两交流接触器分成两路,分别为 A_1、B_1、C_1、N 和 A_2、B_2、C_2、N,供直流屏、交流1屏、交流2屏中各模块用电。

两路三相交流电源自动切换由电路完成。每路电源各设一块交流电压采样板、一块切换逻辑板、一块切换驱动板,两路电源共设一块切换转换控制板、一块掉电监测板,组成两路电源自动切换电路。

两路三相交流电源分别由各自的交流电压采样板采样,切换逻辑板判断,将有关信息送切换转换控制板和掉电监测板,若符合供电要求,则控制切换驱动板驱动交流接触器。但两组交流接触器的励磁电路接有另一组交流接触器的常闭触点,它们是互切的,两组中只能有一组在励磁状态。因此,只有一路电源在供电。

当某路供电时,若发生断电、缺相、过压、欠压等情况,由交流电压采样板采样,切换逻辑板判断,将有关信息送切换转换控制板和掉电监测板,切换转接控制板发出指令,通过切换驱动板使交流接触器失磁,另一组交流接触器即经其常闭触点励磁,从而改由另一路电源供电。

两路三相交流电源手动切换可通过断路器进行,切断正在供电的一路电源的断路器,经与自动切换同样的过程,使该路电源的一组交流接触器失磁,另一组交流接触器励磁,改由另一路电源供电。

屏面上有供电指示灯 HL_1 和 HL_2,Ⅰ路电源供电时 HL_1 点亮,Ⅱ路电源供电时 HL_2 点亮。

Ⅰ路电源、Ⅱ路电源分别设有 C 级防雷器 FA_1、FA_2,切换后的两路三相交流电源分别设有 D 级防护盒 FA_3、FA_4。

2. 直流转辙机电源和继电器电源

直流转辙机电源由两个直流模块 DHXD-D_1 组成"1+1"方式运行,通过双模块转接背板 DB_{11} 转接。两路交流电源分别经隔离开关 QF_5、QF_9 接至 DB_{11},直流转辙机电源也由 DB_{11} 通过隔离开关 QF_{13} 输出。

继电器电源由两个直流模块 DHXD-E 组成"1+1"方式运行,通过双模块转接背板 DB_{12} 转接。两路交流电源分别经隔离开关 QF_6、QF_{10} 接至 DB_{12},继电器电源也由 DB_{12} 通过隔离开关 QF_{14} 输出。

3. 监控单元

两路三相交流电源的配电监控信息通过配电监控转接板收集,经配电监控板送至监控单元。配电监控转接板收集的信息有交流接触器 $KM_1 \sim KM_4$ 的状态,断路器 QF_2、QF_3 的状态,C 级防雷器 FA_1、FA_2 和断路器 QF_1、QF_4 的状态,通过交流电压采样板采样的交流电源电压信息,通过交流电流采样板采样的交流电源电流信息,以及通过空开检测板收集的隔离开关 QF_{13}、QF_{14} 的状态。

继电器电源和直流转辙机电源的模块通信信息分别通过双模块转接背板 DB_{11}、DB_{12} 送至监控单元的串口 6。

交流1屏、交流2屏各模块通信信息送至监控单元的各串口。

当输入交流电源发生断电、缺相、过压、欠压等情况时,通过配电监控转接板输出报警信息,使故障红灯 HL_3 点亮,蜂鸣器 HA_1 鸣响。闭合软消音开关 SH_1 或硬消音开关 SH_2,可使蜂鸣器停止鸣响。

(二) 交流 1 屏

7.2.2

交流 1 屏为 25 Hz 轨道电源和局部电源、计算机联锁电源、TDCS+微机监测+CTC 电源、信号点灯电源等电源供电,其电路原理图见 PZWJ-15/380/25-2 型铁路信号智能电源屏交流 1 屏电路原理图,可扫描二维码 7.2.2 查看。

1. 25 Hz 轨道电路电源

25 Hz 轨道电路电源包括轨道电源和局部电源,由两个 DHXD-C 交流模块组成"1+1"方式运行,通过双模块转接背板 DB_4 转接,两路交流电源分别经隔离开关 QF_1、QF_2 和变压器接至 DB_4,变压器副边有两个绕组,分别产生 220 V 和 110 V 电源。经 DB_4 输出轨道电源和局部电源。轨道电源经短路切除板 DB_1 分成两束,分别经隔离开关 QF_{11}、QF_{12} 输出。局部电源分成两束,分别经隔离开关 QF_{13}、QF_{14} 输出。

2. 计算机联锁电源

计算机联锁电源由四个 $DHXD-A_3$ 交流模块组成"3+1"方式运行,通过四模块转接背板 DB_5 转接,三路交流电源分别经隔离开关 QF_3、QF_4、QF_5 接至 DB_1。DB_1 输出两路电源至变压器原边的两个绕组,变压器副边的两个绕组串联,经隔离开关 QF_{15} 输出计算机联锁系统所需的电源。

3. TDCS+微机监测+CTC 电源和信号点灯电源

TDCS+微机监测+CTC 电源和信号点灯电源由四个 DHXD-H 交流模块组成"3+1"方式运行。通过四模块转接背板 DB_6 转接,四路交流电源分别经隔离开关 QF_6、QF_7、QF_8、QF_9 接至 DB_6。DB_6 输出两路电源至变压器原边的两个绕组,变压器副边的两个绕组串联,经隔离开关 QF_{16} 输出 TDCS+微机监测+CTC 电源。DB_6 输出的另一路电源至变压器原边的两个绕组,变压器副边的两个绕组分别经隔离开关 QF_{17}、QF_{18} 输出两束信号点灯电源。

交流 1 屏还直接输出不稳压备用电源。

(三) 交流 2 屏

7.2.3

交流 2 屏供出交流转辙机电源、机房环境监控用稳压电源、控制台稳压备用电源、道岔表示电源、列控设备稳压电源、提速道岔监控机电源和稳压备用电源,其电路原理图见 PZWJ-15/380/25-2 型铁路信号智能电源屏交流 2 屏电路原理图,可扫描二维码 7.2.3 查看。

1. 交流转辙机电源

交流转辙机电源由两路三相交流电源分别经断路器 QF_1、QF_2 引入,分别经三相变压器 BY_1、BY_2 隔离,通过两模块转接背板 DB_1 接至 $DHXD-D_2$ 交流模块 MK_1 和 MK_2。两交流模块的输出通过 DB_1 由交流接触器 KM_1 和 KM_2 通断,采用切换方式供电,可进行自动、手动切换。在交流转辙机电源输出端设有 D 级防护盒 FA_4。

2. 其他电源

其他电源由四个 DHXD-H 交流模块组成"3+1"方式运行,通过四模块转接背板 DB₂ 转接,四路交流电源分别经隔离开关 QF₃,QF₄,QF₅,QF₆ 接至 DB₂。DB₂ 输出第一路电源至变压器,其副边的两个绕组分别经隔离开关 QF₈、QF₉ 输出机房环境监控用稳压电源和控制台稳压备用电源。DB₂ 输出的第二路电源经单模块转接背板 DB₃ 分别经隔离开关 QF₁₀、QF₁₁ 输出道岔表示电源和列控设备稳压电源。DB₂ 输出第三路电源至变压器,其副边的两个绕组分别经隔离开关 QF₁₂、QF₁₃ 输出提速道岔监控机电源和稳压备用电源,在变压器原边还直接引出熔丝报警电源,由设在交流1屏中的隔离开关 QF₂₀ 输出。

六、PZQJ-8/380 型铁路信号智能电源屏

PZQJ-8/380 型铁路信号智能电源屏为区间自动闭塞的设备供电,为一面屏,完成两路交流输入电源切换控制,输出区间轨道及电码化电源、继电器电源、区间点灯电源和站间联系电源,其电路原理图见 PZQJ-8/380 型铁路信号智能电源屏电路原理图,可扫描二维码 7.2.4 查看。

7.2.4

PZQJ-8/380 型区间电源屏两路交流输入电源切换控制与 PZWJ-15/380/25-2 型电源屏相同,只是没有空开检测板。监控单元也与 PZWJ-15/380/25-2 型电源屏相同,只是监控对象不同。

1. 区间轨道及电码化电源、继电器电源

区间轨道及电码化电源、继电器电源由三个 HD2475 直流模块组成"2+1"方式运行,通过四模块转接背板 DB₁₁ 转接,三路交流电源分别经隔离开关 QF₇、QF₈、QF₉ 和 QF₁₀ 接至 DB₁₁。三个 HD2475 直流模块的输出并联,分成6束,其中区间轨道及电码化电源5束,分别经隔离开关 QF₂₀、QF₂₁、QF₂₂、QF₂₃、QF₂₄ 输出,继电器电源经隔离开关 QF₂₅ 输出。

2. 区间点灯电源

区间点灯电源由两个 DHXD-H 交流模块组成"1+1"方式运行,通过四模块转接背板 DB₁₂ 转接,两路交流电源分别经隔离开关 QF₁₄、QF₁₅ 接至 DB₁₂。DB₁₂ 输出至变压器原边,变压器副边的两个绕组分别供出两束区间点灯电源,四束区间点灯电源分别经隔离开关 QF₂₈、QF₂₉、QF₃₀、QF₃₁ 输出。

3. 站间联系电源

站间联系电源由两个 DHXD-F₂ 直流模块组成"1+1"方式运行,通过双模块转接背板 DB₁₃ 转接,两路交流电源分别经隔离开关 QF₅、QF₆ 接至 DB₁₃。输出分为两束,分别经隔离开关 QF₂₆、QF₂₇ 输出。

七、PKXl 型高速铁路智能电源屏

PKXl 型智能电源屏是在 PZ 系列铁路信号智能电源屏系统的基础上针对高速铁路的要求设计的。PKXl 型智能电源屏具备智能化监测各种输入和输出的功能,可与信号集中监测系统实现数据传递。两路输入电源的转换时间不大于 0.15 s,且在两路电源转换时间内,所有交、直流电源不间断供电。当两路输入电源全部停

电后,各车站信号电源系统具有 30 min 供电能力,各中继站具有 120 min 持续供电能力。系统的后备供电能力提高了系统容错能力。

对于不同的车站,PKXl 型智能电源屏有不同的配置,但基本原理是相同的,即两路外接交流电源经交流输入配电单元进入交、直流模块,模块的输出进入交、直流输出配电单元,分别给各类信号设备供电。电源屏由四面屏组成,分别称为电源屏 1、电源屏 2、电源屏 3 和电源屏 4。

（一）电源屏 1

电源屏 1 为交流配电屏,具有两路交流输入电源的自动切换或手动切换控制和系统的输入防雷等功能,把各相电源分配给其他屏的各电源模块。

两路三相交流电源通过四个交流接触器控制交流电的接入或断开。为防止两路交流接触器同时吸合,采用了机械互锁和电气互锁技术,同时交流接触器线圈采用"直流高压吸合,低压维持"的工作方式。

电源屏 1 还通过断路器接 UPS 的输入和输出。监控单元也设在屏内。

辅助电源板提供 24 V 直流电源,至配电监控板、配电监控转接板、监控单元。屏内有交流输入空气开关、C 级防雷器、防浪涌抑制器、两组机械联锁接触器、配电监控板、配电监控转接板、交流切换电源板、交流切换控制板、监控单元、电流采样板、电流互感器、蜂鸣器、两路交流相线汇流端子排、接地汇流排和零钱汇流端子排等。

前面板上有三个指示灯,分别为Ⅰ路电源指示灯、Ⅱ路电源指示灯和故障指示灯。监控模块的前面板上有背光液晶显示屏、键盘、复位键、指示灯。

（二）电源屏 2

电源屏 2 为直流电源屏,将输入的交流电源经直流模块整流为直流电,供出 24 V 的站内发送电源 4 束、区间发送电源 2 束、区间继电器电源 1 束、继电器电源 1 束、车站列控中心交换机电源 2 束、断路器报警电源 1 束,48 V 的远程 LEU 切换电源 2 束、灯丝报警电源 2 束。

屏内除直流模块外,还有空气开关、断路器、转接背板、霍尔电流传感器、采样模块、输出防雷器、端子排等。

（三）电源屏 3

电源屏 3 为交流电源屏,使输入的交流电源经变压器供出 220 V 的区间点灯电源 2 束、道岔表示电源 1 束、远程 LEU 电源 2 束、提速道岔表示灯电源 1 束、计算机联锁电源 1 束、信号点灯电源 2 束、CTC/TDCS 电源 1 束、车站列控中心 LEU 电源 1 束、稳压备用电源 2 束。

屏内除变压器外,还有空气开关、断路器、霍尔电流传感器、采样模块、输出防雷器、端子排等。

（四）电源屏 4

电源屏 4 为提速电源屏,使输入的交流电源经变压器供出 380 V 的三相交流转辙机电源,经直流模块整流为直流电,供出 220 V 的直流转辙机电源,还有 380 V 的交流不稳压备用电源。

25 Hz 相敏轨道电路用的 25 Hz 交流模块也设在本屏,由局部电源模块和轨道电源模块分别供出局部电源和轨道电源。

屏内除三相变压器和直流模块、25 Hz 交流模块外,还有空气开关、断路器、转接背板、霍尔电流传感器、电流采样板、电流互感器、C 级防雷器、端子排等。

第三节　PMZ 系列铁路信号智能电源屏

一、系统概述

PMZ 系列铁路信号智能电源屏为全电子型,主要有 PMZⅡ型和 PMZ3 型。两者的主要区别为:PMZⅡ型采用分散稳压方式,各交、直流电源模块内由高频开关电源稳压;PMZ3 型采用集中稳压方式,由无触点补偿式稳压器集中稳压后向各模块供电;PMZⅡ型的所有模块采用"1+1"备用冗余方式,交流模块自动转换,直流模块并联均流供电,两路电源转换可以做到输出电源零间断;PMZ3 型配电单元为"$n+1$"或"1+1"配电方式。

PMZⅡ型铁路信号智能电源屏用于向铁路信号继电联锁、计算机联锁、25 Hz 相敏轨道电路、区间自动闭塞等信号设备供电。PMZⅡ型分为继电联锁系统和计算机联锁系统两类,按照两路电源供电频率不同,又分别分为 50 Hz 和 25 Hz 两种。继电联锁系统按容量有 5 kVA、10 kVA、20 kVA、30 kVA 四种规格。计算机联锁系统按容量分为 10 kVA、15 kVA、20 kVA、30 kVA 四种规格。25 Hz 电源系统,按容量有 2 kVA 和 4 kVA 两种规格,又有工频隔离和高频隔离两种方式。

PMZ3 型铁路信号智能电源屏为车站信号机、轨道电路、道岔表示、电码化、交(直)流转辙机、继电器、区间半自动闭塞、动态电源、计算机联锁、25 Hz 相敏轨道电路等设备提供交、直流稳压电源。PMZ3 型分为继电联锁智能型电源屏、计算机联锁智能型电源屏及 25 Hz 智能型电源屏三类。

二、型号含义

PMZ 系列铁路信号智能电源屏型号含义如图 7-3-1 所示。

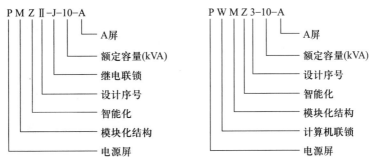

图 7-3-1　PMZ 系列铁路信号智能电源屏型号含义

三、PMZ3 型智能信号电源屏

（一）特点

（1）采用集中稳压方式，由无触点补偿式稳压器稳压，具有输出容量大，对电网干扰小，负载适应能力强，无附加波形失真，稳压范围宽，稳压精度高，效率高，无机械传动，无触点磨损，动态性能好，可靠性高，功率因数高，温升低，噪声小，节能等优点。

（2）所有供、配电单元全部实现模块化，配电单元为"$n+1$"或"$1+1$"配电方式，具有可靠性高、维修方便等特点。

（3）所有模块实现插接化，采用航天航空电连接器，具有接触电阻小、插拔柔和、抗振动、耐冲击、寿命长、高可靠等特点，其失效率仅为 $10^{-9} \sim 10^{-8}$，并能在振动、冲击环境中可靠工作。

（4）监测主机采用高性能、高可靠的工业控制机，具有智能功能，即具有完善的监测和故障分析功能，能实时监测电源屏各输入、输出电压和电流，了解和记录各配电单元的工作状态和故障信息并进行故障自诊断，所有信息可存入历史数据库，并生成日常报表输出，具有远程组网功能，可对电源系统进行当地、后台及远程的全方位监测。

（5）监测采集单元具有热插拔功能，便于安装维修，并满足"故障－安全"原则，监测系统故障时不影响主供电回路正常工作。

（6）两路电源可自动或手动转换，具有转换报警功能。

（7）电源屏结构实现模块化、标准化。整机机柜和内部插箱尺寸符合国家标准。可以根据要求灵活进行电源屏扩容、改制工作。

（二）系统组成

现以 10 kVA 计算机联锁电源屏配置为例进行说明。10 kVA 计算机联锁电源屏由 A 屏和 B 屏构成，采用 25 Hz 相敏轨道电路时，还需配套 25 Hz 电源屏（C 屏）。A 屏由两路电源转换系统、无触点补偿式稳压器、交流配电单元（信号点灯、道岔表示、表示灯交流电源模块）和监测系统组成。B 屏由交、直流配电单元和数据采集器组成，有继电器、微机监测、电码化、直流转辙机等交、直流电源模块，如图 7-3-2 所示。

A 屏第一层为 Ⅰ 路电源输入转换模块、Ⅱ 路电源输入转换模块、数据采

图 7-3-2　PMZ3 型 10 kVA
计算机联锁电源屏

集器。第二层为工控机、显示器、键盘。第三层为断路器及隔离开关。第四层为信号点灯Ⅰ模块、信号点灯Ⅱ模块、道岔表示模块、AC 220 V 备用模块。第五层为无触点稳压器、表示灯(闪光)模块和表示灯(闪光)备用模块。

B 屏第一层为继电器Ⅰ模块、继电器Ⅱ模块、数据采集器。第二层为电码化模块、稳压备用模块、AC 220 V 备用模块、报警模块。第三层为断路器及隔离开关。第四层为微机监测Ⅰ模块、微机监测Ⅱ模块、微机监测Ⅲ模块、微机监测备用模块。

扫描二维码 7.3.1 可以查看更多 PMZ3 型计算机联锁智能信号电源屏设备图片。

7.3.1

PMZ3 型智能信号电源屏系统组成框图如图 7-3-3 所示。

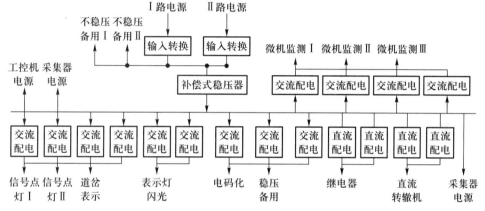

图 7-3-3　PMZ3 型智能信号电源屏系统组成框图

另有自动闭塞区间智能型电源屏,是 ZPW-2000A 型自动闭塞设备的专用电源屏。输入为两路 380 V 交流电源,两路电源可自动或手动转换,具有转换报警功能。采用无触点补偿式稳压器进行集中交流稳压后,通过隔离、变换分别输出信号点灯Ⅰ～Ⅳ电源、继电器电源、站间条件电源、区间轨道电源。电源模块采用高频开关电子,多台开关电源并联均流供电。配电单元为"$n+1$"或"1+1"备用方式。具有智能化功能。

(三) 工作原理

1. A 屏

引入两路独立的单相 AC 220 V 电源,通过Ⅰ路电源输入转换模块(M_{11})和Ⅱ路电源输入转换模块(M_{12})实现两路电源的自动或手动转换,其电路原理图见PMZ3 型智能信号电源屏 A 屏电路原理图,可扫描二维码 7.3.2 查看。

7.3.2

Ⅰ路输入转换模块和Ⅱ路输入转换模块各提供一组两路输入电源转换报警接点。一组控制台用两路电源转换状态接点,用于给控制台构成绿灯、白灯和电铃电路;一组监测系统开关量,引至 B 屏电源屏报警电路。

无触点稳压模块(M_{51})采用无触点补偿式稳压器进行交流稳压,正常条件下带载运行承担 100% 的载荷。无触点稳压模块发生故障时,可转换至外电网直接供电,此时将控制输入电源稳供或直供的隔离开关 1QS 扳向下方,由外电网直接供电。断开无触点稳压器的输入断路器 3QF,更换无触点稳压模块后,合上 3QF,无触点稳压器正常后将 1QS 开关扳向上方,可恢复对外正常稳压供电。无触点稳压模块提供一组屏内报警接点和一组监测系统开关量。

输入电源经过稳压器后再分别给本屏和 B 屏的配电模块供电。各配电模块的输出工作指示灯(白灯)通过输出断路器控制,用来指示配电模块和输出断路器的状态。

信号点灯 I 模块(M_{41})、信号点灯 II 模块(M_{42})、道岔表示模块(M_{43})采用"3+1"备用方式,其备用模块为 AC 220 V 备用模块 M_{44},分别由隔离开关 2QS、3QS、4QS 控制。开关扳向上方,由主模块输出。切换模块时,先启动备用模块,某模块故障时,将相应隔离开关扳向下方,即由备用模块供电。

表示灯(闪光)模块(M_{52})采用"1+1"备用方式,其备用模块为表示灯(闪光)备用模块(M_{53})。

各供电模块内部均设状态监督继电器,分别为各种电源的工作状态提供一组开关量,供监测使用。正常时,状态监督继电器吸起,提供的开关量为闭合状态;故障时(或断路器断开时),该继电器落下,提供的开关量为断开状态。也提供一组屏内故障报警接点,和无触点稳压模块提供的屏内报警接点一起引至 B 屏。

数据采集器采集屏内各个模块的电压、电流信息,并通过专用数据通道线与工控机 RS232/485 转换接口相连,可实现对电源屏各种信息的处理;再通过工控机内置 MODEM,可与后台或远程终端实现互连,完成组网功能。

两路电源输入端、信号点灯 I、信号点灯 II、道岔表示等电源模块输出端均设有浪涌保护器。

2. B 屏

输入电源经 A 屏稳压后引至本屏,为屏内各配电模块供电。各配电模块的输出工作指示灯(白灯)通过输出断路器控制。如果输出断路器断开,即使该配电模块有正常输出,工作指示灯也不亮,这样可以通过工作指示灯来反映配电模块输出断路器的通断状态,其电路原理图见 PMZ3 型智能信号电源屏 B 屏电路原理图,可扫描二维码 7.3.3 查看。

7.3.3

继电器 I 模块(M_{11})、继电器 II 模块(M_{12})采用双机热备方式,互为主备。电码化模块(M_{21})、稳压备用模块(M_{22})采用"2+1"备用方式,它们的备用模块为 AC 220 V 备用模块(M_{23})。微机监测 I 模块(M_{41})、微机监测 II 模块(M_{42})、微机监测 III 模块(M_{43})采用"3+1"备用方式,它们的备用模块为微机监测备用模块(M_{44})。直流转辙机模块(M_{51})采用"1+1"备用方式,其备用模块为直流转辙机备用模块(M_{52})。切换模块时,先开启备用模块,通过隔离开关或断路器由主模块切换到备用模块供电。

各供电模块内设状态监督继电器,其情况同 A 屏所述。

故障报警电路设于 B 屏,所有故障报警端子通过屏间连线相接。A 屏中的两路电源转换及模块报警接点、C屏中的模块报警接点与本屏中的模块报警接点相连。故障报警电路的工作电源从继电器模块输出端子1D-13、1D-15引入。

工作正常时,所有故障报警接点并联后报警电路为断开状态,故障恢复接点串联后报警电路为闭合状态。通过扳动报警模块上的旋钮开关1SA至"切除"位置,如蜂鸣器1HAU鸣响,表示电源屏各路电源正常。扳动1SA至"故障"位置,使报警电路处于预备状态。

当任一模块故障时,该故障报警接点接通报警电路,此时,报警模块上的故障报警指示灯1HL(红色)点亮,蜂鸣器1HAU鸣响。扳动1SA至"切除"位置,1HAU停响,1HL继续点亮。故障排除后,1HL熄灭,1HAU再次鸣响,提醒信号值班人员扳动1SA至"故障"位置,恢复到预备状态。

两路电源转换报警电路也位于本屏,由A屏提供Ⅰ路、Ⅱ路输入转换模块的转换报警接点。当Ⅰ路电源故障需要人工转换至Ⅱ路电源工作时,发出报警。报警模块中的蜂鸣器2HAU鸣响,提醒信号值班人员排除故障。扳动报警模块上的旋钮开关2SA至"切除"位置,2HAU停响。Ⅰ路恢复供电时,故障接点复原,使2HAU再次鸣响,将2SA扳动至"故障"位置,2HAU停止鸣响,两路电源转换报警电路恢复到预备状态。数据采集器采集屏内各个模块的电压、电流信息,并通过专用数据通道线与A屏的工控机RS232/485转换接口相连,可实现对电源屏各种信息的处理。

3. 监测系统

PMZ3型铁路信号智能电源屏监测系统是根据铁路信号电源的模块化、网络化发展需要而设计的,是集实时数据监测、故障自诊断报警、远方通讯组网于一体的微机监测系统。采用组态软件,人机界面丰富,直观,易于操作,功能强大,适用于各种车站信号电源微机监测的要求。

四、PKXJXl型智能电源屏

PKXJXl型智能电源屏是在PMZH型智能电源屏的基础上针对高速铁路的要求设计的。对于不同的车站,PKXJXl型智能电源屏有不同的配置,但基本原理是相同的,即两路交流输入电源经输入总配电切换后,自动选择其中一路作为主用供电,另外一路作为备用供电。主用电源经模块输入配电后分配至各交、直流模块进行稳压处理,再经过系统输出配电给各类信号设备供电。中心监测单元实时监测输入(输出)电压、电流及模块的工作状态,并可实现故障诊断、报警及存储功能。

现以某高速铁路的一个车站所用的电源屏为例进行介绍。该站的电源屏由四面屏组成,分别为A屏、B屏、C屏、D屏。

1. A屏

A屏是交流电源屏,实现本屏输入配电、输出配电、输出防雷及数据采集等功能。使输入的交流电源经变压器,供出220 V的信号点灯电源2束、区间点灯电源2束、道岔表示电源1束、表示灯电源2束、集中监测电源1束、调度集中电源1束、灯丝报警电源1束、备用电源2束、不稳压备用电源1束。

A 屏由上插箱、模块插箱及下插箱组成。屏内除变压器外,还有空气开关、断路器、监控采集单元、输出防雷器、端子排等。

2. B 屏

B 屏是交流配电和直流电源屏,实现系统总输入配电、输入防雷、本屏输入配电、交直流转换、输出配电、数据采集及系统故障监测等功能。

B 屏具有两路交流输入电源的自动切换或手动切换控制和系统的输入防雷等功能,把各相电源分配给本屏和其他屏的各电源模块。两路三相交流电源通过两个交流接触器控制交流电的接入或断开进行自动切换,也可以通过开关进行手动切换,还可通过断路器接 UPS 的输入和输出。

B 屏将输入的交流电源经直流模块整流为直流电,供出 24 V 的继电器电源 1 束、轨道电路电源 6 束、断路器报警电源 1 束、网络电源 2 束、备用电源 1 束。

中心监测单元也设在 B 屏。

B 屏由上插箱、中心监测单元、模块插箱及下插箱组成。屏内有交流输入传感器板、系统故障告警板、两路电源切换控制板、直流模块、数据采集单元、空气开关、断路器、蜂鸣器、输入防雷器、汇流排、端子排等。

B 屏前面板上有 I 路有电指示灯、I 路工作指示灯、II 路有电指示灯、II 路工作指示灯、故障报警选择开关、自动切换复位开关。前面板上还有中心监测单元的背光液晶显示屏、键盘、复位键。

3. C 屏

C 屏是交、直流电源屏,实现本屏输入配电、交直流转换、输出配电、输出防雷及数据采集等功能。

C 屏将输入的交流电源经变压器,供出 220 V 的计算机联锁电源 1 束、车站列控中心电源 1 束、备用电源 1 束。

C 屏将输入的交流电源经直流模块整流为直流电,供出 24 V 的区间继电器电源 1 束、轨道电路电源 6 束、备用电源 1 束。

C 屏由上插箱、模块插箱及下插箱组成。屏内除变压器、直流模块外,还有空气开关、断路器、监控采集单元、输出防雷器、汇流排、端子排等。

4. D 屏

D 屏是提速电源屏,实现本屏输入配电、交直流转换、输出配电、输出防雷及数据采集等功能。将输入的交流电源经三相变压器,供出 380 V 的三相交流转辙机电源,经直流模块整流为直流电,供出 220 V 的直流转辙机电源。

D 屏由上插箱、模块插箱及下插箱组成。屏内除三相变压器和直流模块外,还有空气开关、断路器、接口板、传感器板、三相相序监视器、监控采集单元、电流互感器、输出防雷器、汇流排、端子排等。

D 屏前面板上有 A 相有电指示灯、B 相工作指示灯、C 相有电指示灯及断错相指示灯。

第四节　PDZ 系列、DS 系列铁路信号智能电源屏

一、PDZ 系列铁路信号智能电源屏

（一）系统组成

PDZ 系列综合信号智能电源系统一般 10 kVA 以下的 1～3 屏为一套,15～30 kVA 的 3～5 屏为一套,由稳压整流屏、交直流屏组成。其中包括稳压整流单元、过欠压保护单元、防雷单元、开关电源模块、输入输出控制单元和微机监测单元,分设于各屏中。

稳压整流屏引入两路交流电源,经稳压、整流后构建 DC 330 V 直流母线平台,并设有微机监测单元。

交直流屏按容量分为 1～4 屏,现以 3 屏一套的为例予以介绍:

交直流屏分 A、B、C 三屏,交直流 A 屏进行 DC/DC 变换,输出直流转辙机电源、继电器电源、站间联系电源和闭塞电源;进行 DC/AC 变换,输出 25 Hz 轨道电源和局部电源、信号点灯电源、区间信号点灯电源,并设有微机监测单元。

交直流屏 B 进行 DC/DC 变换,输出区间轨道电源、站内电码化电源;进行 DC/AC 变换,输出道岔表示电源、计算机联锁电源、调度监督电源、微机监测电源、计轴电路电源和稳压备用电源。

交直流 C 屏也称为交流转辙机屏,目前存在两种运用方式:① 引入直流总线 DC 330 V,由信号源控制高频开关电源模块,经 DC/AC 变换,交流并联冗余输出 AC 380 V 交流转辙机电源。② 引入两路三相交流电源,经主、备用隔离变压器模块,输出 AC 380 V 交流转辙机电源,输出电路设有相序监督检查继电器。

（二）系统特点

（1）采用两路交流电源输入的 H 型供电控制电路,既适用于三相电源输入,也适用于单相电源输入。

（2）两路输入电源经交流净化、稳压、整流后,以直流总线并联技术,供给不同的高频开关电源模块,再经 DC/AC、DC/DC 变换后,分别隔离输出各类电源。

（3）相当于一个性能优越的 UPS 电源,以两路输入电源来保证不间断供电,如增设蓄电池组,可进一步提高供电可靠性。

（4）交、直流输出电源均采用正弦脉宽调制的高频开关技术、单相交流逆变输出并联和锁相跟踪技术。各种电源模块按"1+1"或"$n+m$"冗余热备方式工作。配置灵活,扩容方便。

（5）系统设两个监控单元,一个在稳压直流屏,另一个在交直流屏中,分别监测系统的输入输出电压、电流和各高频开关电源模块的工作状态。

（三）系统基本原理

系统包括输入配电、稳压整流、DC/AC、DC/DC、监控单元和防雷单元电路等,原理框图如图 7-4-1 所示。

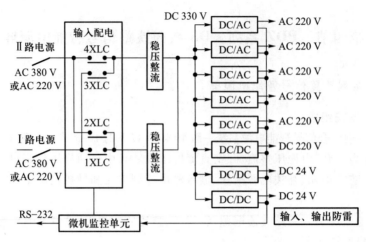

图 7-4-1　系统原理框图

1. 输入配电电路

两路输入电源接至稳压整流屏输入端,两路电源分别给两组稳压整流单元供电,各承担 50% 的负荷供电。若 Ⅰ 路电源断电,通过接触器进行切换,由 Ⅱ 路电源承担全部负荷供电。若 Ⅱ 路电源断电,则由 Ⅰ 路电源承担全部负荷供电。此即 H 型供电方式。

当一路电源断电,而另一路电源 A 相或 B 相断电时,仍能凭借另两相的供电保持系统的不间断供电。

若输入为单相电源,则将三相输入端子封连起来即可。

2. 稳压整流电路

稳压整流电路设在稳压整流屏中,对输入交流电源进行稳压、隔离、整流,将交流电源变换成 DC 330 V 电源,并接至汇流排上,向各交直流屏引接 DC 330 V 电源。

3. 开关电源模块及配置

DMA-220 高频开关电源完成 DC/AC 变换,输出 AC 220 V 电源,为信号点灯、区间信号点灯、道岔表示、计算机联锁、微机监测、调度监督、计轴电源及 25 Hz 轨道电源、局部电源供电,还供出稳压备用电源。

DMZ-024 高频开关电源完成 DC/DC 变换,输出 DC 24 V 电源,为继电器、区间轨道电路、站内电码化电路及系统内部供电。

DMZ-220 高频开关电源完成 DC/DC 变换,输出 DC 220 V 电源,为直流转辙机供电。

DMZ-072 高频开关电源完成 DC/DC 变换,输出 DC 24 ~ 100 V(连续可调)电源,为闭塞、站间联系电路供电。开关电源模块设于交直流屏中,DC 330 V 电源经断路器接至各母板,由高频开关电源进行 DC/AC 或 DC/DC 变换,变换后的交、直流电源经断路器输出。

4. 监控系统

系统设两个微机监控单元。微机监控单元 1 设于交直流屏 A 屏中,用于各种输入、输出电源检测参数显示、故障报警和存储,设置检测参数和预留 RS-232 通信接口。微机监控单元 2 设于稳压整流屏中,主要用于检测各高频开关电源的工作状态。

监控单元符合"故障-安全"原则,即其工作与否或发生故障时,均不影响电源系统的正常工作。

《铁路信号智能电源屏技术条件》(暂行)实施以后,PDZ 系列铁路信号智能电源屏进行了改进,两路交流电源输入不再采用 H 型供电方式,而采用输入配电一主一备的工作方式,将车站所用电源和区间所用电源分别供电。

二、DS 系列铁路信号智能电源屏

(一) 分类

1. 按用途分类

DS 系列铁路信号智能电源屏按用途可分为继电联锁智能电源屏、计算机联锁智能电源屏、驼峰信号智能电源屏(包括驼峰峰尾停车器电源屏、驼峰电空型电源屏、驼峰电动型电源屏)、25 Hz 轨道智能电源屏、区间智能电源屏、提速电源屏或以上几种类型的综合智能电源屏。还有地铁信号智能电源屏、城市轻轨信号智能电源屏。

2. 按系统容量分类

联锁用电源屏按系统容量可分为 5 kVA 电源屏、10 kVA 电源屏、15 kVA 电源屏、20 kVA 电源屏、25 kVA 电源屏、30 kVA 电源屏或根据现场供电需要组成的电源系统。

25 Hz 轨道电源屏可分为 800 VA 电源屏、1 600 VA 电源屏、2 000 VA 电源屏、4 000 VA 电源屏、6 000 VA 电源屏。

区间电源屏可分为 5 kVA 电源屏、8 kVA 电源屏、10 kVA 电源屏或用户特殊需要容量的电源设备。

3. 按输入电压形式分类

按输入电压形式可分为单相电源系统信号智能电源屏、三相电源系统信号智能电源屏。

(二) 型号命名

(1) 模块型号命名如图 7-4-2 所示。

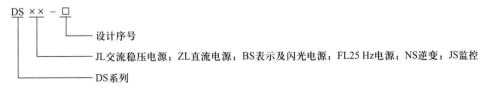

图 7-4-2 模块型号命名

（2）系统型号命名如图 7-4-3 所示。

（三）系统特点

1. 模块化

DS 电源系统采用模块化结构,系统容量能灵活配置,易于扩容,能适应不同站场规模和不同联锁制式的车站及不同长度自动闭塞的需求,并预留了一定的模块插接空间,能满足车站及区间一段时期内的扩容要求。

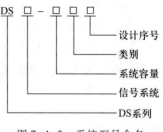

DS □－□□□

- 设计序号
- 类别
- 系统容量
- 信号系统
- DS系列

图 7-4-3 系统型号命名

2. 高可靠

DS 系列智能电源屏采用输入配电一主一备的工作方式,正常情况下由可靠性高的Ⅰ路电源供电,Ⅱ路电源备用,当Ⅰ路电源故障时,自动切换到Ⅱ路电源供电,同时为满足现场各种供电环境的不同需求,DS 系列电源系统可设置主路电源跟踪功能(用户可根据需要自行设定)。两路电源切换环节除具有自动和手动转换功能外,还具有维修直供功能。

DS 电源系统根据不同的供电要求采用了不同的冗余技术,保证系统运行的可靠性。交流供电回路采用数字补偿式交流稳压电源,交流电源模块为"1+1"冗余热备配置,当主用模块出现故障时可自动退出并自动转换至备用模块工作;直流模块采用"$n+m(m>n/3)$"均流冗余技术,当任一直流模块出现故障时,可自动退出,冗余模块继续向负载供电。模块内设有防浪涌干扰电路,可有效去除干扰脉冲。功率半导体器件全部高频软开关化,使模块的可靠性有本质的提高。交流模块为冗余热备份,直流电源模块为并联冗余工作方式,可实现不间断供电。

3. 智能化

监控系统功能全面,操作简单,显示直观,各种信息表示清晰,有利于故障的分析判断;监控系统软、硬件按模块化设计;各机柜配置监测分机,通过监测分机连接各功能模块、机笼和监控模块;监控模块对供电系统各供电回路参数(电压、电流工作状态)实时在线监测,供电系统工作或故障时,可通过监控模块显示屏和键盘进行人机对话,利用监控模块的屏幕显示声光报警、设置等功能,进行当地预报、记录、调看系统工作状态、历史故障查询等;设置密码,阻止误操作、错误数据对系统的破坏。

监控模块可通过 RS232、RS485 方式与微机监测系统连接,提供各种模拟量及开关量的检测数据,实现信号电源的远程监控和灵活组网。

监控系统工作或故障时,不影响供电系统的正常工作。

4. 不间断供电

采用续流技术的直流电源、闭塞电源、25 Hz 电源在输入两路电源转接期间可实现输出不间断供电。

驼峰智能电源屏采用 UPS 供电和蓄电池储能可使转辙机在两路输入电源失电时输出不间断供电,保证转换到底。

5. 设置双套测量和报警电路

电源模块设有电压表、电流表及工作状态指示灯,并输出监控信息至监测主机,系统设置输入电源电压、电流测量(可通过监测主机查询)、工作状态(有电、供电)指示灯,输出电源工作状态绿色指示灯及故障状态红色报警指示灯和蜂鸣器故障接警。

监控系统正常时,可通过监控单元查询各供电参数及故障历史记录。电源故障时,通过监控单元查询故障信息,确定故障类别,屏内声光报警,并将故障条件引至控制台,且通过信号微机监测系统将各种信息传输至维修终端。

6. 完善、有效的保护技术

交流电源模块具有过流、短路保护;直流电源模块具有过压、短路、限流、软启动等保护技术,且具有短路消除自动恢复的功能。

具有多级防雷设计,一方面阻止雷电流侵入电源系统危及信号设备的安全,另一方面保护电源设备本身。防雷器件采用模块化结构,可在线插拔更接故障模块。配置遥信接点可以实时在线检测防雷元件工作状态,提高系统安全性、可靠性。

防雷器件采用模块化结构,可在线插拔更接故障模块。

7. 综合化设计

包含铁路信号电源所有负荷种类模块,即不同电压等级、频率、交流、直流等电源模块系列,可根据不同车站的具体情况,灵活组合,构成不同功能、不同容量的电源系统,并根据发展的需要扩容。

8. 标准化设计

(1)结构标准化

DS 系列智能电源屏采用标准尺寸机柜,模块、机笼为标准化设计,封闭式,外壳防护等级为 IP20,采用等电位一点接地方式,可确保人身安全。便于安装调试,便于工厂化流水线生产,便于现场应用。

(2)模块标准化

模块电路标准化,采用标准化接口。电源模块可通过鉴别销加以区别。模块采用合理的结构设计,自然冷却或温控风冷,提高系统的可靠性。

9. 模块采用带电插拔技术

采用先进的线簧式连接器件,电源模块、接触器、监测分机等可实现带电插拔、在线更换,提高产品易用性和易维护性,缩短故障维护时间,提高供电可靠性。

10. 高频开关电源

采用有源功率因数校正技术、脉宽调制技术、续流技术等成熟的电力电子技术,提高供电可靠性。

11. 电磁兼容

电磁兼容设计是系统的重要指标之一,自主开发的高频开关电源,满足电磁兼容技术指标的要求。

12. 元器件选用

采用国内外知名厂家元器件,断路器选用南非、西门子产品;接触器采用中国铁路总公司公布的带"铁路专用"的西门子产品;采用耐高温、阻燃绝缘导线;接线端子为 WAGO 产品;确保产品质量。

(四) 30 kVA 驼峰信号智能电源屏系统

1. 系统概述

DSTF-30/K 型驼峰信号电源系统为 30 kVA 电空型驼峰电源系统,是 DS 系列智能电源屏中的一种网络型驼峰信号智能电源系统。一套电源系统由 A、B、C、D 四面屏构成。A 屏完成两路电源转换、交流集中稳压,供出 4 路轨道电路电源。B 屏供出 4 路轨道电路电源,供出继电器电源、2 路站间联系电源、微机驱动继电器电源、电空转辙机电源和稳压备用电源。C 屏供出 2 路信号点灯电源、雷达电源和控制电源。D 屏供出计算机电源、表示电源、减速器电源、减速器表示电源。

电源系统分为供电系统和监测系统。供电系统由交流模块、直流模块、电池模块、闭塞电源模块及监测系统模块等组成。交流电源采用"1+1"冗余电路结构,直流电源采用并联冗余电路结构,能满足现场各种负荷种类及容量的需要。当任一电源模块出现故障时,可实现自动退出并自动转换至冗余电源模块工作,保证供电系统正常工作。

监测系统采用集散式监控方案,可对系统实时在线监测,远程数据传输,在线帮助故障历史记录查询等。系统通过串行接口与微机监测系统连接,将系统运行状态传输至运行管理中心(工区或电务段),实现"状态修"和信号电源智能化管理。

系统设置双套测量和报警电路,正常时通过监测系统查询各供电参数及历史记录,电源故障时通过监测主机通知值班人员,且当监控系统故障时不影响供电系统正常工作,并通过电源系统声光报警电路提示电源状态。

系统采用多级防雷设计,可有效抑制雷击、过电压对电源及信号设备的危害,提高系统安全性、可靠性。

2. 系统工作原理

(1) 供电方式

引入系统的两路电源,采用主备工作制,可实现 Ⅰ、Ⅱ 路电源对等切换。也就是当工作中的任一路电源故障(断电或断相)时,可自动转换至另一路电源供电,且转换时间小于 0.15 s。

(2) 通信联络

采用国际标准化通信接口 RS485 或 RS232。

(3) 电路原理

DSTF-30/K 型驼峰信号智能电源系统由各类交流模块、直流模块、电池模块、闭塞模块、UPS 电源模块等组成。各供电模块采用"1+1(或 $n+m$)"冗余方式设计,当主用模块发生故障时能自动退出,冗余模块自动投入运行。

① 两路电源转换

引入 A 屏的两路电源可自动或手动转换,由接触器 1LC、2LC 等实现。正常时，Ⅰ路电源、Ⅱ路电源互为备用，当其中供电电源（设为Ⅰ路供电）断电或断相时，可自动转换至备用（Ⅱ路电源）电源供电。操作人员也可通过按钮进行两路电源手动转换，转换时间不大于 0.15 s。当电源任一相失电或断相时，断相保护电路将切断该路主接触器励磁电路。

② 交流集中稳压

系统采用数字补偿式集中稳压电源。该稳压电源具有功率因数高、体积小、效率高、低温升、响应时间快、无噪声、稳压范围宽、稳压精度高、负载适应能力强、对电网无污染的特点。

A 屏内设置 3 个数字补偿式集中稳压电源（每相 1 个），正常时，"稳压"供电。当稳压器出现故障时，自动转成电网"直供"输出，维修人员可以手动切换实现稳压器断电维修。

③ 电源模块冗余

供给轨道电路、信号点灯、雷达电源、控制电源、表示电源等用电的交流电源模块采用"1+1"冗余技术。正常工作时，由主用模块承担负载，当主用模块出现故障时，可自动转换至备用模块工作。

供给继电器、微机驱动继电器、电空转辙机等用电的直流电源模块采用并联均流冗余方式，正常工作时模块均分负载，当模块出现故障时，自动退出，冗余模块自动承担全部负载。

④ 不间断供电及续流

供给车辆减速器用电的电源模块采用 UPS 双机热备份冗余技术，可保证该回路电源不间断供电。

供给电空转辙机用电的 DC 24 V 电源采用蓄电池储能续流原理，正常时由直流模块（B 屏）并联均流，一方面给负载供电，另一方面通过 B 屏给电池模块（DSDC-20 型）浮充电。当两路输入电源同时失电的情况下，电池模块可保证动作的转辙机继续转换到底。

⑤ 雷电防护

两路电源引入，轨道电路电源、信号点灯电源、雷达电源、减速器电源、减速器表示电源输出到室外的电源回路均设防雷保护，采用模块化防雷器件及多级防雷设计，可有效降低雷电冲击对设备的影响。防雷模块具有劣化指示。

⑥ 接点条件

系统提供两路电源控制台表示条件、轨道电路停电监督条件、电源总报警条件。

⑦ 电源监测

监测模块可实时显示电源系统各项运行参数运行状态、报警状态，定时记录正常工作参数并存储，实时记录故障参数并存储，可通过友好的人机界面查询历史数据。

⑧ 报警及显示

A 屏设置故障报警灯（GHD）、蜂鸣器（FMQ），可对任何故障进行报警。当出

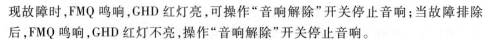

现故障时,FMQ 鸣响,GHD 红灯亮,可操作"音响解除"开关停止音响;当故障排除后,FMQ 鸣响,GHD 红灯不亮,操作"音响解除"开关停止音响。

设置两路电源有电、供电指示、输出电源供电表示灯。

模块设置正常(故障)显示灯表明模块的工作状态;设置电源电压、电流测量仪表。

第五节　不间断电源

一、UPS 的基本概念

UPS(uninterruptible power system)即不间断供电系统,又称为不间断电源或不停电电源,是一种现代化电源设备。它是一种含有储能装置,以逆变器为主要组成部分的恒压恒频的不间断电源。

一般电源屏两路电源转换过程中至少要中断供电几十毫秒,这对一般的继电设备没有严重影响,但对于计算机系统及计算机控制的负载,它们对供电的质量和可靠性有着更严格的要求,不允许有 3～5 ms 的中断供电。否则,计算机正在处理的信息便会丢失或发生错误。此外,供电电压、频率、波形的变化,也会使计算机造成错码、漏码而无法正常工作。所以铁路信号系统中对于应用计算机的各系统,必须配备 UPS,以保证不间断供电,使系统正常工作。

二、UPS 的功能

UPS 的主要功能有两路电源无间断切换、隔离干扰、电压变换、频率变换和后备功能。

(1)两路电源可通过 UPS 实现无间断切换。

(2)在 UPS 中,交流输入电源经整流后由逆变器对负载供电,可将电网电压的瞬时间断、谐波、电压波动、频率波动、噪声等各种干扰与负载隔离,使电网的干扰不影响负载,而且负载也不干扰电网。

(3)通过 UPS,可以将输入电源的电压、频率变换成所需要的电压、频率。

(4)UPS 中的蓄电池贮存有一定能量,市电间断时蓄电池通过逆变器继续供电。

三、UPS 分类

(1)按工作原理不同,UPS 分为离线式(后备式 UPS、互动式 UPS)和在线式UPS。

(2)按供电体系不同,UPS 分为单进单出 UPS、三进单出 UPS、三进三出 UPS。

(3)按输出功率不同,UPS 分为微型:<6 kVA;小型:6～20 kVA;中型:20～100 kVA;大型:>100 kVA。

（4）按电池位置不同,UPS 分为电池内置式 UPS(标准机型)和电池外置式UPS(长延时机型)。

（5）按多机运行方式不同,UPS 分为串联热备份 UPS(用于中小功率机器)、交替串联热备份 UPS(中小 UPS)、直接并联 UPS（用于中大功率机器）。

（6）按变压器特点不同,UPS 分为高频 UPS(高频机)、工频 UPS(工频机)。

（7）按输出波形不同,UPS 分为方波输出 UPS、阶梯波（准正弦波）输出 UPS、正弦波输出 UPS。

四、后备式 UPS

后备式 UPS 的优点是电路简单、价格较低。但由于存在转换时间,输出电压易受电网波动的影响,供电质量不够高。

（一）后备式 UPS 的工作原理

后备式 UPS 原理框图如图 7-5-1 所示。它与在线式 UPS 相比,没有输入整流滤波器,逆变器只由蓄电池供电。

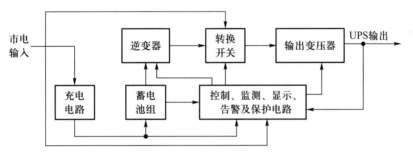

图 7-5-1　后备式 UPS 原理框图

市电正常时,UPS 工作于市电旁路状态,转换开关切换到市电输入端,输入市电经转换开关接至输出变压器,给负载供电。此时,逆变器不工作。市电变化时,通过继电器改变输出变压器的抽头来稳定输出电压。

市电中断或电压过高过低时,UPS 工作于后备状态。检测控制电路检测到市电故障后,启动逆变器并将转换开关切换到逆变器端,由蓄电池经逆变器给负载供电。负载变化时,通过改变输出方波宽度实现稳压。

在后备式 UPS 中,市电正常时逆变器不工作,只有市电出现故障时,逆变器才启动。由于转换开关需要一定的动作过程,一般转换时间为 3 ~ 10 ms。

（二）后备式 UPS 的组成

1. 充电电路

为简化电路、降低成本,后备式 UPS 常采用恒压充电电路。该电路由降压变压器、整流桥、集成稳压电路组成,通过接于集成稳压电路中的可调电阻可改变充电电路的输出电压。充电电压应合理调整,过高易损坏蓄电池,过低则造成充电不足。

2. 逆变器电路

后备式 UPS 采用推换式逆变器,由直流电源、输出变压器和晶体管组成,如图 7-5-2 所示。

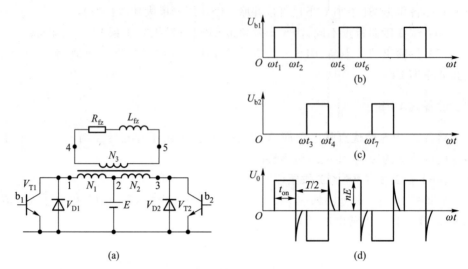

图 7-5-2 单项推换式逆变器及波形

晶体管 V_{T1}、V_{T2} 的基极加上矩形脉冲电压,如图 7-5-2b、c 所示。在 $\omega t_1 \sim \omega t_2$ 期间,V_{T1} 导通,V_{T2} 截止。变压器初级电流 i,由电源正端经变压器的 N_1、V_{T1} 回到负端,在变压器次级感应出电压。在 $\omega t_2 \sim \omega t_3$ 期间,V_{T1}、V_{T2} 截止,变压器初、次级电流均减小,电感产生反电势,为尖脉冲电压。在 $\omega t_3 \sim \omega t_4$ 期间,V_{T1} 截止,V_{T2} 导通,在变压器次级感应出电压,其极性与 $\omega t_1 \sim \omega t_2$ 期间相反。$\omega t_4 \sim \omega t_5$ 期间分析与 $\omega t_2 \sim \omega t_3$ 期间相同。

逆变器输出的波形如图 7-5-2d 所示,存在尖脉冲电压,所以在实际的逆变电路中一般都有尖峰脉冲消除电路,消除尖脉冲,使输出为正、负方波。

3. 交流稳压电路

后备式 UPS 的交流稳压电路采用由三个运算放大器组成的电压比较器来控制三个继电器,通过继电器接点接通输出变压器的不同抽头输出来实现交流稳压。

4. 控制电路

后备式 UPS 控制电路的主要功能是:向脉宽调制控制回路送出市电供电与逆变器供电转换信号;市电电压过高或过低时启动逆变器,由其向负载供电;控制相应转换开关接通或断开;提供多种保护。

前三项功能由控制电路完成,以保证市电经负载供电,保证市电对蓄电池充电。

保护电路完成蓄电池电压过低自动保护、逆变器输出过载或短路自动保护、逆变器延迟启动、逆变器过压自动保护、市电输出电压过高保护等。

(三) 后备式 UPS 特点

后备式 UPS 采用了抗干扰式分级调压技术,市电在 180 ~ 250 V 之间变化时,输出电压均可稳定在(220 ± 11)V。但仅在蓄电池供电的很短时间里,才能提供高质量的正弦波交流电压。

后备式 UPS 波形失真系数小于 5% ,一般在负载较轻时波形失真系数要增大,故负载应在额定值的 30% 以上。

后备式 UPS 采用 50 Hz 市电同步技术,基本上实现了市电供电−逆变器供电的同步转换,目前转换时间约为 4 ms。

市电正常时市电直接通过抗干扰滤波器加至负载,所以噪声较小。当逆变器供电时,由于脉宽调制频率一般为 8 kHz 左右,所以噪声偏大。

五、在线式 UPS

(一) 在线式 UPS 的工作原理

在线式 UPS 由整流滤波电路,逆变器,输出变压器及滤波器,静态开关,充电电路,蓄电池组,控制、监测、显示、告警及保护电路组成,如图 7-5-3 所示。

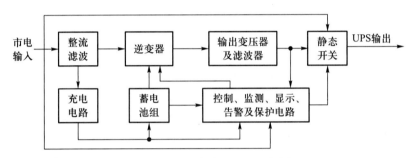

图 7-5-3　在线式 UPS 原理框图

在线式 UPS 的输出电压通常为正弦波。市电正常时,交流输入电源经整流滤波后转换为平滑直流电,然后分为两路,一路通过充电电路给蓄电池组浮充电;另一路供给逆变器,逆变器又将直流电转换为 220 V、50 Hz 的交流电,再经输出变压器及滤波器、静态开关后给负载供电。

市电故障(断电,电压过高或过低)时,逆变器将蓄电池的直流电变换成交流电,并通过静态开关输出至负载。

市电正常而逆变器故障或输出过载时,静态开关切换至市电端,由市电直接给负载供电。如果因逆变器故障引起,UPS 将发出报警。如果因过载引起,过载消失后,静态开关重新切换至逆变器端。

控制、监测、显示、告警及保护电路提供逆变、充电、静态开关转换所需控制信号,并显示各自的状态。UPS 出现过压、过流、短路、过热时,及时报警并提供相应保护。例如,负载短路时,保护电路及时关断逆变器,使其得到保护,此时静态开关也不转换至市电端,而且待短路消失后,重新启动逆变器。

在线式 UPS,无论市电是否正常,均由逆变器供电,所以市电故障时,UPS 的输出不间断。

（二）在线式 UPS 的组成

1. 输入整流滤波电路

UPS 中，整流电路有单相不可控整流电路、单相可控整流电路、三相不可控整流电路、三相可控整流电路。滤波电路通常采用 LC 滤波器。

2. 功率因数校正电路

UPS 中，市电经整流后均采用 LC 滤波，整流电路输出端还并有蓄电池组。在电容器或蓄电池充电时将形成脉冲电流，该电流峰值高，且产生高次谐波，为此需设功率因数校正电路，使电网输入电流变为与输入电压同相位的正弦波，以提高功率因数。

3. 蓄电池组

市电正常时蓄电池充电以贮存能量，市电中断时蓄电池放电维持逆变器的工作。目前中小型 UPS 中多使用阀控铅蓄电池。

4. 充电电路

UPS 中，充电电路一般是独立工作的，即使不用逆变器，只要接通交流电源，充电电路就开始工作。

在线式 UPS 一般采用分级充电电路。充电初期采用恒流充电，当蓄电池端电压达到浮充电压后，立即转为恒压充电，直到蓄电池被充足电。因此充电电路有电流反馈和电压反馈两个反馈回路。

采用电流型 PWM 集成控制器控制由场效应管、电感、二极管和电容器组成的升压变换器，构成一个具有限流稳压功能的开关电源。只要正确设定额定电压、浮充电压、恒流充电电流，就能使蓄电池沿理想的充电曲线充电，从而延长蓄电池的寿命。

5. 逆变器

逆变器的作用是将市电整流后的直流电压或蓄电池电压变换为交流电压。在线式 UPS 均采用正弦脉宽调制技术，来控制逆变器的工作。

在线式 UPS 采用的单相桥式逆变电路，由直流电源 E、输出变压器 T、场效应管 $V_{T1} \sim V_{T4}$ 组成，如图 7-5-4 所示。逆变电路由正弦脉宽调制电路控制。

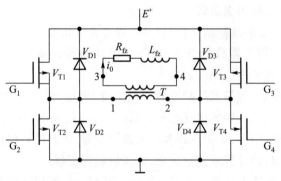

图 7-5-4　单相桥式逆变电路

单相桥式逆变电路按工作方式分为同频逆变电路和倍额逆变电路,现以同频逆变电路为例介绍其工作原理。

在同频逆变电路中,场效应管 V_{T1}、V_{T2}、V_{T3}、V_{T4} 的栅极 G_1、G_2、G_3、G_4 分别加上正弦脉宽触发信号,如图 7-5-5 所示。

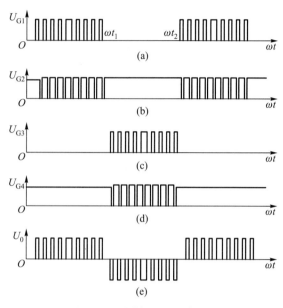

图 7-5-5　同频逆变电路波形

在 $0 \sim \omega t_1$ 期间,U_{G1} 与 U_{G2} 为一组相位相反的脉冲,U_{G3} 为 0,U_{G4} 高电位;在 $\omega t_1 \sim \omega t_2$ 期间,U_{G3} 与 U_{G4} 为一组相位相反的脉冲,U_{G1} 为零,U_{G2} 高电位。

V_{T1} 栅极出现第一个脉冲时,V_{T2} 栅极第一个脉冲消失,V_{T1}、V_{T4} 导通,V_{T2}、V_{T3} 截止,输出变压器初级有电流流动,在变压器次级产生感应电压。

V_{T1} 栅极第一个脉冲消失,V_{T2} 出现第二个脉冲,V_{T1} 截止,此时 V_{D2} 在正向电压作用下导通,由于 V_{T4} 导通,于是变压器初级被短路,次级没有感应电压。

以上过程反复出现,在逆变器输出端即产生脉宽调制电压,其波形如图 7-5-5e 所示。它的脉冲频率与驱动信号($U_{G1} \sim U_{G4}$)脉冲频率相同,故称为同频逆变电路。

6. 静态开关电路

静态开关的作用是保护 UPS 和负载,实现市电旁路供电和逆变器供电的转换。UPS 过载时,为保护逆变器,只要市电正常 UPS 就通过静态开关将输出转换至市电;逆变器故障时,为保证负载不断电,UPS 也通过静态开关将输出切换至市电。

由于 UPS 内部有同步锁相电路,同时静态开关转换时间很短,所以在转换过程中不会出现供电间断。

UPS 若采用快速继电器作为转换开关,则存在转换时间,即继电器的动作时间。UPS 供电的不间断,在很大程度上依赖于静态开关的切换性能。

静态开关的主电路由两只晶闸管反向并联组成,分别用来通过交流电的正、负半周电流。静态开关分为转换型和并机型两类。

单相转换型静态开关如图 7-5-6 所示。用 4 只晶闸管,逆变器输入端接两只,备用电源输入端接两只,组成两组静态开关。静态开关的作用相当于一只单极双投开关。这种静态开关,只允许给两个静态开关中的一个加触发脉冲。为使主电源和备用电源之间能通过静态开关互相切换,两电源必须同步。否则,切换时将出现波形异常,对负载来说实际上产生供电中断。

并机型静态开关如图 7-5-7 所示。晶闸管 SCR_1 和 SCR_2 反向并联组成静态开关 K_1,SCR_3 和 SCR_4 反向并联组成静态开关 K_2。市电和逆变器输出电压的频率、相位和幅度相同。在两电压正半周内,SCR_1、SCR_3 承受正向电压,触发脉冲加入后它们即导通,两电压通过这两个晶闸管加至负载两端。在两电压负半周内,SCR_2、SCR_4 导通,两电压通过它们加至负载两端。当任一晶闸管出现故障时,接在该电源中的静态开关自动关闭,因此两电源不会产生环流。如果两交流电源不同步,则可能产生环流(如图中的 i),会损坏晶闸管。因此要求两电源在同步情况下才能切换。

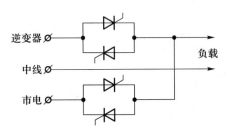

图 7-5-6　单相转换型静态开关

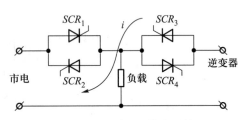

图 7-5-7　并机型静态开关

(1) 双闭环控制电路

为提高逆变器的精度,改善输出电压波形,UPS 常采用闭环电压控制电路和闭环波形控制电路。闭环电压控制电路由直流电压检测电路、给定电压、误差放大器组成,将由直流电压检测电路检测到的电压与给定电压进行比较,获得误差电压,由误差放大器放大后去控制 PWM 控制器,控制输出电压。

闭环波形控制电路由交流电压检测电路、给定电压、误差放大器组成,其使 UPS 检出电压的波形与给定电压波形相同,都为高质量的正弦波。

(2) 同步锁相电路

在线式 UPS 的同步锁相电路由晶体振荡器、分频器、同步信号选择器、同步跟踪电路等组成,石英晶体振荡器作为稳定度很高的频率源,由分频器分频信号得到内振方波,上、下限频率脉冲信号。同步信号选择器用以选择同步信号,当市电频率在 49.5 ~ 50.5 Hz 范围内时,市电方波作为同步信号;频率超出 49.5 ~ 50.5 Hz 范围时,50 Hz 内振方式作为同步信号。同步跟踪电路使压控振荡信号与输入信号同频率、同相位。

7. 控制、监测、显示及保护电路

控制电路主要有 SPWM 产生电路、闭环调压电路、同步锁相电路等,以控制

UPS 输出电压的精度、波形失真度及工作可靠性。

　　为使 UPS 可靠工作,还应具有完善的保护电路,一般的 UPS 中都有蓄电池电压过低保护电路、逆变器输出过载或短路保护电路、逆变器过压自动保护电路、市电电压过高自动保护电路、UPS 延迟启动保护电路等。

　　为掌握和了解 UPS 的工作状态和运行情况,还设有监测电路、显示电路及报警电路。

 复习思考题

1. 铁路信号设备对供电的基本要求是什么?
2. 信号电源屏按用途可分为哪几种?
3. 信号电源屏应符合哪些技术要求?
4. 继电联锁电源屏输出哪些电源?
5. 计算机联锁信号电源屏按容量分为哪几种?
6. 什么是智能型电源屏,有何特征?
7. 智能型电源屏如何分类? 试比较它们的异同。
8. 说明 PZWJ-15/380/25-2 型智能电源屏型号的含义,并简述其组成和特点。
9. 比较 PMZ Ⅱ 和 PMZ3 型智能电源屏的特点和区别。
10. 简述 PMZ3 型智能电源屏的组成和工作原理。
11. 简述 PDZ 型智能电源屏的结构和特点。
12. 简述 DSTF-30/K 驼峰信号智能电源屏的组成和工作原理。
13. 简述 PKXJX1 型智能电源屏的组成,它输出哪些电源?
14. 什么是 UPS?
15. UPS 有哪些功能,如何分类?
16. 简述后备式 UPS 的组成和工作原理。
17. 简述在线式 UPS 各部件的组成和特点。
18. 简述逆变器的工作原理。
19. 简述静态开关的工作原理。
20. 在线式 UPS 是如何做到锁相同步的?

第八章

信号设备综合防雷与接地

第一节 概　　述

一、信号设备雷电电磁脉冲防护与接地的基本要求

（1）信号设备雷电电磁脉冲防护应根据防护需要，采取等电位连接、屏蔽、接地、合理布线，安装防雷元器件（浪涌保护器、防雷变压器等）等措施进行综合防护（简称综合防雷）。

（2）信号设备雷电电磁脉冲防护，应符合下列原则：

① 按照分区、分级、分设备防护原则，采用纵向、横向或纵横向防护方式，合理选用防雷元器件。

② 采取屏蔽、等电位连接、良好的接地及合理布线等措施，改善信号设备电磁兼容环境。

③ 信号设备、器材须具有符合规定的耐受过电压、过电流的能力，满足电磁脉冲抗干扰度的要求。

④ 防雷元器件应与被防护设备匹配设置，保证雷电感应电磁脉冲过电压限制到被防护设备的冲击耐压水平以下。

⑤ 防雷装置的设置、动作和故障状态，不得改变被保护系统的电气性能，不得影响被保护设备的正常工作，并应满足故障导向安全的原则。

（3）雷电活动地区与外线连接的信号设备应安装防雷元器件进行防护。

（4）对安装电子系统设备（计算机联锁、集中监测、TDCS/CTC、CTCS、ZPW－2000等）的机房应进行有效的室内电磁屏蔽（法拉第屏蔽笼）。

（5）信号设备雷电电磁脉冲防护应符合下列要求：

① 浪涌保护器的连接线应尽可能短，防雷电路的配线与其他配线应分开，不允许其他设备借用并联型防雷设备的端子。

②　防雷元器件的安装应牢固,标志清晰,并便于检查。

③　避雷带、避雷网、引下线、避雷针无腐蚀及机械损伤,锈蚀部位不得超过截面的三分之一。

④　进出信号机械室的信号传输线路不得与电力线路靠近和并排敷设。不得已时电力线路和信号传输线路的间距:电力电缆与信号缆线平行敷设时距离不小于 600 mm;采用接地的金属线槽或钢管防护的,距离不小于 300 mm。条件受限时应采用屏蔽电缆布放,电缆金属护套和电缆屏蔽层应作接地处理。

(6)进入雷电综合防护的机房,严禁同时直接接触墙体(含屏蔽层、金属门窗、水暖管线等)与信号设备。需要接触信号设备时,必须采取穿绝缘鞋或在地面铺垫绝缘胶垫等措施。

(7)信号设备应设安全地线、屏蔽地线和防雷地线。室内外信号设备设置的综合接地装置、安全地线、屏蔽地线(包括信号计算机和微电子系统保护地线)和防雷地线的接地电阻值应符合《维规》的相关要求。例如,综合接地装置(建筑物接地体、贯通地线、地网、其他共用接地体等)的接地电阻值不应大于 1 Ω。

二、术语

1. 直击雷(direct lightning flash)

闪击直接击于建筑物、构筑物、其他物体、大地或外部防雷装置上,产生电效应、热效应和机械力者。

2. 雷电电磁感应(electromagnetic induction of lightning)

雷电流迅速变化在其周围空间产生瞬变的强电磁场,使附近导体上感应出很高的电动势。包括静电感应和电磁感应,它可能使金属部件之间产生火花。

3. 雷电浪涌侵入(lightning surge on incoming services)

由于雷电对架空线路或金属管道的作用,雷电波可能沿着这些管线侵入屋内,危及人身安全或损坏设备。

4. 接闪器(air termination system)

直接接受雷击的避雷针、避雷带(线)、避雷网,以及用作接闪的金属屋面和金属构件等。

5. 避雷器(surge arrester)

通过分流冲击电流来限制出现在设备上的冲击电压且能返回到初始性能的保护装置,该装置的功能具有可重复性。

6. 引下线(down conductor system)

用于将雷电流从接闪器传导至接地装置的导线。

7. 等电位连接(equipotential bonding)

将分开的导电装置或物体连接起来使之处于基本相同的电位。

8. 雷电防护区(lightning protection zone,LPZ)

规定雷电电磁环境的区域,又称防雷区。

9. 电磁屏蔽（electromagnetic shielding）

用导电材料减少交变电磁场向指定区域穿透的措施。

10. 浪涌保护器（surge protective device，SPD）

用于限制瞬态过电压和泄放浪涌电流的电器，它至少应包含两个非线性元件，又称电涌保护器。

11. 信号传输线（signal transmission line）

指各种电子信息系统的通信或控制信息传输线，又称信号线。

12. 铁路综合接地系统（integrated earthing system）

将铁路沿线的房屋、道床、站台、桥梁、隧道、声屏障等建筑物、构筑物的接地装置，以及牵引供电、电力、通信、信号、信息、灾害监测等电气设备和金属结构物，通过共用地线实现等电位连接的接地系统。

13. 贯通地线（run-through earthing cable）

沿铁路线路敷设的共用地线，用于各种建筑物、构筑物接地装置、电气设备、金属构件等的等电位连接。

14. 接地端子（earthing terminal）

将保护导体、等电位连接导体和工作接地导体与接地装置连接的端子或接地排。

15. 接地线（earthing conductor）

从防雷引下线断接卡或测试点至接地体的连接导体，或从接地端子、等电位连接带至接地体的连接导体，该导体将设备、装置、布线系统或中性线与接地体连接。

16. 总等电位接地端子板（main equipotential earthing terminal board）

将多个接地端子连接在一起并直接与接地装置连接的金属板。

17. 局部等电位接地端子板（排）（loca equipotential earthing terminal board）

电子信息系统机房内局部等电位连接网络接地的端子板。

18. 接地装置（earth-termination system）

接地线、接地端子和接地体的总和。

19. 接地体（earth electrode）

为达到与地连接的目的，一根或一组与土壤（大地）密切接触并提供与土壤（大地）之间的电气连接的导体。

20. 自然接地体（natural earthing electrode）

具有兼作接地功能的但不是为此目的而专门设置的与大地有良好接触的各种金属构件、金属井管、钢筋混凝土中的非预应力钢筋、埋地金属管道和设施等的统称。

21. 接触电压（touch voltage）

接地短路（故障）电流流过接地装置时，大地表面形成分布电位，人站在地面上（离设备水平距离为 1.0 m 处）手触及设备外壳、构架或墙壁（离地面的垂直距离为 1.8 m 处），在人体手与脚（等值电阻取 1 000 Ω）两点间产生的电位差称为接触电压。

22. 接近电压(accessible voltage)

被人体跨接的部分钢轨电位,其径路可以是由手通过人体经双脚或由一只手经另一只手(接触点的水平距离为 1 m)入地。

23. 钢轨电位(rail potential)

当走行轨用作回流导体时,在正常情况或故障条件下轨地间的电压。

24. 接地电阻(earthing resistance)

在给定频率下,系统、装置或设备的给定点与参考地之间的阻抗的实部。

三、信号设备综合防雷的技术要求

(1)雷害严重的站(场)或电子设备集中的区域,可在距电子设备和机房 30 m 以外的地点安装一根或多根独立避雷针。避雷针不应设置在信号设备建筑物屋顶。避雷针接地装置应就近单独设置,距信号楼环线接地装置或防护设备边缘间距不小于 15 m。

(2)引入信号机械室的电力线应采用多级雷电防护,单独设置电源防雷箱。电源防雷箱设置地点应符合防火要求,连接线应采用阻燃塑料外护套多股铜线。

第 I 级电源防雷箱(电源配电盘)应有故障声光报警、雷电计数和状态显示,连接线截面积不小于 10 mm^2;第 II 级设在电源屏电源引入侧,连接线截面积不小于 6 mm^2;第 III 级设在微电子设备(指计算机终端电源稳压器或 UPS 电源)前,连接线截面积不小于 2.5 mm^2。

(3)室外引入信号机械室的信号线缆、通信等其他线缆应设置浪涌保护器。浪涌保护器应集中设置在室内防雷柜或分线盘(柜)上。

浪涌保护器的连接线应采用阻燃塑料外护套多股铜线,截面积不小于 1.5 mm^2,并联连接方式时长度不大于 0.5m(条件不允许时可适当延长,但不得大于 1.5 m),大于 1.5 m 时必须采用凯文接线法;浪涌保护器接地线长度不应大于 1 m。

(4)进出信号机械室的信号电缆应进行屏蔽连接,并与机械室环形接地装置连接。

设有贯通地线时,室外电缆钢带(铝护套)可采用多端接地方式,将箱、盒的干线电缆金属护套和钢带相互间顺次连接(拧、焊,并与金属材料箱盒及大地绝缘)或分别接向箱、盒接地汇集端子后连接贯通地线。

未设贯通地线时,室外电缆钢带(铝护套)应采用单端接地方式,将单端接地电缆中间的箱、盒的干线电缆金属护套和钢带相互间顺次连接(拧、焊,并与金属材料箱盒及大地绝缘)或分别接向箱、盒接地汇集端子,并在区间信号机(含分割点)、车站两端等电缆始、终端处连接屏蔽地线,单端接地电缆长度不超过 1 000 m。

电气化区段或接地系统有较大干扰时,电缆长度在 1 000 m 以内时可只在机械室界面一端接地,电缆长度超过 1 000 m 时采用分段单端接地方式。

半自动闭塞区段设置的贯通地线,室外始(终)端应设置良好的接地装置。

(5)进出机械室的其他金属设施应与建筑物环形接地装置连接,并在建筑物界面做等电位连接。

（6）信号设备浪涌保护器（SPD）应符合下列要求：

① 信号设备浪涌保护器必须取得 CRCC 认证后方可上道使用。

② 有劣化指示和报警功能的浪涌保护器，当劣化指示由正常色转为失效色或报警后应及时更换。接触不良、漏电流过大、发热、绝缘不良的不得继续使用。

③ 当浪涌保护器处于劣化或损坏状态时，须立即自动脱离电路且不得影响设备正常工作。

④ 浪涌保护器并联使用时，在任何情况下不得成为短路状态；串联使用时，在任何情况下不得成为开路状态。

⑤ 浪涌保护器对地有连接的，除了放电状态，其他时间不得构成导通状态，否则必须辅以接地检测报警装置。

⑥ 用于电源电路的浪涌保护器，应单独设置，应具有阻断续流的性能，工作电压在 110 V 以上的应有劣化指示。

⑦ 室外的电子设备应在缆线终端入口处设置浪涌保护器或防雷型变压器。

⑧ 室内数据传输线浪涌保护器的设置应根据雷害严重程度确定。

（7）电源线与信号线、高频线与低频线、进线与出线必须分开敷设。室内信号传输线与设有屏蔽层的建筑物外墙平行敷设距离宜大于 1 m，场地条件不允许时，信号传输线路应采用屏蔽电缆或非屏蔽电缆穿钢管敷设，电缆屏蔽层或钢管应与走线架或与接地汇集线连接。

（8）信号机械室（机房）的建筑物应采用法拉第屏蔽笼进行电磁屏蔽。法拉第屏蔽笼由屋顶避雷网、避雷带和引下线、机房屏蔽和接地系统构成。

引下线宜采用 40 mm×4 mm 热镀锌扁钢或不小于 8 mm 热镀锌圆钢，上端与避雷带焊接连通，下端与地网焊接。引下线与分线盘（柜）间距不应小于 5 m。

（9）室外信号设备直击雷防护和屏蔽应符合下列要求：

① 包含信号设备的箱、盒、柜等壳体应具有良好的电气贯通和电磁屏蔽性能，壳体内应设专用接地端子（板）。室外信号设备的金属箱、盒壳体必须接地。进出金属箱、盒的电源线、信号线宜采用屏蔽电缆或非屏蔽电缆穿钢管埋地敷设，屏蔽电缆的金属屏蔽层或钢管应接地。

② 高柱信号机点灯线缆应采用屏蔽线缆。

四、信号设备接地装置的技术要求

（1）信号设备的防雷装置应设防雷地线；信号机械室内的组合架（柜）、计算机联锁机柜、闭塞设备机柜、电源屏、控制台，以及电气化区段的继电器箱、信号机梯子等应设安全地线；电气化区段的电缆金属护套应设屏蔽地线；安装防静电地板的机房应设防静电地线；微电子设备需要时可设置逻辑地线。

（2）地网应符合下列要求：

① 地网应由建筑物四周的环形接地装置、建筑物基础钢筋构成的接地体相互

连接构成。

② 环形接地装置由水平接地体和垂直接地体组成,应环绕建筑物外墙闭合成环,受条件限制时可不完全环周敷设,应尽可能沿建筑物周围设置,以便与地网连接的各种引线就近连接。水平接地体距建筑物外墙间距不小于 1 m,埋深不小于0.7 m。

③ 环形接地装置必须与建筑物四角的主钢筋焊接,并应在地下每隔 5 ～ 10 m与机房建筑物基础接地网连接。

④ 在避雷带引下线处应设垂直接地体,垂直接地体必须与水平接地体可靠焊接;接地电阻不满足要求时,可增设垂直接地体,其间距不宜小于其长度的 2 倍并均匀布置。

⑤ 垂直接地体可采用石墨接地体、铜包钢、铜材、热镀锌钢材(钢管、圆钢、角钢、扁钢)或其他新型接地材料,电气化区段应采用石墨接地体。

⑥ 环形接地装置的标志应清晰明了,应在地面上竖立标桩或在墙面上设置铭牌。

(3) 贯通地线应符合下列要求:

① 电气化区段、繁忙干线、铁路枢纽、编组场、强雷区和埋设地线困难地区及微电子设备集中的区段,应设置贯通地线。

② 贯通地线应采用截面积不小于铜当量 35 mm^2、耐腐蚀并符合环保要求的材料;外护套应为具有耐腐蚀性能的金属或合金材料。

③ 与信号电缆同沟埋设于电缆(槽)下方土壤中,距电缆(槽)底部不少于 300 mm。

④ 隧道、桥梁应两侧敷设;与桥梁墩台接地装置连接的接地连接线应设置成无维修方式。上下行线路分线时,应分别敷设。

⑤ 引接线(贯通地线与设备接地端子的连接线)采用 25 mm^2 的多股裸铜缆焊接或压接,焊接时焊接长度不小于 100 mm,并用热熔热缩带防护 150 mm。

⑥ 贯通地线任一点的接地电阻不得大于 1 Ω。贯通地线在信号机房建筑物一侧,采用 50 mm^2 裸铜线与环形接地装置连接,信号楼两端各连接两次。

⑦ 设置贯通地线的区段,室外信号设备的各种接地线均应与就近的贯通地线连接。

(4) 接地汇集线及等电位连接应符合下列要求:

① 控制台室、继电器室、防雷分线室(或分线盘)、计算机室和电源室(电源引入处)应设置接地汇集线。

接地汇集线应采用大于宽 30 mm、厚 3 mm 的紫铜排,环形设置时不得构成闭合回路。接地汇集线之间的连接线应与墙体及屏蔽层绝缘。引入信号机械室的各种线缆的屏蔽护套应与接地汇集线可靠连接。

② 电源室电源防雷箱处、防雷分线室(或分线盘)处的接地汇集线应单独设置,与环形接地装置单点冗余连接。其余接地汇集线可采用两根截面积不小于25 mm^2 的有绝缘外护套的多股铜线或紫铜排相互连接后,再与环形接地装置单点

冗余连接。

　　③ 室内走线架、组合架、电源屏、控制台、机架、机柜等所有室内设备必须与墙体绝缘,其安全地线、防雷地线、屏蔽地线等必须以最短距离就近分别与接地汇集线连接。

　　④ 走线架应连接良好,不得构成环形闭合回路,已构成闭合回路应加装绝缘。室内同一排的金属机架、柜之间采用截面积大于 10 mm² 的多股铜线连接后,再用两根不小于 25 mm² 的有绝缘外护套的多股铜线或紫铜排与接地汇集线连接。

　　⑤ 信号机房面积较大或分布在几个楼层时,可设置与环形接地装置单点冗余连接的总接地汇集线。控制台室、继电器室、计算机房的接地汇集线可分别与总接地汇集线连接,也可相互连接后,用两根不小于 25 mm² 的有绝缘外护套的多股铜线或紫铜排与总接地汇集线连接。

　　⑥ 接地汇集线与环形接地装置的连接线,应采用两根不小于 25 mm² 的有绝缘护套的多股铜线单点冗余连接。

　　⑦ 建筑物内所有不带电的自来水管、暖气管道等金属物体,都必须与环形接地装置（或与建筑物钢筋、计算机室屏蔽层）做等电位连接。

　　（5）接地导线上严禁设置开关、熔断器或断路器;严禁用钢轨代替地线。

　　扫描二维码 8.1.1 可以查阅《普速铁路信号维护规则技术标准》中信号设备雷电电磁脉冲防护与接地的相关内容。

8.1.1

第二节　防雷器件工作原理及性能

　　常用的防雷器件有很多种,目前最常见的为气体放电管、压敏电阻、瞬态二极管(TVS)和固体放电管。现简要介绍它们的工作原理,并讨论它们由于本身原因引起的失效和故障对被保护电路的影响。

一、气体放电管

　　气体放电管(简称放电管)定义为一种陶瓷或玻璃封装、内充低压气体放电介质、密封了一个或一个以上放电间隙的短路型保护器件,属于间隙式的防雷保护元件,一般分两电极和三电极两种结构。

　　它利用间隙放电时的开关特性,当间隙两端出现高电压时,将间隙击穿短路,使高电压冲击不能传播。放电管的极间绝缘电阻很大,寄生电容很小,对高频电子线路的雷电防护具有明显的优势。

　　（一）放电管结构

　　图 8-2-1 为中功率陶瓷二极放电管结构示意图,图 8-2-2 为中功率陶瓷三极放电管结构示意图。由纯铁电极、镍铬钴合金、银铜焊帽和陶瓷管体等主要部件构成。

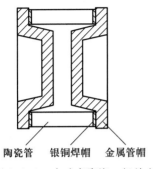

图 8-2-1 中功率陶瓷二极放电
管结构示意图

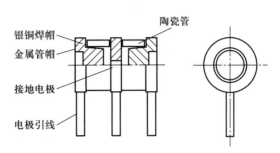

图 8-2-2 中功率陶瓷三极放电
管结构示意图

三极放电管和二极放电管相比,增加了镍铬钴合金圆筒作为第三电极,即接地电极。在放电管密闭气室内填充有惰性气体(氩、氖等)或其他气体(氢等)作为放电介质。

(二) 气体放电管工作原理

根据间隙击穿原理,大气中的两个电极处于外界电场的作用下,随着外界电场的增强,当间隙两电极间气体的电场强度超过气体的击穿强度时,将产生气体的放电现象,使原来为绝缘的气体骤变为导电体(绝缘击穿),从而限制了极间的电压,使与间隙并联的其他器件得到保护。

放电管将间隙封装在密封的陶瓷或石英玻璃内,管内几乎真空。放电管放电是冷极放电,纯粹是放电管中的间隙被击穿后的放电。利用放电管壳内封装的极其稀少的气体在大电场的作用下发生电离,产生电子(带负电荷)和离子(带正电荷),带电粒子在强电场作用下作定向运动,电子流向正极,离子流向负极,出现电流。

放电管内几乎真空的目的是减少电极离子流与气体中的分子发生碰撞,加快带电粒子的定向运动速度。要维持放电需要有少数的气体的原始离子,诱发更多分子电离。电极击穿后,放电管由不导电的高阻抗状态突然变为导电的低阻抗状态,好像一个开关的开合,因此,间隙类的器件被称为开关型器件。图 8-2-3 所示为放电管伏安特性,图 8-2-4 所示为气体放电管电压-电流测量模型。

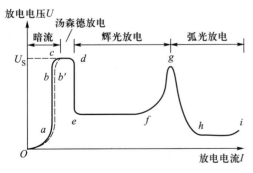

图 8-2-3 放电管伏安特性

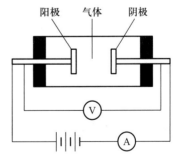

图 8-2-4 气体放电管电压-电流测量模型

　　放电管密封的气室中,充有某种有一定气压的气体,并放置两个电极,电极接有直流电源,连接电源正极的电极为阳极(+),连接电源负极的电极为阴极(-),按照图 8-2-4 所示测量模型图缓缓地施加电压,管中的电极间的电压和电流的关系如图 8-2-3 所示。

　　当电源电压从 0 逐渐上升时,在电压的作用下,气体中离子将向阴极定向运动,和阴极碰撞产生次电子,和气体分子碰撞后,气体分子逸出的电子成为正离子,电子附着在分子上后该分子就成为负离子。这些离子都成为传导电流的载流子。气体的正负离子称为带电粒子,在外电场作用下,开始向极性相反的电极缓慢地移动,但电极间的电压较低时,电流极小。随着电极间电压的增加,离子移动的速度也加快。即单位时间流过的电荷量增加,如图 8-2-3 所示的 Oa 段。

　　如果电源电压继续增加,电压和电流的关系如图 8-2-3 所示的 ab 段,这时电流呈现饱和状态,气体本身的电离作用还比较微弱,管内的离子比较少,在电场增加时没有足够的离子供电极吸收。电压增加到 bc 时,电子受电场力的作用加速运动,由于电子运动速度快,与中性分子发生碰撞,当碰撞力超过某一临界值时,被碰撞分子将以一定的概率分裂成为电子和正离子,这个过程称为碰撞电离。

　　由碰撞电离产生的离子和原有的电子一道被电场加速,并进一步产生新的碰撞电离,如此连锁反应,使空气中的带电粒子成倍增加。在带电粒子运动过程中,正离子质量大,迁移速度比电子缓慢得多,而电子则以雪崩方式增加,即电子的雪崩现象。

　　电子群到达阳极并被吸收后,正离子群才缓慢地到达阴极,如图 8-2-3 中的 c 点。从 c 点开始,电子的雪崩现象提供了气体放电不可缺少的大量电荷载体,使电流急剧增加。为了产生电子雪崩,除了需要十分强的电场之外,还必须有产生初始电子的条件。一般正离子并不直接形成雪崩,但是,在正离子碰撞阴极时,不仅将动能交给了阴极,而且还可以与阴极内的电子复合为中性分子,同时将与电离电压相当的能量交给了阴极。当以上两种能量之和足以将电子由阴极中拉出来时,则阴极表面将会有电子被激发出来产生次电子。所以说,正离子担负着补给形成雪崩核的作用。这种由于离子引起的放出次级电子的作用称为 γ 作用。

　　另外,当电子对中性分子碰撞时,除了上述的碰撞电离外,每碰撞一次,也将从电场中获得动能的一部分交给中性分子,以一定的概率引起中性分子的激发现象。这是由于中性分子接受了电子的动能,其外层电子将由稳定的最低能量的基态,跃迁到具有较高能量即激发态上去,这种情况叫做电子被激发。

　　在多数情况下,被激发的是最外层的电子。激发态是不稳定的状态,经过极为短暂的 10^{-8} s 之后,它又将重新返回稳定的能级,这时将以光的形式放出能量。激发态分为两种,一种如上所述,能量由该能级回到基态的所谓共振态;另一种则是受到量子力学规律的约束,不能恢复到基态的所谓亚稳态,在这种状态下,被激发的电子将在 $10^{-3} \sim 10^{-2}$ s 长的时间内,停留在该状态上。具有亚稳态的气体,较之其他气体来说易于发生电离,这是因为长时间停留在易于被电离的激发态上,容易产生由激发到电离的过程。

综上所述,在气体放电时,由阴极发出次级电子的过程,除上述的情况之外,还可能由于处于似稳态的分子(或原子)的碰撞以及因激发分子的发光释放出光量子的冲击而引起。有时也可以由高速度中性分子的碰撞而产生。这几部分可以叠加在离子碰撞的效果之上。因此,γ 作用实际上应当是各种情况综合的结果。

从以上情况可以看出:当置于气体中的电极上加有电压时,即刻就有电流产生。但是,此时的电流数值是非常小的,图 8-2-3 中 abc 段的电流值范围一般认为在 $10^{-15} \sim 10^{-10}$ A,甚至更小。因此,对气体可以认为仍保持其绝缘状态。而且,尚不能见到放电通路的发光,因而将这种电流称为暗流。当电压增加时,暗流也增加。当电压达到某个数值时,在电极间的导电通路将突然发生伴有发光的气体放电,称为火花放电。这时,气体已经不是绝缘体,而骤变为导电体,这种现象也称为绝缘击穿。产生气体火花放电时的电压,称为点火电压,如图 8-2-3 的 U_S。

火花放电根据其放电机理及条件,分为汤森德型火花放电和流光型火花放电。在气体压力 ρ 与电极间隙 d 的乘积 ρd 较小的条件下产生的火花放电称为汤森德型火花放电,而在 ρd 较大的条件下产生的火花放电称为流光型火花放电。气体放电管的乘积 ρd 一般都比较小,因此,它所产生的火花放电属于汤森德型火花放电,如图 8-2-3 中 cd 段。

从图 8-2-3 中 abcd 段可以看出:整个过程的产生,仍然是以宇宙射线或自然辐射能及其他外因产生的初级电子为前提,如果排除了这些外来的主要因素,电流就会终止。所以,这个阶段的放电并不具有内在的持续性。随着电场中电荷载体各自的转移及向电极的放电过程,在两电极间存储的电荷将被中和,放电通路中的电场强度降低。因此,上述电荷载体自身的再生过程变为不可能,放电也将消失。图 8-2-3 中 abcd 段称为非自持放电。

如果连接电极的电源回路具有充分的电能供给能力,则火花放电将进展成稳定的辉光放电和弧光放电。辉光放电和弧光放电亦称为自持放电。当电压继续升高时,电流密度也急剧增大。电荷载体已经形成了自己的再生条件,放电已不需要任何外来因素的作用,而仅仅依靠电荷载体自己的再生过程就能维持下去,一直持续到两电极之间的电荷中和,放电通路的电场超过某个临界值时为止。达到这个阶段的放电,称为自持放电。

随着外加电压的增加,气体放电管电极间的电压随着电流的增加出现了下降又上升的复杂变化。defg 段称为辉光放电。de 段多半不稳定,ef 段才是稳定的。ef 段称为正常辉光放电,这时靠近阴极出现了负辉光放电,其放电电流随阴极辉光放电面积的增加而成比例增加。阴极的电流密度和放电电压(或称辉光电压)几乎保持不变,与放电电流没有关系。当电流继续增加时,负辉光布满阴极的整个表面积,这时称为异常辉光放电,如图 8-2-3 所示的 fg 段。放电电压和阴极电流密度一起升高,阴极被加热而产生强烈的热电子发射,经 gh 段由辉光放电向弧光放电过渡。hi 段称为弧光放电,这时放电电流急剧增大,而放电电压(或称弧光电压)

则显著下降。

气体放电进入弧光放电之后,如果外电场消失,这时由于放电时产生的电子和正离子分别到达极性相反的电极后,失去电荷载体的作用,也就是说,电子被阳极吸收,给阳极以负电荷,而正离子在阴极表面处拉出电子而复合为中性分子,使得阴极上残留正电荷;此外,由于电离的逆过程(即电子与正离子的复合)也会使电荷载体消失,这样,整个放电也就消失。这时,气体从导电状态又恢复到绝缘状态,完成整个气体放电的全过程。

从气体放电管的放电原理可以知道,气体放电的放电电压除了与气体的压力和电极间的距离具有一定的函数关系外,还与气体(包括混合气体)的成分、电极材料(包括涂覆处理)、电极形状(包括曲率半径、光洁度)、外加电压波形(包括直流、交流、频率、脉冲)和照射等因素也有密切的关系。因此,控制上述各种影响气体放电管放电电压的因素,便可制作各种规格的放电管系列产品。

(三)放电管基本保护电路

放电管是开关器件,将外来过电压短路后保护电气电子设备。图 8-2-5 和图 8-2-6 分别是典型二极放电管和三极放电管的保护电路,放电管放电工作后,可以抑制各端子处可能出现的共模和差模过电压。

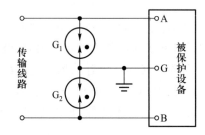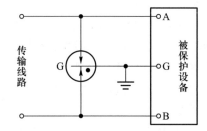

图 8-2-5　典型二极放电管的保护电路　　图 8-2-6　典型三极放电管的保护电路

比较图 8-2-5 和图 8-2-6,对于端口输入为对称线路的电子系统保护,每对线路需采用两个二极放电管,若采用三极放电管则仅需要一个。

(四)放电管主要技术参数

1. 直流放电电压

直流放电(击穿)电压是在上升陡度低于 100 V/s 的电压作用下,放电管开始放电的电压值。

由于放电具有分散性,围绕着这个平均值还需要同时给出允许的偏差上限和下限。标称直流放电电压 U_T 是制造商规定的放电电压额定值,并且指出它在被保护设备的使用条件下的应用范围。例如标称直流击穿电压 U_T 为 90 V 的管子,是工厂生产序列中直流击穿电压为 90 V 放电管。工厂还应给定生产中的偏差,如偏差±20%,表示直流击穿电压为 72 V 和 106 V 的管子都在工厂标称值 90V 的范围内。也就是说,标称值为 90 V 的管子,偏差值为±20% 时,被保护设备的工作电压应低于 72 V。

2. 冲击放电(击穿)电压

放电管在规定脉冲陡度的冲击电压下开始放电的数值为冲击放电(击穿)电压。放电管的响应时间或动作延时与电压脉冲的上升陡度有关,上升陡度不同,放电管的冲击放电电压也不相同。

标称冲击放电电压通常规定为在上升陡度为 1 kV/μs 时的冲击放电电压值,出于一般应用的考虑,有的制造商还给出放电管在 100 V/μs、500 V/μs、1 kV/μs,5 kV/μs 和 10 kV/μs 等不同上升陡度下的冲击放电电压。制造商应说明采用的波形陡度。

在雷电防护中,大家最关心的是放电管的冲击击穿(放电)电压值,因为雷电瞬态电压即冲击电压。冲击击穿电压值自然反映的是放电管在雷电侵入时的防护效果。

实践证明,直流放电电压值和冲击放电电压值并不一定正相关。实际上,直流放电电压为 350 V 的管子的冲击放电电压值比直流放电电压为 90 V 的管子的冲击放电电压值低。

3. 冲击耐受电流

放电管通过规定波形和规定次数的冲击电流时,其直流放电电压和绝缘电阻不发生变化的最大电流值,也称为放电管的冲击放电电流。

标称放电电流 I_n 是制造商生产序列里规定的放电管的冲击放电电流额定值。一般是 8/20 μs 波形下通流正负极性各 10 次的冲击耐受电流,也有给出在10/1 000 μs 波形下通流 300 次的冲击耐受电流。

4. 标称交流放电电流

标称交流放电电流是放电管击穿后,通过电极间的交流(频率在 15～62 Hz 的正弦波)电流有效值。标称交流放电电流是制造商在生产序列里规定的放电管的交流放电电流额定值。

5. 绝缘电阻和极间电容

放电管的极间绝缘电阻是在规定的条件下,在放电管的电极间绝缘程度的电阻值。放电管的极间电容是在规定的条件下,在放电管指定的电极间或电极组间的电容。放电管的绝缘电阻很大,制造厂给出的该参数值一般为绝缘电阻的初始值,约为数千兆欧。在放电管的不断使用过程中,绝缘电阻值将会降低。阻值的降低会造成在被保护系统正常运行时管子中泄漏电流的增大,也有可能产生噪声干扰。

放电管的极间寄生电容很小,两极放电管的极间电容范围一般在 1～5 pF,极间电容值可以在很宽的频率范围内保持近似不变,且同型号放电管的极间电容值分散性很小。

6. 辉光电压和弧光电压

放电管放电后,立即进入辉光放电状态,辉光电压是放电管处于辉光放电时呈现在放电管电极间的电压,这时流过电极的电流叫做辉光电流。

继续增加放电管两端电压且在电压可以提供足够电流时,放电管进入弧光放电状态。弧光电压是放电管处于弧光放电时呈现在放电管电极间的电压,这时流过电极的电流叫做弧光电流。

放电管从辉光放电过渡到弧光放电状态,通过电极间所要求的电流为辉光–弧光过渡电流。

7. 直流维持电压

直流维持电压是指在特定的电路条件下,放电管经一次冲击放电后,在规定的瞬间,从低阻抗导通状态恢复到高阻抗绝缘状态,放电管电极间允许的最大直流电压。

常用放电管在规定电压条件下,如试验电压为 52 V、80 V、135 V 时,从导通状态恢复到绝缘状态所需的时间称为放电管的续流遮断时间,要求任何规格的放电管续流遮断时间都应小于 0.15 s。

8. 三极放电管的冲击击穿时间

三极放电管每个电极与公共接地极间同时施加规定上升速率的单次冲击电压时,两个电极与公共接地极间不同时击穿的被击穿瞬间时间差应不大于 200 ns。由于放电管两个电极放电时间的不一致,可以导致线间出现横向电压,损坏设备。

（五）放电管应用中的问题

1. 放电管漏气

玻璃或陶瓷气体放电管都是将金属电极和绝缘的陶瓷或玻璃管通过银铜焊片焊接在一起,因此在制造时有可能出现焊片熔化不均匀,在焊接处出现微小的缝隙。放电管内的气压极低,大约只有零点几帕,而管外大气压是标准大气压(标准大气压是 101 325 Pa),显然若气体放电管在焊接处有微小的缝隙,管外大气可以通过缝隙压入管内,使放电管的放电电压大大增加。因此,放电管在工厂出厂前放置于 5 个大气压的高压舱中加高压进行处理,出仓后放电管贮存放置数天,经测试合格后方可出厂,即便这样仍然还有极少量的慢漏气。

因此定期测试使用中放电管的直流放电电压,可以检测放电管是否有慢漏气的现象,一般几年未发现放电管直流放电电压增加,放电管就不会存在漏气。

2. 放电管续流

放电管在外加冲击电压作用下击穿工作后,放电管由高阻绝缘状态迅速转变为电阻为零的导通状态。外加冲击电压结束后,放电管本应该立即恢复高阻绝缘状态,停止导通。但是,若被保护电路的工作电压足够高,则在冲击结束后,放电管仍然将处于导通状态。这时管子中流通的来自被保护电路的工作电流称为续流。

续流和放电管的维持电压大小有关。当过电压消失后,要确保气体放电管及时遮断续流,使放电管熄灭,保证线路正常工作,要求气体放电管的维持电压尽可能高。一般气体放电管维持电压值要求交流工作电压值不大于 60 V;对于直流线路,若电源可以提供足够的电流使放电管工作在弧光放电阶段,则要求直流工作电压不大于 20 V。

解决放电管的续流可以在回路中串联电阻,使放电电流小于辉光管压降。显然串联线性电阻是不合适的,因此,串联非线性电阻(如压敏电阻)是唯一的选择。

3. 放电管响应时间和伏秒特性

放电管响应时间是指从冲击过电压开始作用于放电管两端的时刻到放电管实际放电时刻之间的时间。它包括统计时延(管子中随机产生初始电子(离子)所需要的时间)和形成时延(初始带电粒子由于碰撞电离发生倍增而形成的电子雪崩式增加的过程所需要的时间)两部分。

放电管响应时间和冲击波波头上升陡度 dU/dt 有关,外加电压上升陡度越大,放电管响应时间越短。因此派生出一个特性,即放电管的伏秒特性,用来表示绝缘在冲击电压作用下的击穿特性。

放电管放电可以看做是放电管空气间隙击穿,因此可用伏秒特性表征放电管在冲击电压波形一定的前提下,冲击放电电压与相应的放电时间的关系。一般这种关系用曲线表示,称为放电管的伏秒特性曲线。

4. 放电管失效与故障和对电路的影响

任何电子元件都可以由于外部因素和内部因素造成其失效,一般电子元器件的失效模式是在元件边界被证明的,而不是内部物理原因所致。能被观察或测量到的放电管失效模式可以由以下因素识别:

(1)开路:当放电管和被保护电路间开路时,等于没有加装放电管,谈不上放电管对被保护设备的保护。

(2)短路:当外部因素使放电管短路,放电管也将失去原先设定的保护被保护设备的效果。可怕的是,还会造成系统失效。

(3)击穿电压增加:即放电管直流放电电压和冲击放电电压增高,不能达到限制设计的保护电压,使低于设计的电压过电压也可以进入系统。

(4)击穿电压减小:即放电管直流放电电压和冲击放电电压变低。直流放电电压变低可能导致工作电压使放电管误动,短路线路电压(信号)使放电管物理损坏。

(5)漏泄电流增加:放电管漏泄电流增加可以分流一部分工作电流。放电管是无源器件,流过它的电流全部来自被保护电路,一旦漏泄电流增加,将有部分工作电流通过放电管旁路,使系统性能下降。

(六)放电管分类

1. 中功率放电管

中功率放电管也称中等通流放电管,主要用于通信和信号线路防护,有三极放电管和二极放电管的区别。图 8-2-7 中的中功率放电管的通流能力为标称通流容量 5 kA,带有引线的放电管可以焊接到印刷电路板上,不带引线可以卡接。图 8-2-7 中带过流保护的三极放电管是集成"故障-安全"装置的放电管。

2. 大功率放电管

图 8-2-8 是大功率(大通流)陶瓷放电管,用于电源电路防护,它的标称通流容量一般为 40 kA,最大可以达到 100 kA。

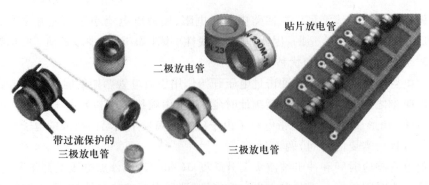

图 8-2-7　中功率和贴片式放电管实物

超大功率多间隙无续流放电管　　超大功率薄型二极管　　　轴向电极二极管

图 8-2-8　大功率(大通流)陶瓷放电管实物

3. 贴片式放电管

如图 8-2-7 所示,贴片式放电管标称通流容量可以小到只有 0.5 kA,很适合采用波峰焊,布放在印刷板上。

二、压敏电阻器

(一)压敏电阻器定义

压敏电阻器(varistor)是在一定电流电压范围内电阻值随电压而变的电阻,或者说是电阻值对电压敏感的电阻器。历史上有碳化硅压敏电阻器、氧化锌压敏电阻器等,现在大多数采用的是氧化锌压敏电阻器,用氧化锌(ZnO)为基料,掺入多种其他微量元素(如锰、镍等的氧化物),采用陶瓷工艺,所以它是半导体陶瓷器件。

(二)氧化锌压敏电阻技术参数

1. 压敏电压(U_{1mA})

压敏电压也称为直流参考电压、击穿电压、转换电压,表征压敏电阻从截止到导通的转折电压。它是在规定温度和(1.0 ± 0.1)mA 的直流电流下测得的压敏电阻两端的电压值。

U_{1mA}是压敏电阻最基本的技术参数,通常用作元件特性的基准,在很多试验项目中,以试验前后 U_{1mA}变化的百分数作为合格依据。

2. 漏电流(I_L)、等待功率(P_s)和等待功耗(P_R)

压敏电阻漏电流分为直流漏电流 I_{dL}、交流漏电流 I_{aL} 两种。漏电流对温度相当敏感,因此应在规定的环境温度下进行测量,通常测量 25 ℃和最高工作温度下两个数值。

直流漏电流(I_{dL})是在规定温度和规定的 0.75 U_{1mA}(或 0.83 U_{1mA})下测得的流过压敏电阻的电流值。

用于交流系统中的压敏电阻宜采用交流漏电流(I_{aL}),它是电容性电流(I_C)与电阻性电流(I_R)的叠加,随着外加电压的提高,I_R 迅速超过 I_C,其有效值不应大于制造厂规定值。

对于交流电压下压敏电阻的功率,应区分等待功率 P_s 和等待功耗 P_R。等待功率 P_s 等于交流电流有效值与电压有效值的乘积,等待功耗 P_R 等于电流和电压瞬时值相乘后的积分值。由于压敏电阻有良好的稳压特性,等待功耗 P_R 大致与电阻性电流 I_R 的平均值(而不是有效值)成比例。

3. 最大持续工作电压(U_{ac}/U_{dc})

最大持续工作电压为在规定温度下,允许长期连续施加在压敏电阻上的最大交流电压 U_{ac} 和最大直流电压 U_{dc}。如压敏电阻接入工频交流线路,则指的是该压敏电阻所允许加的交流电压的有效值,对直流而言 U_{dc} 为回路中的直流额定工作电压。

4. 标称放电电流(I_n)

压敏电阻可以通过一定次数规定电流而不发生劣化的电流峰值称作压敏电阻的放电电流,也叫通流容量。最常用的冲击放电电流是指压敏电阻能够承受规定次数(15 次)和规定峰值的 8/20 μs 冲击电流。

标称放电电流 I_n 是标准规定制造商在生产中标定的冲击放电电流值。我国和国际标准规定,用 I_n 来测定压敏电阻的限制电压 U_{In},并作为动作负载试验前的预处理试验电流。

最大放电电流 I_{max} 是指通过 8/20 μs 波形电流时,压敏电阻能够承受的最大电流值。用该电流对压敏电阻冲击 1 次或 2 次,每次间隔 5 min 后压敏电压和漏电流变化仍在正常范围内,并且 $I_{max} > I_n$。压敏电阻的通流容量应根据防雷电路的设计指标来定。一般而言,压敏电阻的通流容量要大于或等于防雷电路设计的通流容量。

由于窄波脉冲和宽波脉冲对压敏电阻的破坏机理不相同,因此压敏电阻的技术规范规定了两种试验波形用于工厂检验,窄波脉冲通常采用 8/20 μs 电流波或组合波(1.25/50 μs 和 8/20 μs);宽波脉冲通常采用 2 ms 方波电流波,2 ms 方波波形如图 8-2-9 所示。

5. 电压限制特性、残压(U_{RES})

压敏电阻两端通过电流时,两端测得的电压最大值称为残压 U_{RES},U_{1mA} 是在压敏电阻通直流 1 mA 时的残压。

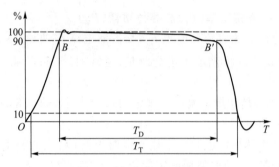

图 8-2-9　2 ms 方波波形

同一产品,其正向和反向残压可能不相同,以其中的最大值作为该产品的限制电压 U_P。在标称放电电流 I_n 下测得的限制电压,被称为压敏电阻的电压保护水平(U_{IN})。压敏电阻出厂时交货产品的最大限制电压不应大于厂家标注的保护水平。

6. 限压比(K_{RES})

限压比(K_{RES})即残压比,是压敏电阻的限制电压与压敏电压之比,即 $K_{RES} = U_{RES}/U_{1mA}$。限压比较小说明压敏电阻有良好的防护性能。

7. 静态电容量(C_v)

静态电容量(C_v)即压敏电阻器本身固有的电容容量,一般为在规定频率(1 000 Hz)和幅值(引线产品 1 V、裸片 0.5 V)的正弦电压下测得的压敏电阻的电容值(零偏压)。

8. 额定平均功率(P_m)

额定平均功率 P_m 表征了压敏电阻长期承受脉冲群的能力,通过验证试验来检验产品是否合格。目前采用的验证试验有两种:一种是在规定峰值的 8/20 μs 电流下,进行 10 000 次放电试验;另一种是在工频电压下试验规定的时间,试验期间脉冲的平均功耗应为规定值 P_m。

试验中和试验后外观检查不应有闪络、击穿、封装层开裂和其他机械损伤现象,压敏电压和限制电压的变化不大于 10%。

（三）氧化锌压敏电阻技术规格

我国压敏电阻生产厂家将用于电源防雷的压敏电阻按标称放电电流 I_n 大小分为标准级(S)、高电流级(H)和特高电流级(U)三个级别。表 8-1 列出了压敏电阻电流额定值,34 mm×34 mm 的方片可以看成是名义等效直径 40 mm 的圆片。

表 8-1　压敏电阻电流额定值

名义等效直径/mm	5	7	10	14	20	25	32	40	50
通信和数据电路防护用									
标称放电电流 I_n/kA	0.05	0.125	0.25	0.5	—	—	—	—	—
最大放电电流 I_{max}/kA	0.1	0.25	0.5	1	—	—	—	—	—

续表

名义等效直径/mm	5	7	10	14	20	25	32	40	50
电源电路用标准级（S）									
标称放电电流 I_n/kA	0.4	—	1.75	2.5	4	6	10	20	25
最大放电电流 I_{max}/kA	0.8	0.875	3.5	5	8	12	20	40	60
宽波冲击电流 I_{LP}/A	—	1.75	—	27	45	72	112	180	270
电源电路用高电流级（H）									
标称放电电流 I_n/kA	—	—	—	3	5	8	12.5	20	
最大放电电流 I_{max}/kA	—	—	—	6	10	16	25	50	
宽波冲击电流 I_{LP}/A	—	—	—	34	57	90	140	225	
电源电路用特高电流级（U）									
标称放电电流 I_n/kA				4	6.5	10	16	26	
最大放电电流 I_{max}/kA				8	13	20	32	65	
宽波冲击电流 I_{LP}/A				45	75	115	180	290	

表 8-2 是压敏电阻基本技术参数，用户在选择使用压敏电阻时关心压敏电压 U_{1mA}、最大连续电压、直流漏电流和限制电压等，因此将这些参数作为氧化锌压敏电阻的基本技术参数列出。

表 8-2 压敏电阻基本技术参数

压敏电压 U_{1mA}/V	压敏电压允许偏差 ΔU_{1mA}/%	最大连续电压/V		直流漏电流/μA	限制电压/V	
		交流 U_c	直流 U_{cd}		等级限制电压 U_{clc}	I_c 下的限制电压 U_{cln}
18	±10	11	14	<80	—	36
22	±10	14	18	<80	—	43
27	±10	17	22	<80	—	53
33	±10	20	26	<80	—	65
39	±10	25	31	<80	—	77
47	±10	30	38	<80	—	93
56	±10	35	45	<80	—	110
68	±10	40	56	<80	—	135
82	±10	50	65	<20	—	135
100	±10	60	85	<20	—	165
150	±10	95	125	<20	—	250
180	±10	115	150	<20	—	300
205	±10	130	170	<20	340	520
220	±10	140	180	<20	360	550
240	±10	150	200	<20	395	605
270	±10	175	225	<20	455	770

续表

压敏电压 U_{1mA}/V	压敏电压允许偏差 ΔU_{1mA}/%	最大连续电压/V		直流漏电流/μA	限制电压/V	
		交流 U_c	直流 U_{cd}		等级限制电压 U_{clc}	I_c 下的限制电压 U_{cln}
330	±10	210	270	<20	505	835
360	±10	230	300	<20	545	910
390	±10	250	320	<20	595	985
430	±10	275	350	<20	650	1 090
470	±10	300	385	<20	775	1 190
510	±10	320	420	<20	845	1 290
620	±10	385	505	<20	930	1 420
680	±10	420	560	<20	1 025	1 570
715	±10	440	585	<20	1 120	1 720
750	±10	460	626	<20	1 240	1 900
820	±10	510	670	<20	1 355	2 070
910	±10	550	745	<20	1 500	2 300
1 000	±10	625	825	<20	1 650	2 530

（四）压敏电阻使用中的问题

1. 压敏电阻寄生电容

压敏电阻有较大的寄生电容，一般范围在几百至几千皮法数量级。例如，名义直径为 40 mm 的圆片，寄生电容可以达到 6 000 pF。直径为 14 mm 的压敏电阻，寄生电容大约为 200 pF 或更大。这样高的寄生电容将会使频率稍微高的信号传输产生畸变，从而影响系统的运行。

用于电源防护的压敏电阻，由于寄生电容达到 6 000 pF 之高，在陡度较高的雷电冲击时，往往在示波图上可以观察到过冲（overshot）现象，该现象就是由于大直径的片子寄生电容充电造成的。

2. 压敏电阻漏电流和劣化

压敏电阻漏电流是压敏电阻失效和损坏的主要原因。漏电流增大，可以使压敏电阻失效和出现故障，致使压敏电阻出现短路或穿孔。

劣化则是指压敏电阻的功能偏离设计要求。如 U–I 特性变坏，残压增加，失去规定的限压能力，失去限压的效能，最后导致压敏电阻毁坏。

压敏电阻的漏电流有的由其本身特性决定，如和成分有关，受主掺杂能降低漏电流，施主掺杂能增加漏电流；有的和其使用环境有关，温度越高漏电流越大；用于交流电源时，和被保护电源的波动有关，适用于不稳定的场合。

漏电流增加，可以加速劣化。全球的压敏电阻研究者和制造商一直在研究产生漏电流的原因和从其本身特性上减少漏电流发生的方式，但还没有找到好的办法。

3. 工作频率对电源防护用压敏电阻劣化的影响

在某些场合,如风力发电机配、变电系统,发现交流电源、SPD 时常被烧毁和引起火灾。因为风力发电机发电的频率不是工频 50 Hz 而是 400 Hz,并且谐波丰富。压敏电阻的劣化还和谐波有关,将交流电源使用的面积较大的压敏电阻片子替代通信信号电子设备中面积较小的压敏电阻片子,由于通信信号电子设备的传输频率较高,使得压敏电阻劣化的概率大大增加。即在工频电源有谐波的场合,压敏电阻更容易劣化,所以交流电源防护用的压敏电阻要考虑工频电源的谐波影响。

(五)压敏电阻失效、故障模式和损坏形式

压敏电阻是一种限压型保护器件,应用十分广泛,可应用于电源系统浪涌抑制、安防系统、电动机保护、汽车电子系统、家用电器等。

在现场使用中,连续工作电压下的漏电流、暂时过电压(TOV)、浪涌电流等电应力及温度交变和异常气氛等环境条件,都会导致压敏电阻失效。

失效的情况可以分为两类。一类是重要工作性能的劣化超过了允许值,通过测量可以知道这时的漏电流极大增加,最后可导致压敏电阻热击穿短路。随着持续短路大电流的作用,引线与本体的焊接部位将被烧断,从而表现为开路状态。另一类是由大脉冲电流或 TOV 电流产生的结构性破坏,这种损害实质是雪崩击穿,往往引起阀片爆裂损坏,同时引线与本体的焊接部位被电动力打断,最后使压敏电阻呈开路状态。

1. 常见的压敏电阻失效情况

(1)压敏电压相对于初始值的下降,超过了规定百分数(一般规定为 10%)。

(2)残压相对于初始值的上升,超过了规定百分数(一般规定为 10%)。

(3)漏电流爬升,即直流漏电流、交流阻性电流或功耗值,在一个不长的观测时间内(如数秒)持续增大。

2. 常见的结构性破坏情况

(1)封装层开裂。金属电极的热胀系数比氧化锌陶瓷体大得多,因此在温度交变或重复脉冲电流试验中易发生这种破坏。

(2)银层烧蚀,特别是引出线附近或银层边沿的部位,易出现被大电流烧蚀的现象。这种故障有时不能通过电性能测试而发现,只有去掉封装层才能看到。

(3)金属电极与银层剥离,或银层与陶瓷元件剥离。

(4)陶瓷体开裂。局部过热或大脉冲电流产生的热弹性应力会使陶瓷体开裂。这种失效在绝大多数情况下不会引起压敏电阻器两电极间短路,但也发现过因电极的焊料流入裂口导致短路的情况,其出现的概率极小。

(5)陶瓷体穿孔(常称为短路失效)。可分为突发失效和逐步失效两类,因短路失效可能导致火灾或电击事故。

(6)陶瓷体侧面飞弧或闪络。

三、固体放电管

（一）固体放电管定义

固体放电管（浪涌吸收晶闸管，TSS）是一种过压保护器件，是利用晶闸管原理制成的，依靠 PN 结的击穿电流触发器件导通放电，可以流过很大的浪涌电流或脉冲电流，是晶闸管的特殊使用形式。它实质上是晶闸管，其 $U-I$ 特性与气体放电管极其相似，因此叫做固体放电管。

固体放电管击穿电压的范围构成了过压保护的范围，固体放电管使用时可直接跨接在被保护电路两端，它的残压与反向 PN 结的电压一致，该电压很低，所以防护效果最好。

（二）固体放电管结构

固体放电管是一种五层、双端对称的双向两端半导体器件，其内部结构与双向晶闸管十分相似。它将触发门与阳极连在一起，表面上没有触发门，但实际利用阳极的高压触发电路，是电压自触发器件。

将两个固体放电管对顶而产生的对称型固体放电管每一单元是五层，所以也叫硅五层器件。在没有外加过电压时，它的阻抗极高，一旦线路上有过电压，便可触发固体放电管，使其迅速转为导通状态，其残压值为导通电流在各 PN 结上的压降。因此对外加冲击过电压响应时间短，残压低，防护效果好。

（三）固体放电管电压电流特性（$U-I$ 特性）

图 8-2-10 所示为固体放电管的电压电流特性。通过对固体放电管的 $U-I$ 特性的分析，可以了解固体放电管的工作原理。

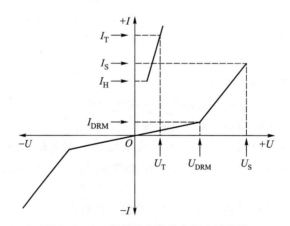

图 8-2-10　固体放电管的电压电流特性

假设在固体放电管两端施加电压，电压由零开始增大，当电压较小时，流过固体放电管的电流极小，这个电流实际是固体器件都有的漏电流，可以看成固体放电管不导通，称其为断态。当电压增加到 U_{DRM} 时，固体放电管将由断态突变为导通状态，放电电流突然增大，称 U_{DRM} 为峰值断态电压。它是维护断态的电压极值，相应的电流为I_{DRM},称其为峰值断态电流。

电压由零到U_{DRM}的区域是固体放电管的阻断区。固体放电管端电压超过U_{DRM}时,继续加大电压至U_S,电压将被抑制突然滑落,这时电流I_S为开关转换电流,它是由断态转换到通态所需的最大电流,这时固体放电管开始限幅。继续加大电压,固体放电管的电流增大,电压略有增大,进入负阻阶段。当电流达到I_T时电压限制到U_T,U_T为通态电压,它是固体放电管在"通态"电流I_T时测量的最大电压。

可以看出,随着电流的增加,固体放电管的限制电压也略有增加。当外加电压移走后,若线路的电流能维持I_H,则固体放电管可以出现续流,其原理和气体放电管一样,I_H称为维持电流,是维持通态所需最小电流。

（四）固体放电管技术参数

（1）开关转换电压（U_S）:断态转换到通态之前的最大电压;

（2）峰值断态电压（U_{DRM}）:维持断态允许施加的最大电压;

（3）通态电压（U_T）:在"通态"电流时测量的最大电压;

（4）通态电流（I_T）:通态条件下流过固体放电管的电流;

（5）开关转换电流（I_S）:由断态转换到通态所需的最大电流;

（6）泄漏电流（I_{DRM}）:在U_{DRM}时测出的最大峰值断态电流;

（7）维持电流（I_H）:维持通态所需的最小电流;

（8）断态电容（C_0）:断态时测量的典型电容值（30~100 pF）。

表8-3是常用固体放电管的主要技术参数。

表8-3　常用固体放电管的主要技术参数

型号	U_{DRM} /V	U_S /V	U_T /V	I_{DRM} /μA	I_S /mA	I_T /mA	I_H /mA	C_0 /pF	U_{PP} (10/700 μs)/V	I_{PP} (10/1 000 μs)/A
P0080	6	25	4	5	800	2.2	50	70	4 000	80
P0300	25	40	4	5	800	2.2	50	70	4 000	80
P0640	58	77	4	5	800	2.2	150	60	4 000	80
P0720	65	88	4	5	800	2.2	150	60	4 000	80
P0900	75	98	4	5	800	2.2	150	55	4 000	80
P1100	90	130	4	5	800	2.2	150	55	4 000	80
P1300	120	160	4	5	800	2.2	150	55	4 000	80
P1500	140	180	4	5	800	2.2	150	60	4 000	80
P1800	170	220	4	5	800	2.2	150	60	4 000	80
P2300	190	260	4	5	800	2.2	150	55	4 000	80
P2600	220	300	4	5	800	2.2	150	50	4 000	80
P3100	275	350	4	5	800	2.2	150	45	4 000	80
P3500	320	400	4	5	800	2.2	150	40	4 000	80

注:表中U_{PP}是在测试固体放电管时用的冲击电压值峰值,I_{PP}是对应的最大瞬间峰值电流。最大瞬间峰值电流I_{PP}必须大于被保护设备的规定值。

(五) 固体放电管的特点

由于采用晶闸管结构,固体放电管的性能优越于气体放电管、压敏电阻及瞬态二极管(TVS)。

1. 响应时间快

固体放电管的响应时间由电子渡越管内 PN 结的时间决定,即由 PN 结厚度决定。响应时间仅为 1 ns,快于气体放电管和压敏电阻。因此,固体放电管导通精确。

2. 残压低

固体放电管导通时,一般电流流过每个 PN 结上的电压为 0.8 V,因此,固体放电管导通时的残压约小于 4 V,考虑到冲击电压陡度极高,上升时间超过电子渡越 PN 结花费的时间,流过大电流会出现负阻效应,这时固体放电管的残压会随电流增大而增高,但仍会大大低于 U_{DRM}。

3. 寄生电容小

典型值为 30 ~ 100 pF,比压敏电阻及瞬态二极管(TVS)低很多,可以用在中频段。

4. 启动电压范围宽

启动电压范围可达 5 ~ 550 V,尤其适用于工作电压低或工作电压高但耐雷电能力小的电子设备防护。

5. 使用寿命长

经测试,固体放电管在开关过程中,峰值功率仅为 93 W,是气体放电管的一半。在冲击电压的持续过程中,如 30 μs 时间内,固体放电管的内部耗能仅为 0.075 mJ,只是气体放电管的 1/270。因此固体放电管的使用寿命很长,理论上可以无限重复,反复使用。

(六) 固体放电管基本防护电路

当外加电压低于峰值断态电压(U_{DRM})时,固体放电管的漏电流很小,处于断开状态,不影响被保护组件的正常工作。当外加电压大于开关转换电压(U_S)时,放电管很快进入导通状态,压降很小,起到了保护作用。外加电压去掉后,电流很快就降到低于维持电流(I_n),放电管自然恢复,回到断开状态。

图 8-2-11 所示为固体放电管的基本防护电路,固体放电管的耗散功率较小,一般用在通道防雷器中。图 8-2-11a 是对称电缆上的纵向防护电路,图 8-2-11b 是用于末前级的通道防护电路。

第一级用的是气体放电管,由于气体放电管两个电极有放电时间差异,因此侵入对称电缆的冲击电压经气体放电管(或两个二极放电管)限压后,在原本没有横向电压的对称线上出现了横向电压。正好由于在线间有用于横向防护的固体放电管,因此,对称线上的横向电压被固体放电管吸收。

图 8-2-12 所示为固体放电管限制冲击波的示意图,图中显示当线路在无外来浪涌时,固体放电管不动作,线路上是正常的工作电压,当出现雷击浪涌时,固体放电管迅速动作,响应时间大约为 1 ns,线路上的电压降为通态电压(U_T),这个电

压可能低于线路正常的电压 U。侵入的雷电波消失后,线路立即恢复到线路正常的电压 U,U_W 是被保护设备的耐压水平,图中显示被保护设备得到保护。

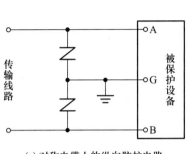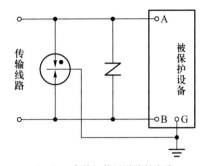

(a) 对称电缆上的纵向防护电路　　　　(b) 用于末前级的通道防护电路

图 8-2-11　固体放电管的基本防护电路

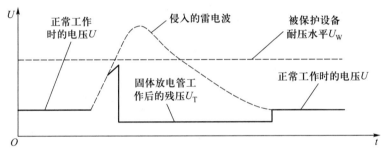

图 8-2-12　固体放电管限制冲击波的示意图

(七) 固体放电管的选择和应用

固体放电管的选择标准主要有以下关键参数:

(1) 开关转换电压(U_S):必须大于被保护电路的最大工作电压;

(2) 峰值脉冲电流(I_{PP}):必须大于通信设备标准的规定值;

(3) 断态电容(C_0):一般在几个皮法到几十个皮法,根据被保护电子电路的工作频率选用;

(4) 维持电流(I_H):脉冲过后,通过固体放电管的电流必须小于维持电流,以保证其恢复到断态。

固体放电管广泛应用在用户终端设备、数据传输设备、模拟线路卡接口、交换机系统、有线电视设备及数据线保护等方面。目前在铁道科学研究院等电位设计的通道 SPD 中,广泛采用固体放电管作为基本防雷元器件。

四、瞬态二极管

(一) 瞬态二极管(TVS)定义

瞬态二极管(transient voltage suppressor,TVS)亦称齐纳二极管,是一种箝位类型抑制过电压的元器件,性能类似开关二极管。其核心部分是具有较大截面积的

PN 结,当电压超过元件的雪崩电压使 PN 结工作在雪崩状态时,TVS 随着加在其两端的电压不同而改变其阻抗,在规定的反向电压作用下,两端电压大于门限电压时,其工作阻抗能立即降至很低的水平以允许大电流通过,并将两端电压钳制在很低的水平,从而有效地保护末端电子产品中的精密元件避免损坏。

TVS 具有较强的脉冲吸收能力。双向 TVS 可在正反两个方向吸收瞬时大脉动功率,并把电压钳制在预定水平,适用于交流电路。

TVS 是固态元件,其特性不易退化,只要工作在它的特定限制范围内,其电气参数就不会改变。

(二) 瞬态二极管(TVS)伏安特性

图 8-2-13 是 TVS 伏安特性示意图。该伏安特性可划分为三个工作区,即正向区、反向区和击穿区。在正向区,瞬态二极管和普通二极管一样,在很低的正向电压作用下,就能够有大量的多数载流子流过结区。在反向区,管子上承受的反向电压低于击穿电压,管子中流过很小的反向漏电流。当管子上的反向电压达到击穿电压值后,就击穿导通,进入击穿区。

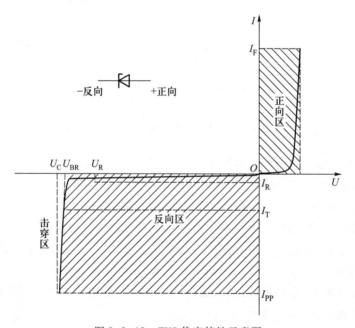

图 8-2-13　TVS 伏安特性示意图

利用 TVS 击穿区的限压作用,限制外来的过电压。在外加反向电压作用下,TVS 的结区电场强度增强到足以从原子的束缚力下释放出载流子,从而产生击穿导通。当外加反向电压达到一定数值后,少量的自由载流子得到足够的速度去碰撞晶体中的原子,它们撞击松了价电子并给它们以足够的能量,使它们离开各自的原子,新增的载流子参与到这种游离过程中去,使游离以雪崩方式发展。

(三)瞬态二极管主要技术参数

可以用图 8-2-13 来解释瞬态二极管的主要技术参数。

1. 击穿电压(U_{BR})

在规定的试验电流 I_T 通过 TVS 时,器件击穿区测得的器件两端电压称为击穿电压,试验时环境温度为 25℃。在击穿区域内,二极管成为低阻抗的通路。U_{BR} 是 TVS 的最小击穿电压,低于这个电压 TVS 不会出现雪崩击穿现象。当 TVS 流过的电流 $I_T = 1$ mA 时,TVS 两极间的电压即最小击穿电压(U_{BR})。

根据 U_{BR} 的离散程度,可以分为离散 5% 和 10% 两种标准。对于离散 5% 的 U_{BR} 来说,$U_R = 0.85 U_{BR}$;对于离散 10% 的 U_{BR} 来说,$U_R = 0.81 U_{BR}$。TVS 必须能够承受规定冲击电压的冲击,如 15 kV 的静电感应冲击等。

2. 最大反向脉冲峰值电流(I_{PP})

TVS 在反向工作时,在规定的脉冲条件下,器件允许通过的最大脉冲峰值电流为最大反向脉冲峰值电流(I_{PP})。I_{PP} 与最大箝位电压(U_C)的乘积,就是最大瞬态脉冲功率(P_{PR})的值。

使用时应正确选取 TVS,使 TVS 的额定瞬态脉冲功率(P_{PR})大于被保护器件或线路可能出现的最大瞬态浪涌功率。

3. 最大反向工作电压(U_R,维持电压)

U_R 是二极管在正常状态下可以承受的电压,定义为 TVS 反向工作时,在规定的 I_R 下,两端的电压值。通常 $U_R = (0.8 \sim 0.9) U_{BR}$。在这个电压下,TVS 的功率消耗很小。

使用时,应使 U_R 不低于被保护器件或线路的正常工作电压,否则会造成 TVS 误动,干扰设备正常运行。但它又需要与保护电路的正常工作电压接近,这样才能尽量宽幅度地抑制电路的过电压威胁。而这个值是流过 TVS 最大反向漏电流时的两级间电压,U_R 的出现使 TVS 刚好进入导通区,流过它的电流应小于或等于 TVS 最大反向电流(I_R)。

4. 最大箝位电压(U_C)

当持续时间为 20 ms 的在脉冲峰值电流 I_{PP} 流过 TVS 时,在其两端出现的最大电压值称为最大箝位电压。U_C 和 I_{PP} 值反映了 TVS 的浪涌抑制能力。在使用 TVS 时应使 U_C 不高于被保护器件的最大允许安全电压。最大箝位电压与击穿电压之比称为箝位系数,箝位系数等于 U_C/U_{BR}。TVS 的箝位系数一般在 1.2 ~ 1.4。

U_C 实际是 TVS 导通时可能出现的最大电压,在冲击状态时,它应该小于被保护电路的耐压水平 U_W,即 $U_C < U_W$,否则不能保护设备。

5. 反向脉冲峰值功率(P_{PR})

P_{PR} 是 TVS 能够承受的最大峰值脉冲功耗值,取决于脉冲峰值电流(I_{PP})和最大箝位电压(U_C)。它与脉冲峰值电流值、波形、脉冲持续时间及环境温度有关。

在特定的最大箝位电压(U_C)下,反向脉冲峰值功率(P_{PR})越大,浪涌吸收能量越强;在特定的反向脉冲峰值功率(P_{PR})下,最大箝位电压(U_C)越低,浪涌吸收能量越强。测量中采用脉冲持续时间(t_p)为 1 ms 的典型脉冲。TVS 所能承受的功率与施加到 TVS 上的脉冲时间 t_p 有关,一般呈负相关。

6. TVS 的寄生电容(C_{PP})

TVS 的寄生电容由于工艺所致,由 TVS 雪崩结的截面决定,规定在特定的 1 MHz 频率下测试。C_{PP} 的大小与 TVS 的电流承受能力成正比,C_{PP} 太大会衰耗传输信号,影响 TVS 器件的响应时间和对电路造成噪声干扰。所以 C_{PP} 是数据界面选用 TVS 的重要参数。TVS 的寄生电容与体积有关,制造商可以制造 3 ~ 40 pF 的单个器件。

7. 漏电流(I_R)

当最大反向工作电压施加到 TVS 上时,TVS 管有一个漏电流(I_R)。高阻抗电路的 TVS 对漏电流要求比较敏感。

图 8-2-14 说明,当瞬时浪涌脉冲峰值电流出现时,TVS 被击穿,并由击穿电压值上升至最大箝位电压值,随着脉冲电流呈指数下降,箝位电压亦下降,恢复到原来的状态。因此,TVS 能抑制可能出现的脉冲功率的冲击,从而有效地保护电子线路。图中测试脉冲波形采用的是标准 8/20 μs 电流波。

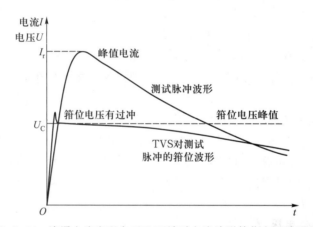

图 8-2-14　浪涌电流出现在 TVS 两端时电流波形箝位电压波形比较

(四)瞬态二极管特点和选用

瞬态二极管的优点有:① 残压低,动作精度高;② 响应时间较快(≤1 ns);③ 无跟随电流(续流)。缺点是:① 耐流能力差,无法承受太大的瞬时电流;② 箝位电压随着电流的增加而增加;③ 通流容量小,一般只有几百安培;④ 寄生电容相当高,不适合频率较高的场合使用。

在选用 TVS 时,应考虑以下因素:

(1)确定被保护电路的最大直流或连续工作电压、电路的额定标准电压和寄生电容。

(2)TVS 最大反向工作电压(U_R)应大于或等于被保护电路的最大工作电压。若选用的 U_R 太低,器件可能进入雪崩或因反向漏电流太大影响电路的正常工作。

（3）TVS 的最大箝位电压（U_c）应小于被保护电路的损坏电压。

（4）在规定的脉冲持续时间内，TVS 的最大反向脉冲峰值功率（P_{PR}）必须大于被保护电路内可能出现的峰值脉冲功率。在确定最大箝位电压后，其峰值脉冲电流应大于瞬态浪涌电流。

（5）对于数据接口电路的保护，还必须注意选取具有合适寄生电容（C_{PP}）的 TVS 器件。

（6）根据用途选用 TVS 的极性及封装结构。交流电路选用双极性 TVS 较为合理；多线保护选用 TVS 阵列更为有利。

（7）TVS 可以在 $-55\ ℃ \sim +150\ ℃$ 之间工作。TVS 反向漏电流（I_R）随结温增加而增大，功耗随结温增加而下降，从 $+25\ ℃ \sim +175\ ℃$，大约线性下降 50%；击穿电压（U_{BR}）随温度的增加按一定的系数增大。因此，必须查阅有关产品资料，考虑温度变化对其特性的影响。

（五）瞬态二极管失效、故障模式和故障形式

1. 劣化故障模式

固定器件反向使用都有漏电流，TVS 漏电流增大可以使限压作用变坏。这种故障模式出现后待机电流大于规定值，不过劣化模式出现的概率较小。

2. 短路失效模式

此模式下，相当于在直流 0.1 V 时，TVS 电阻值小于 1 Ω，成为永久性短路。当 TVS 流过大于额定值的峰值脉冲电流而使箝位电压超过最大值或器件功率超过额定平均值或数倍峰值冲击功率时，都可能导致击穿永久性短路。

3. 开路失效模式

TVS 击穿后，若流过的电流 I_T（或 I_{BR}）超过额定值的 150%，将使 TVS 烧毁开路。如果器件短路期间仍维持有电流，或有超过器件能力范围的异常大电流或瞬时脉冲电流，都有可能引起器件的开路失效。

4. 故障形式

TVS 的故障形式是先短路，若有后续大电流时将会断路（和固体放电管相似）。

第三节　铁路信号综合防雷工程实例

一、高速铁路信号车站综合防雷

现在以高速铁路枢纽站为例来介绍铁路信号综合防雷系统。

高速铁路枢纽站的信号设备由计算机联锁、CTC、TCC、RBC、TSRS、ZPW-2000A 自动闭塞、集中监测等系统组成，是一个庞大复杂的计算机通信网络和微电子自动控制系统，对可靠性、安全性要求很高，因此信号系统设备对雷电电磁防护要求非常高。信号设备开通使用的同时要完成信号综合防雷工程的建设和开通使用。

（一）机房法拉第屏蔽笼

车站信号楼内设备包括信号机械室、信号计算机房、RBC 机房、电源屏室、防雷分线室，如图 8-3-1 所示。室内防雷设备包括机房法拉第屏蔽笼、设备接地和等电位连接等，图 8-3-2 所示为机房法拉第屏蔽笼示意图。

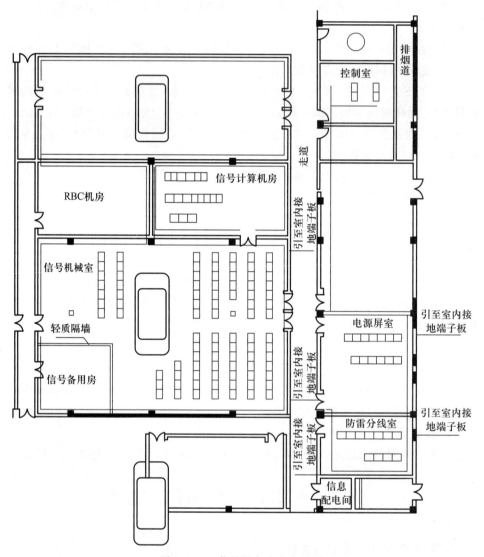

图 8-3-1　信号设备室内布置图

1. 天花板下的钢筋屏蔽网格

采用 $\Phi6$ 镀锌圆钢，在横梁底部敷设 600 mm×600 mm 网格，交叉点点焊，四个墙角分别与屏蔽板和地面网格连接成一个整体。在天花板加装加强吊杆以承受顶部网格的重量。

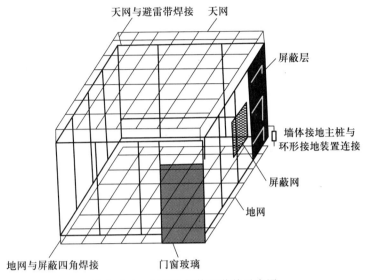

图 8-3-2 机房法拉第屏蔽笼示意图

2. 地板上的钢筋屏蔽网格

采用 Φ6 镀锌圆钢,贴地面敷设 600 mm×600 mm 网格,交叉点焊接,交叉点位于防静电地板网格的中心点位置,四个墙角处用 10 mm² 铜编织带与贴墙的屏蔽板栓接。然后,四面屏蔽板和钢筋网格与环绕信号机房各房间一圈的接地汇集排(扁铜)可靠连接不少于四处。

3. 门、窗玻璃上的铝网

采用截面积为 9 mm²、网孔为 80 mm×80 mm 的铝网覆盖于门、窗玻璃上。四边采用 U 型边条进行修饰,中间采用 H 型压条进行连接,金属门内侧立轴处或门边缘处采用 10 mm² 铜编织带栓接到铁板上,弯折预留开门裕度,金属门直接用修边条将屏蔽板与门框可靠铆接。

4. 四面墙上的屏蔽板

采用规格为 3 300 mm×880 mm×0.6 mm(高×宽×厚)的有屏蔽镀层的折弯槽型镀锌扣板,沿着大开间、控制室、电源室等信号机房的内墙贴装固定,两块板相贴压处从上往下采用自攻螺栓固定于墙上。

(二) 接地系统

(1)地网由各接地体、建筑物四周的环形接地装置、基础钢筋构成的接地体相互连接构成。

(2)建筑物混凝土基础的钢筋焊接成基础地网,网格宽度不大于 3 m。

(3)环形接地装置由水平接地体和垂直接地体组成,应环绕建筑物外墙成 U 形敷设,以便与地网连接的各引出线就近连接。水平接地体距离建筑物外墙不小于 1 m,埋深不小于 0.7 m。

(4)在环形地网拐角处安装石墨接地,沿水平接地体每隔 5 mm 安装垂直接地体。环形地网及设备接地连接如图 8-3-3 所示。

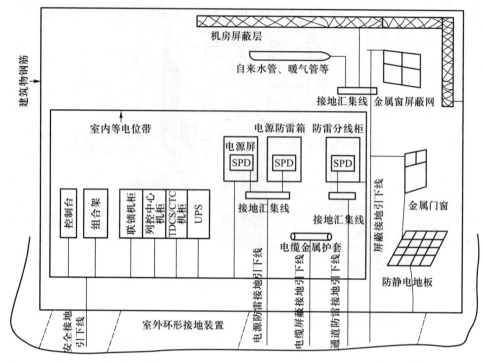

图 8-3-3　环形地网及设备接地连接

（5）地网、各接地连接处、机房等电位接地端子设置处有清晰标识牌。

（6）环形接地装置与建筑物四角的主筋焊接，并应在地下每隔 5～10 m 就近与建筑物基础接地网钢筋焊接一次。

（7）综合地网接地电阻小于 1 Ω。

（三）室内基地汇集线及等电位连接

（1）控制台室、继电器室、防雷分线室（或分线盘）、机房和电源室（电源引入室）设置接地汇集线。信号机房应设置安全接地、电源防雷接地、防雷分线柜防雷接地、电缆钢带护套接地、逻辑地接地五类汇集线。

（2）沿室内同一排各金属机架、机柜底部用 30 mm×3 mm 的紫铜排栓接后，再用不小于 50 mm² 有绝缘外护套的多股铜线就近与接地汇集排连接。

（3）在电源室、机械室、微机室、防雷分线室、RBC 机房防静电地板下方距地面 28 mm、距墙面 150 mm 铺设 30 mm×3 mm 的紫铜排，在地面上间隔 1 m 用美标自攻螺丝及绝缘子固定紫铜排。当紫铜排固定的架空地板下方地面遇到障碍物（线槽）时，采用 50 mm² 有绝缘外护套的多股铜线避开，从线槽下方穿过后再与紫铜排栓接。

（4）建筑物内所有不带电的自来水管、暖气管道金属物体必须与环形接地装置（或与建筑物钢筋、机房屏蔽层）做等电位连接。图 8-3-4 所示为机柜、机架等电位连接。

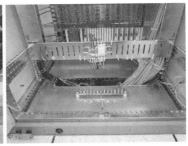

图 8-3-4　机柜、机架等电位连接

（5）各接地汇集线接地电阻值不大于 1 Ω。图 8-3-5 所示为静电地板下方等电位接地汇集排。

图 8-3-5　静电地板下方等电位接地汇集排

（四）电缆钢带、护套及屏蔽接地防护

车站设置独立防雷分线室、防雷分线柜和区间综合柜，所有室外进机房信号线缆首先进入防雷分线室，电缆钢带、铝护套和内屏蔽层在防雷分线室内分别进行接地防护，如图 8-3-6 所示。电缆通道通过防雷分线柜和区间综合柜通道防雷防护，实现线缆进屋接地隔离防护，有效防护室外雷电进入室内。

图 8-3-6　电缆钢带、铝护套和内屏蔽层在防雷分线室内分别进行接地防护

（五）电源防雷、通道防雷

对外电网引入电源、室外设备防雷进入机房线缆安装电源防雷箱、电源防雷器（SPD），防止雷电通过电源通道侵入设备。

在室外设备电缆进入机房处设置防雷分线柜、区间综合柜及通道防雷模块（SPD）进行防护，防止雷电通过电缆通道侵入室内设备。

（六）线缆布放、屏蔽接地

各种设备配线通过钢槽布线、钢槽接地防护，数据信号线和电源线采用屏蔽线、屏蔽层接地防护。

电源线和信号线分设，进线（脏线）和出线（净线）分开走线。屏蔽线的接地与人身安全地线分开。各种接地线分开单独布线，接地连接线按最短最直要求布线，不盘余。

二、普速铁路信号车站综合防雷

现在再以典型的重点雷电防护区域的普速铁路枢纽站为例来介绍铁路信号综合防雷系统。

普速铁路枢纽站车站信号设备包括 DS6-K5B 计算机联锁、CTC、ZPW-2000A自动闭塞、64D/F 型半自动闭塞、微机监测等。车站信号设备开通使用时，同时完成信号综合防雷工程建设和开通使用。

（一）车站信号楼综合防雷施工设计原则

（1）铁路车站信号设备处于空间、建筑物内的不同位置，其雷电电磁场强有较大的差异，因此将被保护设备按空间分为不同的防护区，设计不同的防护方案。

（2）对信号系统电源设备馈线、信号传输线路感应、传导来的过电压，针对信号设备的抗干扰能力（耐压水平），实施分级防护。在进行分级防护设计时充分考虑两级浪涌保护器之间在响应速度、限制电压、通流容量等方面的匹配。

（3）浪涌保护器的设置方式及接地能保证信号设备的正常工作。

（4）浪涌保护器设置满足铁路信号"故障-安全"原则。

（5）信号设备各传输通道浪涌保护器参数选择符合设备耐电压的要求。

（6）浪涌保护器支持热插拔（计算机设备实现即插即用），不影响信号设备正常工作。

（7）电源防雷箱具有故障声光报警、雷电记数功能。电源电压 110 V 以上的浪涌保护器有劣化指示和故障脱离装置。浪涌保护器具有监测报警条件的功能。

（8）铁路信号设备浪涌保护器纳入产品强制认证管理，技术指标和应用要求符合相关检测标准，所用浪涌保护器均获得 CRCC 产品强制认证证书（包括被保护设备本身加装的浪涌保护器）。

（9）综合地网的接地电阻不大于 1 Ω，不采用降阻剂。

（二）综合防雷实施方案

为抗御直击雷和降低雷电电磁干扰，信号机房的建筑物应采用法拉第屏蔽笼

进行电磁屏蔽。法拉第屏蔽笼由屋顶避雷带、避雷网、引下线、机房屏蔽和接地系统构成,具体做法如下:

1. 信号楼避雷带、避雷网及引下线设置

(1)避雷带采用不小于 Φ8 mm 热镀锌圆钢沿屋顶女儿墙四周水平铺设,热镀锌圆钢的镀层厚度大于 60 μm,距墙体高度为 150 mm,并用热镀锌圆钢均匀设置避雷带支撑柱,支撑柱间距不大于 1 m。焊接点四面先刷防锈漆,再刷银粉漆,防腐面应超出焊点四周 25 mm。

(2)避雷网采用 40 mm×4 mm 热镀锌扁钢在信号楼屋顶平行敷设,热镀锌扁钢的镀层厚度大于 60 μm,相互焊接成不大于 3 m×3 m 的网格,网格与避雷带焊接。焊接点四面先刷防锈漆,再刷银粉漆,防腐面应超出焊点四周 25 mm。

(3)新建信号楼可利用墙内主筋作为引下线。

(4)既有信号楼的引下线采用 40 mm×4 mm 热镀锌扁钢沿信号楼外墙均匀垂直敷设 4~6 根,安装应平直,并与其他电气线路距离大于 1 m(与电气线路交叉时采取绝缘管防护,绝缘管凸出电气线路边缘 20 cm)。引下线与分线盘(柜)间距应不小于 5 cm。引下线与墙面绝缘均匀固定,间距小于 2 m。引下线拐角处不出现90°直角弯曲,上端与避雷带焊接连通,下端与地网焊接。图 8-3-7 所示为信号楼顶避雷网及支撑。

图 8-3-7　信号楼顶避雷网及支撑

2. 计算机房屏蔽层设置

(1)计算机房采用法拉第屏蔽笼设计。墙体屏蔽层采用厚度不小于 0.6 mm的铁板作为电磁屏蔽材料。

(2)门、窗屏蔽层采用截面积 9 mm² 、网孔 60 mm×60 mm 的铝合金网,并与墙体屏蔽层可靠拴接或铆接。图 8-3-8 所示为计算机房门、窗屏蔽网。

(3)有静电地板的设备房,在静电地板下的金属支架底部采用 0.2 mm×20 mm铜箔带构成与支架一致的网格,铜箔带交叉处用锡焊接,每个铜箔带端头与屏蔽层牢固栓接。

图 8-3-8 计算机房门、窗屏蔽网

（4）在机房屏蔽层的墙角处用 10 mm² 铜线与屏蔽接地汇集线可靠连接。

（5）屏蔽接地汇集线与地网用 25 mm² 的软铜线可靠连接。

（6）墙体屏蔽层采用石膏板包封，并在表面进行抹灰处理，顶部采用石膏板吊顶。

3. 室内接地汇集线及等电位连接设置

（1）室内接地汇集线分为电源防雷接地汇集线、信号电源防雷接地汇集线、室外电缆屏蔽接地汇集线、法拉第屏蔽接地汇集线、安全接地汇集线和逻辑接地汇集线。

（2）室内接地汇集线采用 30 mm×3 mm 的紫铜排，在信号楼的电源室、继电器（机械）室、运转室和微机室内的墙壁上或静电地板下方水平敷设，不得构成闭环。

（3）无线天线避雷针的接地装置应单独设置，并距环形接地装置 15 m 以上，特殊情况下不应小于 5 m，确因条件限制距离达不到要求时，其接地引接线应与环形接地装置焊接，焊接点与接地汇集线在环形接地装置上的连接点的间距不小于 5 m。图 8-3-9 所示为通信铁塔及天馈线等电位连接接地防护。

图 8-3-9 通信铁塔及天馈线等电位连接接地防护

（4）各种类型的接地汇集线均设置铭牌。

4. 信号楼综合地网设置

（1）综合地网的制作

综合地网由各接地体、信号楼四周的环形接地装置、基础钢筋构成的接地体相互连接构成。环形接地装置由水平接地体和垂直接地体组成，应环绕信号楼外墙闭合成环。

地沟深度不小于0.7 m，接地装置由垂直接地体(50 mm×50 mm×5 mm 热镀锌角钢或石墨)和水平接地体(40 mm×4 mm 热镀锌扁钢)组成，热镀锌钢材的镀层厚度大于60 μm。易遭雷击点处的引下线应设置垂直接地体，采用规格为40 mm×4 mm的热镀锌扁钢将各垂直接地体可靠焊接成一个整体，各连接点的焊口重合长度符合2B、10D(B 为材料的宽度，D 为材料的直径)的要求，焊接点四面先刷防锈漆，再刷沥青，防腐面应超出焊点四周5 mm。

沿信号楼铺设的贯通地线采用不小于35 mm² 铜线与综合地网可靠连接，间距为2～3 m，不小于四处，连接处采用防腐措施。

综合地网设置永久性明显标志(地标)。

（2）接地电阻值

综合地网的接地电阻值不大于1 Ω。接地电阻难以达到要求时，可采取深埋接地体、设置外延接地体、换土等措施，不使用降阻剂。接地体难以避开污水排放和土壤腐蚀性强的地点时，垂直接地体应采用石墨接地体。

5. 电源防雷及信号设备通道防雷

通过安装相互配合的多级电源防雷箱和在防雷分线柜安装信号机、轨道电路、站场联系电路、灯丝报警等电缆通道防雷器，对防止室外雷电进入室内进行综合防护。

扫描二维码8.3.1可以查看更多综合防雷、接地设备的照片。

8.3.1

复习思考题

1. 信号设备雷电电磁脉冲防护有哪些要求？

2. 雷电从哪些途径侵入信号设备？

3. 信号系统对防雷元件的安装和设置有哪些要求？

4. 对机房电磁环境防护有哪些要求？

5. 室外信号设备如何对直击雷进行防护和屏蔽？

6. 铁路信号系统主要采用哪些防雷元器件？

7. 简述金属陶瓷放电管的结构和工作原理。

8. 二极放电管和三极放电管有何异同，如何选用放电管？

9. 简述氧化锌压敏电阻器的结构和工作原理。

10. 劣化指示压敏电阻器有何特点，如何选用压敏电阻器？

11. 简述瞬变电压抑制器的工作原理。

12. 防雷变压器与普通变压器相比有何区别，如何起防雷作用？

13. 电源引入处和信号传输线如何防雷?

14. 引入信号机械室的电力线采用几级雷电防护,各级分设在何处?

15. 信号设备设有哪几种地线?

16. 什么是等电位连接?

17. 什么情况下设置贯通地线,对贯通地线有什么要求?

[1] 中国铁路总公司.铁路技术管理规程(普速铁路部分)[M].北京:中国铁道出版社,2014.

[2] 中国铁路总公司.铁路技术管理规程(高速铁路部分)[M].北京:中国铁道出版社,2014.

[3] 中国铁路总公司.普速铁路信号维护规则(技术标准)[M].北京:中国铁道出版社,2015.

[4] 中国铁路总公司.高速铁路信号维护规则(技术标准)[M].北京:中国铁道出版社,2015.

[5] 北京全路通信信号研究设计院集团有限公司.铁路信号设计规范:TB 10007—2017[S].北京:中国铁道出版社,2017.

[6] 中国铁路通信信号总公司研究设计院.铁路信号站内联锁设计规范:TB 10071—2000[S].北京:中国铁道出版社,2001.

[7] 铁道第三勘察设计院集团有限公司,中铁第四勘察设计院集团有限公司.高速铁路设计规范:TB 10621—2014[S].北京:中国铁道出版社,2014.

[8] 国家铁路局.铁路工程基本术语标准:GB/T 50262—2013[S].北京:中国铁道出版社,2013.

[9] 郭进,魏艳,刘利芳.铁路信号基础设备[M].成都:西南交通大学出版社,2008.

[10] 郭进.铁路信号基础[M].北京:中国铁道出版社,2010.

[11] 林瑜筠.铁路信号基础[M].北京:中国铁道出版社,2006.

[12] 董昱.区间信号与列车运行控制系统[M].北京:中国铁道出版社,2008.

[13] 王瑞峰.铁路信号运营基础[M].北京:中国铁道出版社,2008.

[14] 林瑜筠.铁路信号智能电源屏[M].北京:中国铁道出版社,2006.

[15] 安海君,李建清,吴保英.25 Hz 相敏轨道电路[M].3 版.北京:中国铁道出版社,2004.